한눈에 알아보는 **중국**의
문화산업 시장

한눈에 알아보는
중국의 문화산업 시장

초판 1쇄 인쇄 2014년 12월 5일
초판 1쇄 발행 2014년 12월 10일

지은이 류재기
펴낸이 김호석
펴낸곳 도서출판 대가
편집부 김진나, 김도윤
디자인 이상량
마케팅 이근섭, 김재호, 이정호
관 리 신주영

등록 제 311-47호
주소 경기도 고양시 일산동구 장백로 200 유국타워 1014호
전화 02) 305-0210 / 306-0210 / 336-0204
팩스 031) 905-0221
전자우편 dga1023@hanmail.net
홈페이지 www.bookdaega.com

ISBN 978-89-6285-141-0 93910

한눈에 알아보는 **중국의**
문화산업 시장

류재기 지음

도서출판 대가

책을 엮으면서

한·중 양국은 수교 이후 경제적 교류뿐만 아니라 문화적 교류도 주위를 놀라게 할 정도로 빠르게 성장해왔다. 상대국을 찾는 여행객 수도 각각 세계 1위를 마크하고 있고 한국의 대외교역 규모도 중국이 1위를 차지하고 있다.

올해는 한·중 수교 22주년을 맞이하는 해인데 양국 간의 문화산업적 측면을 깊이 있게 들여다 보면 수교 나이만큼 성숙하지는 못하다는 느낌을 지울 수가 없다.

근년에 와서 한·중 양국은 자국 문화산업 발전을 위하여 문화예술인, 기업가, 정부가 삼위일체가 되어 적극적인 문화산업 진흥책을 펴면서 문화산업 시장이 급속하게 확대·발전을 거듭해왔으나 양국이 상호 공동 발전할 수 있는 공통분모를 찾는 데에는 어려움을 겪어온 것 또한 부인할 수 없는 사실이다.

필자는 이러한 어려움을 극복하고자 나름대로 중국 문화 산업 시장을 일별하면서 깊은 이해와 상호 신뢰 속에 21세기 아시아 문화 시대를 양국이 동행하는 데 일조하고자 주저 없이 한 권의 책으로 묶어 보았다. 다만 깊은 분석·평가를 곁들이지 못하는 한계를 고백할 수밖에 없어 독자 여러분의 넓은 아량을 바랄 뿐이다.

더욱이 본 책은 문화산업 분야 중 산업적 측면이 비교적 강한 TV 드라마 시장, 출판인쇄 시장, 애니메이션(动漫) 시장, 영화 시장, 공연 산업 시장, 다큐멘터리(영화) 산업 시장, 게임 산업 시장 등 7개 분야의 중국 문화 산업시장에 대한 각종 데이터와 전문가들의 분석·평가를 통하여 독자 여러분의 이해를 돕고자 노력했다. 아울러 최근의 중국 문화산업 정책과 문화기업에 대한 자료들을 함께 실어 이해의 폭을 넓히고자 하였다.

그리고 본서에서는 기업의 이름이나 지명 등 고유명사는 혼란 방지를 위하여 중국어(한자 간체자)를 그대로 표기하였는데 독자 여러분의 따가운 질책과 깊은 이해를 구하고자 한다.

모쪼록 이 책이 13억 중국의 문화 산업 시장을 이해하고 접근하는 데 미력이나마 도움이 되기를 바라며, 한편으로 이 책에는 양국 간 문화산업 교류와 협력 사업이 보다 확대 강화되는 데 일조했으면 하는 바람이 녹아있음을 밝혀둔다.

2014. 3.

柳 在 沂

목 차

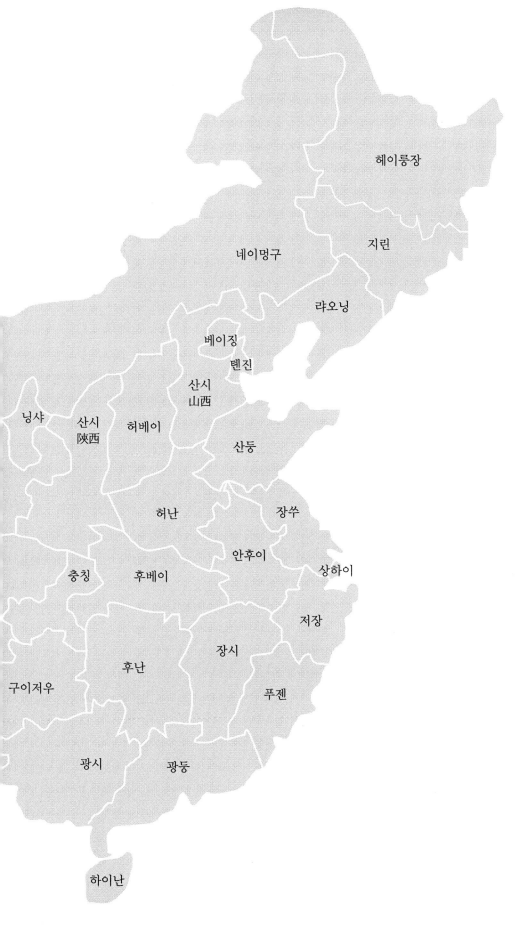

한눈에 알아보는 중국의 문화산업 시장

I. 서설

서설

중국의 문화산업 시장은 한마디로 광활하다. 문화산업의 영역에서 한국과는 다소 다른 면도 있지만 광의의 문화산업 시장은 그 규모가 더욱더 방대하고 점점 확대되어 가고 있는 과정에 있다.

중국 정부는 문화산업을 국민경제의 지주산업으로 인식하고 대대적인 발전책을 시행해 오고 있는 상황이다. 2013년 9월 3일에 발표된 자료에서는 문화 산업이 경제력 증가에 대한 공헌율이 5.5%에 이르고 있다고 했다.

제11차 5개년 규획 기간인 2006~2010년간의 문화사업비는 계속 증액되어 왔는데 문화분야 기본 건설비와 경상관리비, 문화재경비 등을 제외한 순수한 문화사업비만 1220억 4100만 위안(미화 약 184억 2768만 달러)에 이르렀다. 구체적으로 들여다보면 2006년 158.03억 위안, 2007년 198.96억 위안, 2008년 248.04억 위안, 2009년 292.32억 위안, 2010년 323.06억 위안이다.

중국 문화문물통계연감(2013)에 의하면 최근 문화사업비가 다음과 같이 늘어났음을 알 수 있다.

〈최근 3년간 문화사업비 현황〉 (단위: 만 위안)

	2012	2011	2010
합계	4,801,016	3,926,223	3,230,646
중앙	212,300	184,867	152,788
지방	4,588,716	3,741,356	2,716,018

※출처 : 中国文化文物统计年鉴 2013

그런데 중국문화부(계획재무사)가 중국 재정부의 통계를 인용하여 밝힌 자료에 의하면 2010년도의 문화예산(경비)이 525억 위안(미화 약 79억 2728만 달러)으로 2009년보다 10.3%가 인상되어 국가재정 지출의 0.59%를 차지하는 것으로 기술하고 있다. 다만 중국공산당 중앙선전부 소속의 중국문학예술계 연합회(약칭: 문련(文联))와 중국작가협회의 예산을 제외하면 총 500억 위안 내외로 국가재정 지출의 0.56%로 다소 낮아진다. 그러나 12 · 5 규획(제12차 5개년 계획)이 끝나는 2015년까지 문화예산이 국가재정 지출의 1%에 이를 것으로 기대되고 있다.

11 · 5 규획 기간 중앙재정의 지방문화공정 투자액도 계속 증가해왔는데 2006년 2억 4934만 위안, 2007년 8억 9302만 위안, 2008년 21억 6741만 위안, 2009년 30억 5923만 위안, 2010년 36억 5530만 위안이 각각 지원되어 총 100억 2430만 위안(미화 약 15억 1363만 달러)에 이르렀다.

이와 같이 문화 부문 예산이 증액되어 문화산업 각 분야에 지원됨으로써 문화산업을 발전케 하는 동력이 되어 11 · 5 규획 기간(2006~2010년) 중국의 문화산업은 연평균 15% 이상 증가하였다고 평가되고 있다.

'12 · 5 시기(2011~2015년) 규획'이 시작되는 첫 해인 2011년 말 중국의 문화산업 부가가치는 GDP의 2.85%로 1조 3479억 위안(미화 약 2139억 2182만 달러)에 이르렀고 2012년 말에는 GDP의 3.48%로 1조 8,000억 위안(미화 약 2,952억 3,200만 달러)에 이르렀다.

〈중국 문화산업 부가가치 발전 현황〉

연도	2004	2005	2006	2007	2008	2009	2010	2011
문화산업부가가치(억 위안)	3,440	4,253	5,123	6,455	7,630	8,594	11,052	13,479
GDP 점유율(%)	2.152	2.300	2.368	2.428	2.430	2.521	2.753	2.850

※출처: ① 中国动漫产业发展报告(2012) p.321 ② 中国人民日报(2012.11.14일자) ③ 2013 中国文化发展统计分析报告

대체적으로 문화산업 분야의 주무부처인 중국 문화부는 자국의 문화산업 발전에 대한 강한 자신감 속에 다양한 관련 정책들을 추진해왔는데 2004년부터는 5차례에 걸쳐 전국 각지에 '국가급 문화산업 시범기지' 269곳을 비준하면서 국내외 경쟁력 확보를 위한 선택과 집중 정책을 펼쳐온 것으로 알려져 있다.

이와 더불어 중국에는 각종 문화기업(업체)들이 2012년 말 기준으로 240,993개사가 있는데 여기에는 총 1,607,608명의 인력이 근무하면서 2,033억 8,779만 위안(미화 약 323억 5,825만 달러)의 영업 수입을 거두고 있다. 이렇게 많은 문화기업들은 경영 영역별로는 PC방(인터넷 접속 서비스 영업장)이 56.3%인 135,683개사, 오락장소 업체는 90,271개사, 기타 15,039개사로 분류된다.

애니메이션 기업을 보면 총 519개로 여기에는 31,195명의 전문가들이 종사하며 등록 기준으로 볼 때 514개가 내자기업이고 홍콩, 마카오, 대만 투자기업은 2개, 외상투자기업은 불과 3개에 그친다. 유형별로는 만화창작·제작 기업이 365개사로 가장 많고 여기에는 22,714명의 전문인력이 있다.

그뿐만 아니라 전국에는 각종 문화산업원(文化产业园) 건설이 확산되고 있는데 문화산업 집합구, 테마파크, 문화의 거리, 예술가촌, 미디어기업 기지, 영화·드라마 기지, 휴가 바캉스촌 등의 문화산업원이 무려 1만여 개에 이른다고 한다. 널리 알려진 대표적인 문화산업원으로 ① 베이징 798, ② 베이징 시 퉁저우(通州) 구(区) 북쪽에 있는 창의결 집구역 宋庄, ③ 전국 각지의 화가 2,000여 명이 작업하고 있는 선전(深圳)의 大芬油画村, ④ 중국영화집단공사의 화이러우(怀柔) 디지털 제작기지(北京市怀柔区杨宋镇 소재)이며 중국의 할리우드라고 칭하는 横店影视城, ⑤ 시안 취장(曲江)의 국가급 문화산업 시범구 등 그 숫자는 헤아릴 수 없을 정도로 많다.

인터넷 문화도 급속히 발전하여 2012년 말 기준, 네티즌 수가 5억 6,400만 명이며 인터넷 보급률도 42.1%에 달한다. 2011년 말 기준 인터넷을 통한 상거래액이 무려 7,700억 위안(미화 약 1,222억 달러)에 이르렀고, 인터넷 광고수입도 511억 9,000만 위안이었는데 이는 전년도 대비 57.3% 증가한 수치이다. 또한 이는 이미 신문, 잡지 광고수입을 능가한 실적이다.

게임 시장을 보면 2013년 말 기준으로 게임 이용자가 4억 9,500만 명으로 2012년보다 20.7% 증가했다. 그리고 2011년 게임 이용자를 보다 구체적으로 분석하면 3억 2,428만 명인데 네티즌 총수 5억 1,300만 명의 63.2%에 이르고 일일 평균 이용시간도 3시간 이내가 52.1%, 3~5시간 이내는 32.9%, 5~8시간 이내가 10%, 8시간 이상은 5%이며 영업판매액도 32.4%가 증가한 428.5억 위안(미화 약 8억 62만 달러)이라는 데이터를 '2012년 중국 뉴미디어 발전 보고'에서 밝히고 있다.

한편 중국의 경매업협회 통계에서는 2012년도 예술품 경매 거래액이 616억 위안(미화 약 98억 33만 달러)이라고 밝혔는데 전년 대비 6.9% 증가한 숫자이며 2011년도의 경매회사 수는 2010년보다 56개사가 증가한 총 308개사로 파악되었다. 이는 예술품 마니아들이 중국에 약 7,000만 명에 이르고 있다는 것과 무관치 않을 것이다.

문화산업 발전을 위한 기금도 계속 확대되고 있는데 2004~2011년 11월 말까지의 각종 문화산업 기금 규모는 111개 기금에 1,289억 위안(미화 약 206억 1,531만 달러)에 이르고 있고 각급 대형 은행들이 문화 산업분야에 지원한 2011년 10월 말 현재 대출금 잔고가 2,300억 위안(미화 약 365억 300만 달러)에 이르고 있는 현상은 중국의 문화산업 분야에 대한 인식과 관심을 읽을 수 있는 좋은 사례들이다.

11·5 규획 기간(2006~2010년) 중국의 문화산업 발전을 위한 초석이 다져져 있는 상황에서 12·5 규획 기간(제 12차 5개년 계획)의 문화산업 발전은 성숙한 단계로 진입할 것으로 예측이 가능한바, 향후 귀추가 주목된다.

문화산업의 범위가 대단히 넓지만 본서에는 TV 드라마, 영화, 애니메이션(动漫), 출판, 공연산업 시장, 다큐멘터리(영화) 산업시장, 게임산업 시장과 정부의 주요 정책 및 문화기업에 대해 서술함으로써 독자의 이해를 돕고자 한다.

한눈에 알아보는 중국의 문화산업 시장

II. 중국 문화산업 시장

1. TV 드라마 시장

중국은 매년 TV 드라마 제작에 엄청난 규모의 제작비를 투자하는데 2012년도에는 91억 326만 위안(미화 약 14억 4,829만 달러)을 투자했다.

2008년 말 1,974개였던 TV 채널이 3년만에 752개가 늘어나 2011년 말에는 2,726개가 되었다. 물론 뉴미디어의 발달로 채널 수가 계속 증가하고 있는 상황에 이러한 채널에 담을 물건이 다양하게 많이 필요한 것은 당연한 일일 것이다.

2011년도에 중국은 TV 프로그램 중 영화·드라마라고 하는 影視劇를 75,452 시간 신규 제작했는데 이는 TV 프로그램 전체 신규 제작 시간 2,950,491시간의 2.56%에 지나지 않는다. 그러나 영화·드라마의 전체 방송시간은 확연히 다르게 나타난다.

2012년의 경우도 크게 다르지 않다. 영화·드라마류 신규 제작시간은 163,348시간으로 전체 TV 프로그램 신규 제작시간 3,436,301시간의 4.75%에 머물면서 영화·드라마류 방송시간은 TV 프로그램 전체 방송시간 16,753,029시간의 43.2%인 7,359,530시간에 이르고 있다. TV 프로그램 신규 제작시간과 실제 방송시간이 비례하지 않는 이유로 동 분야의 기존 프로그램의 방송이나 신규 제작 프로그램의 재방, 삼방 등을 생각할 수 있을 것이다. 정부의 성급(省級) TV 방송국에 오락물 방송을 가급적 줄이고 뉴스정보 방송시간을 늘려달라고 요청했다. 그럼에도 수년간 영화·드라마 방송시간량을 45% 전후로 유지하고 있다. 따라서 TV 드라마 시장에 대한 제작·생산을 비롯하여 구입과 교환, 시청자들과의 만남, 그리고 뉴미디어와 결합하여 새로운 시장으로 확산하는 과정과 이에 대한 정부의 주요 정책들을 살펴본다.

〈2012년도 중국 TV 프로그램 신규 제작시간 및 동 분야 방송시간 대비〉

구분 / 프로그램류	신규 제작		방송	
	시간	점유율(%)	시간	점유율(%)
합계	3,436,301	100.00	16,985,291	100.00
뉴스정보류	886,905	25.81	2,304,049	13.56
특집서비스류	892,521	25.97	2,022,171	11.91
종합예술지혜류	483,174	14.06	1,454,231	8.56
광고류	555,192	16.16	2,017,196	11.88
영화드라마류	163,348	4.75	7,359,530	43.33
기타류	455,161	13.25	1,828,114	10.76

※출처: 中国广播电影电视发展报告(2013) 및 2013中国第三产业统计年鉴 자료 재정리

〈TV 드라마 제작비 투자 상위 7개 지역 현황〉　　　　　　　　　　　　　(단위: 千元)

지역 / 연도	2009	2010	2011
총계	3,675,240 (약 5억 3,824만USD)	4,633,970 (약 6억 9,971만USD)	7,112,700 (약 11억 2,884만USD)
중앙(CCTV)	244,200	120,000	223,480
베이징(北京) 시	1,241,410	1,619,550	3,021,300
산시(陕西) 성	382,870	556,540	1,049,400
저장(浙江) 성	86,720	151,230	706,650
광둥(广东) 성	303,370	335,390	337,040
장쑤(江苏) 성	111,580	200,730	343,570
상하이(上海) 시	435,360	377,630	336,520

※출처: 2010, 2011, 2012 中国社会统计年鉴 자료 재정리
※주(注): 상기 적용된 환율은 매 익년도 2월, 국가통계국이 발표한 '국민경제와 사회발전 통계공보'에 의한 환율임.
　　2009년 1USD=6.8282위안, 2010년 1USD=6.6227위안, 2011년 1USD=6.3009위안, 2012년 1USD=6.2855위안

이러한 현상에서 TV 드라마 시장에도 이미 철저한 시장경제 논리가 팽배해 있다는 것을 감지할 수 있다.

특히, 국가 라디오·영화·텔레비전 총국(이하 광전총국广电总局) 발전연구 중심이 2009년 5월에 펴낸 '2009年 中国广播电影电视发展报告(Report on Development of China's Radio, Film and Television)' 72페이지에서 2008년 전국의 1,974개 TV 채널 중에 89.4%인 1,764개 TV 채널에서 드라마를 방송하고 있다고 지적했다. 이와 같이 영화·드라마 프로그램인 影視劇방송은 TV 방송 프로그램 중 으뜸을 차지한다.

〈중국 TV프로그램 影視劇 전체와 제작·방송 대비표〉

구분 / 연도	2008	2009	2010	2011	2012
TV프로 총제작시간	2,641,949	2,653,552	2,742,949	2,950,491	3,436,301
影視劇 제작시간	58,616 (2.22%)	66,899 (2.52%)	93,536 (3.41%)	75,452 (2.56%)	163,348 (4.75%)
TV프로 총방송시간	14,953,362	15,776,767	16,355,043	16,753,029	16,985,291
影視劇 방송시간	6,629,026 (44.33%)	6,982,130 (44.26%)	7,274,866 (44.48%)	7,364,317 (43.96%)	7,359,530 (43.32%)

※주: 괄호 속의 숫자는 전체에 대한 백분율임.
※출처 ①2008年中国广播电影电视发展报告 ②2009, 2010, 2011, 2012, 2013 中国第三产业统计年鉴 자료 재구성

이러한 영화·드라마의 TV 방송시간은 국영 CCTV와 지방 성급 TV 방송 및 기타 지방 TV 방송국이 각각 차이를 보이고 있다.

〈影視劇 TV 방송국 지역별 방송 대비표〉 (단위: 시간)

구분 / 연도	2009년		2010년		
	CCTV	성급 TV	CCTV	성급 TV	기타지방TV
총방송시간	174,314	15,602,453	224,266	2,098,857	14,031,920
影視劇 방송시간	37,588	6,944,542	52,479	753,615	6,468,615

구분 / 연도	2011년			2012년		
	CCTV	성급 TV	기타지방TV	CCTV	성급 TV	기타지방TV
총방송시간	251,909	2,169,379	14,331,741	268,458	2,239,346	14,477,487
影視劇 방송시간	53,450	809,499	6,501,368	56,372	799,568	6,503,590

※출처: 2010, 2011, 2012, 2013 中国社会统计年鉴 및 中国第三产业统计年鉴 자료 재구성

앞의 표에서 TV 드라마 방송은 연간 방송량의 99% 이상이 지방 TV 방송국에서 방송되는 것을 알 수 있다. 2008년 99.49%, 2009년 99.46%, 2010년 99.28%, 2011년 99.28%, 2012년 99.24%라는 비중이 이를 증명해주고 있다. 중앙텔레비전 방송국에서의 드라마 방송은 2008년 0.51%, 2009년 0.54%에서 2010년과 2011년에 각각 0.72%로 다소 늘어났으며 2012년 0.76%였으나 지극히 미약하고 성급(省級) TV 방송국은 대체적으로 10~11%를 맴돈다. 이는 지방보다 중앙의 TV프로그램이 드라마보다는 일반 뉴스류에 할애하는 시간이 비교적 많다는 얘기이기도 하다.

가. 제작·생산

1958년 5월 1일 당시 베이징 텔레비전 방송국(현 중앙텔레비전 방송국, CCTV)이 설립되고 같은 해 6월 15일 방송된 〈一口菜饼子〉가 중국 TV 드라마 방송의 효시로, 이후 드라마가 끊임없이 국민의 사랑을 받아 온 결과 2011년에는 469편 14,942집분의 드라마를, 2012년도에는 506편 17,703집분을 제작·생산하고 배급하였다.

〈연도별 TV 드라마 제작·생산 발행(배급)허가증 발급 현황〉

연도	2006	2007	2008	2009	2010	2011	2012
허가증수수 TV 드라마 제작·생산량	500편 13,847집	529편 14,670집	502편 14,498집	402편 12,910집	436편 14,685집	469편 14,942집	506편 17,703집

※출처: 2011, 2012 中国广播电影电视发展报告 및 2012年 国民经济和社会发展统计公报 자료재정리

중국 TV 드라마 방송의 역사는 영국의 1930년, 미국의 1948년, 일본의 1953년보다 상당히 늦은 1958년에 2편을 시작으로 1959년 14편, 1960년 12편, 1961년 13편, 1962년 18편, 1963년 11편, 1964년 6편, 1965년 13편 등이 각각 제작되었다. 오늘날에는 수량의 문제가 아니라 시청자들이 요구하는 다양하고 질 좋은 콘텐츠 제작에 투자와 노력이 집중되고 있다.

'TV 드라마 허가증(갑증/을증)'을 보유한 제작사만 제작·생산이 가능하고 방송 시에도 제작·생산된 드라마에 대한 심사비준을 받아야 방송이 가능하다. (广播电视管理条例 : 국무원령 제 288호/ 广播电视节目经营管理规定 : 광전총국령 제34호)

〈라디오 · 텔레비전 프로그램 제작사 현황〉

구분 / 연도	2007	2008	2009	2010	2011	2012	2013
TV 드라마제작허가증(갑종) 보유업체 수	117	117	132	132	129	130	137
TV 드라마제작허가증(을종) 보유업체 수	–	10	6	6	6	6	6
R/TV 프로그램제작경영허가증 보유업체 수	2,452	2,874	3,343	3,343	4,678	5,363	6,175

※출처: ① 2008년中国广播电影电视发展报告 ② 中国广播电影电视发展报告(2013)
③ 중국광전총국 sartf@china.sarft.gov.cn (2011.5.6. 办公厅및 2012.4.16 传媒司) 자료 재구성

TV 드라마 업무는 광전총국 드라마 관리사(管理司)에서 관장하는데 이 기구는 TV 드라마를 TV 산업의 중요한 축의 하나로 보고 2004년 3월에 설치되었다.

한편 TV 드라마 제작사나 TV 프로그램 제작경영허가증을 정부로부터 비준 받기가 쉽지 않다. 2011년의 경우, R/TV 프로그램 제작경영허가증 신청 업체 중에 595개 업체가 불합격되었고 2012년도에는 410개 업체가 불합격 판정을 받은 결과 최종 합격업체 수는 5,363개사가 되었다. 이렇게 R/TV 프로그램 제작경영허가증 취득이 어려운 것은 TV 프로그램이 시청자들에게 미치는 영향이 크고 중국의 경제발전과 더불어 국민의 문화적 수준이 점차 향상된 것, 그리고 시장의 건전성 확보 추구와도 관련이 있는 것으로 분석할 수 있다.

TV 드라마 제작허가증(갑종) 신청 자격은 연속해서 2년간 6편 이상의 TV 단막극이나 3편 이상의 TV 드라마(1편 당 최소 3집 이상)를 제작 · 생산한 실적을 가져야 하기 때문에 발급받기가 비교적 까다로운 것으로 알려져 있다. TV 드라마 제작허가증(을종)은 군(軍) 계통의 제작기관들에 해당된다. 즉 ① 광저우 군구 정치부 TV 예술중심, ② 청두 군구 정치부 TV예술중심, ③ 란저우 군구 정치부 TV예술중심, ④ 해군 정치부 TV예술중심, ⑤ 총장비부 TV 예술중심, ⑥ 베이징 군구 정치부 전우(战友) TV 예술중심이 그것이다.

2009년도 TV 드라마 제작허가증(갑종)을 보유한 132개 업체와 당시 3,343개 업체였던 R/TV 프로그램 제작업체들의 등기된 자금은 400억 위안(미화 약 58억 5806만 달러)에 고정자산 300억 위안에 이르러 건실했다는 평가를 받았다.

특히 TV 드라마 제작허가증(갑종) 보유업체의 25%가 민영제작업체인 점이 주목을 받고 있다.

2012년도 TV 프로그램 제작경영허가증을 받은 업체가 5,363개인데 이는 2011년에 허가를 받아 2012년에 제작·생산할 수 있는 업체를 말한다. 따라서 2010년보다 2011년에는 685개 업체가 신규로 허가를 받은 것인데, 그 증가율도 14.64%에 달한다. 대체적으로 광둥 성을 비롯한, 경제적으로 부유한 연해지역에서 늘어났다.

광둥 성은 TV 프로그램 제작경영업체가 865개사로 전체 업체의 16%나 차지하고 2011년 1년 동안에 114개 업체가 신규로 생겨났다. 저장 성은 광둥 성과 마찬가지로 114개 신규업체가 늘어나 총 660개 업체로 등기자금만 62.2억 위안이며 민영기업이 전성(全省) 총 업체 수의 90%가 넘는다. 장시(江西)성도 45개 업체가 들어서 있다. 2012년도 주요 지역별 R/TV 프로그램 제작사 증가 현황을 보면 베이징 시는 414개사가 증가하여 총 1,577개사이고, 상하이 시도 95개사가 증가하여 총 542개사이다. 그리고 저장 성 690개사, 광둥 성 607개사, 톈진 시 137개사, 장쑤 성은 338개사이다. 특히 장쑤 성 338개사 중 84%인 280개사가 민영 제작사이다. 이렇게 베이징, 저장 성, 광둥 성, 상하이, 장쑤 성 등 5개 지역이 3,754개사의 R/TV 프로그램 제작경영허가증을 보유하고 있는데 이는 전체의 60.79%에 이른다.

중국은 일반적으로 TV 드라마 제작·생산을 시대별·제재별로 구분한다. 시대별 구분은 ① 당대(当代: 1949~현재), ② 현대(现代: 1919~1949년), ③ 근대(近代: 1840~1919년), ④ 고대(古代: 1840년 이전)로 하고 중대(重大)라고 하는 별도 구분을 하고 있는데 이는 주로 중요한 혁명과 역사물을 통계로 잡고 있다.

1840년 이전의 고대에는 전기(传奇)나 신화(神话), 궁정(宫廷)의 애기들이 많고 근대에도 근대의 전기(传奇), 혁명, 근대도시 등에 대한 작품들이 많다.

그런데 TV 드라마 제작비도 앞에서 지적했듯 연간 투입되는 제작비 규모가 적지 않다. 2009년 3,675,240,000 위안에서 2010년 4,633,970,000 위안으로 뛰었고, 2011년에는 다시 7,112,700,000 위안으로 껑충 뛴 것이 예사롭지 않다.

좀 더 구체적으로 접근해 보면 2012년도에는 총 9,103,260,000위안(미화 약 14억 4,826만 달러)를 투자하여 총 815편 27,156집 분량을 제작·생산했는데 이 중 정부의 발행허가증을 받은 드라마는 506편 17,703집 분량에 그쳤다. 그만큼 정부의 발행허가증을 받는 데 상당한 어려움이 있음을 알 수 있다. TV 드라마 제작·생산 투자액에 있어 지방의 성급(省级) TV 방송국 투자액이 총 8,159,270,000위안(미화 약 12억 9,811만 달러)으로 총 투자액의 89.6%를 차지하고 있으며, 제작·생산량도 638편 21,153집분에 이르고 있다.

시대별·제재별 드라마 제작·생산 현황을 깊이 있게 들여다보면 역시 1949년 신중국 성립 이후 현재까지인 당대(当代)의 드라마의 비중이 거의 절반을 넘고 있다.

〈연도별 TV 드라마 제작생산 허가증 취득 시대별 현황〉

시대 / 연도	2007		2008		2009	
	수량	백분율(%)(편/회)	수량	백분율(%)(편/회)	수량	백분율(%)(편/회)
당대	354편 9,423집	66.9 64.2	321편 8,740집	63.9 60.3	218편 6,629집	54.2 51.3
현대	34편 971집	6.4 6.6	21편 544집	4.2 3.7	29편 909집	7.2 7.1
근대	87편 2,598집	16.4 17.7	104편 3,531집	20.7 24.4	112편 3,874집	27.9 30.0
고대	40편 1,286집	7.6 8.8	45편 1,364집	9.0 9.4	31편 1,124집	7.7 8.7
중대	14편 392집	2.7 2.7	11편 319집	2.2 2.2	12편 374집	3.0 2.9
계	529편 14,670집	100 100	502편 14,498집	100 100	402편 12,910	100 100

시대 / 연도	2010		2011	
	수량	백분율(%)(편/회)	수량	백분율(%)(편/회)
당대	256편 7,980집	58.9 54.3	220편 6,566집	46.9 43.9
현대	15편 477집	3.4 3.3	17편 548집	3.6 3.7
근대	105편 3,884집	24.1 26.5	158편 5,114집	33.7 34.2
고대	53편 2,099집	12.2 14.3	61편 2,322집	13.0 15.5
중대	7편 245집	1.6 1.6	13편 392집	2.8 2.7
계	436편 14,685집	100 100	469편 14,942집	100 100

※출처: ① 2012 中国广播电影电视发展报告 pp.60~61 자료
② 中国广播电影电视总局china.soft.gov.cn(电视剧管理司) 2008.1.28, 2009.2.19, 2010.2.3, 2011.1.21) 자료 재구성

중국은 어렵게 TV 드라마가 제작·생산되어 TV 전파를 타고 시민들의 안방에서 사랑을 받기까지 절차가 다소 까다롭고 복잡하다.

2008년 5월 1일자로 공포·시행되고 있는 '중국 국산 TV 드라마 발행(배급) 허가증 신청절차'에 따라 각종 관련 제출 서류와 자료를 첨부, 신청서를 해당 정부기관에 제출하

여 심의를 거쳐 비준을 받아야 하기 때문이다.

광전총국 내에도 TV 드라마 심의위원회를 두고 있고 각 성에도 TV 드라마 심의위원회를 두고 있으며 중앙텔레비전방송국(CCTV)은 자체 심의토록 위탁해 놓고 있고 군(軍)계통은 해방군 총선전부 예술국에서 심의가 이루어진다.

TV 드라마를 소재별로 분류하면 단연 사실에 근거한 현실성에 큰 비중을 두고 있고 그 다음이 역사물이다. 50% 이상의 TV 드라마가 사실물이다. 따라서 중국 TV 드라마는 대체적으로 1949년 신중국 성립 이후 현재까지의 당대(当代)의 현실적인 사실물이 대세를 이루고 있는 것으로 분석할 수 있다.

2010년 11월 '중국 국가광전총국 발전연구중심'과 '후난 R/TV 방송국' 과제팀이 공동으로 2009년도를 기준으로 80개 TV 드라마 제작사를 대상으로 제작생산량을 조사했는데 연간 111편 3,722집분을 생산, 1개 제작사가 평균 47집분을 만든 것으로 나타났다. 이중에 100회 이상을 제작·생산한 업체가 13개사였고 가장 적게 제작·생산한 업체의 생산량은 겨우 30집에 불과한데 이러한 업체가 50%에 달했다.

〈연도별 TV 드라마 제작·생산 허가증 취득 소재별 현황〉

소재별 / 연도	2007		2008		2009	
	수량	백분율(%) (편/회)	수량	백분율(%) (편/회)	수량	백분율(%) (편/회)
현실적 사실물	388편 10,394집	73.3 70.9	342편 9,284집	68.1 64.0	247편 7,538집	61.4 58.4
역사물	141편 4,276집	26.7 29.1	149편 4,895집	29.7 33.8	143편 4,998집	35.6 38.7
중대 (重大)			11편 319집	2.2 2.2	12편 374집	3.0 2.9
계	529편 14,670집	100 100	502편 14,498집	100 100	402편 12,910집	100 100

소재별 / 연도	2010		2011		2012	
	수량	백분율(%) (편/회)	수량	백분율(%) (편/회)	수량	백분율(%) (편/회)
현실적 사실물	271편 8,457집	62.2 57.6	237편 7,114집	50.5 47.6	284편 –	56.1 –
역사물	158편 5,983집	36.2 40.7	219편 7,436집	46.7 49.8	216편 –	42.7 –
중대 (重大)	7편 245집	1.6 1.7	13편 392집	2.8 2.6	6편 243집	1.2 1.4
계	436편 14,685집	100 100	469편 14,942집	100 100	506편 17,703집	100 100

※출처: 中国广播电影电视总局(电视剧管理司 2008.1.28, 2009.2.19, 2010.2.3, 2011.1.21) 및 中国广播电影电视总局(办公厅 2012.2.2), 中国广播电影电视发展报告(2013) p.48 자료 재정리

적지 않은 업체가 연간 1편의 드라마 제작도 버거우며 심지어 2년에 1편의 드라마를 제작하는 업체도 있다. 여기에는 자금 확보 문제, 인력과 기술의 취약성 등 여러 가지 문제점이 있을 수 있으나 대체적으로 업체의 영세성을 지적할 수밖에 없다. 인적자원 한 영역을 봐도 어떤 업체는 384명의 기술인력, 행정인력, 영업인력을 골고루 확보하고 있는 데 반해 어떤 업체는 고작 4명이 작업을 하는 업체도 있으니 더욱 어려움이 가중될 수밖에 없을 것이다.

이렇게 연간 엄청난 규모의 TV 드라마 제작비를 투입하여 제작·생산된 드라마는 대부분 TV 방송사가 구입해 간다. 91.7%를 TV 방송국에서 구입하고 2.8% 내외는 해외로 판매되며 인터넷 등 뉴미디어 쪽에 약 3% 내외가 팔린다.

'국가광전총국 발전연구 중심'과 '후난성 R/TV 방송국' 공동과제팀이 작성한 '중국드라마산업 발전연구보고(2011.1 중국 R/TV 출판사 출판)'에 의하면 2009년도를 기준으로 하여 지방의 현급(县級) TV 방송을 제외한 전국의 주요 대도시 TV 방송국 319개를 대상으로 한 앙케트 조사 중에서 TV 드라마 중에 정저우 화관(华冠)문화예술전파유한공사가 제작한 〈都是咱爹妈〉가 240회로 가장 길고, 간쑤성 룽린(龙霖)影视业유한공사의 〈梨村沟往事〉가 2회로 가장 짧았다. 중국에서는 50회를 1편으로 기준을 삼고 있는 것을 감안한다면 특이한 일이다.

그리고 제작비 비중으로는 TV 방송국 자체 제작비 투자가 64.1%로 가장 많고 그 다음은 TV 방송국 자체 TV 드라마 구입자금 예치금이 5.8%, 타 업체의 투자가 9.2%, 정부 지원금이 1.2%로 나타났다. 그런데 이렇게 만든 TV 드라마는 모두가 다 팔려 나가는 것이 아니고 당해연도 판매된 것이 69.4%, 판매의향서가 제출된 경우가 14.4%인데, 팔지 못하고 있는 TV 드라마도 16.2%에 달하고 있어 제작사들의 고민이 깊어질 수밖에 없는 실정이다. 이러한 현상은 여러 가지 요인들이 작용했을 수 있으나 가장 중요한 것이 시청률 문제로 귀착될 것이고 시청률이 확보되지 못한 드라마는 광고수입을 담보할 수 없기 때문에 창고에서 기다릴 수밖에 없을 것이다. 광고수입은 TV 방송국의 생존과 직결되는데 결국 드라마 콘텐츠의 질이 가장 중요하다.

그리고 2009년도 당시의 319개 TV 방송국 등을 포함한 자료에서의 제작사들의 기본 현황에서 민영 제작사가 55.0%로 가장 많았고 방송계통의 TV 드라마 제작사가 36.3%로 그 다음을 차지한다. 방송 계통의 TV 드라마 제작사는 TV 방송국 소속사 21.3%, 비 TV 방송국 소속사 15.0%로 다시 구분된다. 방송 계통 외국회사는 6.2%, 기타가

2.5%였다.

이러한 TV 드라마 제작사들의 회사 설립 시기는 10년 이상이 된 회사가 40.85%, 5~10년 사이가 28.17%, 2~5년 사이가 21.13%였으며 이제 막 걸음마 수준의 2년 이하의 회사도 9.86%였다.

그런데 2009년 당시 319개 전국 주요 TV 방송국을 대상으로 조사한 데이터는 지방 현급 TV 방송국 1,992개와 라디오 방송국 251개, 교육TV 방송 44개를 제외하고 사실상 중국 전역을 대상으로 한 것으로 데이터에 상당한 신빙성이 있다고 봐야 한다.

나. 교역

TV 드라마가 TV 방송 프로그램에 중요한 역할을 담당하고 있고, 수년 동안 TV 프로그램 총 방송시간의 45% 전후를 드라마가 지키고 있다는 것을 이미 앞에서 언급했다.

TV 프로그램의 상당 부분을 차지하고 있는 TV 드라마가 어떠한 작용을 하고 있는지를 파악하고자 우선 연간 중국 TV 프로그램 신규 생산과 구입 및 교환 시간량과 더불어 중국 국내 판매액을 다음 표와 같이 각종 자료를 모아 재구성했다.

역시 TV 프로그램 전체를 보면 매년 당해연도 신규 제작된 작품의 시간보다 구입하거나 교환하여 활용하는 TV 프로그램의 시간량이 월등히 높다. 특히 TV 드라마를 포함한 프로그램 국내 판매액의 급속한 증가는 눈여겨볼 만하다.

2009년도의 경우 TV 프로그램 국내 판매액 3,169,534,400위안 중 TV 드라마 판매액이 2,215,690,000위안으로 약 67%를 차지하고 애니메이션 판매액도 415,790,000위안으로 13%나 된다. 따라서 TV 프로그램 판매액의 70% 정도가 TV 드라마로 볼 수 있다.

<중국 TV 프로그램 연도별 생산·구입 및 교환 시간 증가 추세>   (단위: 시간)

구분 / 연도	2006	2007	2008	2009	2010	2011
신규 제작생산 TV 프로	2,618,000	2,553,300	2,641,900	2,653,600	2,742,900	2,950,500
증감률(%)	2.51	−2.47	3.47	0.44	3.37	7.56
구입교환 TV 프로	3,701,000	4,503,000	4,447,400	4,722,457	5,239,600	5,618,000
증감률(%)	9.80	9.51	9.73	6.19	10.95	7.22
TV 프로그램 국내판매액 (위안)	2,079,438,900	2,270,076,100	2,420,661,200	3,169,534,400	5,021,542,200	–
증감률(%)	29.24	9.17	6.63	30.94	58.43	–

※출처: ① 2011 中国广播电影电视发展报告 p.59, p.60 자료 및
② 2012 中国广播电影电视发展报告 p.73 자료 재구성

'중국 국가광전총국 발전연구 중심'과 '후난성 R/TV 방송국' 과제팀이 공동조사·연구한 '중국 드라마 산업 발전연구보고'에서 나타난 2009년 데이터를 근거로 하면 다음과 같은 분석이 가능하다.

당시 전국 주요 대도시 TV 방송국을 사실상 대표하는 319개 TV 방송국의 드라마 구입 자금 총액이 총 TV 프로그램 경비의 80.4%로 나타났는데, 이는 2007년의 42%, 2008년의 53%에서 2009년 80.4%로 전년도보다 27.4%나 껑충 뛴 것이다.

TV 드라마가 방송국에 판매되는 가격은 방송국에 따라 다르고 방송 시간대와 첫 방송과 재방 여부에 따라서도 다르다. 2~3년 전에는 대체적으로 TV 방송국이 구입한 드라마의 1집당 평균 구입가는 7,763위안이었으며 첫 방영 드라마는 조금 높은 가격인 1집당 9,239위안 정도였다.

조금 세분하면 프라임 시간대에 방영되는 드라마의 평균 구입가는 껑충 뛰어 1집당 12,700위안(미화 1,860달러)이었다. 각 성회(省会: 성의 성도, 성정부 소재지) TV 방송국의 드라마 평균 구입가가 1집당 10,200위안이지만 성급(省级) TV 방송국에서 구입하는 TV 드라마의 1집당 평균 구입가는 지시급(地市级)보다 훨씬 비싼 28,300위안이며 프라임 시간대는 36,800위안이다. 특히 이러한 성급 TV 방송국은 드라마 구입에 TV 프로그램 총 구입비의 평균 73.6%를 쓰고 위성채널에서는 총 구입비의 78.3%를 TV 드라마 구입에 쓴다.

성회(省会) TV 방송국이 드라마 구입비로 TV 프로그램 총 구입비의 평균 81.8%를 사용하고 있는 실태를 보면 TV 드라마와 TV 방송국과의 관계를 직시할 수 있다. 철저한 상생관계로 보면 타당할 것 같다.

지방 TV 방송국인 지·시급 TV 방송국은 그 숫자는 1900여 개에 달하고 있으나 TV 드라마 평균 구입가는 성급 TV 방송국의 구입가와는 비교가 되지 않을 정도로 낮은 1회당 2,100위안이다. 프라임타임 시간대 방송용 드라마는 다소 올라 2,556위안에 거래가 된다. 이러한 TV 드라마의 구입가는 제작비 증가로 계속 오르고 있다.

드라마 시청률이 가장 높은 전국의 34개 위성TV의 외부드라마 구입비는 다소 높다. 위성TV 채널 간에는 치열한 경쟁이 존재한다. 특히 드라마 쟁탈전은 더욱 치열하여 추가 예산을 사용하는 경우가 많다.

2005년 9월 후난위성TV에서 한국 드라마 〈대장금〉의 독점방영권을 확보한 후부터 성급 위성방송국들의 '독점방영'이 이어졌다. 당시 후난위성TV가 '대장금'을 독점 방영하면서 800만 위안을 투자했는데 광고수입만 4,000만 위안을 올렸으니 방송계에서는 시샘의 눈초리가 역력했다는 후문이다.

2005년 11월 저장(浙江) 위성TV가 처음으로 독점방영권 확보에 따른 비용절감 등을 위해 자신 외에 3개 성급 위성TV와 1개의 지상TV 채널이 공동 구매하는 소위 '4+1' 방식을 채택하여 당시 쓰촨(四川) TV 페스티벌 개최 시 일부 거래가 되었고 2009년에는 CCTV도 이에 참여, 〈큰 형님의 행복〉을 구입하고 그 다음 해에는 후난위성TV도 〈양귀비 비사, 杨贵妃秘史〉의 방영권과 판권을 구입했다.

매년 전국 각급 TV 방송국에서 드라마 구입비로 수십 억 위안을 사용하는데 이 중에 성급 위성TV 방송국이 60% 이상을 점하고 있다는 것이 업계의 설명이다. 2010년 5월 국가 라디오·영화·텔레비전 총국(약칭: 광전총국)이 위성TV 채널의 드라마방송제한령을 발표한 이후에도 각 위성TV 채널의 드라마 구입 예산은 감소하지 않았다. 장쑤(江苏) 위성TV와 안후이(安徽) 위성TV는 2010년 드라마 구입비로 각각 3억 위안과 4억 위안을 지출했다.

그리고 2012년도 베이징에서는 191개사가 제작·생산한 드라마 365편 11,000집분이 30억 위안에 거래되어 2011년보다 거래액이 상당히 증가했다.

여기서 중국의 드라마 시장이 어떻게 거래 단계를 이루어 왔고 또 현재 어떻게 거래되고 있는지 그 특징을 살펴보자.

1) TV 프로그램 교역의 특징

1983년 정부의 TV 방송 분류에 대한 중요한 방침이 하달되고 전국의 성급 TV 프로그램 교류망이 출현하면서 TV 프로그램의 교류가 시작되었는데 1985년에는 다시 도시 TV 방송 프로그램 교류 네트워크가 조직되면서 주요한 전환점을 맞게 된다. 1986년 상하이 TV절, 1989년 베이징 국제 TV 주간 등이 개최되면서 TV 프로그램 교류가 무상으로 시작된다.

이러한 진행 과정을 거쳐 1992년 중국공산당의 제14차 당 대회 때 중국은 사회주의시장경제 체제 확립을 개혁 목표로 설정하는데 이것이 TV 사업에 일정한 영향을 끼치면서 각 지방 TV 방송국은 TV 프로그램 물물교환기에 접어든다.

각 TV 방송국의 원가 계산이 진행되고 드라마의 생산과 유통 부분도 시장화되기 시작한다. 전국의 각 성급 TV 방송국들은 드라마 상호교환을 요청했고 이에 등가(等价) 교환이 실현되었다.

동시에 TV 프로그램 교류망의 폐단도 나타났지만 점진적으로 시장거래 과도기에 접어들었다. 1992년의 경우 프로그램 교환량이 비교적 많았는데 170편에 이르렀고 복제량도 2만 시간, 배급도 150개 TV 방송국에 이르렀다.

사회주의시장경제 체제가 점진적으로 완성됨에 따라 정부는 TV 방송국이 독자적으로 경영해 나갈 수 있도록 체질강화책을 시행하면서 정부지원은 점점 줄어들게 되었다. 각 TV 방송국도 상품경제 의식과 경영의식이 확산되고 광고수입이 TV 방송국 경영의 주된 수입원이 됨으로써 TV 프로그램 시장이 형성되는 과정들을 거쳐왔다. 따라서 1990년대에는 드라마 교역시장의 발전에 따라 TV 드라마의 해외수출입이 진행되었다.

당시 홍콩, 대만, 싱가포르, 한국 등의 드라마가 중국 대륙에 많이 진출했다. 1990~1995년 사이 대만의 TV 드라마 90편이 중국에 수입되어 시청자들에게 신선한 충격을 주었다. 중국의 드라마도 해외로 팔려나갔는데 〈삼국연의〉가 대만과 일본에 1집당 미화 8,000달러에 거래되고, 1997년 〈수호전〉이 대만에 1집당 미화 16,000달러에 판매되었다.

1996년 9월 광전총국(당시는 라디오·영화·텔레비전부)과 베이징시 라디오·텔레비전국이 처음으로 '전국 국산 TV 프로그램 전시교역회'를 공동 개최하였는데 이것이 TV 프로그램 교역시장의 기점이다. 이후 중국 내 각지에서 TV 프로그램 교역시장이 사실상 본 궤도에 이르렀다.

방영권 교역 내용에서는 다른 나라와 같이 첫 방영권 그리고 2차 방영 및 다차 방영권과 중계권으로 거래가 이루어졌다. 방영권 거래와 관련된 권한은 대단히 복잡한데 대체적으로 방영 횟수, 시간, 구역 등이 포함된다. 물론 음향·영상권(音像权), 시나리오 등의 교역도 포함된다.

2004년 광전총국이 동일한 드라마를 4개 위성TV 채널 동시 방송으로 규정하면서 첫 위성 방영권 거래가 생겼다. 동일한 드라마의 4개 위성TV 방송국 동시 방송에 대한 각 성급 방송국의 선호도는 35.7%에 이르고 3개 위성TV 방송국 동시 방송 선호도는 21.4%, 2개 위성TV 방송국 동시방송 선호도는 25.0%였다.

그러나 TV 프로그램 제작사들은 TV 프로그램을 직접 방영하여 수익모델을 찾는 각 성급 TV 방송국들과는, 동시방송에 대한 선호도의 차이가 있다. 프로그램 제작사의 4개 위성TV 방송국 동시 방송 선호도는 46.9%로 각 성급 TV 방송국 선호도 35.7%보다 높다. 5개사 또는 그 이상의 위성TV 방송국 동시 방송 선호도도 21.9%나 되고 2개사 동시 방송은 17.2%, 3개사 동시 방송은 7.8%다. 역시 한꺼번에 많은 양의 TV 프로그램을 송출하면 수요가 늘어날 것이라는 계산이 깔린 것 같다.

드라마의 공급자는 민영제작사, TV 방송국 제작 중심, 그리고 전문 배급대행사 등이 있는데 제작 수량의 80%는 민영제작사들로, 그들이 드라마의 주요 공급자이다.

드라마의 수요자는 CCTV, 위성TV 방송국, 도시TV 방송국, 기타 지상파 TV 채널로 구성된다. TV 드라마는 각 성급 TV 방송국에서 가장 많이 방송을 내보내는데 평균 32%가 드라마 방송이다.

기존에는 각종 교역회에서 TV 방송국들과 거래가 많이 이루어져 왔으나 인터넷 방송의 등장으로 인터넷 방송 드라마 판권 가격이 점점 오르고 있다.

2005년 이전에는 인터넷을 통한 수입 창출을 기대하지 않았으나 2005년에 접어들면서 대부분의 동영상 웹사이트에서 해적판 드라마를 방송하기 시작했는데 이것이 거래가 되는 상황으로 발전, 1편당 500위안 전후로 판매가 되었다.

2006년에 와서는 해적판 드라마가 인터넷 방송에서 1십당 500위안에 거래가 되고 2007년에는 가격이 앙등하여 1집당 500~1,000위안이 된다. 2008년에는 드라마 독점 판권이 1집당 2,000~3,000위안이었는데 〈武林外传〉 81집이 10만 위안에 포털사이트 시나닷컴(新浪)에 팔렸다. 2009년에는 인터넷의 드라마 판매가가 폭등했는데 인기 있는 드라마의 경우 1집에 3~4만 위안이었다.

2009년 말 湖南经视문화전파 유한공사는 드라마 〈佳期如梦〉의 인터넷 판권을 베이징 盛世骄阳문화전파 유한공사에 200만 위안에 예약해 주었다.

2010년에는 인터넷 드라마 판권 가격이 또 올랐는데 새로 나온 〈三国〉은 1집당 15만 위안, 〈手机〉는 1집당 20만 위안으로 껑충 뛴다. 후난위성 TV가 촬영한 〈一起去看流星雨〉와 〈娱乐没有圈〉은 1회당 각 12만 위안에, 〈홍루몽〉은 20만 위안에 거래가 되었다. 인터넷 드라마의 판권 가격이 급등하게 된 원인으로는 인터넷 드라마의 주된 고객 연령층이 15~45세인데 이들에게 인터넷은 하나의 유행문화로서 확산되었기 때문이다. 유료 TV를 보는 것보다 인터넷으로 보는 비용이 상대적으로 싸며 네티즌들의 클릭률이 대폭 상승함으로써 이것이 드라마 영업 판매에 영향을 주었기 때문으로 분석된다.

그러나 2012년도에 와서는 인터넷의 드라마를 포함한 영상물 판권 구입 가격이 대폭 하락했는데 2012년 1/4분기 TV 드라마의 인터넷 판권 거래량이 동기 대비 30~40%가 감소했다. 따라서 판권 가격도 30% 전후로 내려간 것으로 파악되었다.

〈중국의 네티즌 규모 및 인터넷 보급률 변화 추세〉

구분 / 연도	2005	2006	2007	2008	2009	2010	2011	2012	2013
네티즌 수(만 명)	11,100	13,700	21,000	29,800	38,400	45,730	51,310	56,400	61,800
인터넷 보급률(%)	8.5	10.5	16.0	22.6	28.9	34.3	38.3	42.1	45.8

※출처: 2010, 2011, 2012 中国广播电影电视发展报告, 中国新媒体发展报告(2011 p.3) 및 2012年 및 2013年 国民经济和社会发展统计公报 자료 재정리

그밖에 농촌 지역의 99.3%가 인터넷 접속이 가능하고, 농촌 지역 96% 정도가 초고속 망 접속이 가능해지면서, 일반 TV를 통한 드라마 시청도 점차 감소하는 추세다.

2) 주요 교역 시장

TV 프로그램을 포함한 TV 관련 설비, 전문세미나 개최 등 종합적이고 체계적인 대형 교역시장 형성은 2000년대에 접어들면서 나타났고 1986년 12월 10일 처음 개최한 '상하이 TV 페스티벌'이나 1991년 9월 24일부터 29일까지 개최한 서부 지역 중심도시인 쓰촨 성 청두(成都)의 '제1차 쓰촨 TV페스티벌'은 초기에는 모두 내실을 기하지 못했다.

연도	2005	2006	2007	2008	2009	2010	2011	2012
판매액	11	14	15	16	21	36	76	86.73

※출처: ① 2010년, 2011년, 2012년 中国广播电影电视发展报告 ② 中国社会统计年鉴 2013 자료 재정리

'상하이 TV페스티벌'은 초기 2년마다 개최해 오다가 2002년에 와서 매년 개최하는 연례행사로 개최주기를 변경했다. '쓰촨 TV페스티벌' 역시 나날이 규모화되고 국제화되는 등 크게 발전해왔다. 그리고 2003년 8월 25일부터 29일까지 베이징에서 개최한 '제1차 중국 국제 라디오 · 영화 · 텔레비전 박람회'는 당초 1987년 8월 베이징에서 개최한 '제1차 라디오 · 영화 · 텔레비전 전시회(일명 제1차 베이징 국제 텔레비전 설비전)'를 개칭하면서 2003년 박람회 성격으로 변경한 것이다. 따라서 현재 중국에서는 상하이 TV 페스티벌, 청두 TV페스티벌, 베이징 국제박람회, 이 3대 대형 교역시장이 중국을 대표한다고 보는 것이 일반적인 시각이다.

이 3대 교역시장 외에도 2002년 5월 21일 '중국 라디오 · 영화 · 텔레비전 프로그램 교역센터'가 설립되고 상설 기구화되면서 적지 않은 실적을 쌓는다.

이미 화둥华东 지역(상하이 시, 저장 성, 산둥 성, 장쑤 성, 푸젠 성, 안후이 성)의 중심에 위치하고 있는 상하이와 서남 지역(충칭 시, 쓰촨 성, 구이저우 성, 윈난 성, 시짱자치구)과 서북 지역(산시 성, 간쑤 성, 닝샤 회족자치구, 칭하이 성, 신장위구르자치구)을 어우르는 청두의 교역시장이 연례적으로 개최되고 있고 그 파급효과가 상당히 큰 점을 감안하여 수도권과 허베이河北, 동북东北 지역을 커버할 라디오 · 영화 · TV페스티벌이 검토된 결과 2003년 8월 하순에 베이징에서 개최한 '제1차 중국 국제 라디오 · 영화 · 텔레비전 박람회'로 마무리되었다.

위에서 언급한 상하이, 청두, 베이징 이 3대 교역시장 외에도 '중국 국제 라디오 · 텔레비전 · 인터넷 정보 전람회(CCBN)'가 있고 후난 성 창사(长沙)에서 매년 개최되는 '중국 진잉(金鹰) 텔레비전 예술전'도 있다.

앞 장에서 잠시 언급했듯 인터넷을 통한 교역이 점증하고 있는 추세에 따라 '중국 인터넷 · 영화 · TV 교역'이나 '중국 인터넷 · 영화 · TV 매스미디어' 및 '베이징 인터넷 · 영화 · TV 교역' 등에서 거래가 활성화되고 있다.

다음은 TV 드라마의 방송 현황을 살펴보기로 한다.

다. 방송

앞서 중국 TV 프로그램 전체와 영화·드라마(影视剧) 제작과 방송 대비표에서 지적했 듯 2008년도부터 영화·드라마 방송시간은 전체 TV 프로그램 방송 시간의 44%대를 유지해왔다. 물론 2008년 이전에도 큰 변화는 없었다. 이는 TV 방송국에 이미 시장논 리가 고착되어 있다는 증거가 될 수 있다. 즉 광고수입이 없으면 TV 방송국이 고사할 수밖에 없는 형국이라는 얘기다. 여기서 보다 깊은 이해를 위해 중국 국산드라마와 수 입드라마의 TV 방송 수량을 비교해 보았다.

〈중국 국산드라마 및 수입드라마 방송 비교표〉

구분 / 연도		2007	2008	2009	2010	2011	2012
드라마 방송 총수량	편 수	225,700	225,690	238,250	249,164	247,060	242,298
	집 수	5,349,700	5,504,326	6,050,882	6,358,559	6,636,255	6,622,000
수입드라마 방송 총수량	편 수	10,652	9,251	9,099	8,778	6,377	4,872
	점유율(%)	4.72	4.09	3.81	3.52	2.58	2.01
수입드라마 방송 총수량	집 수	264,200	229,565	224,139	195,069	166,401	107,100
	점유율(%)	4.93	4.17	3.7	3.06	2.51	1.62

※출처: 2009, 2010, 2011, 2012, 2013 中国第三产业统计年鉴 및 中国社会统计年鉴 자료 재구성

표에 나타나듯이 중국TV에서 수입드라마의 방송량은 갈수록 줄어들고 있다. 2012년의 경우 드라마 방송 총수량 면에서 편 수로는 97.99%, 집 수에서는 98.38%가 중국 국산 TV 드라마를 방영했다. 이는 중국 국산 TV 드라마가 질적으로 향상하였고 시청자들의 관심으로 지속적인 성장을 하고 있으며 정부가 양적으로 팽창하는 드라마보다 질적 수 준을 높이고 국제적 경쟁력을 확보하라고 요구한 것이 증가 요인이라 분석된다.

그런데 매년 수백 편의 드라마를 제작·생산하고 있지만 그 모두가 당해연도에 방송되 는 것은 아니다. 최근 몇 년간 중국 신규 제작·생산 드라마의 당해연도 방송 비율은 50%를 넘지 못했다.

〈매년 방송되는 신규 제작·생산 드라마 및 발행(배급)허가 드라마의 당해연도 방송 비율 비교표〉

구분 / 연도	2009	2010	2011	2012
신규 제작·생산 드라마 방송 편 수	269	332	381	391
당해연도 발행허가 드라마의 당해연도 방송비율(%)	42	31	48	47
당해연도 발행허가 드라마의 익년도 방송비율(%)	17	19	19	–

※출처: China TV Rating Yearbook 2013, p.121
※주(注): 동 자료 대상은 전국의 주요 도시 80개를 대상으로 전일 방송을 기준으로 함.

중국 역시 TV 드라마는 대체적으로 프라임 시간대인 18:00시 이후부터 24:00시까지 집중해서 방송하는데 2007년도는 2,802편 524,659집, 2008년 3,376편 526,122집, 2009년 3,198편 527,804집, 2010년 3,368편 529,382집이 이 시간대에 방송되었다. 중국 TV 프로그램 방송에 있어 45%대의 시간을 계속 점유하고 있는 TV 드라마 시장에는 치열한 생존 전략이 숨어 있다. 중국 TV 시청자들은 TV 프로그램 중 선호하는 순서가 ① 드라마, ② 뉴스류, ③ 교양프로인 종합예술, ④ 다큐멘터리, ⑤ 영화, ⑥ 스포츠 순이다. TV 채널이 증가함에 따라, 특히 2000년에 무선 라디오 방송국과 유선 TV 방송국의 합병 이후 경쟁이 더욱 치열해졌다. 이러한 치열한 시장경제 속에서 생존하려면 다른 방송국보다 우선적으로 양질의 프로그램 확보가 선결되어야 했다.

〈구입·교환 TV 프로그램 및 자체제작 TV 프로그램 방송시간량〉

구분 / 연도	2007	2008	2009	2010	2011
구입·교환 TV 프로그램 방송시간	7,182,200	7,511,500	8,048,200	8,347,500	8,620,800
자체제작 TV 프로그램 방송시간	4,923,700	5,042,900	5,270,700	5,524,400	5,618,000
구입·교환 TV 프로그램 증감(%)	10.80	4.58	7.15	3.72	3.27
자체제작 TV 프로그램 증감(%)	3.98	2.42	4.52	4.81	1.69

※출처: 2012 中国广播电影电视发展报告 p.74 자료 재구성

위 표에서 알 수 있듯이 TV 프로그램 방송시간에 있어서 자체 제삭 프로그램의 방송시간보다 외부 구입이나 교환으로 이루어지는 프로그램의 방송시간이 훨씬 길다. 2011년의 경우 총 TV 프로그램 방송시간인 16,753,029시간에 구입 및 교환으로 확보한 외부 제작 TV 프로그램 방송시간은 51.46%, 자체제작 TV 프로그램 방송시간은 33.53%, CCTV 중계방송 등 기타가 15.01%로 나타났다.

중국의 각급 TV 채널에서 방송되는 드라마의 절대다수는 중국 국산 TV 드라마이지만 그래도 매년 해외로부터 TV 드라마를 수입·방송하고 있다. 수입 TV 드라마는 대체적으로 홍콩, 한국, 대만 등 아시아 국가와 지역 작품들이 주를 이룬다. 여기서 2011년과 2012년 해외수입 드라마 방송비율을 보자.

〈2011~2012년간 수입 TV 드라마 방송시간 비율〉 (단위: %)

연도 / 국가·지역	홍콩	한국	대만	태국	싱가포르	인도	미국	일본
2012	49	18	14	7	2	2	2	2
2011	41	30	16	2	3	3	2	2

※출처: China TV Rating Yearbook 2013, p.124 ※주(注): 방송 대상 기준은 전국 주요 80개 도시임.

그리고 각 성 TV 채널의 1/3 정도가 드라마 채널로, 강한 힘을 발휘하고 있는데 이는 전국 각 성급 위성TV 채널을 당해 TV 방송국의 중심 채널로 삼으면서 모든 양질의 TV 프로그램 중 드라마 첫 방송을 위성TV 채널을 통해 방송하는 데서 그 원인을 찾을 수 있다.

1) 드라마 채널

31개 성(자치구, 직할시 포함)과 자체적으로 경제계획 수립·시행이 가능한 부성급(副省级) 5개 도시(다롄大连, 닝보宁波, 선전深圳, 샤먼厦门, 칭다오青岛)의 TV 채널에는 드라마 전용채널과 영화·드라마·애니메이션 방송 위주의 影视채널이 있고, 드라마를 포함한 기타 오락물을 전용으로 방송하는 복합채널도 등장했다. 2011년 말을 기준으로 한 전국 TV 방송국의 드라마 전용채널, 影视채널, 복합채널들은 총 75개가 있다. 첫째, TV 드라마 전용채널은 ① CCTV(국가), ② 푸젠 TV 방송국(성), ③ 선전 시 TV 방송국(단열시), ④ 허난 TV 방송국(성), ⑤ 후난 R/TV 방송국(성), ⑥ 상하이 R/TV 방송국(상하이) 등 6개 채널이 있고 둘째, 드라마 위주의 影视전용채널은 ① 안후이, ② 베이징, ③ 푸저우(福州) 시, ④ 샤먼, ⑤ 광둥(广东) 난팡(南方), ⑥ 광저우 시, ⑦ 푸산(佛山) 시, ⑧ 광시(广西), ⑨ 하이난(海南) R/TV, ⑩ 허베이(河北) TV 방송국 등 40개 방송국의 TV채널이 있고 셋째, 드라마, 영화, 기타 오락프로그램 복합전용 채널은 ① 간쑤, ② 난닝(南宁) 시, ③ 구이저우, ④ 정저우(郑州) 시, ⑤ 쑤저우(苏州) 시 TV 방송국 등 전국에 29개의 방송국 채널에서 설치하고 있다.

이러한 드라마 전용채널이나 드라마 위주의 채널 등은 중국 TV 드라마 산업 발전에 큰 촉매제 역할을 하고 있음이 틀림없다. 이러한 현상은 각 성급 위성TV 채널의 드라마 방송 비중과 드라마 시청 비중과 무관치 않은데 방송 비중은 36.12%, 시청률 비중도 42.42%로 단연 앞서고 있기 때문이다. 후난위성TV의 경우 드라마 시청률은 하루 전체 TV 시청률의 3.57%를 차지한다고 하는데 이는 성급 위성TV 중 강한 자는 더욱 강해지고 약한 자는 더욱 약해지는 양극화 현상이 뚜렷해지는 것을 보여주는 사례이기도 하다. 특히 2012년도 전국 위성TV 채널에서 프라임 시간대(19:00~22:00)에 방송된 TV 드라마가 총 784편 27,011집으로 나타나고 있어 위성채널의 위력을 증명해 주고 있다.

〈2002~2011년간 위성TV 채널 시청자 변화 추이〉

연도	2002	2003	2004	2005	2006	2007	2008	2009	2010	2011
시청자 시장 점유율(%)	14.0	16.0	16.9	17.0	19.3	21.2	22.7	25.8	28.2	30.9

※출처: 中国广播电影电视发展报告(2011, 2012) 및 China TV Rating Yearbook 2012 자료 재구성

대체적으로 CCTV를 제외한 각 성급 위성TV 강자를 5위까지 보면 ① 후난(湖南) 위성TV, ② 저장(浙江) 위성TV, ③ 안후이(安徽) 위성TV, ④ 산둥(山东) 위성TV, ⑤ 광둥(广东) 위성TV로 대별된다. 국가 소유인 중앙텔레비전방송국(CCTV)의 시청자 시장 점유율은 2007년 34.1%, 2008년 35.4%, 2009년 30.1%, 2010년 27.2%, 2011년 25.9%로 점점 줄어들고 있는 데 반해, 위성TV 시청자 시장 점유율은 점점 높아지고 있는 것이 대조를 이룬다.

2009년 中国广播电影电视发展报告의 드라마산업 발전 기본 정황에서는 2008년 말 중국 전국의 1,974개의 TV 채널 중에서 드라마를 방송하는 채널이 1,764개로 전체 숫자의 89.4%에 이르고 있다고 밝히고 있듯이 경쟁이 치열함을 간과해서는 안 된다.

여기서 독자 여러분의 중국의 방송현황에 대한 이해를 돕고자 2007~2012년 기간 방송기구 수 변화를 다음 표에 적시한다.

〈2007～2012년 중국 방송기구 수 변화〉

구분	2007	2008	2009	2010	2011	2012
합계	2,587	2,648	2,654	2,638	2,407	2,579
라디오 방송국	263	257	251	227	197	169
TV 방송국	287	277	272	247	213	183
교육TV 방송국	44	45	44	44	44	42
R/TV 방송국	1,993	2,069	2,087	2,120	2,153	2,185

※출처: 中国广播电影电视发展报告(2013) p.45
※주(注): R/TV 방송국 2,185개소 중 지방의 현급(县级) R/TV 방송국이 1,992개소임.

이렇게 많은 라디오 방송국과 TV 방송국이 전국에 산재해 있고, 2013년 1월 21일 현재 중국의 방송프로그램 수는 4,165개이다. 이 중에 라디오 프로그램이 2,831개로 68%를 차지하고 있고 TV 프로그램 수는 32%인 1,334개에 불과하다. 그리고 위의 라디오 방송 프로그램 수에는 중국 국제 라디오 방송국이 방송하고 있는 61종의 언어로 된 해외 방송은 제외되어 있다.

라. 시청자

드라마는 중국뿐만 아니라 전 세계 각국의 서민들 오락생활 중 중요한 위치를 차지하고 있다. 따라서 TV 프로그램 시청자들의 상당수가 드라마 시청자로 연결되기 때문에 여기서 우선 중국 TV 프로그램 전체에 대한 시청 상황을 파악키로 한다.

뉴미디어 등 새로운 매체들의 등장으로 TV 시청시간이 점점 줄어들고 있지만 2012년도 중국의 TV 시청자 수가 12.78억 명으로 전국 4세 이상 인구의 98.8%를 점유하고 있다고 조사되었다.

〈중국인들의 1인당 1일 평균 TV 시청 시간〉 (단위: 분)

연도	2002	2003	2004	2005	2006	2007
1인당 1일 평균 TV 시청시간	179	179	173	174	176	172
연도	2008	2009	2010	2011	2012	
1인당 1일 평균 TV 시청시간	175	176	171	166	169	

※출처: 2012年中国传媒产业发展报告 p.157 및 China TV Rating Yearbook 2013 p.278 자료 재정리

2011년의 1인당 1일 평균 TV 시청 시간은 10년 전인 2002년의 179분보다 13분이 줄어든 166분에 머물렀는데 2012년도에는 다시 늘어난다.

또 인터넷의 등장으로 TV 시청도 많은 변화를 겪고 있는데 중국 시청자들의 각종 매체 접촉 시간을 보면 TV 드라마 시청시간 다음으로 인터넷 접촉 시간이 많다. 그만큼 인터넷의 영향이 큰데 특히 젊은 층일수록 변화가 크다.

베이징 美兰德媒体传播策略咨询有限公司(CMMR)가 조사한 데이터를 광전총국 발전연구 중심에서 활용한 내용을 보면 89.8%의 드라마 시청자가 매일 TV를 시청하며 기타 매체, 라디오 방송, 신문, 인터넷 순으로 시청자가 각각 84.7%, 76.5%, 72.2%로 나타났다. 여전히 TV 시청이 대세를 이루고 있음을 알 수 있다.

〈드라마 시청자의 각종 매체 접촉 상황〉 (단위: 분)

매체별	TV 드라마	라디오 방송	신문	잡지	인터넷	이동TV	모바일 신문 및 TV	디지털 TV	포털 사이트
일일 접촉시간	170.1	42.1	31.5	36.0	129.4	20.0	28.3	19.7	1.1

※출처: 中国电视剧发展研究报告(중국 국가광전총국 발전연구중심 · 후난R/TV 방송국 과제팀 편/2011.1 출판) p.17

위 표에서 나타나듯이 TV 드라마 평균 1일 시청시간이 3시간이 좀 못 되는 170.1분이고 그 다음이 인터넷으로 2시간을 조금 넘는 129.4분이다.

인터넷에 접속하는 시간이 TV 드라마 시청시간에 육박하는 것이다.

여기서 2012년도의 연령층별 TV 시청자 구성을 보자.

〈중국의 연령층별 TV 시청 구성 비율〉

연령층별	4~14세	15~24세	25~34세	35~44세	45~54세	55~64세	65세 이상
백분율(%)	15.3	15.4	16.1	19.4	14.8	9.7	9.3

※출처: China TV Rating Yearbook 2013 p.16

역시 인터넷에 가장 열심인 15~24세의 젊은 층이 TV 보는 비율이 비교적 낮음을 알 수 있다. 다시 2012년도의 연령층별 매일 TV 드라마 시청시간을 보면 연령이 높을수록 드라마 보는 시간이 길다.

〈중국의 연령층별 TV 드라마 시청시간〉

연령층별	4~14세	15~24세	25~34세	35~44세	45~54세	55~64세	65세 이상
시청시간(분)	36	31	35	47	67	78	84

※출처: China TV Rating Yearbook 2013 p.125

그런데 TV 드라마 방송은, 중앙텔레비전방송국(CCTV)보다는 성급 위성채널 방송이 훨씬 많은 것 등의 이유로, 시청자들 역시 지방 성급 위성TV 채널을 통한 드라마 시청시간이 많다.

〈각급 채널 1인당 1일 평균 시청시간〉 (단위: 분)

연도 / 채널	중앙채널	성급 위성채널	성급 지상채널	시급 채널	기타 채널
2010년	47.3	48.4	40.7	21.6	13.4
2011년	44.0	51.5	38.6	19.3	13.0

※출처: 2012年 中国传媒产业发展报告 p.159 자료 재구성

각급 채널의 1인당 1일 평균 시청시간도 성급 위성채널 시청시간은 증가하고 있는 반면 CCTV 등을 포함한 그 밖의 각급 TV 채널 시청시간은 줄어들고 있다.

〈각급 채널 드라마 시청 시장 점유율〉 (단위: %)

채널 연도	중앙채널 (CCTV)	성급 위성채널	성급 지상채널	시급 채널	기타 채널
2010	16.2	40.9	27.8	13.3	1.8
2011	14.4	44.9	27.2	12.0	1.5

※출처: 2012年 中国传媒产业发展报告 p.165 자료 재구성

각급 채널에 있어 1인당 1일 평균 시청시간이나 각급 채널의 TV 드라마 시청률에 있어서 모두 위성채널이 앞서고 있으며 해를 거듭할수록 그 차가 벌어지는 특징이 있다. 참고로 2012년도 해외수입 드라마 중 위성채널 시청률이 가장 높은 드라마는 한국드라마 〈망설이지 마, 走出迷茫〉로 CCTV에서 방영되었는데 시청률 1.06%를 기록했고 상위 6개 드라마 중 5개가 한국 작품으로 시청률이 각각 0.73%에서 0.79%에 이르렀다.

한편 드라마 시청자 중 여성 시청자가 55.3%로 남성 44.7%보다 높다. 광고가 드라마와 직결되기 때문에 TV 시청자와 드라마 시청자의 직업군과 TV 드라마 시청자의 매체 광고 신뢰도에 대해 알아보자.

〈TV 시청자와 드라마 시청자들 직업군 비교표〉 (단위: %)

구분	농민	무직	도시 근로자	초등·중학교 재학생	퇴·휴 직자	자영 업자	엔지니어 의사·교사	대학 재학생	회사원	기타
TV시청자 전체	27.4	6.3	10.7	7.8	7.0	11.2	5.4	3.4	6.8	14.0
드라마 시청자	30.2	6.7	10.8	8.1	7.1	10.5	4.3	3.0	6.5	12.8

※출처: 中国电视剧产业发展研究报告(광전총국 발전연구중심 · 후난R/TV 방송국 과제팀 편/ 2011.1 출판)

TV 시청자나 드라마 시청자 중에 농민이나 직장이 없는 사람의 시청률이 비교적 높다. 그리고 드라마 시청자들의 각종 매체를 통한 광고 신뢰도를 보면 TV 광고가 19.7%로 단연 앞선다. 다음이 신문 11.0%, 잡지 7.4%, 라디오 6.8%, 이동TV 광고 6.6%, 디지털TV 광고 6.1%, 인터넷 광고 6.1% 등으로 나타나고 있으나 인터넷 광고 등 뉴미디어 광고류가 점증하고 있는 추세임이 틀림없다.

그리고 TV 드라마 시청자들의 소비의식은 '가정 제일'이라는 개념이 강한 비교적 전통적인 가정일수록 높은데 가정생활 의식이 높은 가정은 69.9%가 TV 드라마를 선호한다. 이는 가족이라는 공동체 의식에 기초하고 있는 것으로 분석된다.

TV 시청률 확보라는 치열한 경쟁 속에 2011년도와 2012년도 전국 각종 TV 프로그램의 시청 시장 점유율을 봐도 여전히 드라마가 31.5%와 32.1%로 가장 높다.

〈2011~2012년도 전국 TV 시장 분야별 프로그램 시장 점유율〉 (단위: %)

	분야	뉴스 시사	종합 예술	생활 서비스	특집	청소년	체육	법제	재경	음악	교학	외국어	영화	연극	드라마	기타
점유율	2011	13.1	11.4	7.4	6.5	4.6	2.8	1.7	1.2	0.8	0.2	0.0	4.1	0.6	31.5	14.2
	2012	14.0	10.8	7.5	6.8	4.7	3.2	1.8	0.9	0.7	0.1	0.0	4.2	0.5	32.1	12.7

※출처: 中国电视收视年鉴2012 p.45 및 中国电视收视年鉴2013 p.46 자료 재구성

현재 중국 TV 방송 시장은 중앙텔레비전 방송국 몇 개의 채널은 출중하지만 성급 위성 TV가 많이 따라잡았고, 아직 문을 닫았다는 소식이 없는 것으로 보아 중앙텔레비전방

송과 성급 위성TV 양자 간의 상호경쟁은 지속되고 있다.

2012년 말 중국에는 라디오 및 TV 유료채널이 총 144개가 있다. 이 중 TV 유료채널이 130개로 전국 가시청채널 104개, 성내(省內) 가시청채널이 26개이다. 라디오 유료채널은 14개로 전국 가시청채널 9개, 성내(省內) 가시청채널은 5개이다. 이러한 유료채널이 점점 늘어가고 있고 유료채널의 방송 프로그램 중 상당수가 영화, 드라마 등 影視류라는 점을 주목할 필요가 있다.

마. 수출입

중국은 매년 4~5억 위안을 들여서 드라마, 애니메이션(TV용), 다큐멘터리 등 TV 프로그램을 수입하는 대신 자국 TV 프로그램도 해외에 판매하여 2억여 위안의 수입을 올린다.

이 중에서 2012년도에 수입한 드라마는 117편 3,164집으로 395,840,000위안에 구입했고, 중국 국산 TV 드라마도 326편 15,329집을 150,200,000위안에 판매했는데, 판매 금액은 전년도보다 2.53%가 늘었다. 수입액은 늘어났지만 수입 편 수와 집 수는 계속 줄어들고 있는 데 반해, 중국 TV 드라마의 수출은 금액뿐만 아니라 편 수, 집 수도 계속 늘어나고 있다.

⟨중국의 TV 프로그램 수입 현황⟩

구분 연도	금액(1,000위안)				시간, 양			
	총액	드라마	애니메이션	다큐	총시간	드라마 (량)	애니메이션 (시간,양)	다큐 (시간)
2008	454,210	242,930	8,780	–	20,550	122편 3594집	13편 734집	–
2009	491,460	268,870	1,280	–	21,426	115편 4,035집	5편 421집	–
2010	430,470	214,500	2,470	–	22,197	156편 4,482집	8편 785집	–
2011	540,986	345,636	7,020	36,830	21,790	146편 3,423집	279시간	955 시간
2012	625,340	395,840	14,890	59,760	13,089	117편 3,164집	385시간	1,976시간

※출처: 2009, 2010, 2011, 2012, 2013 中国第三产业统计年鉴 및 2010, 2011, 2012 中国社会统计年鉴 자료 재구성

〈중국 국산 TV 프로그램 수출 현황〉

구분 연도	금액(1,000위안)				시간, 양			
	총액	드라마	애니메이션	다큐	총 시간	드라마 (량)	애니메이션 (시간,양)	다큐(시간)
2008	124,760	75,249	29,478	–	10,300	149편 6,662집	38편 1,877집	–
2009	91,730	35,840	44,560		10,238	128편 5,825집	55편 3,191집	–
2010	210,100	74,840	111,330	–	13,762	288편 12,362집	84편 4,930집	–
2011	226,625	146,490	36,624	18,339	25,657	298편 14,001집	426시간	111시간
2012	228,240	150,200	31,050	32,260	37,573	326편 15,329집	1,678시간	2,369시간

※출처: 2009, 2010, 2011, 2012, 2013 中国第三产业统计年鉴 및 2010, 2011, 2012 中国社会统计年鉴 자료 재구성

그런데 TV 프로그램의 수입이나 수출에 있어 홍콩과 대만과의 수출입이 적지 않다. 2011년 중국이 홍콩과 대만에서 수입한 TV 프로그램 금액은 전체 금액의 22.5%, 홍콩과 대만에 수출한 금액은 전체 금액의 24.38%를 차지한다.

〈2011년 중국(대륙)과 홍콩, 대만과의 TV 프로그램 교역 현황〉

구분 수출·입		금액(1,000위안)				시간, 양			
		총액	드라마	애니메이션	다큐	총 시간	드라마 (양)	애니메이션 (시간)	다큐 (시간)
수입	홍콩	89,487	58,369	–	5,515	914	33편 875집	–	154
		16.5%	16.9%	–	15.0%	4.2%	22.6% 25.6%	–	16.1%
	대만	32,334	26,565		319	362	12편 330집	–	1
		6.0%	7.7%	–	0.9%	1.7%	8.2% 9.6%	–	0.1%
수출	홍콩	31,258	20,004	7,572	1,512	2,775	28편 1561집	109	5
		13.8%	13.6%	20.7%	8.2%	10.8%	9.4% 11.1%	25.6%	4.5%
	대만	24,015	20,683	2,186	1,085	2,318	39편 1750집	28	37
		10.6%	14.1%	6.0%	5.9%	9.0%	13.1% 12.5%	6.6%	33.3%

※출처: 2012 中国第三产业统计年鉴 자료 재구성

TV 드라마 분야의 중국(대륙)과 홍콩 및 대만과의 수출입 금액은 24.6%로 TV 프로그램 전체의 22.5%보다 높다. 중국이 홍콩과 대만에 TV 드라마를 수출한 것이 전체 수출액의 27.7%가 넘는다.

그런데 2012년도에는 중국(대륙)과 홍콩 및 대만과의 TV 프로그램 교역 중 드라마 분야에서 수출입 증감이 있었다.

홍콩과의 교역은 2011년도보다 수입 총액이 32.8%가 줄어들면서 드라마 편 수(片数)와 집 수(集数)도 각각 63.6%와 56.8% 감소했다. 또 중국 TV 드라마의 홍콩에 대한 수출은 수량은 편 수 50%, 집 수 19.2% 각각 증가했으나 중국이 벌어들인 돈은 오히려 42%가 줄었다.

대만과의 교역에서는 TV 드라마 수입 수량인 편 수와 집 수에는 큰 변동이 없으나 중국이 수입에 따른 비용 지불이 2011년도보다 무려 99%나 증가했는데 대만에 대한 중국 국산 TV 드라마 수출액도 2011년도보다 무려 151%나 증가한 51,900,000위안(미화 약 826만 달러)을 벌어들였다.

〈2012년 중국(대륙)과 홍콩, 대만과의 TV 프로그램 교역 현황〉

구분 수출입		금액(1,000위안)				시간 · 양			
		총액	드라마	애니메이션	다큐	총시간	드라마 (양)	애니메이션 (시간)	다큐 (시간)
수입	홍콩	82,160	39,190	380	820	1,225	13편 378집	15	6
	대만	54,310	52,890	–	–	252	12편 310집	–	–
수출	홍콩	21,440	11,570	5,970	1,900	2,775	42편 1,861집	306	374
	대만	57,290	51,900	2,040	2,990	5,442	45편 2,095집	199	685

※출처: 中国第三产业统计年鉴(2013) p.510 자료 재구성

드라마나 애니메이션, 다큐멘터리뿐만 아니라 각종 다양한 TV 프로그램의 수출입도 지속적으로 활발하게 진행되고 있음을 알 수 있다. 다만 위 표에는 TV 프로그램으로 가장 영향력이 있는 대중적인 프로그램만 기술했음을 알린다.

다시 여기서 중국 TV 드라마 수출의 확산 과정을 살펴보면 중국 드라마의 현황을 이해

하는 데 도움이 될 것이다.

1980년대 CCTV의 〈홍루몽〉이 처음으로 홍콩 A TV와 중국 대륙에서 동시에 방송되고 후베이 TV 방송국은 일본에 〈제갈량(諸葛亮)〉을 판매했으며 상하이 TV도 〈여자 수영선수蛙女〉를 홍콩과 싱가포르, 말레이시아에 수출했다.

1990년대 이후에는 중국 국산 TV 드라마의 수출이 더욱 확대되는데, 이 중에 〈삼국연의〉는 1994년 1집당 미화 8,000달러에 홍콩 A TV에 판매되어 센세이션을 불러일으켰다. 이어 1997년 〈수호전〉이 대만에 1집당 미화 16,000달러에 판매되고, 〈당명황唐明皇〉, 〈갈망〉, 〈뉴욕의 북경인北京人在纽约〉 등의 드라마가 홍콩, 싱가포르, 말레이시아, 베트남, 한국에서 방송되는 호기를 맞는다.

홍콩에서 2000년에 방송된 중국 국산드라마 〈강희미복사방기康熙微服私访记〉가 홍콩에서 시청률 10강에 올랐고 2002년 〈안개비연가情深深雨蒙蒙〉가 그해 홍콩 10대 TV 프로그램 중 2위를 차지한다.

2003년에는 대만에서 방송된 〈大宅门〉과 〈人间四月天〉, 〈康熙王朝〉 등이 성공리에 방송되는 등 상당한 인기를 얻는다. 2003년에 중국 국산 TV 프로그램이 26개국 74개 영화드라마 관련 회사와 거래되었고 2004년에는 다시 확대되어 37개국 88개사와 수출이 이루어졌는데 이중 80% 이상이 TV 드라마였다. 그러나 당시 중국 국산드라마의 해외 확산이 지속적으로 진행되는 가운데 한국 드라마의 중국 진입에 따른 충격으로 2003년 중국 국산 TV 드라마 판매액이 59.2%에서 2004년 58.7%로 떨어졌다는 중국 TV 드라마 업계 관계자들의 주장도 있었다.

중국 TV 프로그램 수출 판매액도 2003년의 83.2%에서 2004년 79.7%로 떨어짐으로써 약 1억 위안에 그친 것으로 알려져 있다.

2005년 상하이 TV페스티벌에서 왕펑王鵬이라는 드라마 제작자는 중국 드라마 해외 판매가 이미 전체적으로 50% 이상 급감했다고 언급했다. 이 시기가 중국 대륙이나 동남아 등에 한국의 〈대장금〉을 비롯한 여러 한국 TV 드라마가 인기리에 방송되고 있을 때였다.

이 시기 중국 국산드라마의 수출 중점 지역인 대만에서 연간 3,500집 내지 4,000집이 방송되던 것이 2,000여 집으로 뚝 떨어졌고 과거 1집당 25,000달러까지 거래되었던 중국 드라마가 2005년 최고가가 1집당 미화 10,000달러에 불과했다. 당시 TV 드라마 제작진들은 1집당 평균 가격이 30% 전후 하락했다고 이야기했다.

그러나 2005년 중국 드라마 〈小鱼儿与花天缺〉는 해외시장에서 1집당 75,000달러에 판매되었고 2006년에는 〈越王勾践〉의 판권이 일본에 수출되었는데 당시 최고가라고 알려져 있다.

2006년에 〈와신상담〉은 한국에 1회당 미화 40,000달러에 판매되었으며 2009년 〈五星大饭店〉이 일본에서 인기리에 방송된다.

2008년에는 〈이소룡 전기〉가 16개국과 협상을 진행, 1집당 미화 100,000달러라는 최고가를 형성하고 〈少林僧兵〉도 수십 개 국가 및 지역에 수출이 이루어졌다.

2009년에는 〈我的团长我的团〉이 유럽시장에서 1집당 미화 100,000달러에 수출하는 등 드라마의 콘텐츠만 좋으면 시장은 얼마든지 있다는 것을 단적으로 보여주었다. 바로 이것이 문화산업에 큰 관심을 가져 성장한 중국 국산드라마의 성장 과정이 아닌가 생각한다.

이제 TV 드라마 수출입 비중이 비교적 큰 한국, 미국, 일본을 각각 분리하여 살펴본다.

〈중국 TV 프로그램 대(对) 한국 수출 현황(금액)〉 (단위: 千元)

분야 / 연도	2008년			2009년		
	총 수출액	대 한국수출액	비중(%)	총 수출액	대 한국수출액	비중(%)
합계	124,760	2,093	1.7	91,730	3,510	3.8
TV 드라마	75,249	1,404	1.9	35,840	2,980	8.3
TV용 애니메이션	29,478	–	–	44,560	70	0.2
다큐멘터리	–	–	–	–	–	–
분야 / 연도	2010년			2011년		
	총 수출액	대 한국수출액	비중(%)	총 수출액	대 한국수출액	비중(%)
합계	210,100	9,400	4.5	226,625	17,371	7.7
TV 드라마	74,840	4,070	5.4	146,490	4,556	3.1
TV용 애니메이션	111,330	2,720	2.4	36,624	12,467	34.0
다큐멘터리	–	–	–	18,339	348	1.9

※출처: ① 2009 中国第三产业统计年鉴 ② 2010 中国第三产业统计年鉴 ③ 2011 中国第三产业统计年鉴
④ 2012 中国第三产业统计年鉴 자료 재구성

〈중국 TV프로그램 대(対) 한국 수출 현황(시간/ 양)〉

분야 / 연도	2008			2009		
	총 수출규모	대 한국 수출규모	비중(%)	총 수출규모	대 한국 수출규모	비중(%)
합계(시간)	10,300	410	4.0	10,238	525	5.1
TV 드라마 (편, 집)	149편 6,662집	9편 304집	6.0 4.6	128편 5,825집	10편 475집	7.8 8.2
TV용 애니메이션 (시간)	38편 1,877집	–	–	55편 3,191집	1편 50집	1.8 1.6
다큐멘터리(시간)	–	–	–	–	–	–

분야 / 연도	2010			2011		
	총 수출규모	대 한국 수출규모	비중(%)	총 수출규모	대 한국 수출규모	비중(%)
합계(시간)	13,762	668	4.9	25,657	1,039	4.0
TV 드라마 (편, 집)	288편 12,362집	13편 521집	4.5 4.2	298편 14,001집	17편 682집	5.7 4.9
TV용 애니메이션 (시간)	84편 4,930집	3편 130집	3.6 2.6	426 시간	26시간	6.1
다큐멘터리(시간)	–	–	–	111시간	33시간	3.0

※출처: ① 2009 中国第三产业统计年鉴 ② 2010 中国第三产业统计年鉴 ③ 2011 中国第三产业统计年鉴
④ 2012 中国第三产业统计年鉴 자료 재구성

중국은 통계자료에서 TV 프로그램 수출입 대상을 아시아, EU, 남미, 대양주, 아프리카 등으로 구분하면서 한국, 미국, 일본은 별도로 통계수치를 발표하고 있는데, 이는 여타 국가와 비교할 때 그 비중이 높음을 의미한다. 따라서 본서에서도 한국과 미국, 일본 3국과 중국과의 TV 드라마, TV용 애니메이션, 다큐멘터리 수출입 현상을 각각 분리하여 분석했다.

중국의 TV 프로그램 대(対) 한국 수출액이 매년 증가하고 있는데 비해 대(対) 한국 수출의 시간/양을 볼 때 4~5%대를 맴돌고 있는데, 이는 중국 TV 프로그램의 질적 수준이 향상되고 가격 상승이 확보되었다는 증거로 해석된다.

〈중국의 한국 TV 프로그램 수입 현황(금액)〉

(단위: 千元)

분야 / 연도	2008			2009		
	총수입	한국 프로 총수입	비중(%)	총수입	한국 프로 총수입	비중(%)
합계	454,210	79,680	17.6	491,460	70,880	14.4
TV 드라마	242,930	75,720	31.2	268,870	67,130	25.0
TV용 애니메이션	8,780	–		1,280	–	
다큐멘터리	–	–		–	–	

분야 / 연도	2010			2011		
	총수입	한국 프로 총수입	비중(%)	총수입	한국 프로 총수입	비중(%)
합계	430,470	22,430	5.2	540,986	94,922	17.5
TV 드라마	214,500	20,920	9.8	345,636	94,872	27.4
TV용 애니메이션	2,470	–		7,020	–	–
다큐멘터리	–	–		36,830	50	0.1

※출처: ① 2009 中国第三产业统计年鉴 ② 2010 中国第三产业统计年鉴 ③ 2011 中国第三产业统计年鉴
④ 2012 中国第三产业统计年鉴 자료 재구성

〈중국의 한국 TV 프로그램 수입 현황(시간/ 양)〉

분야 / 연도	2008			2009		
	총수입	한국 프로 총수입	비중(%)	총수입	한국 프로 총수입	비중(%)
합계(시간)	20,550	2,869	14.0	21,426	1,328	6.2
TV 드라마 (편, 집)	122편 3,594집	34편 1,439집	27.9 40.0	115편 4,035집	32편 1,614집	27.8 40.0
TV용 애니메이션 (편, 집)	13편 734집	–	–	5편 421집	–	–
다큐멘터리	–	–	–	–	–	–

분야 / 연도	2010			2011		
	총수입	한국 프로 총수입	비중(%)	총수입	한국 프로 총수입	비중(%)
합계(시간)	22,197	1,285	5.8	21,790	583	2.7
TV 드라마 (편, 집)	156편 4,482집	26편 1,499집	16.7 33.4	146편 3,423집	24편 767집	22.4
TV용 애니메이션 (편, 집)	8편 785집	–	–	279시간	–	
다큐멘터리	–	–	–	955시간	4시간	0.4

※출처: ① 2009 中国第三产业统计年鉴 ② 2010 中国第三产业统计年鉴 ③ 2011 中国第三产业统计年鉴
④ 2012 中国第三产业统计年鉴 자료 재구성

〈2012년 중국 주요 TV 프로그램 대(对) 한국 수출입 현황〉

분야 / 연도	수출			
	총수출액 (만 위안)	대한국수출규모 (만 위안)	총수출규모 (시간·양)	대 한국수출규모 (시간·양)
합계	22,824	1,368	37,573시간	695시간
TV 드라마	15,020	482	326편 15,329집	14편 590집
애니메이션	3,105	840	1,678시간	53시간
다큐	3,226	43	2,369시간	115시간
분야 / 연도	수입			
	총수입 (만 위안)	한국프로 총수입 (만 위안)	총수입 (시간·양)	한국프로 총수입 (시간·양)
합계	62,534	21,144	13,089시간	1,299시간
TV 드라마	39,584	21,068	117편 3,164집	49편 1,519집
애니메이션	1,489	–	385시간	–
다큐	5,976	72	1,976시간	148시간

※출처: 2013 中国第三产业统计年鉴 p.519 자료 재구성

그러나 TV 드라마는 중국이 2012년도 한국에서 수입하여 지급한 금액이 2011년도보다 115,808,000위안(미화 약 18,425,000달러) 많은 210,680,000위안(미화 33,519,000 달러)로 122%나 증가했다. 이는 중국 드라마 총수입액의 53.2%에 이른다.

최근 5년간 중국의 주요 TV 프로그램 대(对) 한국 수출입 현황을 간략하게 살펴보면 다음 표와 같이 일목요연하게 요약할 수 있다.

〈최근 5년간 중국 주요 TV프로그램 대(対) 한국 수출입 현황〉

	구분 / 연도		2008	2009	2010	2011	2012
대(対) 한국 수출	TV 드라마	금액(千元)	1,404	2,980	4,070	4,556	4,820
		수량	9편 304집	10편 475집	13편 521집	17편 682집	14편 590집
	애니메이션	금액(千元)	–	70	2,720	12,467	8,400
		수량	–	1편 50집	3편 130집	26시간	53시간
	다큐	금액(千元)	–	–	–	348	430
		수량	–	–	–	33시간	115시간
대(対) 한국 수입	TV 드라마	금액(千元)	75,720	67,130	20,920	94,872	210,680
		수량	34편 1,439집	32편 1,614집	26편 1,499집	24편 767집	49편 1,519집
	애니메이션	금액(千元)	–	–	–	–	–
		수량	–	–	–	–	–
	다큐	금액(千元)	–	–	–	348	720
		수량	–	–	–	4시간	148시간

※출처: 2009, 2010, 2011, 2012, 2013년 中国第三产业统计年鉴 자료 재구성

TV 드라마를 제외하면 애니메이션은 거의 실적이 없으며 다큐멘터리 시장과 함께 관심을 가져야 할 시장이다.

위의 표에 나타나듯이 중국은 매년 수천만 달러를 들여서 TV 프로그램을 수입하는데 2011년도는 540,986,000위안(미화 약 88,858,000달러)을 구입에 사용했다. 이 중 94,922,000위안(약 15,065,000달러)으로 한국의 각종 TV 프로그램을 수입했다. 이는 중국이 2011년 한 해에 해외 각국으로부터 들여온 TV 프로그램 총수입액의 17.5%에 해당하는 수치이다.

또한 2012년도에는 625,340,000위안(미화 약 99,489,000달러)을 들여서 TV 드라마 117편 3,164집분, 애니메이션 385시간품, 다큐멘터리 1,976시간품 등을 구입했다. 총 시간량으로 환산하면 13,089시간이나 되고 특히 TV 드라마에는 395,840,000위안(미화 약 62,980,000달러)을 소비했다.

그런데 중국이 한국에서 수입한 TV 프로그램 분야 중 99.95%가 TV 드라마다. 2011년에는 다큐멘터리까지 수입한 것으로 나타나고 있어 한국은 중국 TV 프로그램 시장에 다양한 프로그램을 제공할 시장을 형성해야 한다. 중국에서 TV 프로그램 수입에 있어 금액 측면에서 2012년도에 53.2%로 급등했으며, 한국 TV프로그램 비중은 총 시간 13,089시간 대비 1,299시간으로 7.1%를 점해 2011년도 2.7%보다 많이 늘어났다.

따라서 중국 TV 프로그램 시장에 막강한 영향력을 발휘하는 미국과 일본의 대(対) 중국 수출입 상황은 어떠한지 살펴보자.

〈중국 TV 프로그램 대미(対美) 수출 현황(금액)〉 (단위: 千元)

분야 / 연도	2008년			2009년		
	총수출액	대미 수출액	비중(%)	총수출액	대미 수출액	비중(%)
합계	124,760	10,106	8.1	91,730	11,300	12.3
TV 드라마	75,249	9,120	12.1	35,840	2,460	6.9
TV용 애니메이션	29,478	–	–	44,560	8,010	18.0
다큐멘터리	–	–	–	–	–	–
분야 / 연도	2010년			2011년		
	총수출액	대미 수출액	비중(%)	총수출액	대미 수출액	비중(%)
합계	210,100	11,430	5.4	226,625	92,610	40.9
TV 드라마	74,840	6,900	9.2	146,490	65,011	44.4
TV용 애니메이션	111,330	3,690	3.3	36,624	3,806	10.4
다큐멘터리	–	–	–	18,339	8,430	46.0

※출처: ① 2009 中国第三产业统计年鉴 ② 2010 中国第三产业统计年鉴 ③ 2011 中国第三产业统计年鉴 ④ 2012 中国第三产业统计年鉴 자료 재구성

〈중국 TV프로그램 대미(对美) 수출 현황(시간/ 양)〉

분야 / 연도	2008년			2009년		
	총수출규모	대미 수출규모	비중(%)	총수출규모	대미 수출규모	비중(%)
합계 (시간)	10,300	1,464	14.2	10,238	1,372	13.4
TV 드라마 (편, 집)	149편 6,662집	12편 898집	8.1 13.5	128편 5,825집	18편 805집	14.1 13.8
TV용 애니메이션 (시간)	38편 1,877집	–	–	55편 3,191집	3편 3집	5.5 0.1
다큐멘터리 (시간)	–	–	–	–	–	–

분야 / 연도	2010			2011		
	총수출규모	대미 수출규모	비중(%)	총수출규모	대미 수출규모	비중(%)
합계 (시간)	13,762	3,032	22.0	25,657	8,455	32.9
TV 드라마 (편, 집)	288편 12,362집	89편 2,838집	30.9 22.9	298편 14,001집	87편 3,396집	29.2 24.3
TV용 애니메이션 (시간)	84편 4,930집	8편 502집	9.5 10.2	426시간	104시간	24.4
다큐멘터리 (시간)	–	–	–	111시간	–	–

※출처: ① 2009 中国第三产业统计年鉴 ② 2010 中国第三产业统计年鉴 ③ 2011 中国第三产业统计年鉴
④ 2012 中国第三产业统计年鉴 자료 재구성

중국 TV 프로그램의 대미(对美) 수출도 꾸준히 증가하고 있다. 2011년도 증가폭은 2010년보다 크다. 대미국 수출금액은 중국 연간 수출액의 40.9%를 차지했고 대미국 수출의 시간량을 봐도 32.9%를 차지한다. 미국 내 시청자가 어느 부류이건 간에 중국의 TV 프로그램 대 미국 수출 비중이 높은 것만은 사실이다.

2012년도에는 대미 수출금액은 중국 총수출액의 8.6%로 지난해 40.9%에서 급감하였고 수출의 시간·양에서는 41.3%로 다소 증가했다.

이를 다시 분류하면 수출금액상 TV 드라마는 전체 수출의 5.1%, 애니메이션은 12.7%, 다큐는 22.0%를, 수출량(시간) 측면에서는 TV 드라마 14.7%(편 수)와 11.5%(집 수), 애니메이션은 22.8%, 다큐는 21% 수출을 한 것으로 나타나고 있어 대미 수출이 꾸준히 진행되고 있음을 알 수 있다.

〈중국의 미국 TV 프로그램 수입 현황(금액)〉

(단위: 1,000위안)

분야 / 연도	2008			2009		
	총수입	미국프로 총수입	비중(%)	총수입	미국프로 총수입	비중(%)
합계	454,210	70,290	15.5	491,460	121,470	24.7
TV 드라마	242,930	1,450	0.6	268,870	–	–
TV용 애니메이션	8,780	3,340	38.0	1,280	740	57.8
다큐멘터리	–	–				

분야 / 연도	2010			2011		
	총수입	미국프로 총수입	비중(%)	총수입	미국프로 총수입	비중(%)
합계	430,470	135,930	31.6	540,986	66,338	12.3
TV 드라마	214,500	5,510	2.6	345,636	10,360	3.0
TV용 애니메이션	2,470	1,360	55.1	7,020	4,010	57.1
다큐멘터리	–	–	–	36,830	10,111	27.5

※출처: ① 2009 中国第三产业统计年鉴 ② 2010 中国第三产业统计年鉴 ③ 2011 中国第三产业统计年鉴 ④ 2012 中国第三产业统计年鉴 자료 재구성

〈중국의 미국 TV 프로그램 수입 현황(시간/양)〉

분야 / 연도	2008			2009		
	총수입	미국프로 총수입	비중(%)	총수입	미국프로 총수입	비중(%)
합계(시간)	20,550	7,463	36.3	21,426	8,697	40.6
TV 드라마 (편, 집)	122편 3,594집	10편 20집	8.2 0.6	115편 4,035집	–	–
TV용 애니메이션 (편, 집)	13편 734집	3편 207집	23.1 28.2	5편 421집	3편 160집	60.0 38.0
다큐멘터리	–	–	–	–	–	–

분야 / 연도	2010			2011		
	총수입	미국프로 총수입	비중(%)	총수입	미국프로 총수입	비중(%)
합계(시간)	22,197	8,526	38.4	21,790	6,905	31.7
TV 드라마 (편, 집)	156편 4,482집	10편 137집	6.4 3.1	146편 3,423집	31편 50집	21.2 1.5
TV용 애니메이션 (편, 집)	8편 785집	5편 555집	62.5 70.7	279시간	166시간	59.5
다큐멘터리	–	–	–	955시간	249시간	26.1

※출처: ① 2009 中国第三产业统计年鉴 ② 2010 中国第三产业统计年鉴 ③ 2011 中国第三产业统计年鉴 ④ 2012 中国第三产业统计年鉴 자료 재구성

2011년 중국이 미국 TV 프로그램 수입하는 양도 한국의 17.5%(금액), 2.7%(시간량)와 일본의 1.4%(금액), 0.4%(시간량)와는 비교가 되지 않을 정도로 높다. 수입 금액으로는 중국 연간 수입 총금액의 12.3%를 차지한다. 특히 TV용 애니메이션 수입이 시간적으로는 전체의 59.5%를 점하고 있는데, 그중 미국 디즈니 작품들이 중국 어린이 시청자의 많은 사랑을 받고 있다.

⟨2012년 중국 주요 TV 프로그램 대(對) 미국 수출입 현황⟩

분야	수출			
	총수출액 (만 위안)	대미 수출규모 (만 위안)	총수출규모 (시간·양)	대미 수출규모 (시간·양)
합계	22,824	1,965	37,573시간	15,538시간
TV 드라마	15,020	760	326편 15,329집	48편 1,759집
애니메이션	3,105	396	1,678시간	383시간
다큐	3,226	711	2,369시간	498시간

분야	수입			
	총수입 (만 위안)	미국프로 총수입 (만 위안)	총수입 (시간·양)	미국프로 총수입 (시간·양)
합계	62,534	8,145	13,089시간	4,060시간
TV 드라마	39,584	838	117편 3,164집	9편 111집
애니메이션	1,489	411	385시간	294시간
다큐	5,976	2,122	1,976시간	913시간

※출처: 2013 中国第三产业统计年鉴 p.510 자료 재구성

그런데 2012년도에 중국이 미국에서 수입한 주요 TV 프로그램을 세부 항목별로 접근해 보면 많은 차이점을 발견하게 된다. TV 드라마는 2011년에 비하여 수입금액이나 시간량이 크게 차이가 없는 것으로 보이나 애니메이션과 다큐멘터리는 다르다.

애니메이션의 경우 금액상으로는 미국으로부터의 수입액이 중국 전체 수입액의 2011년 57.1%에서 27.6%로 낮아졌지만, 시간량은 59.5%에서 76.4%로 껑충 뛰었다. 다큐멘터리도 많은 변화가 있는데 금액상 27.5%에서 35.5%로, 시간량은 26.1%에서 2012년 46.2%로 두 배나 증가한 것으로 나타났다.

그럼 중국과 일본과의 주요 TV 프로그램 수출입이 얼마나 되는지를 살펴보자.

〈중국 TV 프로그램 대(対) 일본 수출 현황(금액)〉 (단위: 千元)

분야 / 연도	2008년			2009년		
	총수출액	대일본 수출액	비중(%)	총수출액	대일본 수출액	비중(%)
합계	124,760	13,406	10.7	91,730	4,430	4.8
TV 드라마	75,249	12,729	16.9	35,840	3,720	10.4
TV용 애니메이션	29,478	–	–	44,560	–	–
다큐멘터리	–	–	–	–	–	–
분야 / 연도	2010년			2011년		
	총수출액	대일본 수출액	비중(%)	총수출액	대일본 수출액	비중(%)
합계	210,100	7,130	3.4	226,625	10,429	4.6
TV 드라마	74,840	6,760	9.0	146,490	9,395	6.4
TV용 애니메이션	111,330	–	–	36,624	780	2.1
다큐멘터리	–	–	–	18,339	141	0.8

※출처: ① 2009 中国第三产业统计年鉴 ② 2010 中国第三产业统计年鉴 ③ 2011 中国第三产业统计年鉴
④ 2012 中国第三产业统计年鉴 자료 재정리 및 재구성

〈중국 TV 프로그램 대(対) 일본 수출 현황(시간/ 양)〉

분야 / 연도	2008			2009		
	총수출규모	대일본 수출규모	비중(%)	총수출규모	대일본 수출규모	비중(%)
합계(시간)	10,300	846	8.2	10,238	367	3.6
TV 드라마 (편, 집)	149편 6,662집	19편 801집	12.8 12.0	128편 5,825집	12편 384집	9.4 6.6
TV용 애니메이션(시간)	38편 1,877집	–	–	55편 3,191집	–	–
다큐멘터리(시간)	–	–	–	–	–	–
분야 / 연도	2010			2011		
	총수출규모	대일본 수출규모	비중(%)	총수출규모	대일본 수출규모	비중(%)
합계(시간)	13,762	192	1.4	25,657	625	2.4
TV 드라마 (편, 집)	288편 12,362집	4편 134집	1.4 1.1	298편 14,001집	17편 573집	5.7 4.1
TV용 애니메이션(시간)	84편 4,930집	–	–	426시간	1시간	0.2
다큐멘터리(시간)	–	–	–	111시간	31시간	27.9

※출처: ① 2009 中国第三产业统计年鉴 ② 2010 中国第三产业统计年鉴 ③ 2011 中国第三产业统计年鉴
④ 2012 中国第三产业统计年鉴 자료 재정리 및 재구성

중국 TV프로그램의 대(対) 일본 수출은 지극히 미약하다. 2011년도의 경우 중국 TV프로그램 해외 수출 전체에서의 비중이 고작 4.6%(금액)와 2.4%(시간량)에 그쳤다. 그

원인은 여러 가지가 있을 것이고 대단히 복잡한 설명이 필요할 것이다.

〈중국의 일본 TV 프로그램 수입 현황(금액)〉 (단위: 千元)

분야 / 연도	2008			2009		
	총수입	일본프로 총수입	비중(%)	총수입	일본프로 총수입	비중(%)
합계	454,210	35,780	7.9	491,460	15,670	3.2
TV 드라마	242,930	29,010	11.9	268,870	11,770	4.4
TV용 애니메이션	8,780	450	5.1	1,280	200	15.6
다큐멘터리	–					

분야 / 연도	2010			2011		
	총수입	일본프로 총수입	비중(%)	총수입	일본프로 총수입	비중(%)
합계	430,470	8,260	1.9	540,986	7,832	1.4
TV 드라마	214,500	3,180	1.5	345,636	5,750	1.6
TV용 애니메이션	2,470	10	0.4	7,020	500	7.1
다큐멘터리	–	–	–	36,830	330	0.9

※출처: ① 2009 中国第三产业统计年鉴 ② 2010 中国第三产业统计年鉴 ③ 2011 中国第三产业统计年鉴
④ 2012 中国第三产业统计年鉴 자료 재구성

〈중국의 일본 TV 프로그램 수입 현황(시간/ 양)〉

분야 / 연도	2008			2009		
	총수입	일본프로 총수입	비중(%)	총수입	일본프로 총수입	비중(%)
합계(시간)	20,550	582	2.8	21,426	233	1.1
TV 드라마 (편, 집)	122편 3,594집	18편 407집	14.7 11.3	115편 4,035집	11편 187집	9.6 4.6
TV용 애니메이션 (편, 집)	13편 734집	5편 254집	38.5 34.6	5편 421집	1편 52집	20.0 12.4
다큐멘터리	–	–	–	–	–	–

분야 / 연도	2010			2011		
	총수입	일본프로 총수입	비중(%)	총수입	일본프로 총수입	비중(%)
합계(시간)	22,197	350	1.6	21,790	87	0.4
TV 드라마 (편, 집)	156편 4,482집	3편 34집	1.9 0.8	146편 3,423집	1편 23집	0.7 0.7
TV용 애니메이션 (편, 집)	8편 785집	1편 100집	12.5 12.7	279시간	8시간	2.9
다큐멘터리	–	–	–	955시간	22시간	2.3

※출처: ① 2009 中国第三产业统计年鉴 ② 2010 中国第三产业统计年鉴 ③ 2011 中国第三产业统计年鉴
④ 2012 中国第三产业统计年鉴 자료 재구성

중국의 일본 TV 프로그램 수입 역시 대단히 저조하다. 일본 프로그램 중 특색을 지니고 있는 분야가 TV용 애니메이션인데 중국 만화시장의 약 60%를 차지하고 있는 일본 상품이 방송프로로서의 애니메이션 분야에서는 미국을 능가하지 못하는 것 같다. 이에 대해 중국의 해외시장의 다변화 정책과 중국 시청자들의 선호도에 따라 문화 콘텐츠 수입원이 다르게 나타나는 시장의 원리가 작용하고 있기 때문이라는 분석을 할 수 있다.

〈2012년 중국 주요 TV 프로그램 대일(対日) 수출입 현황〉

분야	수출			
	총수출액 (만 위안)	대일 수출규모 (만 위안)	총수출규모 (시간 · 양)	대일 수출규모 (시간 · 양)
합계	22,824	1,386	37,573시간	242시간
TV 드라마	15,020	1,353	326편 15,329회	9편 257회
애니메이션	3,105	13	1,678시간	–
다큐	3,226	17	2,369시간	7시간
분야	수입			
	총수입 (만 위안)	일본프로 총수입 (만 위안)	총수입 (시간 · 양)	일본프로 총수입 (시간 · 양)
합계	62,534	3,086	13,089시간	166시간
TV 드라마	39,584	2,084	117편 3,164집	4편 107집
애니메이션	1,489	821	385시간	45시간
다큐	5,976	27	1,976시간	11시간

※출처: 2013 中国第三产业统计年鉴 p.510 자료 재구성

2012년의 경우 중국은 자국 주요 TV 프로그램을 일본에 수출하는 것이 2011년도와 크게 변화가 없었으나 일본의 주요 TV 프로그램을 중국으로 수입한 것은 조금씩 증가했다. 특히 애니메이션은 중국으로 수입한 비용이 2011년 해외수입 전체의 7.1%에서 2012년 55.1%로 급격히 증가하였으며 시간량은 2011년 2.9%에서 2012년 11.7로 증가하는 데 그쳤다. 다시 말하면 일본 애니메이션 작품을 비싸게 구입했다는 것으로 이해할 수 있다.

중국의 문화산업은 일찍 시작하였으나 본격적인 정부의 진흥책과 국민의 관심이 생기기 시작한 것은 2000년대 초로 봐야 한다. 다음은 중국의 사회적 환경에서 문화산업이

성장하는 데 어떠한 정책이 있는지 찾아보기로 한다. 다만 중국 문화산업 정책의 전반적인 사항은 별도의 장에서 접근키로 하고 여기서는 드라마 분야에 대한 정책으로 한정코자 한다.

바. 주요 정책

중국공산당 중앙과 정부의 중국 문화산업 발전을 위한 마스터플랜이라고 할 수 있는 '문화산업 진흥 규획'이 2009년 9월 발표된 이래 드라마 역시 문화산업의 한 분야로 포함되어 있다.

핵심적인 문화산업 개발 항목에 포함되어 있는 TV 프로그램 발전을 위하여 정부 투자 강화, 금융 지원 확대, 세수 우대조치 등의 장려책들이 많다. 특히 위성TV 채널들의 특성화, 전문화, 브랜드화, 개성화 유도 추진은 드라마 생산 · 제작 · 유통과 적지 않은 관련이 있다. 따라서 문화산업 정책 전 분야에 대해서는 다음 장에서 다루도록 하고 여기서는 단행적이고 세부적인 사항을 주로 다룰 것임을 다시 한 번 밝혀 둔다.

국가의 라디오 · TV 발전 지원 의무와 정부의 관리 의무 병행 추진

중국의 라디오 · 텔레비전 관리조례 제4조에는 국가가 라디오 · 텔레비전 사업과 농촌의 라디오 · 텔레비전 사업 발전을 지원토록 규정하고 있으며 동 조례 제5조에서는 정부의 라디오 · 텔레비전 업무 관장 부서는 전국적인 라디오 · 텔레비전 관리 업무를 책임지도록 하고 있다.

또한 라디오 · 텔레비전 프로그램 제작 경영 관리규정 제3조도 라디오 · 텔레비전 프로그램 제작 산업의 발전 계획과 전국적인 프로그램 경영활동에 대한 지도관리를 하고 이에 대한 책임을 지도록 규정하고 있다.

라디오 · 텔레비전 방송국의 외자(外资) 경영 금지

라디오 · 텔레비전 관리 조례 제10조에서는 국가는 외자(外资) 경영, 즉, 중외 합자(中 · 外合资) 경영과 중외 합작(中 · 外合作) 경영의 라디오 방송국과 텔레비전 방송국 설립을 금지한다고 규정하고 있다.

TV 프로그램 제작사 설립, 프로그램 제작, 배급, 방송 등 허가제 시행

TV 드라마 제작사 설립은 라디오·텔레비전 관리 조례 제35조에 의거, 정부의 비준을 받아야 하고 TV 드라마 제작 허가증을 취득한 후에 드라마 제작을 계획할 수 있다. TV 드라마의 경우 라디오·텔레비전 제작 경영 관리규정 제12조에서 '라디오·텔레비전 프로그램 제작 경영 허가증'을 보유한 업체와 지·시급(地市級) TV 방송국 및 '영화 촬영 제작 허가증' 소지자도 드라마 제작을 할 수 있도록 했다.

물론 동 조례 제31조에는 라디오·텔레비전 프로그램은 성급 이상 관할 행정부서의 비준을 받은 라디오·텔레비전 프로그램 제작경영 단위가 제작하도록 하고 있다. 동 조례 제39조는 라디오 방송국과 TV 방송국이 해외에서 들어온 소위 경외(境外) 영화나 드라마를 방송할 시는 필히 정부 라디오·텔레비전 업무 관장 부서의 비준을 받도록 하고 있다. 또한 경외 영화, 드라마 방송시간도 조례 제40조의 규정에 따라 라디오·TV 프로그램 총 방송시간에 비례하여 책정되어야 한다고 적시하고 있다.

라디오·텔레비전 프로그램 교류·교역 활동 허가제 시행

라디오·텔레비전 프로그램의 국제적이고 전국적 규모의 교류나 교역 활동을 개최할 때에는 조례 제45조에 의거, 반드시 정부 라디오·텔레비전 관장 부서의 승인을 받아야 하고 아울러 지정된 부서가 주관해야 한다.

다만, 지역적인 행사는 당해 성, 자치구, 직할시 인민정부의 라디오·텔레비전 관장 부서의 비준을 받도록 하고 있다.

중외(中·外) 합작 TV 드라마 제작·생산 허가제

중국은 중외 합작 TV 드라마와 TV용 애니메이션에 대하여 허가제도를 시행한다고 '중외합작 제작 TV 드라마 관리규정(광전총국령 제 41조)'에 명시되어 있다. 즉 허가 없이는 제작할 수 없고 완성품에 대한 심사를 거치지 않으면 배급과 방송도 할 수 없다.

또 합작 제작 형식은 ① 공동제작, ② 협업제작, ③ 위탁제직으로 해야 한다고 규정하고 있다. 여기서 말하는 공동제작은 중국 측과 외국 측이 공동으로 투자하고 창작에 참여하는 인력도 공동으로 파견하며 이익 배당과 위험 부담도 공동으로 한다는 것을 말한다. 협업제작은 외국 측에서 출자하고 주된 창작인력을 제공하고 중국 경내에서 전부 또는 부분적으로 야외 촬영을 진행하며 중국 측은 노무 또는 설비, 기자재, 장소 등을 제공함으로써 TV 드라마 제작에 협조하는 방식이고, 위탁제작은 외국 측이 출자해서 중국 측에 중국 내 제작을 위탁하는 방식이다.

TV 드라마 내용 심사 제도 도입·시행

중국의 TV 드라마 내용 관리규정(광전총국령 제63호/2010.7.1 시행) 제15조에 의하면 중국 국산드라마, 공동제작 드라마, 해외수입 드라마에 대하여 내용 심사와 발행(배급) 허가제도를 시행한다고 규정하고 있다. 여기서 말하는 TV 드라마는 TV용 애니메이션 과 영화를 포함하고 있다.

각급 위성TV 종합채널 드라마 방송 제한

'위성TV 종합채널 드라마 편성 방송관리 진일보한 규범에 관한 통지'를 광전총국은 2010년 5월 1일부터 시행하고 있는데 그 주요 내용을 보면 위성TV 방송의 일일 드라마 방송 총량은 일일 TV 방송시간 총량의 45%를 초과하지 않을 것과 일일 드라마는 재방송을 포함하여 총 6회를 초과할 수 없으며 1회당 46분을 초과하지 않도록 하고 연휴 때는 일일 드라마 방송수량에 있어 재방송을 포함하여 3회를 초과하지 않도록 통지했다. 그리고 국가의 법적 공휴일인 1월 1일(元旦), 음력 설날(春节), 노동절(5월 1일), 청명절, 단오절, 중추절(秋夕), 국경절(10월 1일) 기간 일일 드라마 방송시간 총량은 상기 통지문의 전체적인 정신에 입각, 자체적으로 결정·이행토록 자율성을 부여하였다.

해외수입 영화·드라마·애니메이션(통칭: 影视剧) 방송시간 조정

이는 국산 影视剧 진흥책의 일환과 시장에서의 건전성 확보라는 차원에서 이루어지고 있는 것으로 생각되는데 '해외 TV 프로그램 수입방송 관리규정(2004.10.23 시행)'과 광전총국이 2012년 2월 9일 전국 TV 방송국, CCTV, 영화집단공사, 국제TV총공사에 하달한 '해외 影视剧 수입·방송 관리의 진일보 강화 및 개선에 관한 통지'에 근거하고 있다.

동 규정에는 수입 影视剧의 방송은 당일 총 방송시간의 25%를 초과할 수 없도록 조정하고 있고, 매일 방송하는 기타 해외 TV 프로그램의 경우 당해 채널에서 당일 총 방송시간의 15%를 넘지 못하도록 규정하고 있다.

그리고 수입 影视剧 방송은 라디오·영화·텔레비전총국(약칭: 광전총국)의 승인 없이는 저녁 프라임 시간대인 19:00~22:00에 방송하지 못하도록 하고 있다.

한편 상기 통지문에서도 수입 影視劇는 프라임 시간대(19:00~22:00) 방송 금지와 당일 전체 방송시간의 25%를 초과하지 말 것, 그리고 정부 승인 없이 각 TV 채널은 시리즈물 단막극이나 해외 影視劇 소개 형식의 방송을 금지토록 강조했다. 2012년 2월 9일에도 광전총국은 '해외수입 影視劇 방송관리의 진일보한 강화와 개선에 관한 통지'를 내려보내 동 내용을 재차 강조했다. 즉 정부 승인을 받았을 때에도 매 기 시리즈 프로그램 중 수입 影視劇 삽입 소개는 3분을 초과할 수 없고 한 단락별 소개 시에도 계속해서 10분을 넘을 수 없으며 정보 시리즈 소개 시에도 한 단락에 1분을 초과할 수 없도록 사실상 승인지침을 적시하고 있다.

영화 · 드라마 중 흡연 장면 규제

2011년 2월 12일에 시행에 들어간 광전총국의 '영화 · TV 드라마 중 흡연 장면 엄격규제에 관한 통지'에서 영화나 TV 드라마 중에 담배상표 표지와 관련된 내용과 변형된 담배광고 노출을 금지하고 국가가 명확히 금지한 흡연 및 흡연 표지, 장소, 흡연 장면이 나타나서는 안 된다고 밝혔다. 또 미성년자가 담배를 구입하는 것이나 피우는 등의 행동을 하지 말 것과 미성년자의 흡연과 관련된 어떤 상황도 표현되어서는 안 된다고 규정했다.

다만, 예술적 필요, 개성적 표현상 흡연 장면이 필요한 경우는 가능한 한 다른 신으로 대체토록 하고 각 성 라디오 · 영화 · 텔레비전 담당부서와 CCTV 및 총정치부 선전부 예술국은 TV 드라마 심사비준 시 가능한 한 흡연 장면을 배제할 것을 통지했다.

중국에서는 흡연으로 인한 피해가 적지 않아 문제점들을 사전 예방하고자 '라디오 · 텔레비전 광고방송 관리규정(2010.1.1 시행)' 제9조 2항에서 이미 담배제품 광고 방송을 금지하고 있어 상기 통지는 건강한 사회 발전을 위한 일종의 강화조치로 분석된다.

방송 · 영화 · TV의 디지털화 가속 및 현대적 전파체계 개선 추진 지속

2012년 1월 1일 처음으로 3D TV 시험방송이 시행되고 같은 해 9월 22일에는 중국 TV 예술가협회 입체영상(3D)전문위원회가 결성되어 TV 프로그램의 3D방송 본격 추진을 위한 카운트다운에 들어갔다.

2012년 9월 전국 각 성에 기본적인 유선TV 네트워크를 정합하고 1개 성에 1개 망(网)

을 실현하면서 유선 네트워크의 디지털화를 가속화해 나갔다.

중국에는 유선 R/TV 이용객이 계속 증가 추세에 있는데 2012년도 이용객 수는 6.14%가 늘어난 215,089,700호(명)에 이른다. 이 중에 디지털TV 이용객이 2011년도보다 24.49%가 증가한 143,030,700명이고, 이 중 유료 시청자는 2011년보다 42.06%나 급격히 증가한 25,011,200명에 이른다고 한다. 정부의 디지털화 가속화 정책에 힘입어 유료 시청자들이 지속적으로 증가하고 있는데, 전국 상위 10개 지역의 디지털TV 유료 시청 현황을 다음과 같이 곁들인다.

〈2012년 디지털TV 유료 시청 지역별 상위 10위〉

지역 / 구분	유료 시청자 수	수입(억 위안)
장쑤 성	2,985,600	3.98
저장 성	2,682,700	2.86
윈난 성	2,561,200	2.62
쓰촨 성	2,308,600	3.34
광둥 성	1,875,900	2.63
산둥 성	1,864,100	1.91
산시(陝西) 성	1,505,900	1.36
후베이 성	1,375,900	1.25
헤이룽장 성	995,900	0.76
구이저우 성	995,600	1.58
베이징 시	9,400	0.47

※출처: 中国广播电影电视发展报告(2013) 자료 재정리

위 표와 같이 베이징을 제외한 상위 10위권 지역이 디지털TV 유료 시청자 수의 76.6%를 차지한다.

이 밖에 2011년 10월 정부는 '위성TV 종합채널 프로그램의 진일보한 관리에 관한 의견'을 전국 관련 기관과 34개 위성TV 방송국에 하달하면서 2012년 1월 1일부터 전국 34개 위성TV 방송국 종합채널의 뉴스 프로를 늘리고 가급적 오락 프로를 억제하라는 내

용을 전달했다. 또한 윤리도덕을 함양하는 건실한 프로그램이나 기획 시리즈물 개설을 희망했다. 그리고 2011년 11월 28일 광전총국은 전국 관련 기관과 방송국에 '라디오·텔레비전 광고방송 관리규정의 보충규정 집행 관철에 관한 통지'를 하달하면서 2012년 1월 1일부터 드라마 중간 광고방송 폐지와 프로그램 재편성 등에 대한 요청사항을 적시했다. TV 드라마 중간에 삽입되는 광고방송은 TV 방송국의 광고운영 사업의 핵심으로 광고영업 수입의 70%를 차지한다는 것이 방송계의 분석이다.

특히 저녁 프라임 시간대 TV 드라마 광고는 일일 TV 방송 업무의 50%를 차지하고 있어 이러한 광고 제한령은 전국 34개 위성TV 채널에 약 200억 위안(약 31억 7415만 달러)의 손해를 가져올 것으로 전문가들은 분석한다.

그러나 시청자 입장에서 보면 지나친 광고는 여러 가지 문제점을 불러와 드라마에 대한 부정적인 면을 초래할 수 있는 경우가 적지 않다.

사. 맺는말

중국은 2011년도에 7,112,700,000위안(미화 약 11억 2884만 달러)이라는 많은 자금을 투입하여 469편 14,942회분의 TV 드라마를 제작·생산하였으며 약 76억 위안(미화 약 12억 617만 달러)에 이르는 국내 거래가 이루어졌다.

TV 방송량도 각급 채널을 통해 수입드라마 6,377편 166,401회분을 포함하여 총 247,060편 6,636,255집을 방송함으로써 중국 국민의 사랑을 받고 지속적인 성장을 하고 있다. 성급 위성TV 채널은 드라마 시청시장 점유율에서 CCTV의 14.4%를 제치고 44.9%를 차지하는 등 강력한 힘을 발휘함으로써 치열한 경쟁에서 우위를 확보하고 있다. 그러나 인터넷 등 뉴미디어 발달로 젊은이들의 TV 시청률 하락과 함께 드라마 시청률도 동반 감소하고 있는 추세다.

2011년 1월 발간된 '중국 드라마 산업 발전 연구 보고' 110페이지에서 밝힌 2007년부터 2009년까지 3년간 15~24세 연령층의 저녁 드라마 시청자 구성 비교표에서는 드라마 시청률 18.45%가 감소된 것으로 나타났다. 이는 TV 드라마 시장의 새로운 전략적 변화가 요구되는 대목이다.

TV 드라마 제작사들이 희망하는 우대 정책에서 법인·개인 영업세, 소득세 감세를 희망하는 업체가 78.6%이고 그 다음은 면세 혜택 38.1%, 우수 장려정책 시행 11.9%, 대출 우대 7.1%, 정부 보조 7.1% 등으로 나타났다. 또 중앙의 제작사들은 손실이 없는 것으로 조사되었으나 지방 제작사들은 11.3%가 다소 손실이 있고 8.5%는 손실이 심각하다고 얘기한다.

즉 제작사들에게 이익이 분배되지 못하고 있는 것으로 분석되는데, 선진국의 경우 드라마 시장에서의 수입을 제작사:방송사:광고사 간 2:1:1을 기본으로 하고 있고 미국의 경우 제작사 60%, 방송사 20%, 광고사가 20%로 배분하고 있는 데 비해, 중국은 방송사가 80~90%, 제작사 등이 10~20% 정도라는 현실이 제작사로 하여금 수동적인 입장에 처하게 한다고 '중국 드라마 산업 발전 연구 보고'는 분석했다.

그리고 〈媒介经营〉 2012년 제1기(pp.54~55)에서는 제작사와 방송사 간의 지위 균형을 잃었다고 평가하고 현재 중국의 드라마 제작사와 방송사 간의 이익배분의 불균형이 심각하다고 기술하고 있다.

즉, 드라마 제작사의 극히 일부만 40%까지 수익을 창출하고 있고, 일반적으로 평균 수익이 6%에 불과한 반면, TV 방송사는 드라마 제작비의 20% 내외의 자금을 들여서 드라마 판권을 구입하여 최고 70% 이상까지 수익을 가져온다고 지적했다.

이러한 지적들을 단편적으로 판단하기는 어려운 면도 있으나 제작사들의 여러 가지 어려움 등을 고려한다면 이익분배 구조는 분명 개선되어야 할 부분이다.

그러나 90년대 후반에 접어들면서 드라마 시장 정책이 점점 관대해지면서 나타난 문제점들도 간과해서는 안 될 것이다. 즉, 제작 · 생산에 대한 치밀한 계획 부족, 투자자들의 드라마 시장에 대한 정확한 이해 부족, 전문화된 분업화 진행 미흡과 파생상품 개발 미흡 등 갖가지 문제점들이 내재되어 있다고 전문가들은 부언한다.

중국 정부는 각종 시상제도도 강화하면서 경쟁력 있는 자국 드라마 제작 · 생산을 유도한다. 1983년 3월 전국 TV 드라마를 대상으로 '비천상(飞天奖)' 시상제도를 진행하기 시작했는데 1992년부터 시상 명칭을 바꿔 '중국 TV 드라마 비천상(中国电视剧飞天奖)'으로 하고 TV 드라마 분야에서 정부가 수여하는 최고 권위 있는 상으로 격상시켰다.

물론 갖가지 TV 드라마를 포함한 TV 프로그램 방송에 대한 제한 조치들이 있지만 분명한 것은 TV 방송에서 드라마가 차지하고 있는 비중이 45%대를 지속적으로 고수하고 있다는 점이다. 시청자들이 TV 프로그램 중 가장 선호하는 프로그램이 드라마라는 것을 외면할 수 없고 이와 관련하여 TV 방송국으로서는 생존을 위해 광고주가 가장 선호하는 드라마에 승부를 걸 수밖에 없는 환경에 처해 있다.

2011년 기준으로 중국은 2,726개의 많은 TV 채널을 보유하고 있다. 이 채널들에서는 매일 시청자들을 위한 서비스를 제공하고 있다. 이제 중국은 TV 드라마나 애니메이션 등의 연간 제작 수량에서 방송국인 수요자가 취급할 수 있는 한계 수량에 도달했다고 한다. 문제는 질이다. 1인당 GDP가 2011년 미화 5,449달러에서 2012년 미화 6,500달러에 가깝게 계속 성장하는 것에 비례하여 어떤 콘텐츠를 가지고 양질의 드라마를 요구하는 시청자들을 만족시킬 것인가 하는 것이 중요한 관건이라는 점을 중국 드라마 제작자들도 이미 잘 알고 있다. 엄청난 TV 프로그램 시장에서의 생존 방법은 소위 킬러 콘텐츠 제작뿐인 것이다.

2012년도에 와서는 TV 드라마 시장의 경쟁이 보다 치열하게 전개되는 나머지 공생의 길을 찾는 사례들이 적지 않게 일어났다. 톈진 위성TV와 상하이 동방 위성TV, 후베이 위성TV, 윈난 위성TV는 각종 비용 절감을 위해 합작의향서를 체결했고, 2012년 4월에는 베이징TV, 상하이 동방TV, 충칭TV, 선전TV, 창춘TV, 하얼빈TV 등 15개 TV 방송국들이 'TV 프로그램 시리즈물 합작연맹'을 결성, 촬영과 구매 등 다양한 방식으로 상호 경쟁력 확보에 노력하고 있다.

Youku(优酷), Tudou(土豆), 爱奇艺, 腾讯, 聚力网 등 5대 인터넷 웹사이트는 공동으로 장쑤 위성TV의 가장 인기 있는 드라마 〈囧人的幸福生活〉을 구입, 비용을 절감한 사례는 눈여겨볼 만하다. 2012년 12월 26일 CCTV와 후난 위성TV 간에 '드라마 전략연맹' 체결도 같은 맥락에서 이루어졌다.

위와 같은 사례뿐만 아니라 시장에서 살아남기 위한 갖가지 묘안을 찾고 있고 시청자들에게 가장 가깝게 다가갈 수 있는 작품 제작에 진력하고 있는 것이 현재의 TV 드라마 시장의 추세다.

2. 출판 · 인쇄 시장

가. 서설

중국의 신문출판 업무를 관장하던 '국가신문출판총서(国家新闻出版总署)'는 정부의 구조개혁 정책에 따라 2013년 3월 22일 방송업무를 관장하는 '국가라디오 · 영화 · 텔레비전총국(国家广播电影电视总局/약칭 广电总局)'과 합병되어 '국가신문출판광전총국'으로 새롭게 출발하고 있다.

중국의 미디어 산업 2011년도 시장 구조를 보면 도서, 신문, 잡지가 차지하는 비중은 상대적으로 높지 않다. 도서는 10.26%, 잡지는 3.48%, 신문은 12.37%이기 때문이다. 따라서 도서, 잡지, 신문을 하나의 미디어로 보고 미디어 분야 업종별 시장 구성을 다음과 같이 분석하고 있다.

〈2011년도 중국 미디어 산업 업종별 시장 구성도〉

구분 / 업종	도서	신문	잡지	인터넷	라디오 방송	TV 방송
총생산액(억 위안)	654.6	789.0	221.7	925.7	123.3	1193.124
비중(%)	10.26	12.37	3.48	14.52	1.94	18.71

구분 / 업종	광고공사	영화	음상	이동통신	계	
총생산액(억 위안)	529.6	178.4	16.4	1744.0	6375.824	
비중(%)	8.31	2.80	0.26	27.35	100.00	

※출처: 2012年 中国传媒产业发展报告 p.5 자료 재구성

이러한 출판 분야에서 종사하는 사람들도 2010년에 4,613,700명에서 2011년도에는 4,674,000명으로 다소 늘어났다. 이 숫자는 디지털 출판 분야 근로자 수를 제외한 숫자이다. 상기 총생산액을 USD로 환산할 경우 중국 통계국이 공포한 '2011년도 국민경제와 사회발전 통계 공보'에서 밝힌 1 USD= 6.3009 위안의 환율을 적용하여 환산할 수 있다.

그런데 2012년도의 중국 출판·발행 및 인쇄 산업의 영업수입이 2011년보다 14.2%가 증가한 1조 6,635.3억 위안(미화 약 2,646억 6,152만 달러)에 이르고 이윤총액도 2011년보다 16.79%가 늘어난 1,317.79억 위안(미화 약 209억 6,556만 달러)에 이르렀다. 여기에는 디지털출판 분야가 제외되어 있어 디지털출판 분야가 합쳐지면 규모는 대단히 방대해진다. 동 자료는 2013년 7월 9일 국가신문출판광전총국이 발표한 '2012년 신문출판산업보고'에 기초하였다.

〈출판·발행·인쇄 분야 근로자 수 현황〉 (단위: 천 명)

연도 / 분야	계	도서 출판	잡지 출판	신문 출판	인쇄 복제	출판물 발행	음향영상 제품	전자 출판물	수출입 분야
2010	4,613.7	63.9	87.2	234.4	3,494.0	723.8	5.0	2.2	3.2
2011	4,674.0	67.0	106.0	248.0	3,519.0	724.0	–	–	–
2012	4,774.3	67.1	111.6	263.1	3,596.2	726.4	4.6	2.2	3.1

※출처: 2011~2012 中国出版产业发展报告 p.134 및 2011年 및 2013年 中国出版年鉴 자료 재정리

상기 표에서 근로자 숫자를 명기하지 않은 2011년도의 음향·영상 제품, 전자출판물 및 수출입 분야 근로자 수는 2010년도 숫자와 비슷한 것으로 보면 무리가 없을 것으로 보인다.

이러한 출판계 근로자 수에 있어 성별 구분을 보면 남성 근로자 수가 조금 더 많다.

〈출판·발행·인쇄 분야 근로자 남녀 현황〉 (단위: 천 명)

연도 / 구분	계	남	여	여성 비율(%)
2011	4,674.0	2,462.0	2,212.0	47.3
2010	4,613.7	2,345.0	2,268.7	49.2
2009	4,497.0	2,278.0	2,219.0	49.3

※출처: 2010, 2011, 2012 中国出版年鉴 자료 재정리

2011년 전국 신문사 1,600여 개사가 이미 기업형으로 운영전환을 마쳤고 2011년 말까지 7개사가 증시상장을 완료했다. 2000년 3월 成都商报社, 2000년 4월 人民日报社의 '华闻传媒' 등을 비롯, 2011년 9월 浙江日报报业集团의 '浙江传媒'가 상하이 증시에 상장한 것 등이다.

2012 중국 미디어산업 발전 보고에 의하면 언론사 고관들이 범죄 행위로 낙마하는 사고들이 적지 않다. 2002년 6월 광저우일보 언론 그룹 사장과 2002년 11월 선양일보 총편집, 2005년 6월 北京传媒 부총재, 2009년 4월 선전 法制报 전 총편집, 2009년 9월 宁波日报 사장, 2011년 11월 23일 中国国土资源报 전 총편집 등 일부 인사들이 형사처벌을 받았다.

출판계에도 개혁이 지속된다. 2011년 기업형으로 전환되어 있는 148개 중앙의 각 부·위(部·委) 소속 출판사 중 1개사가 퇴출되는 등 기업형 전환 운영시스템 심화 단계에 이미 진입한 것이다.

현재의 전민(全民)소유제 기업, 공사, 주식회사, 증시상장사 등이 한 발 한 발 현대기업으로 변모를 거듭하고 있다. 2012년 6월 28일 '신문출판총서의 민간자본 참여지원 출판 경영활동의 시행세칙(关于支持民间资本参与出版经营活动的实施细则)'에서 민간자본의 문화기업 투자설립을 지원하는 정책도 펼치고 있다.

한편 잡지 판매를 보면, 세태를 반영하듯 자동차 및 남녀의 유행 등과 관련된 잡지들이 판매의 42.62%로 상당 부분을 차지한다.

디지털 출판도 급속하게 발전하고 전자도서 출판 전담 기구들이 매년 증가하고 있으며 '전자책보'를 사용할 수 있는 학생 수가 전국에 3억 7천여만 명으로 그 시장 규모가 엄청나다.

인쇄업 규모는 11·5 규획(제11차 5개년 계획) 기간이 끝난 2010년 총 생산액이 6,715억 3,600만 위안(미화 약 932억 4,535만 달러)을 넘어 12·5 규획 기간(2011~2015)이 끝나는 해인 2015년 1조 1,000억 위안을 목표로 설정해 놓고 있다.

수출입 부문에서도 지역의 다변화에 기초하여 기존 주요 국가들과의 무역을 비롯, 판권교역도 점점 확대해 나가고 있는 추세다.

이제 출판·인쇄업 시장의 분야별 현상들을 각각 파악해 보기로 하자.

나. 도서 · 잡지 · 신문 출판 시장

1) 출판사 현황

중국은 개혁개방이 막 시작되었던 1978년 당시, 전국에 출판사가 105개사였는데 2012년도에는 580개사로 34년 만에 475개 출판사가 늘었다. 지난 15년간의 출판사 수를 보면 대체적으로 2000년 이후부터는 큰 변화가 없다.

〈1997~2012년간 중국의 출판사 수량 변화 추이〉

연도	1997	1998	1999	2000	2001	2002	2003	2004
중앙	204	204	204	220	218	219	220	219
지방	324	326	326	345	344	349	350	353
계	528	530	530	565	562	568	570	572
연도	2005	2006	2007	2008	2009	2010	2011	2012
중앙	220	220	220	220	222	218	214	220
지방	353	353	359	359	362	364	364	360
계	573	573	579	579	584	582	578	580

※출처: 2010년, 2011년 中国传媒产业发展报告 및 中国出版年鉴 2010, 2011, 2012, 2013 자료 재구성

이러한 출판사들의 2010년도 출판 능력 순위를 보면 중국 출판사들을 보다 깊이 있게 이해하는 데 도움이 될 것이다. 출판사들의 전체 능력 순위에서 상위 50위를 보면 베이징에 22개사가 위치해 있는데 이 중에 20개 출판사가 정부 소속이고, 星球지도출판사 1개사는 군 계통의 출판사이며, 나머지 1개사는 베이징 시 소속 출판사이다.

분야별로 분류해 보면 교육 계통의 출판사가 16개로 가장 많고 뒤를 이어 사회과학류 출판사가 外语教学与研究출판사를 비롯하여 13개이고, 과학기술분야 출판사 13개, 소년아동 분야의 출판사가 5개, 종합 출판사가 2개로 분류될 수 있다. 이 중 강력한 출판 능력을 가진, 출판 능력 지수 0.4 이상을 마크하고 있는 출판사는 2010년 7개사로 2009년보다 3개사가 줄었다.

〈전국 출판사 출판 능력 총 순위 상위 20위 명단〉

| 순위 | | 출판사명 | 소속 | 분야 | 지수 |
2010	2009				
1	1	高等教育出版社	중앙	교육	0.9053
2	2	人民教育出版社	〃	〃	0.6361
3	5	科学出版社	〃	과학기술	0.5447
4	6	江苏教育出版社	장쑤 성	교육	0.5165
5	3	外语教学与研究出版社	중앙	사회과학	0.5146
6	4	北京师范大学出版社	〃	〃	0.5035
7	7	机械工业出版社	〃	과학기술	0.4206
8	9	教育科学出版社	〃	교육	0.3610
9	10	清华大学出版社	〃	과학기술	0.3344
10	8	浙江教育出版社	저장 성	교육	0.3264
11	14	重庆出版社	충칭 시	종합	0.3150
12	12	广西师范大学出版社	광시자치구	사회과학	0.2757
13	11	化学工业出版社	중앙	과학기술	0.2726
14	13	电子工业出版社	〃	〃	0.2692
15	15	人民卫生出版社	〃	〃	0.2663
16	27	湖南教育出版社	후난 성	교육	0.2483
17	16	中国地图出版社	중앙	과학기술	0.2280
18	18	北京大学出版社	〃	사회과학	0.2268
19	20	中国人民大学出版社	〃	〃	0.2238
20	19	青岛出版社	산둥 성	종합	0.2212

※출처: 中国出版年鉴 2012, p.628 재구성

상위 20위까지 순위에 교육 분야가 6개사, 사회과학 분야 5개사, 과학기술 분야 7개사, 종합이 2개사로 구성되어 있으나, 1위와 2위가 변함 없이 교육분야이며 지수도 상대적으로 대단히 높다. 소속에서도 중앙정부 소속이 14개사로 70%를 차지하고 있고 지방은 6개사에 불과하여, 중앙 소속의 교육 분야 출판사가 경쟁력을 가지고 있는 것으로 분석된다.

그러나 전공과 분업이 제각기 다르므로 일부 출판사들이 전체 순위에서는 뒤로 밀리더라도 전공 분야에서는 뛰어난 성적을 거두고 있다.

10개 분야에서 분야별로 가장 우수한 능력을 갖춘 출판사를 살펴보면 다음과 같다.

〈2010년 분야별 출판 능력 최우수 출판사〉

분야	출판사명	소속	지수	전체순위
교육	高等敎育출판사	중앙	0.9053	1
사회과학	外语敎学与硏究출판사	〃	0.5146	5
과학기술	科学출판사	〃	0.5447	3
청소년아동	湖南少年儿童출판사	후난 성	0.1370	39
문화예술	译林출판사	장쑤 성	0.1158	53
종합	重庆출판사	충칭 시	0.3150	11
여행	中国旅游출판사	중앙	0.0275	268
고적	黄山출판사	안후이 성	0.0884	82
미술	江苏美术출판사	장쑤 성	0.1049	63
민족	延边敎育출판사	지린 성	0.1368	40

※출처: 中国出版年鉴 2012, pp.628~629 자료 재구성

분야별 최우수 출판사를 봐도 교육 분야가 가장 앞서가고 있고 중앙 소속 출판사가 4개사로 역시 중앙의 힘을 강하게 발휘하고 있다.

다음은 분야별로 출판사 상위 10위권을 살펴보기로 하자.

〈사회과학 분야 출판사 출판 능력 순위표〉

순위	전체순위	출판사명	소속	지수
1	5	外语教学于研究出版社	중앙	0.5146
2	6	北京师范大学出版社	중앙	0.5035
3	12	广西师范大学出版社	광시자치구	0.2757
4	18	北京大学出版社	중앙	0.2268
5	19	中国人民大学出版社	중앙	0.2238
6	24	江苏人民出版社	장쑤 성	0.1703
7	25	西南师范大学出版社	충칭 시	0.1603
8	27	华东师范大学出版社	상하이	0.1589
9	28	上海外语教育出版社	상하이	0.1579
10	37	商务印书馆	중앙	0.1418

※출처: 中国出版年鉴 2012, p.629

사회과학 분야 상위 10개 중 대학 출판사가 北京大学출판사를 비롯하여 무려 6개 포함
되어 있다. 상위 20위 출판사 명단에는 지린吉林대학 출판사(11위), 산시陝西 사범대
학 출판사(12위), 저장浙江대학 출판사(13위), 우한武汉대학 출판사(15위), 푸단复旦대
학 출판사(17위), 中央广播电视大学 출판사(19위) 등 6개 대학 출판사가 더 포함되어
있어 20개 출판사 중 12개 대학 출판사가 자리를 차지하고 있다. 대학 출판사들이 사회
과학 분야 출판에 크게 공헌하고 있는 셈이다. 상기 출판사들은 사회과학 분야의 경쟁
력을 갖춘 231개 출판사 중에서 선발된 것으로 더욱 값지다.

다음으로 과학기술 분야 129개 출판사를 대상으로 상위 10위권 출판사를 보면 다음 표와 같다.

〈과학기술 분야 출판사 출판 능력 순위표〉

순위	전체순위	출판사명	귀속지	지수
1	3	科学출판사	중앙	0.5447
2	7	机械工业출판사	〃	0.4206
3	9	清华大学출판사	〃	0.3344
4	13	化学工业출판사	〃	0.2726
5	14	电子工业출판사	〃	0.2692
6	15	人民卫生출판사	〃	0.2663
7	17	中国地图출판사	〃	0.2280
8	21	人民邮电출판사	〃	0.2088
9	22	星球地图출판사	해방군	0.1923
10	32	中国建筑工业출판사	중앙	0.1518

※출처: 中国出版年鉴 2012, p.629

과학기술 분야의 상위 10위권 출판사들은 지방은 없고 중앙과 군 계통 출판사들로 구성되어 있다. 상위 20위까지 출판사 명단을 보아도 총 15개 출판사가 중앙 소속이고 2개의 출판사는 군 계통, 나머지는 장쑤 성, 상하이, 랴오닝 성이 각각 1개 출판사가 포함되어 있다.

다음은 총 31개 청소년·아동 분야 출판사 중 출판 능력 상위 10위권 출판사 현황이다.

〈청소년·아동 분야 출판사 출판 능력 순위표〉

순위	전체순위	출판사명	귀속지	지수
1	39	湖南少年儿童出版社	후난 성	0.1370
2	42	中国少年儿童出版社	중앙	0.1333
3	43	江苏少年儿童出版社	장쑤 성	0.1327
4	44	接力出版社	광시자치구	0.1308
5	49	安徽少年儿童出版社	안후이 성	0.1217
6	50	湖北少年儿童出版社	후베이 성	0.1206
7	61	浙江少年儿童出版社	저장 성	0.1086
8	62	二十一世纪出版社	장시 성	0.1057
9	69	四川少年儿童出版社	쓰촨 성	0.0996
10	84	希望出版社	산시(山西) 성	0.0874

※출처: 中国出版年鉴 2012, p.629

청소년·아동 출판사들은 비교적 지표가 낮으며 대체적으로 지방의 출판사들이 대세를 이루고 있다.

〈문화예술 분야 출판사 출판 능력 순위표〉

순위	전체순위	출판사명	귀속지	지수
1	53	译林出版社	장쑤 성	0.1158
2	70	人民文学出版社	중앙	0.0990
3	106	长江文艺出版社	후베이 성	0.0774
4	123	湖南文艺出版社	후난 성	0.0658
5	129	江苏文艺出版社	장쑤 성	0.0633
6	145	作家出版社	중앙	0.0559
7	198	文化艺术出版社	〃	0.0394
8	203	人民音乐出版社	〃	0.0384
9	204	漓江出版社	광시자치구	0.0384
10	213	太白文艺出版社	산시(陕西) 성	0.0370

※출처: 中国出版年鉴 2012, pp.629~630

대학 출판사들은 대부분 사회과학 분야와 과학기술 분야를 전문으로 하는 출판사들인데 전체 104개 대학 출판사 가운데 상위 출판 능력 10위권을 보면 다음과 같다.

〈대학 출판사 출판 능력 우선순위표〉

순위	전체순위	대학 출판사명	귀속지	지수	분야
1	5	外语教学与研究出版社	중앙	0.5146	사회과학
2	6	北京师范大学出版社	〃	0.5035	〃
3	9	清华大学出版社	〃	0.3344	과학기술
4	12	广西师范大学出版社	광시자치구	0.2757	사회과학
5	18	北京大学出版社	중앙	0.2268	〃
6	19	中国人民大学出版社	〃	0.2238	〃
7	25	西南师范大学出版社	충칭 시	0.1603	〃
8	27	华东师范大学出版社	상하이 시	0.1588	〃
9	28	上海外语教育出版社	〃	0.1579	〃
10	45	吉林大学出版社	지린 성	0.1261	〃

※출처: 中国出版年鉴 2012, p.630

이렇게 중국 출판사 수량의 변화 추이와 출판사들의 출판 능력 측정 결과 상위권 출판사, 그리고 분야별 최우수 출판사, 분야별 상위 10위권 출판사, 전국 대학 출판사 상위 10위권을 파악·분석해 보았다.

중국 출판사들이 전국 각 지방에 얼마나 소재하고 있는지 지역별 분포 현황을 파악해 보자.

〈지역별 출판사 현황〉

지역	출판사 수	지역	출판사 수	지역	출판사 수
베이징 시	18(3)	장쑤 성	18(7)	광시장족자치구	8(1)
톈진 시	12(2)	저장 성	14(2)	하이난 성	4(0)
허베이 성	7(1)	안후이 성	12(5)	충칭 시	3(2)
산시山西 성	8(0)	푸젠 성	11(1)	쓰촨 성	16(3)
네이멍구	8(1)	장시 성	7(0)	구이저우 성	5(1)
랴오닝 성	18(6)	산둥 성	17(3)	윈난 성	8(1)
지린 성	14(3)	허난 성	12(2)	시짱자치구	2(0)
헤이룽장 성	13(4)	후베이 성	14(5)	산시陝西 성	18(7)
상하이 시	40(10)	후난 성	12(5)	닝샤회족자치구	3(0)
간쑤 성	9(1)	칭하이 성	2(0)		
신장위구르자치구	11(1)	광둥 성	20(4)	합계	364(81)

※출처: 2012 中国出版年鉴 자료 재정리
※주(注): () 속은 당해 지역 내 대학 소속 출판사임.

베이징 시에는 베이징 대학, 베이징 의대, 베이징 항공항천대학, 베이징 교통대학, 베이징 이공대학, 베이징 사범대학, 베이징 체육대학, 베이징 어언문화대학, 대외경제무역 대학, 베이징 우전대학, 국가행정대학, 국방대학, 칭화대학, 중국 전매(传媒)대학, 중국 인민대학, 중국 농업대학 등 23개의 대학 출판사들이 있다.

그리고 중앙 소속 214개의 출판사 명단은 독자 여러분의 편의를 위해 출판 시장 부문의 말미에 별도로 명기하였으니 참고하기 바란다.

2) 도서 출판 시장

중국은 연간 수십만 종의 도서를 출판해내고 있고 이에 사용되고 있는 용지만도 연간 1,491,100톤에 이른다.

〈2009~2012년 도서 출판 현황〉

연도 / 구분		도서 출판 종류(종)			인쇄 부수(억 책)		정가총액(억 위안)		사용용지 (만톤)
		계	초판	중판 이상	인쇄 부수	증가율(%)	정가총액	증가율(%)	
2012년	합계	414,005	241,986	172,019	79.2	2.79	1183.37	11.31	156.78
	서적	332,042	213,125	118,917	44.15	4.63	825.47	13.64	92.60
	교과서	81,271	28,363	52,908	34.75	1.01	351.13	6.35	63.64
	그림책	692	498	194	0.08	−13.03	1.00	−15.71	0.08
	부록책	0.27	−	−	1.95	−	5.77	−	0.46
2011년	합계	369,523	207,506	162,017	77.05	7.46	1063.06	13.57	149.11
	서적	290,359	180,884	109,475	42.19	11.88	726.41	18.54	84.58
	교과서	78,281	25,944	52,337	34.40	2.55	330.17	4.20	64.14
	그림책	883	678	205	0.10	−1.02	1.19	−3.75	0.10
	부록책	−	−	−	0.36	−	5.29	−	0.32
2010년	합계	328,387	189,295	139,092	71.71	1.90	936.01	10.37	142.52
	서적	259,477	164,749	94,728	37.72	−0.44	612.78	8.93	78.52
	교과서	68,145	23,939	44,206	33.55	3.68	316.86	13.41	63.54
	그림책	765	607	158	0.10	−26.33	1.23	−10.31	0.09
	부록책	−	−	−	0.35	−	5.14	−	0.37
2009년	합계	301,719	168,296	133,423	70.37	−0.36	848.04	5.68	132.93
	서적	238,868	145,475	93,393	37.88	4.53	567.27	8.94	73.4
	교과서	62,024	22,265	39,759	32.35	−5.43	279.40	−0.34	59.40
	그림책	827	556	271	0.13	−18.97	1.37	−0.13	0.10
	부록책	−	−	−	−	−	−	−	−

※출처: 中国出版年鉴 2010, 2011, 2012, 2013 자료 재구성

일반 서적도 중요하지만 중국의 교과서 시장이 대단히 크고 수입이 적지 않기 때문에 경쟁이 치열하다. 그리고 매년 새로운 책들이 무수히 등장하고 있는데 연간 초판 발행이 2011년의 경우 56.16%나 된다. 그런데 2012년도 도서 판매 시장을 깊이 있게 들여다보면 교육 보조도서류 판매가 전체의 1/4을 차지하고 있고 다음이 사회과학류, 소년아동류, 문학류 등으로 분석되는 것을 알 수 있다.

〈2012년도 중국 도서 판매 시장 구성도〉　　　　　　　　　　　　　　　　(정가총액 기준)

분야별	교육 보조도서	사회과학	소년아동	문학	과학기술	언어	생활	예술	전기	기타
시장판매율(%)	24.12	19.38	11.08	11.04	9.09	8.34	5.30	4.68	1.77	5.20

※출처: 2012~2013 中国出版业发展报告 p.48 자료 재구성

여기서 연간 도서를 판매하여 최근 600억 위안 이상의 수입을 올렸는데 2011년의 경우 654.6억 위안(미화 약 103억 8,899만 달러)에 이른다.

〈2006~2011년 도서 판매 수입 및 증가율〉

구분 / 연도	2006	2007	2008	2009	2010	2011
도서 판매수입(억 위안)	504.3	512.6	539.7	581.0	612.9	654.6
증가율(%)	2.3	1.6	5.3	7.7	5.5	6.8

※출처: 2011년 및 2012년 中国传媒产业发展报告 p.9 및 p.32 자료 재구성

특히 교육 보조도서가 중국 출판 총량의 10%를 점하고 있고 전체 도서 출판 발행의 60%의 이윤을 얻고 있으며 전국의 578개의 출판사 중 약 90%가 교육 보조서적들을 출판하고 전국 30,000여 개의 각종 서점에서 교육 보조서적을 취급하고 있는 것으로 알려져 있다. 이러한 시장 상황에 민영서적상들도 교육 보조서적에 참여하고 있으며 치열한 시장경쟁 체제에서 일부 불법 서적상은 대량의 해적판 교육 보조서적을 제작판매하고 있어 교육 보조서적 시장을 문란하게 만든다는 지적이 많다.

그럼 여기서 도서 출판물이 출판되고 있는 지역을 살펴보기로 하자. 이는 중국의 도서 출판 시장을 파악하는 데 도움이 될 것이다.

출판물의 대부분을 차지하고 있는 도서(서적, 교과서, 사진·그림책)의 출판 지역을 살

퍼보면 다음 표와 같이 전국 상위 10위권 지역에서 도서 출판물 종류에 있어서는 2011년도 전체의 76.3%, 2012년도는 전체의 75.8%를 차지하고 있고 총 인쇄 부수량에 있어서도 2011년도는 전체의 67.7%, 2012년도 역시 전체의 68.6%를 차지하고 있어 지역적으로 상당히 편중되어 있는데 이는 중앙 소속 출판사들이 베이징에 있다는 것과 큰 연관이 있다.

〈2011~2012년 도서 출판 전국 상위 10위권 지역 현황〉

2011년도				2012년도			
종류(种)		총인쇄 부수(亿册)		종류(种)		총인쇄 부수(亿册)	
지역	종류(种)	지역	인쇄 부수 (亿册)	지역	종류(种)	지역	인쇄 부수 (亿册)
연간합계	369,523		77.0500		414,005		79.2
베이징 (중앙)	167,942 161,243	베이징 (중앙)	22.5969 (21.5393)	베이징 (중앙)	179,634 170,203	베이징 (중앙)	22.5 (21.2)
상하이	21,744	장쑤 성	5.6818	상하이	23,777	장쑤 성	5.4
장쑤 성	17,951	산둥 성	3.9203	지린 성	22,263	산둥 성	4.3
지린 성	15,963	후난 성	3.4723	장쑤 성	20,407	저장 성	3.7
후베이 성	11,122	저장 성	3.2608	후베이 성	14,145	후난 성	3.6
후난 성	10,162	상하이	2.9552	산둥 성	11,654	상하이	3.4
랴오닝 성	9,885	광시자치구	2.6820	저장 성	11,478	광둥 성	3.0
산둥 성	9,638	후베이 성	2.6087	후난 성	10,821	지린 성	2.9
저장 성	9,492	안후이 성	2.5185	랴오닝 성	9,998	광시자치구	2.9
쓰촨 성	8,081	쓰촨 성	2.4787	광둥 성	9,851	후베이 성	2.6
소계	281,980	소계	52.1752	소계	314,028	소계	54.3

※출처: ① 2012~2013 中国出版业发展报告 자료 ② 2013 中国第三产业统计年鉴 자료 재구성

그리고 단위 출판사로서 2012년도 경제적 규모가 큰 상위 10위 출판사로는 ① 人民教育出版사, ② 高等교육출판사, ③ 重庆출판사, ④ 外语教学与研究출판사, ⑤ 科学출판사, ⑥ 人民위생출판사, ⑦ 机械工业출판사, ⑧ 江苏교육출판사, ⑨ 中国轻工业출판사, ⑩ 北京사범대학 출판사 순으로 조사되었다.

중국 출판계에는 대형출판집단(그룹)이 큰 역할을 하고 있는데 2011년 말 전국에 32개의 대형출판집단이 있다. 이는 2011년 10월 15일부터 10월 18일 동안 베이징에서 개최된 '중국공산당 제17기 중앙위원회 제6차 전체회의'에서 '중국공산당 중앙의 문화체제 개혁 심화와 사회주의 문화대발전 대번영 촉진에 관한 약간의 중대문제의 결정'을 중점적으로 심의함으로써 문화체제 개혁을 진일보 심화시킨 결과로 나타난 것으로 봐야 한다. 이에 앞서 2011년 3월 9일 국가신문출판총서 서장이 중앙인민라디오 방송 '중국의 소리' 양회兩会 특별 프로 대담에서 1~2년 내 200억 위안 내외의 중량급 대형출판집단(그룹) 출현을 예고한 바 있다.

이후 2011년 4월 6일 '중국 교육출판미디어 주식 유한공사'가 창립대회를 가졌고 같은 해 7월 19일에는 '중국 과기출판미디어 집단 및 중국 과기출판미디어 주식 유한공사'도 인민대회당에서 창립대회를 가졌는데 중앙정부가 비준한 또 하나의 국가급 대형출판집단이다.

이와 같이 중앙에 이어 지방에서도 대형출판집단 간에 합병이 이루어지는데 2011년 6월 3일 '상하이 세기(世紀)출판집단'과 '상하이 문예출판집단'의 합병이 그것이다. 이렇게 대형화되면서 출판집단의 증시상장이 지속되었다. 2011년 1월 말 중국출판집단공사(中國出版集团公司)는 '중국출판미디어 주식유한공사'로 기본적인 틀을 완성했는데, 이는 2010년 12월 30일 중국공산당 중앙선전부와 2011년 1월 18일 국가신문출판총서의 비준을 각각 받은 것이다.

2011년 5월 10일 '과기출판미디어 주식유한공사'가 베이징에서 창립대회를 가졌고 독자출판집단, 상하이 세기(世纪) 출판집단, 광둥 성 출판집단은 이미 주식출자 이익배분 제인공사를 만들었고 중국 교육출판집단, 저장 출판연합집단, 산둥 출판집단, 허베이 출판집단 등도 증시상장에 뛰어들었다.

2011년 상반기에 6개의 대형출판그룹이 증시상장을 이루었는데 성적이 대단히 좋게 나타났다. 총 영업수익이 57.16억 위안으로 동기 대비 17.81% 증가하였고 순이윤도 7.45억 위안으로 동기대비 23.14%나 껑충 뛴 것으로 나타났다. 이러한 대형출판미디어집단 주식유한공사들은 타 회사들과 공동으로 전략적 합작서에 서명함으로써 출판 시장에서 큰 영향력을 행사하고 있다. 2011년 5월 13일 中南출판미디어집단 주식유한공사와 中广미디어집단 유한공사가 공동으로 '三网융합혁신 교학 플랫폼 및 전자책 응용계통 업무전략 합작계약'에 서명하고 같은 해 8월 20일 광둥 성 출판집단 유한공사와 허베이

출판미디어집단 유한공사도 전략적 합작계약에 서명하는 등 끊임 없이 출판집단 간의 합작계약이 이루어지고 있다. 이러한 합작은 공동투자, 시장의 공동개척, 디지털화 공동추진, 주식회사 공동설립 추진 등의 상호보완성을 중요한 목표로 하고 있다.

2011년 말 기준으로 출판, 인쇄, 도서발행 등과 관련된 출판미디어 기업 13개사가 상하이와 선전 증시에 상장한 것으로 알려져 있는데, 1993년 3월 4일 저바오(浙报) 미디어사를 시작으로 2010년 皖新미디어, 中南미디어, 天舟文化 등이 이들 상장사들이다.

여기서 전국의 578개 도서 출판사에 종사하고 있는 근로자 수는 얼마인지 살펴보자. 지난 10년간의 변화 추이를 보면 그 수가 매년 조금씩 증가하고 있으며, 평균 1개 출판사에 100여 명의 근로자가 근무하고 있는 것으로 계산이 된다.

⟨2000년 이후 도서 출판사 근로자 수⟩

연도	2000	2001	2002	2003	2004	2005
근로자 수	46,408	47,128	49,024	50,537	52,951	54,605

연도	2006	2007	2008	2009	2010
근로자 수	58,405	58,849	60,906	62,900	63,900

※출처: 2011年 中国传媒产业发展报告 p.72 자료 재정리
※주(注): 2011년도 및 2012년도 근로자 수 현황은 앞장 "가" 서설에 있음.

이렇게 많은 도서 출판물이 어느 곳을 통하여 판매되고, 전국에 어떻게 산재해 있는지를 파악해 보자. 2012년 기준으로 전국에는 172,633개의 각종 서점에서 도서를 판매하고 있는 것으로 조사되었다.

〈2004~2012년 전국 서점 수량 변화〉

연도 / 구분	합계	국유서점 및 국유발행 웹사이트	공급판매사 웹사이트	출판사 자체발행 웹사이트	단체 · 개인소매 웹사이트
2004	139,150	11,665	4,265	549	104,266
2005	159,508	11,897	3,200	585	108,130
2006	159,706	11,041	2,431	561	110,562
2007	166,318	10,726	2,103	562	114,965
2008	161,256	10,302	1,868	534	105,563
2009	160,407	9,953	1,636	508	104,269
2010	167,882	9,985	1,520	462	109,994
2011	168,586	9,513	997	447	113,932
2012	172,633	9,403	748	446	116,091

연도 / 구분	문화, 교육, 방송, 우정 계통 발행 웹사이트	2급 민영도매 웹사이트	온라인서점	신화사계통 국유서점 및 국유발행점
2004	13,718	4,687	–	
2005	30,529	5,103	64	–
2006	29,883	5,137	91	–
2007	32,016	5,946	–	
2008	37,516	5,454	19	–
2009	38,215	5,800	26	–
2010	39,264	6,483	174	137,606
2011	36,455	7,141	101	138,414
2012	37,821	7,505	619	140,268

※출처: ① 2011年 中国传媒产业发展报告 p.74 및 ② 2011年 및 2012年, 2013年 中国第三产业统计年鉴 자료 재정리

상기 표에서 나타나듯 신화사(新华社) 계통의 국유서점이나 국유배급점이 2010년 137,606개소, 2011년도 138,414개소, 2012년도에는 140,268개소를 운영하고 있어 그 수가 적지 않다.

다음으로 소위 어린이들을 대상으로 하는 소년아동도서 출판 시장은 끝없이 확대되고 있어 다음과 같이 자료들을 모아 최근 3년간의 현황을 작성해보았다. 출판물 종류에서 나 총인쇄부수에서나 할 것 없이 큰 폭으로 증가하고 있음을 알 수 있다. 어느 나라나 할 것 없이 미래의 꿈나무인 어린이를 대상으로 한 도서에 관심을 두고 있는 것 같다. 소황제라 불리는 중국 어린이의 특성을 고려한다면 시장성은 대단히 크고, 전망 또한 밝다 하겠다.

〈최근 3년간 전국 소년아동도서 출판 현황〉

	2010년		2011년		2012년	
	출판종류 수	총인쇄 부수 (亿册)	출판종류 수	총인쇄 부수 (亿册)	출판종류 수	총인쇄 부수 (亿册)
합계	19,794	35,781	22,059	37,800	30,965	47,702
중앙	3,106	5,479	3,921	6,561	6,242	8,748
지방	16,688	30,302	18,138	31,239	24,723	38,954
지린 성	2,555	3,410	2,742	2,715	4,039	3,788
저장 성	1,614	3,195	1,974	4,533	2,287	4,457
랴오닝 성	1,449	1,962	833	1,543	1,165	1,376
안후이 성	1,094	1,489	1,155	1,452	1,256	1,076
상하이	1,057	2,549	1,320	3,174	1,612	3,943
후난성	961	1,405	1,271	1,778	1,392	1,611
장시 성	909	2,327	1,067	2,590	1,375	2,801
베이징	792	1,226	1,067	1,617	2,458	3,093
쓰촨 성	759	1,504	770	1,054	–	–
장쑤 싱	874	1,976	–	–	1,461	2,634
광시자치구	–	–	–	–	988	1,878
광둥 성	–	–	630	1,729	–	–
소계	12,064	21,043	11,558	22,185	18,033	26,657

※출처: 2011년, 2012년, 2013년 中国第三产业统计年鉴 자료 재구성

상기 표에서는 최근 3년간의 지방 상위 10위권을 출판종류 수를 기준으로 작성하였는데 상위 10위권이 전체 지방의 출판물종류에서 2010년 72.29%, 2011년 63.72%, 2012년 72.94%를 각각 차지하고 있고 총인쇄 부수에서는 2010년 69.44%, 2011년 71.02%, 2012년 68.43%를 각각 차지하고 있어 대체적으로 부유한 성·시에서의 소년 아동도서류가 전체 시장을 좌우한다고 볼 수 있다.

〈전국 소년아동도서 출판물 증가율〉 (단위: %)

구분 / 연도	2011년		2012년	
	종류	인쇄 부수	종류	인쇄 부수
전체	11.44	5.64	46.37	26.19
중앙	26.23	19.01	59.19	33.33
지방	8.68	3.09	36.30	24.69

※출처: 2011년, 2012년, 2013년 中国第三产业统计年鉴 자료 재구성

이 밖에도 도서 시장 발전을 위한 각종 도서전이 매년 국내에서 대규모로 개최되고 있고 해외에서 개최되고 있는 도서전에도 중국 측에서 적극적으로 참여하고 있다. 2011년의 경우를 보면 중국 국내에서 개최된 도서전 또는 도서박람회는 ① 2011년 베이징 도서상품 판매 전시회(2011. 1. 8~1.11), ② 제21차 전국도서교역박람회(2011. 5. 27~5. 30/헤이룽장 성 하얼빈), ③ 2011 상하이 도서전(2011. 8. 17), ④ 제18회 베이징 국제도서박람회(2011. 8. 31~9. 4), ⑤ 제7회 해협양안 도서교역회(2011. 10. 28~10. 31/샤먼), ⑥ 2011 중국-아시아 출판박람회(2011. 10. 22~10. 24/광시자치구 난닝시) 등이 있고 중국 외 도서전 참가는 ① 2011년 런던 국제도서전(2011. 4. 19~4. 20/런던), ② 2011년 미국 국제도서박람회(2011. 5. 24/뉴욕), ③ 제22회 홍콩도서전(2011. 7. 20~7. 26/홍콩), ④ 제63회 프랑크푸르트 도서전(2011. 10. 12~10. 16/독일 프랑크푸르트) 등이 있는데 이들 행사는 대체로 연례적으로 개최된다.

다음은 잡지 시장을 파악해 보기로 한다.

3) 잡지 출판 시장

중국의 잡지 종류는 2011년 말 현재 9,849종으로 개혁개방이 막 시작된 시기인 1978년 930종에서 그 이듬해인 1980년에 2,191종으로 급증하다가 1985년에도 4,705종으로 다시 급증하였다. 이후 1990년 5,751종, 1995년 7,583종으로 가파르게 증가하다가 1996년 이후부터는 매년 증가 수가 적어지면서 오늘에 이르렀다.

최근 3년간의 중국 잡지출판 현황을 살펴보면 다음과 같다.

〈2009~2012년 잡지 출판 현황〉

연도 / 구분	합계(종류)	기능별(종류)						
		종합지	철학,사회과학	기술,자연과학	문화,교육	문학,예술	소년,아동	화보
2012	9,867	370	2,559	4,953	1,350	635	142	60
2011	9,849	435	2,516	4,920	1,349	629	118	58
2010	9,884	495	2,466	4,936	1,207	631	98	51
2009	9,851	485	2,456	4,926	1,204	631	98	51

연도 / 구분	정가총액(억 위안)	총 인쇄 부수(억 책)	종이 사용량(만 톤)
2012	252.68	33.48	–
2011	238.43	32.85	45.28
2010	217.69	32.15	42.54
2009	202.35	31.53	39.06

※출처: 中国出版年鉴 2010, 2011, 2012, 2013 자료 재구성

2012년도의 경우 총 인쇄 부수는 1.91% 증가하였고 정가 금액도 5.98% 증가한 것으로 나타났다. 특히 소년아동용 잡지를 보면 총 인쇄부수가 3억 9,432만 책으로 전년도보다 11.78%가 증가했다. 화보 발행은 3.71% 하락했다.

그럼 연간 잡지 출판으로 얼마의 수입을 올렸는지 알아보자. 2011년의 경우 잡지 판매와 광고수입으로 221.7억 위안(미화 약 35억 1,855만 달러)의 수입을 가져온 것으로 나타났다. 이는 2010년보다 10.6% 증가한 수치이다.

〈2006~2011년 잡지발행 및 광고영업 수입 증가율〉

연도 / 구분	2006	2007	2008	2009	2010	2011
	120.5	132.5	167.1	166.3	169.6	186.6
잡지광고영업액(억 위안)	24.1	26.5	31.0	30.4	30.8	35.1
소계	144.6	159.0	198.1	196.7	200.4	221.7
증가율(%)	-3.2	10.0	24.6	-0.7	1.9	10.6

※출처: 2011年 및 2012年 中国传媒产业发展报告 p.10 및 p.33 자료 재구성

약 1만여 개의 잡지가 출판되고 있는 상황에 어떤 성향의 잡지가 잘 판매되고 있는지 알아보자. 먼저 전국 60여 개의 주요 도시의 시장 점유율을 보면 다음과 같다.

〈2011년 전국 60개 도시 잡지판매 시장점유율〉

종류	Reader's Digest	여성 고급유행	자동차	여성종합	남성유행	체육	육아
시장점유율(%)	19.56	15.97	11.98	9.28	5.39	5.09	4.59

종류	시사	IT종합	아동	재경	여행	주부	일상생활
시장점유율(%)	3.99	2.89	2.79	2.30	2.20	2.20	2.10

종류	건강	군사	디지털	과학보급	시대조류	영화	촬영
시장점유율(%)	2.00	1.70	1.50	1.40	1.20	1.00	0.90

※출처: 2012年 中国传媒产业发展报告 p.91 자료 재구성

우선 잡지류에 있어 리더스 다이제스트(Readers Digest)처럼 읽기 편한 잡지가 19.56%로 1위이지만 여성들과 관련된 잡지류가 통틀어 25.25%로 가장 높다. 한편 자동차 관련 잡지가 상대적으로 많이 판매되는 것은 중국 국민의 수입이 그만큼 늘어나고 생활이 점차 윤택해지고 있다는 것을 보여주는 대목이다. 남성 유행과 체육 · 보건 관련 잡지의 시장점유율이 비교적 높은 것도 이와 무관하지 않다.

특히 자동차 관련 잡지의 시장점유율 상위 10위에는 ① 자동차의 벗(汽车之友), ② 차주의 벗(车主之友), ③ 자동차 구입 안내(汽车导购), ④ 중국 자동차화보(中国汽车画报), ⑤ 자가용 정보(轿车情报), ⑥ 생동감 있는 드라이브(动感驾驶), ⑦ 자동차와 당신(汽车与你), ⑧ 자동차매거진(汽车杂志), ⑨ 자동차박람(汽车博览), ⑩ 명차 매거진

(名车志) 등이 있는데 1, 2위 잡지의 시장점유율은 10%를 넘어서고 있고 3, 4, 5위는 8~9%선, 6, 7위는 6%를 상회하고 나머지 8, 9, 10위 잡지는 4~6%선에 머물고 있다. 여기서 주요 잡지들의 광고유치 실적을 살펴보면서 중국 잡지 시장의 현상을 보다 깊이 있게 이해해보자. 잡지 분야를 8개로 나누어 당해 분야 1~3위의 광고실적을 기초로 다음과 같이 정리한다.

〈2010년 잡지광고수입 분야별 상위 3위〉(2010.1.1~10.31)　　　　　　　　　　　　　(단위: 元)

분야	잡지명	광고유치실적
건강과 가정생활	时尚健康（女士版） 时尚家居 时尚健康（男士版）	141,425,000 88,351,100 86,173,800
경제와 관리	财经 财富 第一财经周刊	151,095,900 146,050,700 109,466,500
자동차	名车志 汽车杂志 车主之友	133,136,500 128,378,900 121,438,100
유행, 미용, 패션	时尚伊人 世界时装之苑 瑞丽服饰美容	676,964,900 636,611,200 483,230,300
체육 운동 취미	中国国家地理 私家地理 时尚旅游	83,915,100 72,379,900 68,209,600
문학,문화예술	北京青年周刊	98,942,700
보도, 시사평론	三联生活周刊 中国新闻周刊 新周刊	120,338,200 66,645,500 66,105,900
영문 및 무료잡지	中国之翼 东方航空 中国民航	221,200,900 196,549,000 128,847,500

※출처: 2011年 中国传媒产业发展报告 pp.302~303 자료 재구성
※주(注): 문학, 문화예술 분야의 2위 및 3위가 기재되지 않은 것은 상기 자료가 전국적으로 광고수입 상위 100위권 중에서 발췌된 것으로 동 분야에는 상위 100위권 포함 잡지가 北京青年周刊 1종뿐이기 때문임.

상기 잡지들의 광고유치 실적에서도 역시 유행과 미용, 패션 분야가 강세를 유지하고 있어 중국인들의 동 분야에 대한 관심을 읽을 수 있다. 특히 상위 100위권에 유행과 미용, 패션계 잡지 42개가 포함되어 있어 이를 방증하고 있으며 그 다음으로는 경제와 관리 분야 잡지 15종, 자동차 관련 잡지가 14종이 포함되어 있어 잡지시장의 광고유치 실적이 일반 시민들의 생활상을 그대로 반영하고 있다고 하겠다.

중국은 출판 분야에 신문을 포함하고 있어, 여기서 중국의 신문발행 시장에 대해 개략적인 설명을 하고자 한다. 왜냐하면 적어도 중국 내에 신문을 몇 종 발행하는지 알아보고, 그 발행 수입과 광고수입 등을 파악하고, 전국 주요 도시 신문발행(보급) 시장점유율과 광고수입 상위 신문들을 이해해야 중국 신문을 들여다보는 것이 효과적이기 때문이다.

4) 신문 출판 시장

중국은 각종 신문 1,918여 종을 발행하고 있는데 수적 측면에서 보면 전국지보다 성급(省級) 및 지·시(地·市)급인 지방 신문의 종류가 88.5%를 차지하여 훨씬 많다. 기능면으로 분류해도 전문지가 종합지보다 훨씬 많은 57.4%를 점하고 있다.

〈2009~2012년 신문 출판 현황〉

연도 / 구분	지역(종류)					기능(종류)			
	합계	전국	성급	지·시급	현급	전문지	총인쇄 (억 부)	종합지	총인쇄 (억 부)
2012	1,918	220	802	878	18	1,101	154.37	817	327.89
2011	1,928	217	825	869	17	1,119	142.00	809	325.43
2010	1,939	227	825	871	16	1,133	138.33	806	313.81
2009	1,937	225	825	871	16	1,131	137.68	806	301.43

※출처: 中国出版年鉴 2010, 2011, 2012, 2013 자료 재구성

2012년도 중국의 신문 출판량은 482.26억 부로 정가금액은 434.39억 위안이었는데 인쇄량은 3.17%가 증가했고 정가금액은 8.48%가 늘었다. 이렇게 많은 신문을 출판 발행하는 데 5,085,300톤의 종이를 사용했다.

대체적으로 전국적 혹은 성급 신문이 1,022종으로 전체 신문의 53.28%이고 종합지 성격의 신문보다 전문지 성격의 신문이 전체 신문의 57.4%를 차지하고 있어, 구독자들은 전문지를 더 선호하는 것으로 파악된다.

신문 출판을 통하여 얼마나 많은 수입을 가져오고 있는지 살펴보자.

〈2006~2011년 신문 발행수입 및 광고영업수입 증가율〉

연도 / 구분	2006	2007	2008	2009	2010	2011
신문발행수입(억 위안)	208.0	214.8	228.4	246.9	267.9	301.7
신문광고영업액(억 위안)	312.6	322.2	342.7	370.5	439.0	487.3
소계	520.6	537.0	571.1	617.4	706.9	789.0
증가율(%)	22.0	3.2	6.3	8.1	14.5	11.6

※출처: 2012年 中国传媒产业发展报告 p.31 자료 재구성

2011년도의 신문광고는 여전히 부동산, 상업소매업과 자동차 광고가 상위 3위를 차지했는데 이는 신문광고액 전체의 55%를 점하고 있고 신문광고 최대의 기여도를 기록하고 있는 분야도 부동산업으로 48.2%를 차지한다.

2011년도 신문발행 시장에서 인민일보(人民日報)와 경제일보(経済日報) 등 중앙의 대형 일간지들의 약진이 눈길을 끌었다.

신문광고 구조를 업종별로 구체적 상황을 파악해 보면 역시 부동산 업종이 큰 비중을 차지한다. 여기서 신문광고의 주요 업종과 신문광고 증가량에 대한 주요 업종의 기여도를 살펴보자.

〈2011년도 주요 업종 신문광고 증가율〉

업종	부동산, 건축공정	소매서비스	교통	오락, 레저	의료, 보건기구	체신 (邮电)	금융업
증가율(%)	23.6	9.4	-4.1	38.4	-6.3	14.5	28.1

업종	식품	개인용품	약품	교육, 훈련	주거용품	가전제품
증가율(%)	22.7	7.5	0.4	41.6	-7.2	-18.9

※출처: 2012年 中国传媒产业发展报告 p.51 자료 재구성

신문광고의 주 고객은 부동산, 오락·레저 산업, 금융업, 교육·훈련 분야로 축약이 가능하다. 오락·레저 산업의 광고 증가는 중국의 경제성장과 맞물려 개인가처분소득이 나날이 증가하고 있음을 의미한다.

〈2010~2011년 신문광고 증가 업종별 기여도〉

기여도 / 업종	부동산, 건축공정	소매 서비스	교통	오락,레저	의료, 보건기구	체신 (邮电)	금융업
2011년	48.2	15.9	−3.7	16.0	−3.0	5.3	8.2
2010년	12.6	27.5	20.1	6.5	5.2	−	3.6

기여도 / 업종	식품	개인용품	약품	교육, 훈련	주거용품	가전제품
2011년	6.1	2.0	0.4	7.3	−1.7	−4.6
2010년	−	2.8	−	−	3.6	4.4

※출처: 2011년 및 2012년 中国传媒产业发展报告 p.52 자료 재구성

신문사들도 끊임 없이 개혁을 진행해 오고 있다. 2011년 말 기준으로 전국의 5개 지역 11개 주요 도시의 신문시장 점유율을 보면 각 도시별로 경쟁이 치열함을 알 수 있다. 특히 인구밀도가 높고 경제가 상대적으로 발달한 화둥(华东) 지역이 신문 발행 종류도 많고 경쟁도 더욱 치열한 것으로 분석된다.

〈전국 5개 지역 11개 도시 도시신문 발행 시장 판매 현황〉

지역 및 도시	신문명	2011년도 시장점유율(%)	
		상반기	하반기
华东 上海	新民晚报	33.84	31.72
	新闻晨报	29.38	26.90
	扬子晚报	20.40	21.45
	东方早报	7.23	7.61
	新闻晚报	3.38	4.92
华东 杭州	都市快报	69.17	65.06
	钱江晚报	18.49	20.50
	今日时报	5.68	8.18
	青年时报	4.04	4.52
	每日商报	2.61	1.74
华东 南京	金陵晚报	34.88	35.37
	扬子晚报	29.21	28.45
	现代快报	27.62	27.52
	南京晨报	8.29	8.65
华南 广州	广州日报	54.72	57.42
	羊城晚报	15.75	14.51
	南方都市报	13.36	13.71
	信息时报	8.71	8.14
	新快报	6.78	4.97
	南方日报	0.68	1.25

华南 深圳	晶报	31.48	25.03
	深圳特区报	13.30	17.95
	南方都市报	24.11	17.63
	深圳晚报	11.80	13.17
	广州日报	8.67	8.50
	深圳商报	5.32	8.28
	南方日报	1.83	6.09
	羊城晚报	3.49	3.35
华北 北京	北京晚报	33.88	30.47
	京华时报	24.38	24.52
	新京报	23.57	23.69
	法制晚报	14.08	14.08
	北京晨报	2.43	2.07
	北京青年报	1.15	5.03
	北京娱乐信报	0.51	0.15
华北 沈阳	辽沈晚报	41.08	40.64
	华商晨报	29.65	30.96
	沈阳晚报	12.46	13.76
	时代商报	7.44	4.44
	辽宁日报	6.81	6.85
	沈阳日报	2.56	3.34
华西 成都	成都商报	44.98	46.45
	华西都市报	31.67	34.15
	成都晚报	8.92	7.60
	天府早报	8.18	7.37
	成都日报	6.24	4.42
华西 重庆	重庆时报	27.40	29.24
	重庆晨报	26.92	27.10
	重庆商报	22.35	23.42
	重庆晚报	20.79	18.70
	华西都市报	2.55	1.54
华中 武汉	楚天都市报	28.06	28.34
	武汉晚报	24.83	25.11
	楚天今报	23.68	24.14
	武汉晨报	8.73	8.27
	长江日报	7.84	9.41
	长江商报	6.87	4.73
华中 郑州	大河报	59.92	55.89
	郑州晚报	13.88	20.71
	河南商报	13.41	12.86
	东方今报	12.78	10.54

※出처: 2012년 中国传媒产业发展报告 pp.62~66 자료 재구성

2011년 상반기와 하반기에 상하이 시의 상기 5개 신문 외에 '天天新报'가 3.37%와 3.41%, '青年报'가 1.36%와 2.79%, '解放日报'가 1.04%와 1.21%를 각각 마크했다.

다시 중국 신문산업 현황을 보다 자세히 이해하기 위하여 2010년 1월 1일부터 10월 31일 사이의 광고수입 실적을 4개 직할시 5개 자치구 22개 성 중 전국적으로 상위 100위권 개별 신문과 함께 지역별 1~5위 신문을 소개하고자 한다.

〈지역별 주요 신문 광고수입 상위 1~5위권 현황〉 (2010.1.1~2010.10.31) (단위: 위안)

지역	신문명	광고수입
베이징(6)	京华时报	858,367,300
	新京报	781,081,400
	北京青年报	632,124,900
	精品购物指南	613,136,500
	北京晚报	516,660,900
	法制晚报	383,120,600
톈진(2)	今晚报	569,301,000
	每日新报	451,570,900
상하이(3)	新闻晨报	793,993,600
	新民晚报	498,477,900
	新闻晚报	357,584,700
충칭(3)	重庆商报	642,252,900
	重庆晨报	501,690,200
	重庆时报	375,842,300
허베이 성(1)	燕赵都市报	327,834,400
산시(山西) 성(1)	太原晚报	208,276,100
랴오닝 성(4)	辽沈晚报	551,248,400
	大连晚报	362,001,500
	华商晨报	311,162,400
	半岛晨报	300,505,900
지린 성(1)	新文化报	193,239,900
헤이룽장 성(1)	新晚报	359,864,300
장쑤 성(2)	现代快报	1,146,543,700
	金陵晚报	487,788,300
저장 성(2)	都市快报	496,627,700
	钱江晚报	320,936,800
안후이 성(2)	新安晚报	377,532,300
	合肥晚报	318,422,400
푸젠 성(1)	海峡都市报	293,683,400
장시 성(1)	江南都市报	265,735,,000
산둥 성(3)	齐鲁晚报	796,556,500
	青岛早报	378,073,200
	半岛都市报	354,305,700
허난 성(1)	大河报	497,116,100
후베이 성(2)	楚天今报	404,041,000
	楚天都市报	353,712,200
후난 성(1)	潇湘晨报	562,679,300
광둥 성(3)	广州日报	880,900,400
	南方都市报	774,172,000
	深圳特区报	555,677,000

쓰촨 성(2)	成都商报	979,257,300
	华西都市报	742,521,700
구이저우 성(1)	贵阳晚报	258,552,000
윈난 성(1)	春城晚报	226,040,400
산시(陕西) 성(1)	华商报	477,742,700
간쑤 성(1)	兰州晚报	225,002,900
광시자치구(1)	南国早报	170,866,600
네이멍구자치구(1)	呼和浩特晚报	15,198,000
신장자치구(1)	都市消费晨报	199,106,500
전국(全国)(1)	环球时报	113,524,100

※출처: 2011년 中国传媒产业发展报告 pp.300~301 자료 재구성

총 상위 100위권 중 광고수입이 3억 위안(약 4,820만 달러)을 초과하거나, 각 지역에서 광고수입이 3억 위안 이하일 경우 대표적인 상위 신문명을 대상으로 하여 기준으로 삼았으며, 그 숫자는 49개 신문으로 약 50%로 줄어든다.

상위 100위권 신문 중 광고수입 실적이 가장 좋은 지역 신문은 장쑤(江苏) 성의 现代快报가 1,146,543,700위안(약 1억 7313만 달러)으로 1위이며, 2위는 베이징의 京华时报로, 858,367,300위안(약 1억 2961만 달러)으로 조사되었다.

그리고 2009년도 신문 광고수입 순위를 보면 1위가 '21世纪经济报道'의 242,763,900위안이고 人民日报는 75,872,800위안을 마크하여 8위를 차지했다.

다음은 중국이 큰 관심을 기울이고 있는 디지털 출판 산업 분야에 대한 현황을 파악키로 한다.

5) 디지털 출판 시장

중국은 디지털 출판과 관련된 각종 기지를 전국 주요 대학에 설치하고 관련 산업 분야의 디지털화에 진력하고 있다.

2007년 9월 15일 처음으로 칭다오 科技大学传播与动漫学院 내에 국가 애니메이션 창의산업기지 인재배양과 연구개발 기지를 설치한 것을 시작으로 2011년 12월 23일 저장공업대학(浙江工业大学)에 '저장성 可视媒体 지능처리기술 중점 실험실'을 설치하는 등 전국 총 12개 대학 내에 디지털 출판 실천기지를 설치·운영하고 있다.

그뿐만 아니라 베이징 대학교를 비롯하여 전국 66개 주요대학 내에 143개소의 디지털 실험 연구실을 운영하고 있고 베이징 대학교 등 전국 33개 대학에 55개소의 '디지털 출판 연구소'를 보유하고 있으며, 전국의 60개 대학교에 디지털 출판 석사학위 과정을 개설·운영 중에 있다. 박사학위 과정도 전국 25개 대학에 개설되어 있는 등 디지털화를 위한 인재 육성에 박차를 가하고 있다. 중국은 디지털 출판 분야의 범위에 인터넷 광고, 인터넷 애니메이션, 인터넷 게임 등을 포함하고 있어 대단히 광범위하다. 그러나 여기서는 인터넷 잡지, 전자책, 디지털신문, 온라인 음악 등으로 범위를 제한하도록 하겠다.

〈2006~2011년 디지털 출판산업 수입 현황〉 (단위: 억 위안)

구분 / 연도	2006	2007	2008	2009	2010	2011
인터넷 잡지	6	7.6	5.13	6	7.49	9.34
전자책	1.5	2	3	14	24.8	16.5
디지털 신문	2.5	10 −인터넷 신문 1.5 −모바일 신문 8.5	2.5 (인터넷 신문)	3.1 (인터넷 신문)	6 (인터넷 신문)	12 (모바일 신문 포함)
온라인 음악	80	150	190.8	314	349.8	367.34
계	90	169.6	201.43	337.1	388.09	394.18

※출처: 2011~2012 中国数字出版产业年度报告 p.10 자료 재구성

상기 표에서 디지털 신문 분야에서 2008년부터 2010년까지 3년간 모바일 신문 수입 현황이 누락되어 있어 이를 합칠 경우 규모는 더 늘어난다.
그리고 인터넷 잡지 생산규모가 2009년 9,000여 종에서 2011년도에는 무려 25,000여 종으로 177.78%가 증가한 것으로 알려져 있고 전자도서 생산규모도 2009년 60여 만 종에서 2011년 90만 종으로 늘어났으며 디지털 신문 생산규모 역시 2009년 500종에서 2011년 900여 종으로 80% 증가했다.

다음은 전자도서 분야를 보자.
중국 출판분야 전문가들은 향후 5년 내 모바일 인터넷 시장 규모가 기존 인터넷 시장의 10배에 이를 것으로 전망하고 있는데 2011년 12월 말 중국의 모바일 네티즌 수는 3.56

억 명으로 이미 전체 네티즌의 69.4%에 달한다. 이러한 현상은 전자도서 산업의 발전과 연계하면 이해가 빠르다.

현재 정부의 심사비준을 받고 운영 중인 출판사는 579개사다. 2011년 말 절대 다수인 95.30%의 출판사들은 전자도서 출판 업무를 진행하고 있는데 2011년 당해연도 출판한 전자도서 수량은 15만여 종으로 총 누계가 90만여 종에 이르고 있다.

현재 중국 내 주요 전자도서 운영 회사는 ① 北大方正(2000년 설립), ② 中文在线 (2000년 清华大学설립), ③ 超星公司(1993년 회사 설립, 2000년 업무 시작), ④ 书生 公司(1996년 설립)와 새로이 가입한 当当, 京东商城, 百度Baidu 등이다.

〈출판사들의 전자도서 출판 전담기구 설치 현황〉

구분 / 연도	2005	2006	2007	2008	2009	2010	2011
전자도서 출판 전담기구 수	45	80	180	210	230	260	300

※출처: 2011~2012 中国数字出版产业年度报告 p.34

이러한 전자도서와 더불어 각광을 받고 있는 분야가 '전자책보' 시장인데, 점점 확대되어 가고 있는 현상을 보이고 있다.

2009년도 상하이 虹口区 复兴高级中学, 北虹初级中学, 第三中心小学, 丽英小学 등 8개 학교에서 시범실시 후 계속 전국적으로 확대되었다. '전자책보'가 교육분야에서 새로이 응용될 경우 3억 7천여만 명의 학생들이 '전자책보'를 이용함으로써 엄청난 규모의 시장이 형성될 것이다.

2012년 9월에는 상하이 시 闵行区 소재 40개의 소학교, 2012년 3월에는 충칭시 江北区의 徐悲鸿 중학교, 新村 초등학교 등 6개 초·중학교, 2012년 1월에는 난징시 九龙中学, 저장성 宁波市의 宁波三中, 2011년 12월부터 2012년 10월에는 산시(陕西) 성의 20개 초·중학교, 2011년 10월 광둥성 佛山市 南海区의 南海实验高中 등 7개 학교 등이 시범운영에 들어갔다.

이러한 현상은 정부가 12·5 규획기간(2011~2015년) 교육에 GDP의 4%를 투입하겠다는 목표 설정과 동시에 2012년 3월에 발표한 '교육정보화 10개년 발전 규획' 등과 무관치 않다.

'2011년 중국 교육업 정보화와 IT응용 추세 연구보고'의 데이터를 보면 2010년 정부는 교육정보화 분야에 307.1억 위안을 투입했고 2011년에는 366.9억 위안을, 2012년에는 438.45억 위안, 2013년도에는 523.94억 위안의 투자 계획을 수립·진행하고 있다.

다음은 디지털 신문 분야를 보자. 중국의 신문집단(그룹) 80% 정도가 신문망(인터넷판)을 보유하고 있는데 이 중에 党报, 晚报, 都市报보다 생활서비스류 신문은 상대적으로 인터넷판 보유가 낮은 편이다.

2011년도의 경우 전국 1,928종의 신문 중 60% 이상이 디지털 신문 출판을 병행하고 있고 이 중에 전국 49개 신문언론그룹은 기본적인 디지털 신문출판을 진행하고 있는 것으로 알려져 있다.

2011년 신문사의 웹사이트 영향력이 큰 순위를 보면 ① 人民网(중국 내 39위), ② 环球网(중국 내 59위), ③ 北青网(중국 내 119위), ④ 光明网(중국 내 124위), ⑤ 저장온라인(중국 내 188위), ⑥ 新民网(중국 내 198위) 등으로 알려지고 있다.

여기에 디지털 출판 분야의 또 다른 하나의 축으로 작동하고 있는 데이터베이스 분야를 잠깐 들여다보자. 중국에는 4개의 데이터베이스 출판업체가 있는데 이들의 연간 수입액은 다음과 같다.

〈중국 잡지 데이터베이스 주요 기업 판매 수입 현황〉 (단위: 억 위안)

연도 / 업체	同方知网	万方数据	维普资讯	龙原数妹	계
2008	3.6	1.1	0.2	0.23	5.13
2009	4.5	1.6	0.3	0.28	6.68
2010	4.4	2.2	0.51	0.38	7.49
2011	5.3	3	0.62	0.42	9.34

※출처: 2011~2012 中国数字出版产业年度报告 p.79

상기 4개 데이터베이스 출판업체 중 시장의 56.7%를 점하고 있는 同方知网은 清华大学이 국가지식 기반시설로 설립한 것으로 알려져 있다.

2011년 말 전국의 지식계, 출판계 등이 참여하여 합작 건설한 '中国知识资源总库'에는 정보자원이 90% 수록되어 있는데 7,000여만 권의 잡지, 학위논문, 회의논문, 신문, 연감, 통계연감, 특허, 표준, 국학고적, 도서, 문예, 문화, 고등교육, 기초교육, 의약위생,

농업 등 다양한 정보를 디지털화하여 완비해 놓은 것으로 알려져 있다. 이 同方知網에서 네티즌들이 2011년도 다운로드 받은 것이 1일 평균 134만 회, 연 4.9억 회였고 1일 접속인 수는 평균 1,236만 명으로 연간 45.1억 명에 이른다.

다음으로 인터넷 발달과 더불어 모바일폰 출판산업 시장도 각광을 받고 있다. '중국신문출판연구원'이 발표한 '제9차 전국 국민독서 조사 보고'에 의하면 2011년도 중국 국민의 독서율은 77.6%로 2010년 77.1%보다 0.5%가 증가한 것으로 나타났다. 디지털화된 책의 접촉률도 2010년 32.8%에서 5.8%가 늘어난 38.6%로 높아졌다.
독서하는 사람의 1일 평균 모바일폰 독서 시간은 40분이고 매년 평균 20위안의 비용을 지불한다. 사용하는 연령층도 18~29세가 59.7%로 가장 많고 30~39세는 29.9%다.
그리고 중국 내 3대 이동통신사들이 전국 주요 지역에 열독기지를 건설했는데 China Mobile은 2008년 말 저장 성 항저우 西湖科技园 열독기지를 건설하고 China Telecom은 2010년 9월 8일 저장 성에 天翼 열독기지를 건설, 그해 말 이용객이 200만 명에서 2011년 6월에는 1,000만 명을 넘어섰다. 그리고 China Unicom은 2010년 12월에 비준을 받아 후난 성에 기지를 건설하여 1일 평균 방문객이 엄청나게 늘어나 2011년 연간 정보수입이 3.8억 위안에 이르렀다.

이러한 출판 분야의 인터넷 웹사이트 이용이 보편화되면서 지역별 웹사이트 이용객 분포와 전국의 네티즌 지역분포를 비교하면 지역별 출판 관련 각종 웹사이트 이용객의 지역 분포를 이해할 수 있을 것이다.

〈출판업종, 출판사·출판집단 및 디지털 출판 플랫폼류 웹사이트 지역별 분포 비율(%)〉

순위	전국출판업종		출판사·출판그룹	
	지역	웹사이트 이용객 지역분포	지역	웹사이트 이용객 지역분포
1	광둥 성	22.40	광둥 성	14
2	저장 성	9.40	베이징 시	8
3	장쑤 성	8.30	장쑤 성	7
4	산둥 성	6	산둥 성	7
5	베이징 시	5.30	산시(陝西) 성	6
6	상하이 시	4.70	저장 성	5
7	푸젠 성	4.70	상하이 시	5
8	허베이 성	3.60	허난 성	4
9	쓰촨 성	3.60	안후이 성	4
10	후베이 성	3.40	허베이 성	4
11	허난 성	3	쓰촨 성	4
12	후난 성	2.90	후베이 성	3
13	장시 성	2.40	후난 성	3
14	안후이 성	2.30	푸젠 성	3
15	광시자치구	2.30	랴오닝 성	3
16	산시(陝西) 성	2.20	장시 성	2
17	충칭 시	1.90	톈진 시	2
18	랴오닝 성	1.70	산시(山西) 성	2
19	윈난 성	1.50	충칭 시	2
20	헤이룽장 성	1	광시자치구	2
	소계	92.6%	소계	90%

순위	디지털 출판 플랫폼		CNNIC(중국인터넷정보센터)	
	지역	웹사이트 이용객 지역분포	지역	웹사이트 이용객 지역분포
1	광둥 성	11	광둥 성	12
2	장쑤 성	11	저장 성	6
3	저장 성	7	장쑤 성	7
4	산둥 성	7	산둥 성	7
5	베이징 시	6	베이징 시	3
6	허난 성	5	상하이 시	3
7	허베이 성	4	푸젠 성	4
8	상하이 시	4	허베이 성	5
9	쓰촨 성	4	쓰촨 성	4
10	후베이 성	4	후베이 성	4
11	랴오닝 성	3	허난 성	5
12	푸젠 성	3	후난 성	4
13	안후이 성	3	장시 성	2
14	산시(陝西) 성	3	안후이 성	3
15	후난 성	3	광시자치구	3
16	헤이룽장 성	3	산시(陝西) 성	3
17	장시 성	2	충칭 시	2
18	광시자치구	2	랴오닝 성	4
19	충칭 시	2	윈난 성	2
20	산시(山西) 성	2	헤이룽장 성	2
	소계	89%	소계	86%

※출처: Annual Report on Digital Publishing Industry in China 2011~2012, p.227, pp.236~237 및 p.240 자료 재구성

출판업종의 웹사이트 이용객 지역분포에서나 출판사 및 출판그룹, 디지털 출판 플랫폼 류에 대한 이용객 지역분포와 중국 네티즌 지역분포가 거의 일치하고 있고 베이징 시, 상하이 시, 광둥 성, 저장 성, 장쑤 성 등 경제적으로 발전한 지역의 이용객 집중도가 높은 것으로 나타나고 있다.

전통적인 디지털 출판 분야에는 과연 어떤 연령층에서 근로자가 얼마나 되는지를 살펴보자. 30세 이하가 61.2%로 가장 높으며, 20~25세 사이가 17.8%, 26~30세 사이는 43.4% 이며 30세 이상은 38.8%로 나타나 있다.

학력에 있어서도 상당히 고학력이다. 4년제 대학 이상 졸업자가 81.4%로, 이 중 4.65%는 해외 유학파들이다. 4년제 대학 졸업자가 54.26%, 석사 26.36%, 박사 0.78%, 전문대 16.28%이고 전문학교 졸업이 2.32%이다.

출판사들의 디지털 출판 확대와 관련하여 추진하고 있는 업무 영역에서 디지털 응용 상 점(어플리케이션)에 20%, 모바일폰 출판 분야 33%, 디지털 도서관 37%, 전자열독기 (e-book 리더) 10%로 구성되어 있는 것으로 조사되었다. 이 중에 모바일폰 출판에는 합작운영 업체로 China Mobile이 82%, China Telecom이 9%, China Unicom이 9% 의 비율로 운영되고 있다.

디지털 출판의 판권(版权) 보호 상황을 보면 2011년 7월 13일 신문출판총서, 국가판권 국은 베이징에서 제3차 '저작권법' 수정 작업을 시작했는데 ① 中南财经政法大学 지식 재산권 연구 중심, ② 중국사회과학원 지식재산권 연구 중심, ③ 중국인민대학교 지식 재산권대학(학원)에 위탁, 2013년 1월 13일에 이들 전문가들이 저작권법 수정(안) 초고 의 완성을 보았다.

2012년 2월에는 국가지식재산권 전략실시 공작부 연석회의 제3차 전체회의에서 '2012 년 국가지식재산권 전략실시 추진계획'과 '2012년 중국 지식재산권 보호 행동계획'을 심의·통과시켰다.

전문가들은 디지털 음악의 경우 해적판 때문에 연간 100억 위안 이상의 손실이 발생하 는 것으로 파악하고 있으며 관련 소프트웨어까지 감안한다면 경제적 손실이 1,000억 위안에 이를 것으로 추산하고 있다.

판권은 경제적 발전과 더불어 지식재산권 분쟁 건수도 대폭 늘어나고 있고 복잡한 양상을 띠고 있는데 2011년도 중국인민최고법원의 안건 수리가 2010년 12,084건보다 1.8%가 줄어든 11,867건이었다.

각급 지방법원은 접수 건수가 2010년 11,689,000건에 1심에서 수리된 것이 48,000여 건, 2011년도는 12,204,000건 접수에 약 66,000여 건을 수리한 것으로 알려져 있다.

2011년도의 베이징 시 지식재산권 1심 처리가 9,600여 건인데 이 중 저작권이 63.2%로 6,100여 건이었다. 어쨌든 모든 분야에서의 발전이 다양하게 이루어지고 있어 이에 따른 기술적 · 법률적 문제도 나날이 복잡해지고 있으며 증가하고 있다.

수도 베이징에 있는 중앙급 출판사 214개사를 보면 주로 중앙의 부 · 위部 · 委 소속이거나, 중앙행정기관과 대학 소속 출판사들이 대세를 이루고 있어 출판사 현황의 이해를 돕고자 다음과 같이 중앙급 출판사 현황을 정리해보았다.

〈2011년 중국 중앙급 출판사 현황〉

연번	출판사명	소재지	연번	출판사명	소재지
1	北京大学出版社유한공사	海淀区	19	党建读物出版社	西城区
2	北京大学医学出版社유한공사	〃	20	地震出版社	海淀区
3	北京航空航天大学出版社유한공사	〃	21	中国大地出版社地质出版社	〃
4	北京交通大学出版社	〃	22	电子工业出版社	
5	北京理工大学出版社유한책임공사	〃	23	人民东方出版传媒유한공사	朝阳区
6	北京师范大学出版集团	新街口	24	东方出版中心	上海市
7	北京体育大学出版社	海淀区	25	对外经济贸易大学出版社	朝阳区
8	北京邮电大学出版社유한책임공사	〃	26	法律出版社	丰台区
9	北京语言文化大学出版社	〃	27	方志出版社	东城区
10	兵器工业出版社유한책임공사	〃	28	高等教育出版社	西城区
11	測绘出版社	西城区	29	故宫出版社	东城区
12	长城出版社	甘家口	30	光明日报出版社	〃
13	长虹出版社	西城区	31	国防大学出版社	海淀区
14	长征出版社	〃	32	国防工业出版社	
15	朝华出版社유한책임공사	〃	33	国际文化出版公司	朝阳区
16	大众文艺出版社	朝阳区	34	国家图书馆出版社	西城区
17	当代世界出版社	复兴路	35	国家行政学院出版社	海淀区
18	当代中国出版社	地安门	36	海潮出版社	西三环中路

연번	출판사명	소재지	연번	출판사명	소재지
37	海豚出版社	西城区	75	群言出版社	东城区
38	海洋出版社	海淀区	76	群众出版社	丰台区
39	红旗出版社有限责任公司	东城区	77	人民出版社	东城区
40	华乐出版社	朝阳区	78	人民法院出版社	〃
41	华龄出版社	西城区	79	人民交通出版社	朝阳区
42	华文出版社	宣武区	80	人民教育出版社	海淀区
43	华夏出版社	东直门外	81	人民军医出版社	〃
44	华艺出版社	海淀区	82	人民美术出版社	东城区
45	华语教育出版社	西城区	83	人民日报出版社	朝阳区
46	化学工业出版社	东城区	84	人民体育出版社	崇文区
47	机械工业出版社	百万庄大街	85	人民卫生出版社	朝阳区
48	教育科学出版社	朝阳区	86	人民文学出版社有限公司	东城区
49	解放军出版社	西城区	87	人民武警出版社	西三环
50	解放军文艺出版社		88	人民音乐出版社	朝阳门外
51	金城出版社	朝阳区	89	人民邮电出版社	崇文区
52	金盾出版社	太平路	90	荣宝斋出版社	西城区
53	经济管理出版社	海淀区	91	商务印书馆有限公司	王府井
54	经济科学出版社	〃	92	商务印书馆国际有限公司	东城区
55	经济日报出版社	宣武区	93	社会科学文献出版社	西城区
56	九州出版社	西城区	94	生活读书新知三联书店	东城区
57	军事科学出版社	海淀区	95	石油工业出版社有限公司	朝阳区
58	军事医学科学出版社	〃	96	时事出版社	海淀区
59	军事谊文出版社	安定门外	97	世界图书出版公司	朝内大街
60	开明出版社	海淀区	98	世界知识出版社	东城区
61	科学技术文献出版社	复兴路	99	天天出版社	〃
62	科学普及出版社	海淀区	100	天天出版社	〃
63	昆仑出版社	西城区	101	团结出版社	东皇城根
64	蓝天出版社	复兴路	102	外文出版社	西城区
65	连环画出版社	东城区	103	外语教学与研究出版社有限责任公司	西三环
66	龙门书局	东皇城根	104	万国学术出版社	朝内大街
67	煤炭工业出版社	朝阳区	105	文化艺术出版社	东城区
68	民主与建设出版社	〃	106	文物出版社	东直门内
69	民族出版社	和平里	107	五洲传播出版社	海淀区
70	农村读物出版社	朝阳区	108	西苑出版社	海淀区
71	气象出版社	海淀区	109	现代出版社有限公司	安外安华里
72	企业管理出版社	〃	110	现代教育出版社	朝阳区
73	清华大学出版社有限公司	〃	111	线装书局	西城区
74	求真出版社	西城区	112	新化出版社	石景山区

연번	출판사명	소재지	연번	출판사명	소재지
113	新时代出版社	海淀区	151	中国环境科学出版社	东城区
114	新世界出版社	西城区	152	中国计划出版社	西城区
115	新星出版社	〃	153	中国质检出版社	和平里
116	星球地图出版社	北三环	154	中国检察出版社	石景山区
117	学习出版社	崇文区	155	中国建材工业出版社	西城区
118	学苑出版社	丰台区	156	中国建筑工业出版社	海淀区
119	研究出版社	东城区	157	中国金融出版社	丰台区
120	冶金工业出版社	北河沿大街	158	中国经济出版社	西城区
121	印刷工业出版社有限公司	海淀区	159	中国科技出版传媒株式有限公司	东皇城根
122	语文出版社	朝阳门内	160	中国科学技术出版社	海淀区
123	知识产权出版社	海淀区	161	中国劳动社会保障出版社	朝阳区
124	知识出版社	阜成们	162	中国林业出版社	西城区
125	中共中央党校出版社	海淀区	163	中国旅游出版社	东城区
126	中国质检出版社	朝阳区	164	中国盲文出版社	西城区
127	中国财政经济出版社	海淀区	165	中国美术出版总社	东城区
128	中国藏学出版社	北四环东路	166	中国民航出版社	朝阳区
129	中国长安出版社	东城区	167	中国民主法制出版社有限公司	丰台区
130	中国城市出版社	西城区	168	中国民族摄影艺术出版社	东城区
131	中国传媒大学出版社	朝阳区	169	中国农业出版社	朝阳区
132	中国大百科全书出版社	阜成门北大街	170	中国农业大学出版社	海淀区
133	中国大地出版社地质出版社	海淀区	171	中国农业科学技术出版社	〃
134	中国地图出版社	宣武区	172	中国青年出版社	东城区
135	中国电力出版社	东城区	173	中国轻工业出版社	东长安街
136	中国电影出版社	北三环东路	174	中国人口出版社	西城区
137	中国对外翻译出版社有限公司	西城区	175	中国人民大学出版社有限公司	海淀区
138	中国发展出版社	〃	176	中国人事出版社	朝阳区
139	中国方正出版社	〃	177	中国三峡出版社	西城区
140	中国纺织出版社	东直门南大街	178	中国商务出版社	安外大街
141	中国妇女出版社	东城区	179	中国商业出版社	西城区
142	中国工人出版社	〃	180	中国少年儿童新闻出版总社	朝阳区
143	中国工商出版社	丰台区	181	中国社会出版社	西城区
144	中国广播电视出版社	西城区	182	中国社会科学出版社	鼓楼西大街
145	中国国际广播出版社	宣武区	183	中国摄影出版社	东城区
146	中国海关出版社	朝阳区	184	中国石油出版社有限公司	〃
147	中国航海图书出版社	天津滨海新区	185	中国市场出版社	西城区
148	中国和平出版社有限公司	西城区	186	中国书籍出版社	丰台区
149	中国华侨出版社	朝阳区	187	中国水利水电出版社	海淀区
150	中国画报出版社	海淀区	188	中国税务出版社	西城区

연번	출판사명	소재지	연번	출판사명	소재지
189	中国铁道出版社	〃	202	中国致公出版社	〃
190	中国统计出版社	丰台区	203	中国中医学出版社	朝阳区
191	中国文联出版社	农展馆南里	204	中航出版传媒有限责任公司	安定门外
192	中国文史出版社	西城区	205	中华工商联合出版社有限责任公司	西城区
193	中国财富出版社	丰台区	206	中华书局有限公司	丰台区
194	中国戏剧出版社	海淀区	207	中信出版株式有限公司	朝阳区
195	中国协和医科大学出版社	东单三条	208	中央编译出版社	西城区
196	中国言实出版社	朝阳区	209	中央广播电视大学出版社有限公司	海淀区
197	中国医药科技出版社	海淀区	210	中央民族大学出版社	〃
198	中国友谊出版公司	朝阳区	211	中央文献出版社	西城区
199	中国宇航出版有限责任公司	海淀区	212	中医古籍出版社	东城区
200	中国原子能出版传媒有限公司	〃	213	宗教文化出版社	西城区
201	中国政法大学出版社	〃	214	作家出版社	农展馆南里

※출처: 中国出版年鉴 2012 pp.1,110~1,117

※주(注): 중앙의 214개 출판사 중 상하이 시에 위치한 '东方出版中心'과 톈진 시에 위치한 '中国航海图书出版社'를 제외한 212개의 출판사는 베이징 시에 위치해 있어 상기 소재지에 베이징 시를 명기하지 않았음.

상기와 같이 578개 출판사 중에 대형 출판그룹들은 내부에 디지털 전문 전략 부서를 두고 있는데 2005년 45개사이던 것이 2006년 80개사, 2007년 180개사, 2008년 210개사, 2009년 230개사, 2010년 260개사, 2011년에는 무려 300개사로 급증했다. 이러한 현상은 디지털혁명 시대에 적응하고 있는 중국 출판계의 동향을 잘 보여준다.

6) 인쇄업 시장

중국의 도서, 잡지, 신문출판물 인쇄가 전체 인쇄업의 40% 전후를 점유하고 있으며 제11차 5개년 계획 기간(2006~2010년)이 끝난 2010년도의 인쇄업 총생산액이 6,000억 위안을 초과하여 세계 3위 시장을 마크했다. 제12차 경제개발 5개년 계획(12·5규획)이 끝나는 2015년에는 인쇄업 총생산액 목표를 1조 1,000억 위안으로 설정해 놓고 있으며 중국의 문화산업 각 분야 중 시장 규모가 가장 큰 분야인 출판산업 분야에 큰 몫을 하고 있다.

2012년 현재 인쇄·복제 시장규모를 보면 영업수입만 1조 360.49억 위안으로 2011년보다 11.34%가 증가했고 이윤총액도 721.81억 위안(미화 약 114억 8373만 달러)으로 2011년보다 17.44%가 늘었다. 이것은 출판물인쇄, 포장인쇄 등이 모두 망라된 수치이다.

〈11 · 5 규획 기간 인쇄업 주요 경제지표〉

연도 / 구분	기업 수	총생산액 (억 위안)	부가가치액 (억 위안)	총자산 (억 위안)	영업수입 (억 위안)	총이윤 (억 위안)	종업원 수 (만 명)
2010	54,900	6175.36	2008.23	6937.71	5793.20	474.60	258
2009	53,300	5443.72	1770.30	6510.01	5104.20	400.27	253
2008	52,000	4984.18	1620.86	6321.44	4659.29	343.92	250
2007	49,060	4050.53	1323.71	5430.65	3808.91	275.38	220
2006	46,730	3355.59	1096.61	4741.95	3130.02	210.16	210

※출처: 中国印刷业发展观察及深度分析报告(2011~2012年的形势分析与发展预测) p.13

2010년 제11차 경제개발 5개년 계획(11 · 5 규획)이 끝나는 해의 인쇄업 총생산액이 6,175 억 3,600만 위안(미화 약 932억 4,535만 달러)에 이르렀으니 그 규모가 가히 대단하다. 인쇄업체 수가 대단히 많지만, 대체적으로 중국 인쇄업 시장의 약 60% 전후를 장악하고 있는 국유 또는 일정 규모 이상의 비국유기업 실태를 보면 보다 쉽게 이해할 수 있다.

〈11 · 5 규획 기간 인쇄업 국유 및 규모 이상 비국유 기업 주요 지표 현황〉

연도 / 구분	기업 수	총생산액 (억 위안)	부가가치액 (억 위안)	총자산 (억 위안)	영업수입 (억 위안)	총이윤 (억 위안)	종업원 수 (만 명)
2010	6,850	3562.91	1157.95	3216.39	3468.31	309.20	85.06
2009	6,618	2972.90	966.73	2855.99	2873.13	236.52	82.13
2008	6,481	2685.01	873.11	2643.08	2593.35	200.67	82.03
2007	5,083	2117.57	691.94	2257.69	2039.27	155.88	72.38
2006	5,029	1706.58	557.76	1973.75	1653.20	115.69	68.97

※출처: 中国印刷业发展观察及深度分析报告 p.9 및 p.54 자료 재구성

인쇄업 전체와 상기 표의 국유 및 일정 규모 이상 비국유 인쇄기업 지표들을 비교해보면 2010년의 경우 해당 기업 수는 12.5%, 생산액은 57.7%, 부가가치액 57.7%, 총자산은 46.4%, 영업수입 59.9%, 총이윤은 65.2%에 달하고 있는 반면, 종업원 수는 32.9%에 머물고 있다. 즉 소규모의 일반 민영이나 집체기업에 비해 일정 규모 이상의 비국유기업과 국유기업들의 생산 환경과 조건들이 양호하다는 것을 말한다.

서두에서 잠시 언급했듯이 출판물 인쇄가 인쇄업의 40% 전후를 차지하고 있는데 이 3종의 출판물이 얼마나 인쇄가 되는지 잠시 살펴보자.

〈도서 · 신문 · 잡지 출판 인쇄 현황〉

연도 / 구분	도서 인쇄		
	종류	수량(억 책)	용지(만 톤)
2010	328,387	71.71	142.52
2009	301,719	70.37	132.93
2008	275,668	69.36	131.85
2007	248,283	62.93	114.42
2006	233,971	64.08	120.37

연도 / 구분	신문 인쇄		
	종류	수량(억 분)	용지(만 톤)
2010	1,939	452.14	494.05
2009	1,937	439.11	452.96
2008	1,943	442.92	443.03
2007	1,938	437.99	391.17
2006	1,938	424.52	381.56

연도 / 구분	잡지 인쇄		
	종류	수량(억 책)	용지(만 톤)
2010	9,884	32.15	42.54
2009	9,851	31.53	39.06
2008	9,549	31.05	37.12
2007	9,468	30.41	37.11
2006	9,468	28.52	32.18

※출처: 中国印刷业发展观察及深度分析报告 p.23, p.25, p.27 자료 재구성

2007년부터 2010년까지 출판물 인쇄 주요 경제지표를 살펴보자. 이는 11 · 5 규획 기간의 국유 및 일정 규모 이상의 비국유 인쇄기업 경제지표와 인쇄시장의 40% 전후를 차지하고 있는 도서 · 신문 · 잡지의 인쇄 현황을 살펴봄으로써 출판물 인쇄 현황을 쉽게 이해할 수 있기 때문이다.

〈2007~2010년 출판물 인쇄 주요 경제지표〉

연도 / 구분	기업 수	총생산액 (억 위안)	부가가치액 (억 위안)	총자산 (억 위안)	영업수입 (억 위안)	총이윤 (억 위안)	종업원 수 (만 명)
2010	8,484	1234.26	388.33	1749.76	1200.52	80.17	61.28
2009	8,189	1127.76	354.22	1589.18	1050.82	76.75	63.14
2008	6,290	976.9	296.49	1326.13	938.79	50.20	58.34
2007	–	828.36	278.34	1279.86	969.09	40.51	59.55

※출처: 中国印刷业发展观察及深度分析报告 p.18, p.36 자료 재구성

인쇄업 중에는 포장장식 인쇄가 상당한 시장을 형성하고 있는데 총생산액이 전체 인쇄업 총생산액의 약 30%를 차지하고 있으며 포장장식 인쇄와 기타 인쇄 기업체 수를 합한 것이 2010년 26,670개사로 파악되고 있다.

기타 중에서 상표인쇄, 실크스크린 인쇄가 전체 2~3%대를 유지하고 있고 유가증권, 영수증 인쇄는 3%대를 지탱하고 있는 실정이다. 그리고 도서잡지가 19.23%, 신문 인쇄가 12.5%를 차지하고 있다.

다음으로 인쇄기업들의 소속을 보면 국유 및 국가지주 인쇄기업체가 상당한 영향력을 발휘한다. 기업체 수는 2000년 이후 계속 줄어들어 2010년은 525개로 2000년의 1/4로 줄었다. 그러나 수입 이윤은 계속 증가해왔다.

〈11 · 5 규획 기간 인쇄업 국유 및 국가지주기업 주요 경제지표〉

연도 / 구분	기업 수	총판매수입 (억 위안)	이윤총액 (억 위안)	자산총액 (억 위안)
2010	525	442.80	52.86	600.87
2009	551	384.93	41.93	580.92
2008	589	367.65	40.58	516.99
2007	580	336.50	34.86	521.06
2006	1,001	293.86	21.58	516.76

※출처: 中国印刷业发展观察及深度分析报告 p.70

그리고 외자外资기업 중 독자独资기업, 합자合资기업, 합작合作기업으로 일컫는 삼자三资 인쇄기업 수도 적지 않다. 2010년의 경우 744개 기업에 판매수입이 802.8억 위안, 이윤만도 90.65억 위안(미화 약 14억 4,427만 달러)에 이른다.

인쇄업체들의 지역 분포를 보면 역시 경제가 발달한 광둥 성, 저장 성, 장쑤 성이 상위를 차지한다. 여기서 2010년 4차례에 걸쳐 조사된 자료에 근거, 지역별 상위 10위권 기업체 수를 살펴보자.

〈2010년 일정 규모 이상 인쇄업체 중 상위 10위권 지역별 기업체 수〉

순위	구분	2010.11 기업 수	2010.8 기업 수	2010.5 기업 수	2010.2 기업 수	2010.11 규모 이상 인쇄기업 판매수입 (억 위안)
	전국 합계	6,779	6,627	6,581	6,487	310,730,800
1	광둥 성	1,467	1,455	1,458	1,431	70,968,011
2	저장 성	1,051	1,007	980	975	29,663,555
3	장쑤 성	612	599	598	597	24,820,898
4	산둥 성	514	508	502	495	31,969,078
5	상하이 시	413	411	410	391	19,222,396
6	베이징 시	337	337	336	364	12,571,782
7	푸젠 성	261	258	254	245	9,430,690
8	후베이 성	229	208	208	198	9,832,283
9	안후이 성	219	199	196	183	9,594,780
10	허난 성	218	218	217	217	13,000,083

※출처: 中国印刷业发展观察及深度分析报告 p.140 자료 재구성

인쇄기업 수는 상당히 가변적이다. 같은 해에 적게는 수십 개에서 많게는 수백 개의 업체가 사라진다. 상기 기업체 수에서 보면 광둥 성이 21.64%, 저장 성은 15.5%, 장쑤 성은 9.03%, 산둥 성은 7.5%이다. 그러나 일정 규모 이상의 인쇄기업들의 판매 수입에서는 순위를 달리한다. 산둥 성이 광둥 성에 이어 2위를 차지하고 있기 때문이다. 광둥 성이 22.84%, 산둥 성이 10.29%, 저장성은 9.55%이다.

2008년 말 기준으로 실시한 제2차 경제전수조사 데이터에 의하면 광둥 성에는 법인 기업 수가 194,331개, 종업원 수가 18,833,299명이고 이 중 인쇄업체는 8,379개사에 종업원 396,900명이었다. 베이징 시는 267,890개의 기업 중 인쇄·복제 법인 기업이 1,433개이며, 종업원 수는 63,926명으로 나타났다. 상하이의 당시 인쇄업체 수는 2,556개, 종업원 수는 79,000명에 이르는 것으로 조사되었다. 어쨌든 인쇄업은 광둥 성 22.84%, 장쑤 성, 저장 성, 상하이 등이 23.73%, 베이징 시, 허베이 성, 산둥 성, 랴오닝 성, 톈진 시가 22%, 기타가 31.43%로 분포되어 있다.

7) 수출입 현황

중국도 음반과 영상 제품인 AT, CD, VCD, DVD 등을 하나의 출판물 발행으로 보고 출판산업 시장에 포함시키고 있어 본 책에서도 출판 시장의 범주에 포함하여 분석하였다.

도서 · 잡지 · 신문의 수출입과 음반 · 영상 제품 및 전자출판물 수출입, 그리고 판권 수출입 현황을 분석하여 소개하고자 한다.

〈2008~2012년 중국 도서 · 잡지 · 신문 수출입 현황〉

연도	구분	수출			수입		
		종류 (연)	수량 (만 책)	금액 (USD 10,000)	종류(연)	수량 (만 책)	금액 (USD10,000)
2008	합계	947,204	802	3,487	703,787	3,453	24,061
	도서	900,204	653	3,131	648,907	438	8,155
	잡지	46,098	92	218	53,759	449	13,291
	신문	902	56	139	1,121	2,566	2,615
2009	합계	900,344	885.16	3,437.72	811,265	2,794.53	24,505.27
	도서	855,934	624.84	2,962.03	755,849	533.53	8,316.65
	잡지	43,741	211.65	351.13	54,163	448.09	13,661.47
	신문	669	48.67	124.56	1,253	1,812.91	2,527.15
2010	합계	954,954	945.64	3,711.00	879,714	2,881.87	26,008.58
	도서	913,328	707.23	3,232.11	806,076	568.57	9,402.01
	잡지	41,065	194.79	423.97	72,056	420.66	13,828.96
	신문	561	43.61	54.91	1,582	1,892.65	2,777.61
2011	합계	914,726	1,144.18	3,905.51	1,119,975	2,979.88	28,373.26
	도서	878,174	855.76	3,276.61	1,042,288	754.85	11,666.91
	잡지	36,018	252.89	573.44	76,337	439.93	13,906.17
	신문	534	35.52	35.52	1,350	1,785.10	2,800.18
2012	합계	–	2,061.77	7,282.58	–	3,138.07	30,121.65
	도서	–	1,677.17	6,582.78	–	734.51	13,707.99
	잡지	–	291.33	642.74	–	490.33	14,120.03
	신문	–	93.27	57.06	–	1,904.23	2,293.63

※출처: 2009년, 2010년, 2011년, 2012년 China Statistical Yearbook of the Tertiary Industry 자료 및
2013 中国第三产业统计年鉴 자료 재구성

연간 중국의 도서(Book), 잡지, 신문의 수출 물량은 계속 증가하고 있으나 수입 물량은 증감이 일정치 않다. 수출금액은 큰 변동이 없으나 수입금액은 계속 증가하고 있는데 그 증가폭은 그리 크지 않다.

2011년도의 경우 수출 부문에서 도서 판매가 83.9%였는데 비해 수입 부문의 도서는 41.1%에 그치고 있는데, 이는 책값의 차이에 따른 것으로 보인다.

잡지 역시 수출은 전체 수출금액의 14%였는데 수입은 전체 수입금액의 49%에 이르고 있어 격차가 심한 편이다. 2012년도의 경우도 도서 수출이 다소 증가하여 91.3%였으며 수입은 오히려 전체 수출수량의 23.4%로 떨어졌다.

여기서 도서류의 수출입을 보다 세부적으로 파악해보면 대체적으로 어떤 책들이 중국 시장에서 인기가 있는지, 또 해외에서는 중국 도서 중 어떤 책들이 잘 팔리는지를 이해할 수 있을 것이다.

〈2009~2012년 중국 도서 수출 현황〉

구분	2009		
	종류 수	수량(만 책)	금액(USD 10,000)
합계	855,934	624.84	2962.03
철학,사회과학	196,721	84.04	686.62
문화 · 교육	167,418	123.97	549.30
문학 · 예술	192,528	105.12	471.85
자연,과학기술	84,125	90.11	303.37
소년 · 아동물	29,216	70.64	127.73
종합성 도서	185,926	150.96	823.16
구분	2010		
	종류 수	수량(만 책)	금액(USD 10,000)
합계	913,328	707.23	3232.11
철학,사회과학	198,094	105.32	826.18
문화 · 교육	170,183	124.24	552.61
문학 · 예술	206,848	129.70	601.51
자연,과학기술	100,387	59.86	345.93
소년 · 아동물	70,337	140.47	264.86
종합성 도서	167,479	147.64	641.03

구분	2011		
	종류 수	수량(만 책)	금액(USD 10,000)
합계	878,174	855.76	3276.61
철학,사회과학	201,653	101.52	752.50
문화 · 교육	181,888	158.08	571.18
문학 · 예술	208,855	144.66	650.66
자연,과학기술	89,654	57.99	345.88
소년 · 아동물	64,657	205.23	280.61
종합성 도서	131,467	188.27	675.77

※출처: 中国出版年鉴 2010, 2011, 2012 자료 재구성

구분	2012		
	종류 수	수량(만 책)	금액(USD 10,000)
합계	–	1,677.17	6,582.78
철학,사회과학	–	173.44	1,222.09
문화 · 교육	–	350.60	1,494.57
문학 · 예술	–	233.41	1,269.97
자연,과학기술	–	85.49	428.58
소년 · 아동물	–	538.23	632.49
종합성 도서	–	295.99	1,535.08

※출처: 2013 中国第三那产业统计年鉴 p.501 자료 재구성

표에서 알 수 있듯이 중국은 문학과 예술, 사회과학 분야의 책을 비교적 많이 수출하고, 철학, 사회과학 분야와 자연 및 과학기술 분야의 서적을 비교적 많이 수입한다. 그런데 2012년도에 도서의 수출 금액이 65,827,800달러(미화)로 2011년 32,766,100달러(미화)보다 무려 101%가 급상승했다. 문화 · 교육 분야는 162%, 문학 · 예술 분야는 95.2%, 종합성 도서는 127%가 급증했다.

〈2009~2012년 중국 해외도서 수입 현황〉

구분	2009		
	종류 수	수량(만 책)	금액(USD 10,000)
합계	755,849	533.53	8,316.65
철학, 사회과학	193,885	87.32	1,856.34
문화 · 교육	99,250	144.08	1,060.60
문학 · 예술	95,886	89.09	1,033.85
자연, 과학기술	246,680	106.03	3,232.88
소년 · 아동물	41,617	38.45	428.92
종합성 도서	78,531	68.56	704.05

구분	2010		
	종류 수	수량(만 책)	금액(USD 10,000)
합계	806,076	568.57	9,402.01
철학, 사회과학	177,503	61.11	1,606.47
문화 · 교육	142,811	126.28	1,745.86
문학 · 예술	132,207	90.23	1,271.30
자연, 과학기술	219,256	107.59	3,478.77
소년 · 아동물	42,123	39.47	375.30
종합성 도서	92,176	143.88	924.31

구분	2011		
	종류 수	수량(만 책)	금액(USD 10,000)
합계	1,042.88	754.85	11,666.91
철학, 사회과학	276,618	117.99	2,476.69
문화 · 교육	165,089	180.25	2,037.88
문학 · 예술	168,122	138.23	1,690.11
자연, 과학기술	252,027	134.63	3,414.30
소년 · 아동물	63,665	78.66	629.25
종합성 도서	116,767	105.09	1,418.68

※출처: 中国出版年鉴 2010, 2011, 2012 자료 재구성

구분	2012		
	종류 수	수량(만 책)	금액(USD 10,000)
합계	–	743.51	13,707.99
철학, 사회과학	–	45.93	1,861.68
문화 · 교육	–	138.78	2,420.40
문학 · 예술	–	165.18	1,861.16
자연, 과학기술	–	107.74	3,593.28
소년 · 아동물	–	76.14	440.31
종합성 도서	–	209.74	3,531.16

※출처: 中国出版年鉴 2010, 2011, 2012 및 2013 中国第三产业统计年鉴 자료 재구성

중국이 수입하는 도서도 종류, 수량, 지불되는 금액이 매년 증가하고 있으며 2011년에 1억 달러(미화)를 초과했다. 철학과 사회과학 분야와 자연과 과학기술 분야 서적 구입에 5,890만 달러를 투입했는데 이는 전체 수입금액의 50.4%이다. 2012년에 와서는 도서 수입에 137,079,900달러를 소비하여 2011년보다 17.5%가 늘었다.

다음은 음향·영상 제품들의 수출입과 전자출판물 수출입 현황을 파악하여 보았다.

〈2008~2012년 중국의 음상(AT, CD, VCD, DVD 등), 전자출판물 수출입 현황〉

연도	구분	수출		
		종류(연)	수량(盒·장)	금액(USD 10,000)
2008	합계	16,521	271,204	101
	녹음제품	4,318	98,804	23
	녹화제품	12,192	172,226	77
	전자출판물	11	174	1
2009	합계	19,771	100,053	61.11
	녹음제품	1,878	39,250	7.36
	녹화제품	17,864	60,673	53.19
	전자출판물	29	130	0.56
2010	합계	10,352	1,018,687	47.16
	녹음제품	216	3,645	4.25
	녹화제품	9,413	1,014,224	42.72
	전자출판물	723	818	0.18
2011	합계	8,077	77,091	35.17
	녹음제품	347	1,345	0.25
	녹화제품	7,730	75,746	34.93
	전자출판물	–	–	–
2012	합계	–	261,539	250.38
	녹음제품	–	25,766	15.59
	녹화제품	–	214,165	135.93
	전자출판물	–	21,608	98.86

연도	구분	수입		
		종류(연)	수량(盒 · 장)	금액(USD 10,000)
2008	합계	11,717	163,822	4,557
	녹음제품	9,485	108,216	95
	녹화제품	592	4,082	5
	전자출판물	1,640	51,524	4,456
2009	합계	9,479	167,428	6,527.06
	녹음제품	5,258	93,655	91.65
	녹화제품	2,274	8,507	33.89
	전자출판물	1,947	65,266	6,401.52
2010	합계	25,267	629,542	11,382.70
	녹음제품	17,868	100,639	111.55
	녹화제품	4,200	355,992	118.91
	전자출판물	3,199	172,911	11,152.24
2011	합계	14,553	396,287	14,134.78
	녹음제품	11,386	147,281	130.79
	녹화제품	691	75,489	13.32
	전자출판물	2,476	173,517	13,990.67
2012	합계	–	185,646	252.83
	녹음제품	–	123,396	103.73
	녹화제품	–	62,093	42.37
	전자출판물	–	157	106.73

※출처: 2009년, 2010년, 2011년, 2012년, 2013년 China Statistical Yearbook of the Tertiary Industry 자료 재구성

상기 수입부문 중 매년 수입대금 지불에서 보면 전체 수입대금의 2008년 기준 97.78%, 2009년 기준 98.1%, 2010년 기준 97.97%, 2011년 기준 98.98%, 2012년 기준 42.2%가 전자출판물 수입비로 충당되고 있다.

2011년도의 경우 중국은 전자출판물인 CD-ROM을 159,196,600장, DVD-ROM은 39,954,000장, CD-I는 14,071,700장을 생산하는 등 총 213,222,300장을 시장에 내놓았다. 전자출판물 종류도 총 11,154종으로 CD-ROM이 7,546종, DVD-ROM이 2,747종, CD-I가 861종이다.

그리고 녹음제품도 2011년 246,427,500장(갑)을 발행했는데 이 중에 AT가 187,570,600장(갑)으로 76.1%를 차지하고 그 다음이 CD로 37,315,600장, DVD-A 및 기타가 21,541,300장(갑)을 차지했다.

2012년의 경우 각종 비디오상품 8,894종 생산 중 신규 생산량은 6,652종으로 전체의 74.8%를 차지하고, 제작수량은 165,760천 장 중 신규 제작량도 124,140천 장으로 74.9%를 점유함으로써 기존 상품보다 신규 제작 상품의 종류와 수량이 월등히 많다.

다음은 녹화제품들의 생산량을 파악하여 수출입과 비교할 수 있도록 데이터를 정리해 보았다.

〈최근 5년간 녹화제품(DVD-V, VCD, Video-T, 기타) 생산량 현황〉

연도	구분	종류			생산 수량(천 장)		
		중앙	지방	계	중앙	지방	계
2008	합계	5,618	6,154	11,772	81,714.6	96,962.9	178,687.5
	DVD-V	2,331	3,036	5,367	30,973.0	49,475.0	80,448.0
	VCD	3,267	3,098	6,365	5,072.0	46,922.9	97,642.9
	Video-T 및 기타	20	20	40	31.6	565.0	596.6
2009	합계	6,116	6,953	13,069	79,165.0	75,544.8	154,709.8
	DVD-V	3,193	3,686	6,879	31,546.4	42,589.7	74,136.1
	VCD	2,920	3,264	6,184	47,616.1	32,725.9	80,542.0
	Video-T 및 기타	3	3	6	2.5	29.2	31.7
2010	합계	4,560	6,353	10,913	68,603.7	116,685.6	185,289.3
	DVD-V	2,682	4,154	6,836	25,313.4	92,224.4	117,537.8
	VCD	1,874	2,160	4,034	43,175.3	22,021.0	65,196.3
	Video-T 및 기타	4	39	43	115.0	2,440.2	2,555.2
2011	합계	3,885	5,592	9,477	67,212.9	150,669.1	217,882.0
	DVD-V	2,397	3,945	6,342	27,005.2	121,603.3	148,608.6
	VCD	1,415	1,579	2,994	39,864.1	28,779.5	68,643.6
	Video-T 및 기타	73	68	141	343.6	286.2	629.8
2012	합계	4,164	4,730	8,894	65,690	100,050	165,750
	DVD-V	3,158	3,395	6,553	32,880	83,040	115,920
	VCD	960	1,247	2,207	32,610	15,890	48,500
	Video-T 및 기타	46	88	134	200	1,120	1,330

※출처: 2009년, 2010년, 2011년, 2012년, 2013년 China Statistical Yearbook of the Tertiary Industry 자료 재구성

생산 종류는 점점 줄어들지만 매년 생산량은 계속 증가 추세이다.

〈최근 5년간 녹음제품(AT, DVD-A, CD) 생산량 현황〉

연도	구분	종류			생산 수량(천 장)		
		중앙	지방	계	중앙	지방	계
2008	합계	4,792	6,929	11,721	186,002.2	67,990.3	253,992.5
	AT	1,927	2,654	4,581	156,786.4	39,664.2	196,450.6
	DVD-A	895	667	1,562	9,082.1	4,410.7	13,492.8
	CD	1,970	3,608	5,578	20,133.7	23,915.4	44,049.1
2009	합계	4,817	7,498	12,315	161,684.1	75,070.7	236,753.8
	AT	1,505	2,493	3,998	128,649.1	37,192.6	165,841.7
	DVD-A	1,259	632	1,891	16,877.6	7,221.3	24,098.9
	CD	2,053	4,373	6,426	16,157.4	30,656.8	46,814.2
2010	합계	4,659	5,979	10,639	168,064.7	70,484.9	238,549.6
	AT	1,385	1,951	3,336	133,974.3	40,060.9	174,035.2
	DVD-A	1,429	788	2,217	15,493.0	9,547.5	25,040.5
	CD	1,845	3,241	5,086	18,597.4	20,876.5	39,473.9
2011	합계	4,133	5,798	9,931	177,719.9	68,711.6	246,427.5
	AT	1,329	1,921	3,250	153,613.4	33,957.2	187,570.6
	DVD-A	1,086	879	1,965	9,499.7	12,041.6	21,541.3
	CD	1,718	2,998	4,716	14,602.8	22,712.8	37,315.6
2012	합계	4,129	5,462	9,591	162,440	65,460	227,900
	AT	1,250	1,431	2,681	139,000	33,650	172,650
	DVD-A	921	960	1,881	10,580	9,210	19,790
	CD	1,958	3,071	5,029	12,860	22,600	35,460

※출처: 2009년, 2010년, 2011년, 2012년, 2013년 China Statistical Yearbook of the Tertiary Industry 자료 재구성

최근 5년간 각종 오디오제품 생산 종류는 점점 줄어들고 있는데 제작 수량에 있어서는 변동 폭이 그리 크지 않다.

다음은 최근 5년간 중국 출판물의 판권 수출입 현황을 살펴보자.

〈최근 5년간 중국의 판권(版权;Copyright) 수입 현황〉 (단위: 건)

연도	합계	도서	Audio	Video	전자 출판물	소프트 웨어	영화	TV 프로그램	기타
2008	16,969	15,776	251	153	117	362	–	2	308
2009	13,793	12,914	262	124	86	249	2	155	1
2010	16,602	13,724	439	356	49	304	284	1,446	–
2011	16,639	14,708	278	421	185	273	37	734	3
2012	17,589	16,115	475	503	100	189	12	190	5

※출처: ① 2009 China Statistical Yearbook of the Tertiary Industry (p.476) 자료 및
② 2010년, 2011년, 2012년, 2013년 China Social Statistical Yearbook 자료 재구성

〈최근 5년간 중국의 판권(版权;Copyright) 수출 현황〉 (단위: 건)

연도	합계	도서	Audio	Video	전자 출판물	소프트 웨어	영화	TV 프로그램	기타
2008	2,455	2,440	8	3	1	3	–	–	–
2009	4,205	3,103	77	–	34	–	1	988	2
2010	5,691	3,880	36	8	187	–	–	1,561	19
2011	7,783	5,922	130	20	125	5	2	1,559	20
2012	9,365	7,568	97	51	115	2	–	1,531	1

※출처: ① 2009 China Statistical Yearbook of the Tertiary Industry (p.476) 자료 및
② 2010년, 2011년, 2012년 China Social Statistical Yearbook 자료 재구성 및
2013 中国第三产业统计年鉴 자료 재구성

판권의 수출입은 주로 도서류가 절대 다수를 차지하고 있으나 TV 프로그램과 오디오 분야의 증가가 뚜렷해 보인다.

대체적으로 미국, 영국, 일본, 한국, 대만, 독일, 프랑스, 홍콩 등 경제적으로 발달된 국가 또는 지역과의 교류가 현저하게 많다는 것도 알 수 있다.

다음으로 국가별 및 지역별 판권 수출입 최근 5년 동안의 연도별(2008~2012년) 현황을 보자.

2012년도 수출입을 보면 수입에 있어 도서가 91.6%, 비디오 2.8%, 오디오 2.7%, TV 프로그램 1.1% 등으로 나타나고 수출에 있어서는 도서 80.8%, TV 프로그램 16.3%, 전자출판물 1.2% 순으로 나타났다.

〈2012년도 주요 국가 및 지역별 중국 판권(版权;Copyright) 수출입 현황〉 (단위: 건)

국가 (지역)	수출입	합계	도서	오디오	비디오	전자 출판물	소프트 웨어	영화	TV 프로그램	기타
합계	수입	17,589	16,115	475	503	100	189	12	190	5
	수출	9,365	7,568	97	51	115	2	–	1,531	1
미국	수입	5,606	4,944	128	444	13	34	–	42	1
	수출	1,259	1,021	5	23	18	–	–	192	–
영국	수입	2,739	2,581	42	34	3	4	–	73	2
	수출	606	606	–	–	–	–	–	–	–
독일	수입	941	874	38	1	10	16	–	2	–
	수출	354	352	–	–	–	–	–	1	1
프랑스	수입	846	835	3	1	1	4	–	2	–
	수출	130	130	–	–	–	–	–	–	–
러시아	수입	61	48	–	1	–	–	12	–	–
	수출	104	104	–	–	–	–	–	–	–
캐나다	수입	138	122	11	–	–	5	–	–	–
	수출	122	104	–	14	1	–	–	3	–
싱가포르	수입	293	265	2	–	–	–	–	26	–
	수출	292	173	2	–	16	–	–	101	–
일본	수입	2,079	2,006	23	7	25	15	–	1	2
	수출	405	401	3	–	–	–	–	1	–
한국	수입	1,232	1,209	6	–	10	3	–	4	–
	수출	310	282	24	–	4	–	–	–	–
홍콩	수입	590	413	85	5	1	62	–	24	–
	수출	511	440	2	1	2	–	–	66	–
마카오	수입	5	5	–	–	–	–	–	–	–
	수출	1	1	–	–	–	–	–	–	–
대만	수입	1,558	1,424	108	8	15	3	–	–	–
	수출	1,796	1,781	–	–	12	–	–	3	–
기타	수입	1,501	1,389	29	2	22	43	–	16	–
	수출	3,475	2,173	61	13	62	2	–	1,164	–

※출처: 2013 中国第三产业统计年鉴 p.502

〈2011년도 주요 국가 및 지역별 중국 판권(版权;Copyright) 수출입 현황〉 (단위: 건)

국가 (지역)	수출입	합계	도서	오디오	비디오	전자 출판물	소프트 웨어	영화	TV 프로그램	기타
합계	수입	16,639	14,708	278	421	185	273	37	734	3
	수출	7,783	5,922	130	20	125	5	2	1,559	20
미국	수입	5,182	4,553	38	289	2	47	11	241	1
	수출	1,077	766	11	–	21	–	–	278	1
영국	수입	2,595	2,256	13	90	9	15		212	–
	수출	433	422	1	–	5	5		–	–
일본	수입	2,161	1,982	21	10	3	14	–	130	1
	수출	187	101	25	–	–	–	–		1
대만	수입	1,497	1,295	52	9	135	5	–	–	1
	수출	1,656	1,644	1	–	–	–		10	1
한국	수입	1,098	1,047	2	9	25	8	6	1	–
	수출	507	446	51	2	8	–	–	–	–
독일	수입	895	881				14			
	수출	146	127	2						17
프랑스	수입	720	706	2	1		1		10	
	수출	129	126	1	–	2	–	–	–	
홍콩	수입	658	345	141	3	3	114	20	32	–
	수출	448	366	1		2			79	
싱가포르	수입	265	200	–		3	2	–	130	1
	수출	221	131	–	–	42	–	–	48	–
캐나다	수입	140	133	1	5	1	–		–	–
	수출	16	15	1						
러시아	수입	57	55	1	–	1				
	수출	40	40	–	–	–	–	–	–	
마카오	수입	1	1	–	–	–				
	수출	37	19	–	–	18	–			
기타	수입	1,370	1,254	7	5	3	53	–	48	–
	수출	2,886	1,659	36	18	27	–	2	1,144	–

※출처: 2012년 China Social Statistical Yearbook p.95 자료 재구성

〈2010년도 주요 국가 및 지역별 중국 판권(版权;Copyright) 수출입 현황〉 (단위: 건)

국가 (지역)	수출입	합계	도서	오디오	비디오	전자 출판물	소프트 웨어	영화	TV 프로그램	기타
합계	수입	16,602	13,724	439	356	49	304	284	1,446	–
	수출	5,691	3,880	36	8	187	–	–	1,561	19
미국	수입	5,284	4,549	22	284	9	40	95	285	
	수출	1,147	244	–	5	139	–	–	759	–
영국	수입	2,429	1,770	26	35	3	10	–	585	–
	수출	178	176	–	–	–	–	–	2	–
일본	수입	1,766	1,620	53	4	3	23	1	62	
	수출	214	207	–	–	–	–	–	6	1
한국	수입	1,027	916	2	1	20	23	–	65	1
	수출	360	343	14	–	3	–	–	–	–
대만	수입	1,747	1,460	172	1	7	4	1	102	
	수출	1,395	1,236	–	–	10	–	–	148	1
홍콩	수입	877	424	127	4	1	156	142	23	
	수출	534	341	–	–	35	–	–	158	–
독일	수입	739	726	2	1	2	8	–	–	–
	수출	120	89	14	–	–	–	–	–	17
프랑스	수입	737	595	–	13	–	4	–	125	
	수출	121	120	–	–	–	–	–	1	–
싱가포르	수입	335	319	–	1	–	–	–	15	1
	수출	375	260	–	–	–	–	–	115	
캐나다	수입	111	104	7	–	–	–	–	–	–
	수출	86	31	1	–	–	–	–	54	
러시아	수입	58	57	–	1	–	–	–	–	
	수출	11	11	–	–	–	–	–	–	
마카오	수입	24	–	–	–	–	–	–	24	–
	수출	6	6	–	–	–	–	–	–	
기타	수입	1,468	1,184	28	11	4	36	45	160	
	수출	1,144	816	8	2	–	–	–	318	–

※출처: 2011년 China Social Statistical Yearbook pp.129~130 자료 재구성

〈2009년도 주요 국가 및 지역별 중국 판권(版权;Copyright) 수출입 현황〉 (단위: 건)

국가 (지역)	수출입	합계	도서	오디오	비디오	전자 출판물	소프트 웨어	영화	TV 프로그램	기타
합계	수입	13,793	12,914	262	124	86	249	2	155	1
	수출	4,205	3,103	77	–	34	–	1	988	2
미국	수입	4,709	4,533	37	67	8	55	–	8	1
	수출	299	267	–	–	1	–	–	30	1
영국	수입	1,875	1,847	6	5	–	1	–	16	–
	수출	241	220	20	–	–	–	–	1	–
대만	수입	1,573	1,444	104	13	5	6	–	1	–
	수출	737	680	25	–	–	–	–	57	1
일본	수입	1,306	1,261	27	5	4	5	–	4	–
	수출	119	101	7	–	–	–	–	1	–
한국	수입	832	799	6	–	10	17	–	–	–
	수출	267	253	7	–	7	–	–	–	–
독일	수입	711	693	5	2	2	8	–	1	–
	수출	180	173	7	–	–	–	–	–	–
홍콩	수입	500	398	50	19	23	5	–	5	–
	수출	370	219	1	–	5	–	–	145	–
프랑스	수입	421	414	141	3	3	114	20	32	–
	수출	26	26	–	2	2	1	–	2	–
싱가포르	수입	395	342	1	–	6	44	–	2	–
	수출	87	60	–	–	–	–	–	27	–
러시아	수입	82	58	–	2	11	11	–	–	–
	수출	81	54	–	–	–	–	1	26	–
캐나다	수입	80	73	7	–	–	–	–	–	–
	수출	13	10	–	–	–	–	–	3	–
마카오	수입	–	–	–	–	–	–	–	–	–
	수출	10	10	–	–	–	–	–	–	–
기타	수입	1,309	1,052	19	9	15	96	2	116	–
	수출	1,775	1,030	25	–	21	–	–	698	1

※출처: 2010년 China Social Statistical Yearbook pp.161~162 자료 재구성

〈2008년도 주요 국가 및 지역별 중국 판권(版权;Copyright) 수출입 현황〉 (단위: 건)

국가(지역)	수출입	합계	도서	오디오	비디오	전자출판물	소프트웨어	영화	TV프로그램	기타
합계	수입	16,969	15,776	251	153	117	362	–	2	308
	수출	2,455	2,440	8	3	1	3	–	–	–
대만	수입	6,106	6,040	50	2	11	3	–	–	–
	수출	603	603	–	–	–	–	–	–	1
미국	수입	4,151	4,011	15	26	1	79	–	–	1
	수출	126	122	1	2	1	–	–	–	–
영국	수입	1,799	1,754	28	3	–	14	–	–	–
	수출	45	45	–	–	–	–	–	–	–
일본	수입	1,237	1,134	60	10	10	20	–	–	3
	수출	58	56	–	–	–	2	–	–	–
한국	수입	811	755	20	3	25	8	–	–	–
	수출	303	303	–	–	–	–	–	–	–
독일	수입	611	600	2	2	1	6	–	–	–
	수출	96	96	–	–	–	–	–	–	–
홍콩	수입	492	195	43	77	6	171	–	–	–
	수출	299	297	2	–	–	–	–	–	–
프랑스	수입	477	433	2	14	26	2	–	–	–
	수출	64	64	–	–	–	–	–	–	–
싱가포르	수입	296	292	–	–	3	1	–	–	–
	수출	127	127	–	–	–	–	–	–	–
캐나다	수입	76	59	10	3	–	4	–	–	–
	수출	29	29	–	–	–	–	–	–	–
러시아	수입	56	49	–	2	4	1	–	–	–
	수출	116	115	–	1	–	–	–	–	–
마카오	수입	11	4	6	1	–	–	–	–	–
	수출	47	47	–	–	–	–	–	–	–
기타	수입	846	450	15	10	12	53	–	2	304
	수출	542	536	5	–	–	1	–	–	–

※출처: 2009년 China Statistical Yearbook of the Tertiary Industry p.476 자료 재구성

그런데 2008년부터 2012년까지 최근 5년 동안 중국의 판권(Copyright) 대(対) 한국 수출입 현황을 분석해보면 중국의 총수입 81,592건 중 5,001건으로 6.1%를 차지하고 중국의 총수출 29,499건의 1,747건으로 총수출 전체의 5.9%를 차지하고 있으나, 수출입 항목의 대부분이 도서에 집중되어 있다.

〈최근 5년간 중국 판권(Copyright) 대(対) 한국 수출입 현황〉 (단위: 건)

연도	수출입	합계	도서	오디오	비디오	전자 출판물	소프트웨어	영화	TV 프로그램	기타
2012	수입	1,232	1,209	6	–	10	3	–	4	–
	수출	310	282	24	–	4	–	–	–	–
2011	수입	1,098	1,047	2	9	25	8	6	1	–
	수출	507	446	51	2	8	–	–	–	–
2010	수입	1,028	916	2	1	20	23	–	65	1
	수출	360	343	14	–	3	–	–	–	–
2009	수입	832	799	6	–	10	17	–	–	–
	수출	267	253	7	–	7	–	–	–	–
2008	수입	811	755	20	3	25	8	–	–	–
	수출	303	303	–	–	–	–	–	–	–
합계	수입	5,001	4,726	36	13	90	59	6	70	1
	수출	1,747	1,627	96	2	22	–	–	–	–

※출처: ① 2009, 2010, 2011, 2012, 2013년 China Statistical Yearbook of the Tertiary Industry p.476 자료 재구성

그리고 중국 판권(Copyright) 수출은 지난 5년간 281%나 증가했으나 수입은 2008년 16,969건에서 2012년 17,581건으로 3.6% 증가에 그쳤다.

다. 주요 정책

중국공산당 제17기 중앙위원회 제6차 전체회의(약칭: 제17기 6중전회/ 2011. 10. 15~10. 18 개최)에서 심의 결정된 '중공중앙의 사회주의 문화대발전·대번영을 촉진하는 문화체제개혁 심화에 관한 약간의 중대문제 결정'의 큰 영향을 받아 '신문출판업

12·5기간 해외진출 발전규획'과 '중국 신문출판업의 조속한 해외진출에 관한 약간의 의견' 등 후속 세부조치들이 계속 진행되어 왔다.

2011년 3월 19일 국무원은 '출판관리조례' 수정안을 의결·공포하고 '음상제품 관리조례' 개정과 함께 시행에 들어갔다. '출판관리조례' 수정의 주요 내용에는 인터넷 출판물과 인터넷 출판 단위를 출판 관리 대상의 범주에 포함시키고 외자(外資) 출판물 발행과 수입 등을 확대하는 내용들이 포함되어 있다.

2011년 3월과 4월에는 신문출판총서가 '출판물시장 관리규정'과 '정기구독자 예약구입 수입 출판물 관리규정' 및 '음상제품 수입관리규정'도 개정했는데 출판물 도매기업과 성내 출판물 체인 경영기업의 등기자금을 200만 위안에서 500만 위안으로 상향 조정하고 출판물 도매기업 경영장소의 면적을 500㎡에서 200㎡로 하향 조정하는 등 기업의 편의를 위한 규정개정을 단행했다.

그리고 지속적으로 출판기업들의 증시상장을 유도했는데 2012년까지 증시에 상장된 기업은 中文传媒, 大地传媒, 凤凰传媒, 长江传媒 등 32개 출판기업들이다.

민영도서업체들의 교육보조출판물 판권 혼란 등 시장질서를 바로 잡기 위하여 2011년 8월 16일 신문출판총서는 '초·중·고등학교의 보충교육자료 출판 발행 관리의 진일보 강화에 관한 통지'를 발표하면서 출판, 인쇄·복제, 발행, 품질, 가격, 시장 등 6개 분야에 대한 보충교육자료 출판 발행규범을 시행했다.

2012년 4월에는 국가발전개혁위원회, 신문출판총서, 교육부가 공동으로 '초·중·고등학교 교육보조자료 가격 관리감독에 관한 통지'를 하달하면서 2012년도 가을학기 개시 시 초·중·고등학교 학생들의 주요 교육보조자료에 대해 정부지도가격을 시행하는 데 일부 교육 보조자료 가격을 당시 시장가격에서 40~50%로 내리게 했다.

2012년 말 현재 국가 신문출판 산업기지가 15곳에 있고 디지털 출판기지도 9곳이 있다. 15개의 국가 신문출판 산업기지에서 777.2억 위안의 영업수입을 거두고 여기서 86.8억 위안(미화 약 13억 8,096만 달러)의 이윤을 냈으며 9개의 디지털 출판기지에서도 624.7억 위안(미화 약 99억 3,875만 달러)의 영업수입과 85.1억 위안의 이윤을 확보했는데 이러한 전문적이고 대규모 기지건설 정책들이 빛을 보고 있다.

또 '신문출판업 12·5기간 발전규획' 중 공공문화서비스 건설에 정부투자를 확대하고 '농가서옥(农家书屋) 공정'의 지속적인 발전을 꾀하여 왔는데 2012년도 상반기에는 전국적으로 농가서옥 9만여 채를 건설했다.

'전민(全民) 독서공정'으로 독서분위기를 고조시켜 '제9차 전국국민독서조사(全国国民阅读调查) 발표회'를 공포했는데 2011년 만 18~70세 국민의 각종 매체를 통한 종합적 독서율이 77.6%로 2010년보다 0.5%가 증가한 것으로 나타났다.

그리고 2012년 6월 28일에는 신문출판총서가 '민간자본 참여와 경영활동 지원에 관한 실시 세칙'을 발표하면서 민간자본의 출판시장 참여와 출판경영활동 지원 10개 항목 세부 내용을 제시하였고 2012년 12월 12일 전국 정보화 공작회의에서 신문출판총서는 '신문출판 정보화 12·5시기(十二五时期 : 2011~2015년) 발전규획'을 발표, 정보기술과 신문출판업의 심도 있는 융합을 촉진하겠다고 하고 2015년 전에 중점적으로 '신문출판 전자정무 플랫폼'을 구축하겠다고 명확히 선언했다.

위에 적시하지 못한 각종 정책이 적지 않다. 앞에서 언급된 각종 시장 상황을 이해해주기를 바라면서 최근의 주요 정책 부분은 이것으로 갈음하고자 한다.

라. 맺는말

중국의 문화산업 발전에는 창의, 혁신, 창조, 강력한 경쟁력 등의 단어들이 적지 않게 등장한다. 출판산업 분야도 예외는 아니다.

11·5 규획 기간 중 중요 특징을 보면 체제개혁이 지속되었고 12·5 규획 기간 (2011~2015년)에도 개혁이 지속됨을 알 수 있다.

도서, 음상출판 단위 1,251개사가 기업형 경영체제로 전환했고 10만여 개사의 인쇄·복제 단위, 3000여 개의 국유신화서점도 기업형 경영체제로의 전환을 마쳤다.

11·5 규획 기간 중 각종 공정(工程,프로젝트)이 진행되었는데 ① 농가서옥 공정, ② 전민독서 공정, ③ 중점출판 공정, ④ 동풍(东风) 공정, ⑤ 문화환경보호 공정 등이 있다. 2005년부터 시작된 농가서옥(农家书屋) 공정에 118.56억 위안을 투자하여 600,449 개의 농가서옥 건립을 완료했는데 수억 명의 농민이 수혜를 입었다고 한다.

특히 '2012~2013 중국 출판업 발전보고'를 보면 지난 20여년 간 민영출판업이 웬만한 증가세를 보이는 가운데 신문출판산업에서 차지하는 비중이 계속 증가하고 있다고 평가했다. 동 보고에서는 2010년 말 기준으로 한 민영출판업의 구체적인 내용을 밝히고 있는데 131,380개의 출판기업 중 ① 국유기업(国有全资企业)이 14.8%인 19,446개사, ② 집단소유제 기업인 집체(集体)기업이 5.4%로 7,028개사인 데 비하여 민영기업은 76.1%인 100,023개사로 확인했다. 국유기업은 강세를 지속하지만 민영기업은 합작들을 모색하는 시장형국으로 특히 2012년에 와서는 인터넷 서점의 가격경쟁 속에 역효과가 나타나고 있어 할인가격이 보편화되었다고 전문가들은 지적한다. 따라서 2012년 항저우 시, 상하이 시 등은 민영 지상서점에 대한 지원책들을 공포, 시행했는데 항저우 시는 2012년 2월 22일 '민영서점의 건강한 발전 지원에 관한 임시규정(关于扶持民营书店健康发展的暂行办法)'을 발표·시행하고 같은 해 7월 23일에는 '민영서점 전용 지원자금 통지' 문서를 공포·시행하여 단독 설립 민영서점 전용 지원자금을 매년 300만 위안으로 하였다. 상하이 시 역시 2012년 2월 28일 서점건설 지원정책을 발표·시행하고 매년 1,500만 위안을 인터넷 발행서점 건설에 지원하는데 이 중 500만 위안은 실제 지상서점 건설에 지원토록 했다.

인터넷 서점의 영향으로 지상서점들의 판매가 줄어들고 이러한 현상은 2011년 들어 현저하게 나타났는데 2011년 소매판매액이 5.95% 증가한 후 2012년 들어 -1.05%로 마이너스 시대로 들어섰다.

뉴미디어의 발달로 기존 전통서점들이 어려움을 겪는 것은 비단 중국뿐만이 아니다.

중국의 출판산업 시장은 문화산업 분야에서 가장 규모가 큰 시장임이 틀림없어 보인다.

3. 애니메이션(动漫) 시장

중국은 애니메이션 상품의 범위를 ① 만화, ② 동화(动画), ③ 인터넷 애니메이션(动漫), ④ 애니메이션 무대극목(剧目: 프로그램), ⑤ 애니메이션 소프트웨어, ⑥ 애니메이션 파생상품 등 6가지로 분류하여 구분하고 있다.

중국의 애니메이션 시장 규모가 2005년의 500억 위안에서 지금은 1,000억 위안(미화 약 159억 달러)을 훨씬 초과하고 있고 그 잠재력 또한 커져, 세계 애니메이션계의 이목이 집중된다.

애니메이션 시장에 대한 설명을 하기 전에 가장 기초적이라고 할 수 있는 중국의 만화 출판 시장을 잠시 언급하는 것이 이 시장을 이해하는 데 도움이 될 것 같아 접근해보기로 한다. 우선 중국에서 일컫는 애니메이션, 즉 动漫이 동화(动画)와 만화(漫画)의 합성어라는 점을 기억하는 것이 좋다.

가. 만화 출판 시장

중국 만화(애니메이션 포함) 관련 출판물은 1993년 국내 처음으로 〈画书大王〉을 간행한 것을 그 출발점으로 보고 있다. 그러니까 20여 년의 역사밖에 되지 않는다. 그러나 당시 100여 종에 이르는 만화 관련 정기간행물들이 시장에 나오고 있었으나 다수가 정간 또는 휴간되거나 다른 업종 등으로 전환하는 수난기를 맞는다.

2005년 하반기부터 2006년 상반기 약 1년간 중국 만화업계에서 '중국 만화 간행물의 악몽기'라고 할 만큼 어려웠던 시기가 있었다. 당시 애니메이션 관련 간행물로 세계의 상업적인 만화 삽화와 구미의 만화 잡지 등을 소개해 왔던 유일한 잡지인 〈幻想〉마저도 정간되고 가공하지 않은 만화, 즉 원창(原創) 잡지로 특색 있었던 〈北京卡通〉이 대외합작 후에 정간하는 사태에 이른다. 이러한 정간 사례가 여기서 멈추지 않고 애니메이션 정보와 평론으로 독자들의 가장 많은 사랑을 받았던 〈新干线〉이 정간되고 소녀만화를 주요한 품격으로 삼았던 〈电漫〉마저도 휴간을 맞으면서, 외국만화에 의지해서 출로를 개척해 왔던 〈星漫〉과 〈小女版〉도 정간을 피할 수 없는 어려운 상황이 이어졌다.

그러나 어려운 시장 상황에 긴 터널을 빠져 나오는 데는 정부의 지원책이 중요한 역할을 했다. '국가 12·5시기 문화발전 요강' 발표 후 애니메이션 산업이 중국문화산업 중의 한 분야로 채택되면서 애니메이션 관련 잡지의 수량도 다시 급증하여 2010년 말에는 무려 50여 종에 이르게 되었다.

판매액에서 보면 베이징, 상하이, 광저우, 항저우 등 경제적으로 우위에 있는 4대 도시에서 〈幽默大师〉(격주간지), 〈漫画世界〉(주간지), 〈漫画派对〉(월간지), 〈小公主〉(월간지), 〈米老鼠〉(격주간지) 등 9종의 잡지가 전체 판매액에서 33.4%를 차지했다. 2012년도에 와서는 주간잡지인 〈知音漫客〉이 수위를 차지하고 있다. 2006년에 창간한 이 만화잡지는 월간 650만 책을 발간하는 대단한 성장을 했다.

이후에 만화간행물 기업들이 집단화되면서 〈漫友〉(순간지), 〈漫画世界〉, 〈乌龙院〉(반월간) 등 3개 잡지가 4대 도시(베이징, 상하이, 광저우, 항저우) 전체 시장 판매지수에서 25.45%를 점하면서 인기 상승세를 탔다.

그리고 간행물의 출판도 전통 매체인 신문, 잡지, 도서, 라디오 방송, 텔레비전 방송, 영화, 음반·영상 제품에 국한되지 않고 소리, 상(像), 글 등의 새로운 부호의 인터넷, 무선 등을 이용하는 상황으로 확산되어 갔다.

2009년도 애니메이션 출판물 시장 규모가 1억 7천만 위안이었고 2012년에는 약 8억 5천만 위안으로 추산된다. 이러한 잡지들의 주요 수입원이 되는 도시가 ① 베이징, ② 상하이, ③ 광저우, ④ 선전, ⑤ 난징, ⑥ 항저우, ⑦ 칭다오, ⑧ 선양, ⑨ 우한, ⑩ 청두 등 전국 10대 대도시다. 잡지들은 매기期에 30~40만 책册을 발행하고 있는데 일본의 매기 발행 288만 책과는 아직 거리가 있어 보인다.

그러나 2009년부터 중국 만화가 국제화에 힘이 실리면서 중국의 저명 만화가 딩빙丁冰은 광저우 만화공작실에서 일본으로 반 년간의 창작 연수를 떠나고 2010년 7월 14일에는 후난 天闻动漫유한공사와 일본의 角川集团 중국유한공사 합자로 '广州天闻角川

动漫'라는 새로운 회사를 설립했다.

2010년 9월 3일 중국 톈진의 선제神界만화공사와 일본의 가켄샤学研社와 만화 〈삼국 연의〉의 일본어판 판권계약을 체결하고 2011년 4월 8일에는 상하이 디즈니랜드를 개 관하는 등 국제화의 길에 나선다. 여기서 주목해야 할 것은 톈진의 선제 만화유한공사 는 1995년에 창립된 회사인데 콘텐츠 제작을 핵심으로 한 전통적인 출판과 뉴미디어와 의 융합으로 원창(原創) 만화콘텐츠 창작과 디지털화한 창작, 이론연구, 인터넷 사이트 정보 플랫폼 구축 등의 일을 하면서 중요한 상품을 생산하고 있는 기업이라는 것이다. 이 회사는 2007년도부터 2008년도와 2009년도부터 2010년도 연속 '국가문화수출 중 점기업'으로 선정된 중국 만화 창작 기업의 보배이다.

〈2009년 애니메이션(动漫) 잡지 지역 분포 현황〉

지역	잡지 종류	점유율 (%)	지역	잡지 종류	점유율 (%)	지역	잡지 종류	점유율 (%)
베이징	32	49.23	후베이 성	1	1.54	광둥 성	7	10.77
톈진	2	3.08	후난 성	1	1.54	랴오닝 성	1	1.54
상하이	4	6.15	네이멍 자치구	1	1.54	지린 성	6	9.23
장쑤 성	1	1.54	광시 자치구	2	3.08	안후이 성	1	1.54
저장 성	1	1.54	충칭 시	1	1.54	윈난 성	1	1.54
허난 성	1	1.54	쓰촨 성	1	1.54	간쑤 성	1	1.54

※출처: 2010 中国动漫出版产业研究报告 자료 재정리

중국 전역 중 18개 직할시, 자치구, 성에서 만화잡지 출판이 이루어지고 있다. 이 지역 에서 총 65종의 잡지가 출판되고 있다. 한편 ① 허베이 성, ② 푸젠 성, ③ 산둥 성, ④ 구 이저우 성, ⑤ 하이난 성, ⑥ 헤이룽장 성, ⑦ 장시 성, ⑧ 산시(山西) 성, ⑨ 시짱자치구, ⑩ 산시(陝西) 성, ⑪ 칭하이 성, ⑫ 닝샤자치구, ⑬ 신장위구르자치구 등 13개 성과 자치 구에서는 만화 관련 출판되는 잡지가 전혀 없다. 그런데 2011년에는 만화창작 산업 시 스템이 비교적 빠르게 개선되는 움직임을 보인다. 만화가들은 작업실에 홀로 앉아 한 발자국씩 보다 과도한 공작실 작업들을 이루어냈고 전문 창작사들도 기업화로 변화를 거듭 모색해 왔다. 이런 상황의 중심에 있는 것이 神界만화, 夏天岛, 잠수공작실, 漫唐 唐, 小樱桃, 盒子애니메이션사 등이다.

2011년의 만화 시장에는 Mook지 형태의 만화도 등장했고 잡지의 종류도 60종 전후가 되었다. 2009년부터 이 수량은 크게 변화가 없다. 만화 잡지의 내용 측면에서 보면 중국식 작품이 85%, 일본식 작품이 15%의 시장을 점유했다. 출판물 발행 총 정가액도 24.5억 위안에 이른다.

만화 시장을 장악하고 있는 4대 도시인 베이징, 상하이, 광저우, 항저우에서는 〈漫画世界〉(주간지), 〈幽默大師〉(격주간지)라는 양대 잡지가 계속해서 상위권을 유지하고 있고, 2011년 만화도서 발행규모도 1억 1천만 책에 이르게 되었다. 중국 내 유명한 인터넷 판매 사이트 当当网(dangdang.com)의 2011년 12월 통계에서는 애니메이션 분야와 유머류 도서가 10,334종으로 전년도보다 1,256종이 늘어난 것으로 지적하고 있다. 2012년도는 인터넷 웹사이트 유머류 애니메이션 도서가 12,067종이 판매된 것으로 알려져 있다.

그리고 중국 CNNIC 제28차 중국 인터넷 발전상황 보고를 인용한 '중국 애니메이션 산업 발전보고(2012)'에서는 전국에 애니메이션 애호가가 약 1.6억 명으로 이 중 54.3%가 휴대폰 애니메이션에 흥미를 느끼는 것으로 조사되었고, 58%는 매월 5위안의 사용료 지불이 적당하다고 생각하고 있는 것으로 나타나고 있다. 중국의 네티즌 수는 계속 증가하고 있어 인터넷 애니메이션 수입도 지속적으로 증가할 수밖에 없을 것으로 보인다.

한편 대체적으로 애니메이션 상품을 접하는 연령층이 유아(3~7세), 아동(5~9세), 소년(9~12세), 청소년(12~18세), 준성인(16~24세) 등으로 구분되는데, 이 인구가 2억 명을 훨씬 상회하는 것으로 나타나 중국의 만화간행물 시장이 좋은 조건을 갖추고 있음을 알 수 있다.

중국의 만화 시장이 지속적으로 확대되면서 유명한 만화작가들이 탄생하고 있고 이들의 연간 인세수입도 상당하여 부를 누리고 있다.

〈2012년 중국 만화작가 부호 상위 15위 현황〉

순위	작가명	인세액(만 위안)	순위	작가명	인세액(만 위안)
1	周洪滨	1,815	9	幾 米	280
2	朱 斌	1,300	10	夏 达	180
3	朱德庸	710	11	十九番	170
4	敖幼祥	700	12	王 鹏	160
5	穆逢春	680	13	颜 开	146
6	猫小乐	480	14	口袋巧克力	125
7	魔 王S	315	15	寂 地	120
8	阿 桂	300	소계		7,481

※출처: 中国动漫产业发展报告(2013) p.79 자료 재정리

1위를 차지하고 있는 저우홍빈周洪滨의 경우 2012년도에 인세 수입이 1,815만 위안(미화 약 2,887,500달러)에 이르고 있다.

상기 만화 작가 중 스주판十九番은 푸젠 성, 왕펑王鵬은 톈진에서, 커우다이초콜릿口袋巧克力은 저장 성에서, 지디寂地는 청두에서 활동해온 작가들이다.

'中国动漫产业发展报告'에서도 자국 애니메이션 발전을 위한 여러 가지 문제점을 지적하고 있다. 예를 들어 애니메이션을 중시하고 만화를 경시함으로써 중국 국내 애니메이션 기업자금의 95%가 동화(动画)에 치우치게 되어 만화산업 발전에 상대적으로 열악한 현상을 초래한다고 지적한다. 그 다음은 만화인재 육성의 미흡을 지적하고 있는데, 이런 문제점은 중국 특성상 12·5 규획 기간(2011~2015년)에는 상당한 수준으로 개선될 수 있는 제반 여건을 갖추고 있다고 봐야 한다.

2012년 최근의 중국 만화 시장을 보면 전국 580개 출판사 중 255개 출판사가 만화 출판에 관여하고 있다. ① 人民邮电, ② 新世界, ③ 中国致公, ④ 连环画, ⑤ 헤이룽장 미술 ⑥ 안후이 소년아동, ⑦ 21세기, ⑧ 清华大学, ⑨ 상하이 人民美术, ⑩ 中国水利水电 등 10대 출판사들의 출판 수량이 전체 만화책 수량의 38.2%를 점하고 있고 지역적으로는 ① 베이징, ② 광저우, ③ 상하이, ④ 난징, ⑤ 창춘 등 5대 지역 출판량이 만화책 전체 출판량의 66.4%에 이르고 있는 것으로 조사되었다. 전체적으로 만화에 대한 관심이 커지고 있다는 이야기이다.

다음은 중국시장에서 자태를 뽐내고 있는 TV 방송용과 극장 상영용의 만화영화에 대하여 접근해 보기로 한다.

나. TV 방송 및 극장상영 만화영화

1) 생성 과정

중국에 애니메이션(만화영화)이 등장한 배경은 万氏형제(万古蟾 등 4명)들이 1920년 상하이 극장에서 미국 애니메이션 〈大力水手: 힘 센 선원〉과 〈勃比小姐: 뽀삐 소녀〉를 보고 이에 착안하여 1926년 처음으로 〈大闹画室: 시끄러운 화실〉이라는 12분짜리 만화영화 제작에 성공을 거두면서부터 시작되었다. 1831년 프랑스 Joseph Antoine Platean가 원반 위에 놓여 있는 그림 순서에 따라 활동하는 그림효과 관찰에서 시작되어 1906년 미국의 J. Steward가 제작한 현대적 개념의 영상물인 〈Houmoious Phase of a Funny Face〉를 거쳐 1908년 프랑스의 Emile Cohl이 처음으로 사진의 원판을 이용한 애니메이션 제작 방법을 창안했고, 다시 1909년 미국의 Winsor Mccay가 1만 장의 그림을 한 단락의 만화영화로 표현한 것이 세계 최초의 애니메이션 단편 영화 생산이었다. 이후 중국에서 애니메이션이 탄생하기까지 17년의 세월이 걸렸다.

중국은 1928년에 〈一封奇回的信〉을 창작하고 관객들의 호응을 받으면서 1935년에는 万氏형제들이 유성 만화영화 〈骆驼献舞〉를 만들고 다시 1941년에 〈铁羽公主〉를 제작·생산했는데, 그 후 1960년부터 1987년까지 애니메이션(만화영화)에 대해 별다른 기술적 변화는 없었다.

1988년에는 '중국 드라마 제작센터'가 컴퓨터로 제작한 〈十龙贺春〉이라는 만화영화가 등장한다. 1994년에는 난징(南京)에서 대만 자본의 鸿鹰만화공사가 컬러작품 제작이 가능한 컴퓨터 소프트웨어를 수입하여 작품 제작을 하는 등 투자와 노력으로 만화영화 제작이 점점 발전했다.

1997년부터 1998년까지 2년에 걸쳐 중앙텔레비전 방송국에서 辉煌火炬 만화공사가 〈서유기〉를 완성하고 1998년 이후에는 만화영화 제작사가 출현했는데 본격적인 만화영화 제작은 2005년 이후부터 이루어졌다. 1993년부터 2002년까지 약 10년 동안 중국 만화영화 생산량이 34,000분(分)으로 연간 생산량이 3,400분(56.6시간)에 불과한 사실이 이를 증명해 준다.

그런데 이러한 중국의 국내 만화영화 시장에 가장 강력하게 영향을 끼친 나라가 일본이고 그 다음은 미국이다.

중국 내 애니메이션이 얼마나 만들어지고 있는지를 살펴보자.

2) 제작 · 생산

중국은 2012년 214개 제작사가 제작한 395편 222,938분(分)의 TV 방송용 만화영화인 애니메이션 작품을 발행하도록 허가했다. 그러나 전국의 310개 제작사들이 제작 · 생산하겠다고 등록 · 신청한 양은 이보다 훨씬 많은 580편 470,721분(分)이었다.

등록 · 신청된 양보다 실제 정부가 발행을 허가한 양은 185편 247,783분이 줄었다. 편수는 32%, 시간량은 52.6%가 각각 줄었다. 그만큼 질적 향상을 기하고 있다고 봐야 할 것이다. 또한 애니메이션 제작 · 생산도 장쑤, 광둥, 저장, 후난, 랴오닝, 푸젠, 베이징, 안후이, 상하이, CCTV 등 10대 성 · 시 및 CCTV가 전체의 90% 이상을 차지한다.

그리고 극장 상영을 위주로 제작하는 만화영화도 총 80편을 제작 · 생산하겠다고 등록 · 신청했는데 실제 정부로부터 허가를 받아 발행된 만화영화는 고작 24편이다. 이렇게 등록 · 신청량이 대폭 줄어 발행허가증을 수령한 애니메이션들이 TV 채널과 극장에서 관객과 만나게 된다.

여기서 우선 애니메이션 시장의 주된 기능을 담당하고 있는 TV로 방송되는 애니메이션을 파악해 보고 그 다음에 극장에서 상영되는 애니메이션을 알아보기로 한다.

〈2004~2012년 TV 방송 애니메이션 제작 · 생산 등록 · 신청량〉

구분 / 연도	2004	2005	2006	2007	2008	2009	2010	2011	2012
편 수	158	403	410	339	384	460	601	566	580
시간량(분)	155,520	575,718	413,366	305,510	322,926	428,879	595,299	491,814	470,721

※출처: 中国动漫产业发展报告(2011 및 2012) 자료 재구성

〈2004~2012년 TV 방송 애니메이션 실제 생산량(허가증 취득)〉

구분 / 연도	2004	2005	2006	2007	2008	2009	2010	2011	2012
편 수	29	83	124	186	249	322	385	435	395
시간량(분)	21,819	42,759	82,326	101,900	131,042	171,816	220,530	261,224	222,938

※출처: 中国动漫产业发展报告(2012) 및 2012年 国民经济和社会发展统计公报 자료 재구성

중국 애니메이션 산업을 건실하게 발전시키려는 목표로 시장질서를 확립하였고, 주된 시청자가 아동·청소년인 특성을 고려하여 철저한 작품 검증 등이 이루어지며, 애니메이션 제작·생산을 통해 실제로 발행허가증을 취득한 숫자는 확 줄어들었다.

신청 시간량(分)과 실제 생산된 시간량(分)을 대비하면 2004년 14.0%, 2005년 7.4%, 2006년 19.9%, 2007년 33.3%, 2008년 40.5%, 2009년 40.00%, 2010년 37.0%, 2011년 53.1%, 2012년 47.3%만 각각 허가를 받았고, 애니메이션 제작·생산 시장이 어느 정도 정착되는 추세를 보인다.

초기인 1997년 5편 991분, 1998년 11편 2,430분, 1999년 13편 4,121분, 2000년 14편 4,689분이었던 발행허가증을 취득한 제작·생산량에 비하면 지금은 적어도 수량 측면에서는 많이 늘어난 셈이다.

그런데 애니메이션 작품을 제작·생산한 것 중 국가가 지정한 애니메이션 산업기지에서 제작하고 생산한 작품이 전체 생산량(분)의 70% 이상을 차지하였다. 그러나 2012년도에는 국가가 지정한 애니메이션 산업기지에서 생산한 작품이 210편 123,715분(분)으로 연간 총생산량의 55.5%로, 쏠림 현상의 비중이 다소 내려갔다.

〈최근 5년간 국가 지정 애니메이션 산업기지 국산 TV 방송 애니메이션 제작·생산량〉

구분 / 연도			2008	2009	2010	2011	2012
총생산량	편 수		249	322	385	435	395
	제작·생산량(분)		131,042	171,816	220,529	261,224	222,938
국가 지정 기지 생산량	편 수	편 수	184	221	269	276	210
		비율(%)	73.9	68.6	69.8	63.4	53.2
	제작·생산량 (분)	양(분)	102,047	131,325	172,689	190,290	123,715
		비율(%)	77.9	76.4	78.3	72.8	55.5

※출처: 中国动漫产业发展报告(2011 및 2012, 2013) 자료 재구성

전체적인 분위기는 매년 국가지정 애니메이션 산업기지에서 제작·생산되는 비중이 조금씩 줄어들고 있는데 이는 시장의 다변화로 나타나고 있는 것으로 분석된다.

특히 몇몇 국가 지정 애니메이션 산업기지가 중국 국산 애니메이션 제작·생산량의 선두를 고수하고 있는데 다음 표를 보면 이해가 빠를 것이다.

〈2008~2012년 국가 애니메이션 산업기지 TV 방송용 애니메이션 제작생산 상위 5개 기지 현황〉

구분 / 연도		2008	2009	2010	2011	2012
1위	기지명	杭州高新技术研发动画产业区	좌동	좌동	좌동	南方动画节目联合制作中心
	생산량	24편 16,886분	35편 27,409분	38편 32,996분	38편 32,581분	29편 20,471분
2위	기지명	湖南金鹰卡通基地	无锡国家动画产业基地	좌동	深圳市动画制作中心	苏州工业园区动漫产业园
	생산량	22편 16,129분	26편 19,214분	38편 29,410분	24편 23,683분	31편 16,945분
3위	기지명	南方动画节目联合制作中心	좌동	沈阳高新技术产业区动漫产业园	좌동	福州动漫产业基地
	생산량	20편 11,015분	26편 16,445분	27편 25,261분	31편 20,157분	27편 14,866분
4위	기지명	좌동	沈阳高新技术产业区动漫产业园	深圳市动画制作中心	无锡国家动画产业基地	深圳市动画制作中心
	생산량	15편 9,910분	13편 10,366분	29편 16,393분	19편 19,243분	18편 11,957분
5위	기지명	CCTV中国国际电视总公司	苏州工业园区动漫产业园	南方动画节目联合制作中心	좌동	无锡国家动画产业基地
	생산량	17편 9,412분	13편 9,801분	24편 13,794분	30편 18,449분	14편 10,346분

※출처: 中国动漫产业发展报告(2011 및 2012, 2013) 자료 재구성

중국공상총국(中国工商总局)의 2008년도 기업 등기 정보를 인용한 '中国动漫产业发展报告(2012)'에서는 중국의 애니메이션 기업 중에 개인기업(私营企业) 자본 규모가 11,137,593,400위안이며, 공유제(公有制) 기업 등기 자산 규모는 4,024,134,400위안, 외자(独资·合资·合作)기업은 114,003,100위안, 홍콩·대만·마카오 기업(독자·합자·합작기업) 등기자산 규모는 82,516,100위안으로 밝히고 있어 민영자본이 대단한 활기를 띠고 있는 것으로 파악된다.

다시 여기서 중국의 애니메이션 지역별 TV 방송국과 CCTV 및 소속기구들의 제작·생산량을 살펴보겠다.

〈성별(省別) 2010~2011년 TV 방송용 애니메이션 제작·생산량 비교〉

省別 연도	장쑤 성		저장 성		광둥 성		랴오닝 성		CCTV 및 소속	
	편수	길이	편수	길이	편수	길이	편수	길이	편수	길이
2010	88	52,309	60	45,075	54	30,660	29	25,707	22	10,015
2011	68	45,913	71	47,545	55	42,164	39	28,367	13	9,964

省別 연도	베이징 시		푸젠 성		허난 성		안후이 성		충칭 시	
	편수	길이	편수	길이	편수	길이	편수	길이	편수	길이
2010	17	8,699	20	7,632	13	6,280	17	6,037	12	4,805
2011	20	11,168	46	26,079	10	6,188	21	7,729	7	3,340

省別 연도	후난 성		산둥 성		톈진 시		네이멍자치구		헤이룽장 성	
	편수	길이	편수	길이	편수	길이	편수	길이	편수	길이
2010	12	4,543	10	4,395	7	3,338	3	2,893	4	2,687
2011	6	5,268	1	572	8	4,100	3	1,936	9	5,325

省別 연도	후베이 성		상하이 시		쓰촨 성		허베이 성		지린 성	
	편수	길이	편수	길이	편수	길이	편수	길이	편수	길이
2010	6	2,216	5	1,269	2	858	2	628	1	143
2011	10	3,758	26	4,303	–	–	6	2,045	4	741

省別 연도	윈난 성		산시(陝西) 성		중앙직속기구		장시 성		계	
	편수	길이	편수	길이	편수	길이	편수	길이	편수	길이
2010	1	140	–	–	–	–	–	–	385	220,529
2011	1	140	3	1,856	3	993	5	2,730	435	261,224

※출처: 中国动漫产业发展报告(2011 및 2012) 자료 재구성
※주: '길이'의 단위는 분(分)임.

상기 표에서 나타나듯이 대체적으로 경제가 비교적 발달한 지역에서 상당히 경쟁력 있
는 상품을 제작·생산하는 것을 알 수 있다.

2012년도의 TV 방송용 애니메이션 생산 상위 10위권도 역시 2011년도와 비슷하게 나
타나고 있다.

〈2012년도 성별(省別) TV 방송용 애니메이션 상위 10위 현황〉

순위	성·시(省·市)	편수	길이(分)	순위	성·시(省·市)	편수	길이(分)
1	광둥	57	48,542	6	베이징 시	23	9,952
2	장쑤	85	47,923	7	허난	14	8,995
3	저장	46	26,375	8	랴오닝	12	7,227
4	푸젠	44	23,464	9	네이멍구	4	4,930
5	안후이	39	18,585	10	톈진 시	8	4,576
					누계	332	200,569

※출처: 中国广播电影电视发展报告(2013) p.73

상기 표에 의하면 2012년도 TV 방송용 애니메이션 제작·생산량에서 연간 총제작·생산량의 편 수는 84%, 분량(分量)은 90%를 상기 10개의 성·직할시·자치구에서 제공하고 있음을 알 수 있다.

총 25개 성·자치구·직할시 중 상기 10개 지역을 제외하면 11번째 상하이 시 11편 3,824분, 12번째 후베이 11편 3,369분, 13번째 산둥 8편 3,006분, 14번째 충칭 시 4편 2,398분, 15번째 장시 6편 1,641분, 16번째 CCTV 4편 1,633분, 17번째 지린 3편 1,572분, 18번째 후난 3편 902분, 19번째 산시(陝西) 4편 901분, 20번째 헤이룽장 2편 850분, 21번째 허베이 2편 654분, 22번째 닝샤 2편 639분, 23번째 쓰촨 1편 520분, 24번째 윈난 1편 364분, 25번째 산시(山西) 1편 96분으로 나타나 있다.

여기서 '중국 산업경쟁력 보고(2012)'를 들여다보면 수출 측면에서 산업의 국제경쟁력 순위 상위 5위가 ① 광둥 성, ② 장쑤 성, ③ 저장 성, ④ 상하이 시, ⑤ 산둥 성으로 2011년 수출 비중을 봐도 광둥 성은 전체 수출액의 29.607%, 장쑤 성은 17.837%, 저장 성은 12.735%, 상하이 시 10.981%, 산둥 성 6.911%를 점하고 있어, 이들 지역 경제가 중국에서 가지는 경쟁력을 짐작할 수 있다.

전국적으로 22개성, 5개 자치구, 4개 직할시 중 2010년에 21개 성, 자치구 및 직할시에서만 2011년에는 23개 싱·자치구, 직할시에서만 국산 TV 애니메이션을 제작·생산했다. 다시 말하면 ① 구이저우 성, ② 티벳(西藏) 자치구, ③ 간쑤 성, ④ 칭하이 성, ⑤ 닝샤 자치구, ⑥ 신장위구르자치구, ⑦ 광시 쫭족 자치구, ⑧ 산시(山西) 성 등 비교적 덜 발전된 지역에서의 TV용 애니메이션 제작·생산량이 없다. 그러나 2012년도에는 생산 지역이 총 25개 성·자치구·직할시로 다시 늘어난다.

다시 여기서 TV 방송 애니메이션 등록·신청 현황과 소재별 점유율을 살펴본다.

〈2007~2011년 TV 방송용 애니메이션 제작 등록신청 및 소재별 현황〉 (단위: %)

연도 / 소재별	동화(童话)	교육	현실	역사	신화	공상과학	기타
2007	23.00	24.00	14.00	8.00	11.00	8.30	11.20
2008	24.00	26.00	11.00	8.00	7.00	14.00	11.00
2009	31.74	28.26	11.00	9.10	6.74	6.74	6.74
2010	35.3	23.6	6.2	8.5	9.0	5.5	12.0
2011	41.0	25.0	7.0	7.0	7.0	8.0	5.0

※출처: 中国动漫产业发展报告(2011 및 2012) 자료 재구성

TV를 보면서 애니메이션을 즐기는 부류가 대부분 아동·청소년이라는 점에 초점이 맞춰져, 갈수록 동화(童话)와 교육을 소재로 한 TV용 애니메이션이 늘어나 60%에 접근하고 있음을 알 수 있다.

다음은 주로 극장에서 상영하는 만화영화 제작·생산을 찾아보기로 한다.
극장에서 상영하고자 제작·생산하는 만화영화도 TV 방송용으로 제작·생산하는 애니메이션과 마찬가지로 배급을 하려면 정부의 비준을 받아야 하는데, 2011년도 등록·신청 편수는 80편이었으나 실제 허가증을 받은 작품은 24편에 불과했다. 그만큼 양질의 작품 생산이 어렵다는 것이다.

〈2007~2012년 극장용 만화영화 등록·신청 대 발행허가 수량 대비표〉 (단위: 편)

구분 / 연도	2007	2008	2009	2010	2011	2012
등록·신청 수	–	31	61	85	80	70
발행허가증취득	6	16	27	16	24	33

※출처: 中国动漫产业发展报告(2011 및 2012, 2013)

그런데 투자에 위험이 많이 따르는 만화영화 제작·생산에 중국의 관련 업체들은 대부분 독자적 제작·생산보다는 합작 형식으로 제작·생산하는 데 특별한 호감을 갖는다. 2006년 이후 매년 영화관에서 상영된 만화영화에서 그 특징이 드러난다.

〈2006~2011년 극장상영 국산 만화영화 극장 상영 실태〉

연도	2006	2007	2008	2009	2010	2011
연간 극장상영 총편수	2	6	5	10	12	14
독자제작 편수	2	5	4	2	7	3
합작제작 편수	–	1	1	8	5	11

※출처: 中国动漫产业发展报告(2012) p.27 자료 재정리

2009년도에 상영하였던 국산 만화영화 〈阿童木〉의 경우 意马국제공사와 베이징 光线影业有限책임공사가 제작ㆍ생산했는데 4.4억 위안을 투자하여 표를 팔아서 수입으로 보전한 금액은 겨우 1.2억 위안으로 27%에 불과하여 심각한 손실을 보았다.

'中国广播电影电视发展报告(2012)' 16페이지에는 중국의 TV 방송기관이 방송하고 있는 애니메이션의 95%가 일본 상품으로, 이는 중국 동화(动画)산업 발전에 심각한 제약이 될 뿐 아니라, 청소년들의 건강한 성장에도 큰 영향을 초래한다고 지적한다.

애니메이션 산업의 이윤 중 약 70%가 파생상품에서 발생할 수밖에 없는 상황을 정확하게 인식할 필요가 있다.

TV에서 방송하는 만화영화 제작비가 1분당 3,000~8,000위안 소요되는 데 비하여 극장에서 상영하는 만화영화 제작비는 이보다 많은 1분당 10,000위안이 소요되고 중점작품은 1분당 15,000~18,000위안이 소요된다고 한다. TV에 방송되는 만화영화는 평균적으로 1회에 25분품(分品)인데 1편 제작비가 650~700만 위안 내지 1,000만 위안이 들어간다는 것이 업계의 전언이다.

다. 시장 실태

중국 문화부가 발표한 최초의 중국 애니메이션 산업 전문조사에 의하면 2010년도 중국의 애니메이션 총생산액은 470.84억 위안(미화 약 71억 948만 달러)으로 2009년보다 27.8%가 늘어났고 동 산업의 발전 전망도 훌륭하다고 했다.

그러나 2011년 말에는 621.72억 위안으로 32%가 증가했고 2012년 말에는 다시 22.23%가 늘어난 759.94억 위안에 이르렀다. 이러한 애니메이션 산업시장 규모의 증가는 중국 네티즌 수의 증가와도 무관치 않다.

중국의 애니메이션 시장을 보다 깊이 이해하고자 2012년 12월 31일 현재 기준으로 애니메이션 기업 현상을 설명한다. 2012년 말, 중국에는 519개의 애니메이션 기업이 있고, 여기에 31,195명의 인력이 일하고 있는데 이 기업들의 자산 총액이 14,907,394,000 위안(미화 약 23억 7,172만 달러)이라고 관련 자료에서 밝혔다. 부채는 5,386,915,000 위안(미화 약 8억 5,704만 달러)이고 영업수입은 부채보다 많은 5,475,554,000위안(미화 약 8억 7,114만 달러)이다. 영업수입 중 중국이 자체 연구개발한 애니메이션 상품 수입이 영업수입 전체의 45.34%인 2,482,943,000위안(미화 약 3억 9,503만 달러)에 이른다.

비용 측면에서 보면 애니메이션 상품 연구개발비로 703,829,000위안(미화 약 1억 1,198만 달러)을 투자했으며, 영업 외 수입으로 362,343,000위안(미화 약 5,765만 달러)의 정부보조금을 지원받았다. 2012년도 이들 519개 기업들은 창작 만화작품 13,451부와 창작 동화작품 2,471부를 제작했다. 또 모바일 애니메이션을 포함하여 인터넷으로 다운로드를 1,414,557,905회 받은 것으로 조사되었고 애니메이션(动漫) 무대극 연출도 1,205회에 이르고 있어 이 기업들의 활동이 상당하다.

그러면 이들 519개의 기업들이 어떤 유형의 기업들인지, 그리고 당국에 등록할 때 어떤 기업으로 등록하고 있는지를 알아보고 기업 유형별 기업체 수와 소속된 인력 수를 파악해 보자.

〈중국 애니메이션(动漫) 기업 현황〉

구분 / 연도		2012년		2011년	
		기업 수	근무인력 수	기업 수	근무인력 수
합계		519	31,195	297	20,010
기업유형	만화(漫画)창작기업	59	2,512	32	2,499
	동화(动画)창작, 제작기업	365	22,714	223	15,539
	인터넷 애니메이션(动漫/모바일 애니메이션 포함)기업	27	2,885	16	719
	애니메이션(动漫) 무대 프로그램 창작연출 기업	4	95	1	87
	애니메이션(动漫) 소프트웨어 개발 기업	29	1,313	10	599
	애니메이션(动漫) 파생상품 연구개발설계 기업	35	1,676	15	567
기업등록유형	합계	519	31,195	297	20,010
	내자(内资) 기업	514	30,728	295	19,448
	홍콩 · 마카오 · 대만 투자기업	2	384	1	265
	외국상사(外商) 투자기업	3	77	1	297

※출처: 中国文化文物统计年鉴(2012) 및 (2013) 자료 재구성
※주(注): 상기 애니메이션(动漫)기업은 중국 문화부, 재정부, 국가세무총국(한국의 국세청에 해당)이
공동으로 인정한 기업을 말하며 2011년은 여러 가지 원인으로 일부 기업이 등록되지 못했음.

중국 전 지역에 애니메이션 관련 기업들이 어느 성, 자치구, 직할시에 몇 개나 있으며 근로자는 얼마나 되는지 파악해보면 다음과 같다. 다만, 칭하이(青海)성, 윈난(云南)성, 하이난(海南)성과 시짱(西藏)자치구 등 3개 성 1개 자치구에는 관련 기업이 없다.

〈전국 지역별 애니메이션 기업 분포 현황(2012)〉

지역	기업 수	근무자 수	지역	기업 수	근무자 수	지역	기업 수	근무자 수
베이징	53	2,139	장쑤	68	3,258	광둥	64	4,102
톈진	14	737	저장	25	1,119	광시	7	220
허베이	10	404	안후이	5	157	충칭	8	1,001
산시(山西)	27	1,265	푸젠	16	959	쓰촨	6	411
네이멍구	7	246	장시	10	1,149	구이저우	6	270
랴오닝	18	1,328	산둥	6	403	산시(陕西)	8	348
지린	3	841	허난	15	582	간쑤	2	278
헤이룽장	9	760	후베이	59	2,906	닝샤	2	45
상하이	48	1,623	후난	16	4,222	신장	6	355
						계	519	31,195

※출처: 中国文化文物统计年鉴 2013

역시 상대적으로 경제가 발달한 지역인 베이징, 상하이, 장쑤 성, 광둥 성과 후베이 성 등 5개 직할시·성이 기업 수에 있어서는 292개로 전체의 56.2%를, 근무 인력 수에 있어서는 14,028명으로 전체의 44.9%를 각각 차지하고 있다.

2012년 12월 31일 현재 중국의 네티즌 수가 5억 6,400만 명에 달하며, 인터넷 보급률이 42.1%다. 또한 뉴미디어 시대에 인터넷 애니메이션의 발전이 가세하고 있다. 즉, 네티즌 5억 6,400만 명 중 75%가 인터넷으로 애니메이션을 즐기는 관객이라는 전문가들의 분석을 고려한다면 인터넷 애니메이션 관객은 약 4억 2,300만 명이 된다. 따라서 중국의 애니메이션 산업발전 목표치를 10년 내 GDP의 1%인 약 6,000억 위안으로 설정하는 것도 가능하다는 가정이 나온다.

그리고 애니메이션의 파생상품인 완구의 수출 실태를 보면 보다 쉽게 이해할 것이다. 이 자료는 중국의 해관총서(海关总署: 한국의 관세청에 해당)의 자료를 '중국 애니메이션산업 발전 보고(2011)'에서 인용한 자료이다.

〈2005~2010년 중국의 완구 수출 추이〉

구분 / 연도	2005	2006	2007	2008	2009	2010
수출액(억 위안)	65.6	70.5	84.9	86.4	77.8	100.76
증가율(%)	–	7.5	20.3	1.8	−10.0	29.4

※출처: 中国动漫产业发展报告(2011) p.142 자료 재정리

파생상품의 일부인 완구의 수출도 계속 증가 추세에 있고 완구의 중국 국내 소비량을 모두 합하면 그 규모는 엄청나게 늘어날 것이다.

극장에서 상영하는 만화영화 시장 실태를 파악하기로 한다. 중국의 만화영화 시장은 1999년부터 2006년까지 이렇다 할 큰 발전이 없었다가 그 이후부터 점진적 발전을 한다. 1999년도 중국 국산 만화영화 극장 티켓 판매액은 2,500만 위안이었던 것이 2001년에는 300만 위안으로 뚝 떨어진다.

〈중국 내 애니메이션 영화 극장 티켓 판매수입 현황〉

구분 / 연도		2001	2004	2005	2006	2007
합계	티켓판매수입(万元)	–	–	–	17,000	13,000
	증·감(%)	–	–	–	199.6	– 23.5
국산 만화영화	티켓판매수입(万元)	300	30	965	400	3,673
	증·감(%)	–	– 90.0	3,116.6	– 58.5	818.2
수입 만화영화	티켓판매수입(万元)	–	–	–	16,600	9,327
	증·감(%)	–	–	–	–	– 43.8

구분 / 연도		2008	2009	2010	2011	2012
합계	티켓판매수입(万元)	30,000	60,000	54,000	169,000	134,865
	증·감(%)	131.9	99.4	– 9.3	210.7	– 14.8
국산 만화영화	티켓판매수입(万元)	4,520	19,597	17,616	31,366	40,524
	증·감(%)	23.1	333.5	– 10.1	78.1	29.2
수입 만화영화	티켓판매수입(万元)	25,480	40,403	36,384	137,634	94,341
	증·감(%)	173.2	58.6	– 9.9	278.3	– 31.4

※출처: ① 中国动漫产业发展报告(2011) p.68 ② 中国动漫产业发展报告(2012) p.67
③ 中国动漫产业发展报告(2013) p.6 자료 재구성
※주(注): 티켓 판매수입 합계란의 증·감 %가 약간 차이가 나는 것은 판매수입 총액의 단위가
억 위안(亿元) 단위였을 때의 천만 단위 이하를 반올림한 수치이기 때문임

인터넷 등 새로운 매체들의 발전으로 극장에서 애니메이션 영화를 보는 사람이 점점 줄 어드는 추세이다. 네티즌의 65.9%가 인터넷 동영상 사이트 이용객으로 그 숫자가 3.72억 명에 이른다.

그러나 중국 내 극장에서 상영하는 만화영화 시장의 티켓판매 수입에 60~70%가 수입 만화영화다. 2010년도 중국 내 극장에서 상영된 만화영화 티켓 판매액이 4.71억 위안 이었는데 중국 국산 만화영화 티켓 판매액이 17,616만 위안으로 전체의 37%에 그쳤고 2011년도에는 만화영화 티켓 판매액 16.4억 위안의 18.9%에 불과한 3.1억 위안에 불과 했다. 따라서 13.3억 위안의 판매액은 해외 수입 만화영화로 올린 것이었다. 그것도 국 산 만화영화는 14편을 상영한 결과다. 그러나 2010년도의 경우 시장에서 매표 수입 1 위를 차지한 작품은 중국 국산품으로 전국적으로 92,869차례 상영에 관객 4,362,300

II. 중국 문화산업 시장 • 147

명을 확보하여 126,650,000위안의 수입을 가져다준 〈喜羊羊与灰太狼之虎虎生威〉란 만화영화였다. 이 사례는 작품만 좋으면 관객이 얼마든지 있다는 것을 생생하게 보여준다. 또한 뉴미디어 기술이 발달하면서 만화영화 시장이 계속 확대될 수밖에 없다.

다음은 애니메이션 산업과 관련한 각종 대형 전시교역회가 중국 전역에서 연례적으로 개최하고 있는 상황을 살펴보자.

중국 문화부, 광전총국 및 중국 애니메이션망(网), 각 지방정부 사이트 관련 정보통계를 인용한 것에 따르면 2011년 12월까지 개최된 관련 행사가 151개다. 이러한 행사는 종합적인 전시회, 전문 전시회, 학술 세미나 또는 연차 총회, 교육계의 컨테스트 및 시상식 등으로 구분할 수 있는데 행사 전체의 약 45%가 종합적인 성격을 갖춘 애니메이션 행사이며 풍부한 콘텐츠를 포함하여 세미나, 교역회, 연출, 파생상품 판매 등의 전문적인 성격이 강한 행사가 약 45%, 업체 간의 인사들이 모여 갖가지 지원과 정보 등을 교류하는 연차 총회 등이 5%, 교육계의 시상식 등이 5%이다.

종합적이고 전문성을 갖춘 전람회는 주로 5~8월 더울 때 많이 개최하는데 베이징, 상하이, 광저우 등 1급 도시 외에 창사(长沙), 난닝(南宁), 청두(成都) 등 전국의 31개 도시에서 개최한다.

규모가 상대적으로 큰 애니메이션 전시회 행사를 보면 2011년 개최 기준으로 ① 제6차 베이징 국제 문화창의산업 박람회, ② 베이징 제12차 세계 만화대회 겸 2011 베이징 국제만화주간, ③ 상하이 제10차 중국 국제 완구 및 모형 전람회, ④ 상하이 제7차 중국 국제 애니메이션 게임 박람회, ⑤ 상하이 제9차 중국 국제 디지털 상호오락 전람회(China Joy 2011), ⑥ 항저우 제7차 중국 국제 애니메이션절(节), ⑦ 제23차 광저우 국제 완구 및 모형 전람회, ⑧ 2011년 광저우 전자게임 국제산업전(GTI Asia GuangZhou Expo 2011), ⑨ 광저우 제4차 중국 국제 만화절, ⑩ 광저우 2011 ACG 광저우 · 홍콩 · 마카오 애니메이션 게임전, ⑪ 광저우 제4차 중국 애니메이션 판권 교역회, ⑫ 광저우 제5차 중국만화가대회, ⑬ 2011 중국(광저우) 문화창의 박람회, ⑭ 제2차 선전 애니메이션절, ⑮ 제7차 중국(선전) 국제 문화산업 박람회, ⑯ 제3차 중국 국제 애니메이션 판권보호무역박람회, ⑰ 중국(선양) 제3차 애니메이션 전자완구 박람회, ⑱ 제5차 중국 지린 국제 애니메이션 대전, ⑲ 제6차 중국(지난) 국제 아동산업 박람회 등이 있는데 이러한 대형 애니메이션 행사가 베이징, 상하이, 광저우 등 1급 대도시에 집중되어 있다.

종합적인 성격의 대형 전시로 각광을 받고 있는 항저우 국제 애니메이션절의 경우를 보면 일반적으로 300~400여 개의 관련 업체가 참가하고 40~50여 개의 국가 및 지역과 수십억 위안의 계약을 체결했다. 2011년 제7차의 경우 54개 국가와 지역에서 450개 업체가 참가해 50개 항목을 106억 위안에 계약을 체결했으며, 200만 명의 관람객이 찾았다. 따라서 중국 전문가뿐만 아니라 해외 전문가들도 중국이 애니메이션 업계에서 영향력이 지속적으로 확대되고 브랜드도 형성되었으며, 국가적·국제적·전문적인 교류 합작과 무역 채널로의 장기적인 기회를 마련했다고 평가한다.

그리고 국가 광전총국 발전연구 중심이 편집한 '2010년 중국 라디오·영화·텔레비전 발전 보고' 85페이지의 '影視動画 산업 발전 개황'에 의하면 애니메이션 TV 채널의 운영 상황이 상당히 개선된 것으로 설명하고 있다. 즉 2009년 11개월간 애니메이션 전문 TV 채널인 상하이 炫动卡通 채널의 총수입이 1.5억 위안, 베이징 卡酷 동화채널은 1.2억 위안, 후난 성의 金鹰卡通채널은 0.74억 위안에 달했으며 그 외 상하이 하하哈哈 어린이채널도 7,000만 위안, 장쑤 어린이채널 5,000만 위안, 톈진 어린이채널 4,200만 위안, 저장 어린이채널 3,500만 위안의 수입을 각각 올렸다. 중앙텔레비전방송(CCTV) 어린이채널은 이미 연간 3억 위안의 수입을 창출하는 등 점점 손실을 보완하면서 이익을 내는 것으로 전해진다.

애니메이션 교역 시장도 활기를 띠고 있는데 2009년의 경우 애니메이션 TV 채널의 연평균 구입 국산 애니메이션 수량이 4만 분(分) 이상이고 청소년·아동 채널도 연평균 국산 애니메이션을 3만 분(分) 이상 구입하고 있는 상황이다.

그런데 2012년 최근의 상황을 보면 WTO의 문화 분야에 대한 점진적 개방과 관련하여 국제적으로 애니메이션 분야에서 선두주자로 꼽히고 있는 업체들이 다양한 방법을 통하여 중국의 애니메이션 시장에 진입했음을 알 수 있다. 미국의 드림웍스, 월트 디즈니, 하이즈모와 일본의 고단샤(讲谈社) 등이 중국 시장에 진입했는데 합자 또는 합작 형식으로 영업을 시작하고 〈아이스 에이지〉, 〈마다가스카르〉 등의 해외 우수 애니메이션들이 중국 영화관이나 인터넷 영상 동영상 등을 통해 들어왔다.

2012년 말 중국의 애니메이션 시장에서 Top 50에는 중국 국산 애니메이션이 26.3%인 18편이고, 해외수입 애니메이션은 73.7%로 32편에 이르렀다. 수입 애니메이션 32편 중에 81.2%인 26편이 일본 상품이고 구미 애니메이션은 고작 5편으로 수입 애니메이션의 15.6%에 그쳤다. 기타 1편으로 3.2%를 차지한 형국이었으니 아직도 세계 시장에서 애니메이션 분야에 두각을 나타내는 나라는 아직도 일본이다.

2011년 중국 애니메이션 산업 발전 보고의 중국 애니메이션 산업 현상에 의하면 13억 인구 중 적어도 5억 명 이상이 애니메이션 시장의 소비자로 간주되고 시장 규모가 1,000억 위안을 초과할 것으로 추정했다. 현재 2,000여 개가 훨씬 넘는 TV 방송국이 있는데, 이 중에 38개의 애니메이션 전문 TV 채널이 있고, 이 중 6개 채널은 영향력이 큰 위성채널이며, 청소년·아동 기획 TV 프로그램이 289개, 애니메이션 시리즈물이 300여 개에 이른다. 또한 연간 방송시간량은 120,000시간에 이르고 있어 세계적인 규모를 자랑하고 있다.

그 밖에 아동들의 영상·음반 도서 시장 연간 규모가 100억 위안, 아동의류 연간 매출액이 900억 위안, 완구 시장은 연간 200억 위안, 문구류는 연간 600억 위안, 아동 식품 판매는 연간 350억 위안으로 각각 조사되고 있어 애니메이션 시장의 규모와 전망은 밝은 편이다. 애니메이션 산업에 있어 수익의 70% 이상이 파생상품에서 얻어지고 있으니 시장 전망이 밝을 수밖에 없는 것이다.

또한 만화 잡지도 파생상품의 하나인데 60% 정도가 도서 형태로 출판되고 있다. 내용은 중국식이 85%, 일본식이 15% 정도인데 2011년 발행된 만화책 정가액은 24.5억 위안이었다.

다음은 TV 또는 극장에서 만화영화가 얼마나 상영되고 있는지 살펴보자.

라. 애니메이션 TV 방송

앞에서 잠깐 기술했듯 중국에는 CCTV 어린이채널을 포함하여 4개의 애니메이션 전문 채널이 있고 각 성·시 TV 채널 30개에서 청소년·아동 채널을 운영하고 있다. 그뿐만 아니라 각급 TV 방송국에서 청소년·아동 관련 기획물이 289개, 애니메이션 시리즈 프로도 200여 개에 이르며 연간 소요되는 애니메이션 양은 280,255시간에 이른다. 여기서 애니메이션 프로그램을 어느 지역에서 얼마의 시간을 TV를 통하여 방송하고 있는지 알아보는 것도 좋을 것 같다.

아래의 대상 대도시는 전국 22개성 5개 자치구의 수도인 성회(省会)와 베이징, 상하이,

충칭, 텐진 등 4개 직할시 및 선전(深圳), 닝보(宁波), 창저우(常州), 쑤저우(苏州) 등 4개 도시를 대상으로 했다. 사실상 이 36개 도시들은 데이터 조사에서 대표성이 충분히 있다고 본다.

〈최근 4년간(2009~2012) 전국 36개 주요 도시 애니메이션 프로그램 TV 방송시간 현황〉(단위: 시간)

도시명	2009년	2010년	2011년	2012년	도시명	2009년	2010년	2011년	2012년
베이징	18,324	24,750	27,342	28,644	란저우	18,273	25,123	28,661	31,856
창춘	18,933	26,183	27,980	29,122	난창	19,793	27,323	29,658	31,002
창사	18,286	24,820	27,325	28,632	난징	20,031	26,252	28,795	30,007
청두	20,799	27,746	30,296	28,632	난닝	19,069	–	28,878	29,284
푸저우	21,694	29,717	31,733	33,546	상하이	21,551	28,224	31,390	33,100
광저우	29,303	35,002	35,977	38,428	선양	19,489	26,291	29,266	30,419
구이양	18,452	25,240	27,645	28,973	스자좡	19,835	26,245	29,207	31,148
하얼빈	19,518	27,240	28,598	29,121	타이위앤	19,662	26,320	29,954	31,441
하이커우	18,590	26,165	29,028	29,974	텐진	20,767	27,379	30,165	32,882
항저우	20,412	27,911	30,240	31,601	우루무치	18,286	21,665	21,190	29,202
허페이	18,934	26,551	30,192	30,469	우한	21,270	27,288	29,767	31,251
후허하오터	18,428	24,944	–	32,138	시안	19,209	26,169	28,776	29,720
지난	20,509	29,236	31,787	33,671	시닝	18,615	25,089	27,752	29,125
쿤밍	20,259	26,960	29,997	31,265	인저우	18,296	25,089	27,525	28,808
라싸	18,273	24,748	27,324	28,632	창저우	19,555	25,825	28,116	29,361
다롄	21,271	27,966	31,806	33,373	선전	29,483	35,917	37,314	39,767
쑤저우	19,617	25,840	28,088	29,168	우시	19,519	25,878	27,847	29,109
충칭	21,784	30,594	32,538	33,031	정저우	19,278	25,923	29,340	29,589
					합계	725,367	943,613	1,041,497	1,085,441

※출처: 中国动漫产业发展报告(2013) p.39

특이한 사항은 36개 대도시 TV에서 대부분 애니메이션 프로그램(동화) 방송시간량이 매년 늘어나고 있다는 점이다.

'2011년 중국 애니메이션 산업 발전 보고' 9페이지에 의하면 1993년부터 2010년까지 중국이 보유하고 있는 국산 애니메이션 수량의 누계가 1,471편 75,408회에 819,000여 분으로, 이를 시간으로 환산하면 13,654시간이 되며, 이는 1개 TV 방송국이 매일 10시간 방송 시 3년 반 동안 방송할 수 있는 분량이다. 또한 동 분량은 2011년도 중국이 해외로부터 수입·방송한 애니메이션 분량 14,822시간과 맞먹는 수치이다. 이 수치는 2012년도에는 다소 줄어 12,063시간에 머문다.

중국은 2011년 한 해에 261,224분(分)(약 4,354시간) 분량의 국산 애니메이션을 제작·생산하여 발행이 허가되었다. 따라서 당해연도 생산한 애니메이션을 방송하기에는 수량이 턱없이 부족하여 과거에 제작·생산한 작품과 인기 있고 광고주가 탐내는 작품을 골라 재방·삼방을 하고 있다.

TV 프로그램에 주를 이루고 있는 드라마와 애니메이션 방송량을 비교해본다.

〈최근 5년간 중국의 TV 드라마 및 애니메이션 방송 비교표〉

	TV 드라마		
	방송 총량	수입드라마 방송량	수입 비중(%)
2008	225,690편 5,504,326집	9,251편 229,565집	4.1 4.2
	TV용 애니메이션		
	방송 총량	수입애니메이션 방송량	수입 비중(%)
	15,447편 518,481집	1,419편 45,641집	9.2 8.8
	TV 드라마		
	방송 총량	수입드라마 방송량	수입 비중(%)
2009	238,250편 6,050,882집	9,099편 224,139집	3.8 3.7
	TV용 애니메이션		
	방송 총량	수입애니메이션 방송량	수입 비중(%)
	17,544편 601,776집	1,086편 41,139집	6.2 6.8
	TV 드라마		
	방송 총량	수입드라마 방송량	수입 비중(%)
2010	249,164편 6,358,559집	8,778편 195,069집	3.5 3.1
	TV용 애니메이션		
	방송 총량	수입애니메이션 방송량	수입 비중(%)
	19,033편 683,356집	1,031편 34,566집	5.4 12.3
	TV 드라마		
	방송 총량	수입드라마 방송량	수입 비중(%)
2011	247,060편 6,636,255집	6,377편 166,401집	2.6 2.5
	TV용 애니메이션		
	방송 총량	수입애니메이션 방송량	수입 비중(%)
	280,255시간	14,822시간	5.3
	TV 드라마		
	방송 총량	수입드라마 방송량	수입 비중(%)
2012	242,298편 6,622,000집	4,872편 107,100집	2.0 1.6
	TV용 애니메이션		
	방송 총량	수입애니메이션 방송량	수입 비중(%)
	304,877시간	12,063시간	3.9

※출처: ① 2009 中国第三产业统计年鉴 ② 2010 中国第三产业统计年鉴
③ 2011 中国第三产业统计年鉴 ④ 2012 및 2013 中国第三产业统计年鉴 자료 재정리, 재구성

TV 방송에서 애니메이션 방송량이 드라마에 비하여 1/10 수준에 머물고 있지만 TV 프로그램으로서, 또한 산업 측면에서의 위치는 대단한 위치를 확보하고 있는 셈이다. 제

작·생산량이 매년 증가하고 있는 것이 이를 증명한다. '2008년 라디오·영화·텔레비전 발전보고' 79페이지에 의하면 2007년 전국 34개 청소년·아동 TV 채널과 4개 애니메이션 전문 채널에서 매일 국산 애니메이션 8,000분 분량을 방송했는데 '2009년 라디오·영화·텔레비전 발전보고'에서는 2008년도에 CCTV 7개 채널에서 매일 686분, 4개 전문채널에서 매일 2,600분, 그리고 전국 300여 개의 TV 채널에서 국산 애니메이션 방송량이 매일 약 40,000분으로 증가했다고 기술하고 있다.

2012년에 애니메이션을 TV 채널로 연간 304,877시간을 방송했는데 수입한 애니메이션의 방송시간은 전체의 3.9%인 12,063시간에 머문다. 수입 애니메이션 방송량이 계속 줄어들고 있는 것이다. 다만 중앙텔레비전방송(CCTV)은 총 6,204시간 방송에 수입 애니메이션 방송은 19.9%인 1,238시간을 방송했다.

극장용 애니메이션의 경우는 우선 관객과 접할 수 있는 채널이 극장이기 때문에 극장 증설이 필수적이다. 중국은 전국적으로 매년 새로운 극장을 많이 세운다.

〈중국의 극장 및 스크린 증가 추세〉

연도	2006	2007	2008	2009	2010	2011	2012
극장 수	1,325	1,427	1,545	1,680	1,993	2,796	–
스크린 수	3,034	3,527	4,097	4,723	6,256	9,286	13,118

※출처: 2007년, 2008년, 2009년, 2010년, 2011년, 2012년 中国广播电影电视发展报告 등 자료 재정리

상기 스크린 전체에서 90% 이상을 디지털화하였다. 다만 이전에는 3D 입체영화를 접할 수 있는 애니메이션 제작이 문제점으로 제기되었다.

2012년도는 애니메이션 영화 제작 신고 수량은 70편이었으나 제작·생산 허가를 받은 수량은 33편에 불과했다. 신청한다고 허가증을 교부하는 시대는 이미 지난 것이다. 또한 이 33편 중에 17편이 3D 제작기술을 응용한 작품들이다.

〈2007~2012년 극장 애니메이션 생산량〉

연도	2007	2008	2009	2010	2011	2012
발행허가수	6편	16편	27편	16편	24편	33편

※출처: 中国动漫产业发展报告(2011, 2012, 2013) 등 자료 재구성

다음은 TV에 방송되는 애니메이션 시청자들은 대체로 어떤 부류인지, 직업군과 월수입은 얼마나 되는지를 파악해 본다.

마. 시청자 분석

주로 TV를 통해 만화영화를 시청하는 주된 계층은 청소년과 어린이이다. 제6차 전국 인구센서스 자료에서 밝힌 중국의 0~14세 사이 인구 수는 2억 2,246만 명이다. 실제로는 4~14세 계층이 주된 시청자이고, 이외에도 각 연령층에 고르게 분포되어 있다.

〈연령별 관객 구성 비교표〉 (단위: %)

연도 / 연령별	4~14세	15~24세	25~34세	35~44세	45~54세	55~64세	65세 이상
2010	44.90	6.20	15.40	12.40	6.10	9.80	5.20
2011	45.05	5.87	15.12	13.14	5.89	9.15	5.58

※출처: 中国动漫产业发展报告(2012) p.52

역시 4~34세까지의 연령층이 애니메이션에 대한 관심이 높고 전체의 66% 이상을 차지하고 있다. 그러나 특이한 것은 35세 이상의 연령층에도 적지 않은 관객이 존재하고 있다는 사실이다.

다음은 교육 정도를 살펴보자. 학력이 중졸 이하인 관객이 73%를 차지한다. 이 중 초등학교 졸업 이하의 학력이 무려 절반이 넘는다.

〈학력별 관객 구성 비교표〉 (단위: %)

연도 / 학력	정규교육 미이수자	초등학교	중학교	고등학교	대학 이상
2010	20.20	29.80	23.10	17.90	9.00
2011	20.05	30.15	22.57	18.04	9.19

※출처: 中国动漫产业发展报告(2012) p.53

다음 관객(시청자)들의 직업 분포도를 찾아보자. 학생층이 만화영화의 주 고객으로, 직업이 없는 계층이 가장 많은 비중을 차지하고 있음을 알 수 있다.

(단위: %)

연도 / 직업	간부 관리자	자영업 개인기업	초급공무원 고용원	일반 근로자	학생	무직	기타
2010	1.60	5.80	9.60	8.80	29.20	40.40	3.80
2011	1.65	6.27	9.59	9.19	29.54	39.62	4.15

※출처: 中国动漫产业发展报告(2012) p.53

다음은 1인당 월수입을 알아보자.

〈1인당 월별 수입 관객 구성 비교표〉

(단위: %)

연도 / 수입	0~600 위안	601~1,200 위안	1,201~1,700 위안	1,701위안 이상
2010	63.50	13.90	8.40	14.10
2011	62.15	12.20	8.34	17.26

※출처: 中国动漫产业发展报告(2012) p.53

TV 애니메이션 시청자 구성은 연령별에서는 젊은층이, 학력에서는 초등학교 졸업 이하, 직업별에서는 무직과 학생층이, 월수입에서는 600위안 이하인 계층이 주된 고객으로 구성되어 있다. 따라서 수입 측면에서 보면 애니메이션 TV 방송을 통한 수입 창출은 한계가 있어 보인다.

대학을 졸업한 사회 초년생들의 평균 월 보수가 2,500~3,500위안 정도라는 것을 고려하면 쉽게 이해가 간다.

그런데 2011년도 전국 36개 주요 도시 TV 방송국의 애니메이션 시청률 및 시장점유율을 표본 조사한 것을 '中国动漫产业发展报告(2012)'의 '2011년 중국 TV 애니메이션 방송 시청률 통계'에서 밝힌 내용을 보면 총 200편의 애니메이션 중에 105편이 수입 애니메이션이었다. 이 수입 애니메이션 중 90%가 미국 상품이고 10%는 일본 상품이었으며 중국 국산 애니메이션 95편 중 15편은 권위 있는 애니메이션 작품이었고 나머지 80편은 산업화 이후에 생산된 가공되지 않은 원창(原創) 애니메이션이다. 그리고 여기서 언급하고 있는 표본조사 대상 36개 도시는 중국을 대표할 수 있는 대도시로 ① 베이징, ② 창춘(長春), ③ 창사(長沙), ④ 창저우(常州), ⑤ 청두, ⑥ 충칭, ⑦ 다롄, ⑧ 푸저우, ⑨ 광저우, ⑩ 구이양(贵阳), ⑪ 하얼빈, ⑫ 하이커우(海口), ⑬ 항저우, ⑭ 허페이 (合肥), ⑮ 후허하오터(呼和浩特), ⑯ 지난, ⑰ 쿤밍, ⑱ 란저우, ⑲ 라싸(拉萨), ⑳ 난 창(南昌), ㉑ 난닝, ㉒ 난징, ㉓ 상하이, ㉔ 선양, ㉕ 선전, ㉖ 스자좡(石家庄), ㉗ 수저우 (苏州), ㉘ 타이위안(太原), ㉙ 톈진, ㉚ 우루무치, ㉛ 우한, ㉜ 우시(无锡), ㉝ 시안(西 安), ㉞ 시닝(西宁), ㉟ 인촨(银川), ㊱ 정저우다.

다만 창춘, 창사, 항저우, 지난, 라싸, 난징, 톈진 등 7개 도시의 중국 국산 애니메이션 TV 프로그램 시청률 상위 10위권은 모두가 중국 국산 애니메이션이 차지하고 있다. 다른 지역들은 순위에서 중국 국산과 해외 수입 애니메이션이 교차한다. 따라서 작품에 따라 시장의 판도가 달라질 수 있다는 것을 보여주는 사례라 할 수 있다.

그런데 2012년도 전국 주요 36개 도시를 대상으로 하여 중국 국산 애니메이션 프로그램 시청률을 조사한 내용을 '2013년 중국 애니메이션 산업 발전보고'에서 밝혔는데 그 내용을 보면 대체적으로 다음과 같이 나타나고 있다.

해외수입 애니메이션 78편을 제외하면 전국 주요 36개 도시 TV에서 시청률 10위권에 들어가는 중국 국산 애니메이션 프로그램은 총 282편이다. 이 282편의 시청률을 분석하면 가장 높은 작품이 상하이 미술영화제작창이 1986년에 제작·생산한 〈葫芦兄弟〉로 CCTV1(종합) 채널에서 방송되었는데 라싸 지역에서 7.42%의 시청률을 기록했다.

그 다음은 3.98% 1편, 3.52%가 1편, 그리고 시청률 2%대(2.3%~2.78% 사이) 12편이었고 가장 많은 1%대(1.98%~1.01% 사이)가 178편, 1% 이하(0.99%~0.31%)가 89편으로 조사되었다.

이러한 현상을 보면 애니메이션 TV 방송 시청률은 특별한 경우를 제외하면 대체적으로 1.01%~1.97% 사이의 시청률이 일반적이라고 할 수 있을 것이다.

바. 수출입

TV용 애니메이션의 수출입 수량은 일정치 않지만, 중국 국산 TV용 애니메이션의 수출 수량은 매년 상승하고 있다.

2007년도에 해외에서 수입한 TV 방송 애니메이션은 9편 594회 분량으로 구입액은 9,810,000위안에 달했다.

〈최근 5년간 TV 방송 애니메이션 수출입 현황〉

연도 / 구분	수입			수출		
	편 수	회 수	금액(천 위안)	편 수	집 수	금액(천 위안)
2008	13	734	8,782.6	38	1,877	29,477.9
2009	5	421	1,275	55	3,191	44,560
2010	8	785	2,470	84	4,930	111,330
2011	279시간		7,020	426시간		36,624
2012	385시간		14,890	1,678시간		31,050

※출처: 中国动漫产业发展报告(2011) 및 2009年, 2010年, 2011年, 2012年, 2013年 中国第三产业统计年鉴 자료 재정리

특기할 만한 사항은 중국 국산 TV 방송 애니메이션 수출이 수입보다 압도적으로 많다는 점이다. 이는 중국 국산 TV 방송 애니메이션이 해외에서 수요가 그만큼 많다는 것이다. 2012年 China Statistical Yearbook of the Tertiary Industry에 의하면 수출대상 국은 한국을 비롯하여 일본, 미국, 유럽 등으로 수출국의 다변화를 꾀하고 있고, 수입 대상국도 수출 대상국과 거의 비슷하다. 그러나 수입 비중을 보면 단연 미국이 압도적 이고 다음이 유럽, 일본이다. 또 한국은 단 1편의 애니메이션도 중국에 수출하지 못했 지만 중국은 한국에 53시간 분량의 TV 방송 애니메이션을 수출하였다.

그리고 미국이 중국에 수출한 TV 방송 애니메이션은 294시간 분량인 데 비하여, 일본 의 대 중국 수출은 45시간 분량에 불과했다.

'2011년 중국 애니메이션 산업 발전 보고' 14페이지 기록을 보면 2009년부터 2010년에 선정된 211개의 문화수출 중점기업과 225개의 문화수출 중점 항목 중 애니메이션 기업 이 36개사, 애니메이션류의 항목은 40개에 이르는 성과를 냈다. 특히 후난 山猫动画유 한공사에서는 '山猫吉咪' 브랜드 파생상품을 한국과 미국, 일본, 러시아 등 50개 국가 와 지역에 판매하여 2,000만 달러를 초과하는 수입을 올렸다. 저장 성의 中南集团卡 通公司도 63개 국가와 지역으로부터 수출 대가로 500만 달러를 벌여들였고, 三辰卡通 公司는 〈蓝猫(남색고양이)〉 시리즈 기획물을 한국, 미국, 중동 등 20여 개 국가와 지 역에 팔아 5만 달러의 판권 수입 등, 300만 달러의 수입을 거두었다.

중국이 에니메이션 산업을 세계 시장에 진출하고자 발전을 도모하고 있다는 것을 애니

메이션의 질과 양의 변화 추이로 알 수 있다.

다음은 애니메이션 분야의 주요 정책들을 살펴보자. 다만 문화산업 전 분야를 아우르는 문화산업 주요 정책들은 별도의 장에서 다루기로 하고 여기서는 애니메이션 분야에 한정하도록 하겠다.

사. 주요 정책

자국의 애니메이션 산업 발전을 위한 인력 양성, 시장의 활성화, 정부의 각종 우대책, 관련 기업의 자본 시장 진출 등 다양한 지원책이 있을 수 있다.

1) 인재 양성

우수한 인재를 양성하려는 방안이 다양하겠으나 중국은 전국적으로 수많은 대학에 애니메이션 전공학과를 개설하여 인재 양성을 체계적으로 뒷받침하고 있다.

'중국 애니메이션 산업 발전 보고(2012)'에 의하면 중국은 1950년대 초 쑤저우 미술 전문대학(苏州美术专科学校)에 처음 동화(动画)과를 개설한 후, 계속하여 학생을 모집하기 시작했다. 1952년 전국 대학들에 대한 조정 조치 때 이들은 베이징 영화대학에 편입되어 1953년 졸업하였으며, 그후에는 학교 운영이 중지된다. 졸업생과 교사 대부분은 학교가 문을 닫은 후에도 上海美影에서 애니메이션 관련 일을 지속한 것으로 전해진다. 1959년 다시 상하이 영화 전문대학(上海电影专科学校)이 설립되어 여기에 동화(动画) 전공학과를 개설하여 인재 육성에 들어간 후 지속적인 인재 육성을 위한, 대학 내의 애니메이션 관련 학과들이 설치된다. 2009년 말 기준으로 한 데이터에 의하면 중국 전역에 1,279개 대학(전문대 포함)에 애니메이션 관련 전공학과가 1,877개가 개설·운영되고 있는 것으로 조사되었다. 2011년 말까지도 이 숫자는 큰 변함이 없고 이 1,877개 전공학과 중에는 4년제 대학 본과에 개설된 것이 1,109개, 전문대학에 개설된 것이 768개다. 해가 갈수록 전공의 숙련도가 높아지면서 고급화되어 가는 과정으로 보면 이해가 빠를 것이다.

〈중국대학 내 애니메이션 전공 개설 현황〉

소속 / 지역	성(구 · 시)	애니메이션 관련 전공설치 대학 수	애니메이션 관련 전공 수	애니메이션 관련 본과 전공 수	애니메이션 관련 전문대학 전공 수
화베이(华北) 지구 161개 대학교	베이징	37	64	53	11
	톈진	24	39	29	10
	허베이 성	61	86	45	41
	산시山西 성	21	29	16	13
	네이멍구자치구	18	23	14	9
	소계	161	241	157	84
화난(华南) 지구 12개 대학교	광둥 성	71	103	66	37
	광시좡족자치구	49	65	30	35
	하이난 성	8	14	7	7
	소계	128	182	103	79
화둥(华东) 지구 370개 대학교	상하이	28	41	30	11
	장쑤 성	117	166	100	66
	저장 성	54	84	58	26
	안후이 성	63	87	41	46
	푸젠 성	33	52	24	28
	산둥 성	75	115	61	54
	소계	370	545	314	231
화중(华中) 지구 262개 대학교	후베이 성	82	117	80	37
	후난 성	71	98	53	45
	허난 성	60	108	56	52
	장시 성	49	70	38	32
	소계	262	393	227	166
둥베이(东北) 지구 145개 대학교	헤이룽장 성	54	74	34	40
	지린 성	31	49	39	10
	랴오닝 성	60	80	52	28
	소계	145	203	125	78
시베이(西北) 지구 88개 대학교	산시陝西 성	51	70	49	21
	간쑤 성	19	25	15	10
	칭하이 성	3	4	3	1
	닝샤회족자치구	5	6	3	3
	신장위구르자치구	10	12	8	4
	소계	88	117	78	39
시난(西南) 지구 125개 대학교	충칭	27	45	24	21
	쓰촨 성	54	88	42	46
	윈난 성	23	40	25	15
	구이저우 성	20	22	13	9
	시짱장족자치구	1	1	1	0
	소계	125	196	105	91
합계		1,279	1,877	1,109	768

※출처: 2011년, 2012년 中国动漫产业发展报告 p.206 및 pp.106~107 자료 재정리

여기서 법적 · 제도적 측면의 주요 정책을 설명하기에 앞서 초기의 중국 애니메이션 시장 환경을 파악해 보고 다음에 주요 정책이 나온 배경을 함께 살펴본다.

2) 애니메이션 환경

'중국 문화산업 정책 연구(2012.2 저장대학출판사 출판발행)'에 의하면 2000년대 초기 중국의 TV 방송 애니메이션 산업 상황은 여러 가지로 밝지 않은 상황이었다. 애니메이션의 시장 수요는 연간 10만 분(分)인데 제작 · 생산은 고작 1만 분 정도로 수급 불균형이 심각했다. 따라서 당시 중국의 TV 방송 애니메이션 시장에는 해외 상품들이 범람하여 중국 TV 방송 애니메이션 시장의 70~85%까지 점했다고 전한다.

2000년 7월 1일자 해방일보(解放日報)에 의하면 중국 국산 TV 방송 애니메이션 방송 프로그램은 도시 대부분에서 TV 방송국 방송 총량의 15%를 차지하고 있고, 나머지는 대부분 해외 수입 애니메이션으로 채워져 있으며 심지어 일부 TV 방송국들은 수입 애니메이션 방송 비율이 90%에 달한다고 보도했다. 이를 통해 중국의 초기 TV 방송 애니메이션 시장의 어려움을 엿볼 수 있다.

이러한 상황에 2002년 4월 〈影視动画业‘十五’期间发展规划〉 정책이 제정되었는데 비록 즉각적인 효과가 있지는 않았지만 애니메이션 업계에 상당한 반향을 일으킨 것만은 사실이다.

2003년은 '애니메이션 전환의 해'로 설정하고 우선 생산량을 늘렸고 '드라마 · 애니메이션 · 영화 등 방송산업 발전 촉진에 관한 의견'을 발표 · 시행했는데 그 결과는 중국의 문화체제 개혁으로 이어졌다. 같은 해 7월 10일 중공중앙선전부, 문화부, 광전총국, 신문출판총서는 '문화체제 개혁 시험 실시 공작에 관한 의견'을 공동 제출하면서 문화 단위의 사업 성격을 공익성 문화사업과 영업성 문화기업으로 양분시켰다. 그리고 그해 10월 14일에 중국공산당 제16기 3중전회(中共16届三中全会)에서 '사회주의 시장경제체제 문제 개선 완벽화에 관한 결정(中共中央关于完善社会主义市场经济体制若干问题的决定)'을 제출하여 문화행정 관리부서의 직능 전환과 문화사업과 문화산업 간의 협력 발전을 촉진할 것을 요구했다.

2004년도에는 그 해를 '애니메이션 산업의 해'로 설정하고 정부의 정책적 지원과 애니메이션 업계의 노력을 강조한다.

2004년 2월 17일 중국중앙텔레비전방송(CCTV) 〈动画城〉 프로에서 중국 · 프랑스 합작 애니메이션 〈마틴马丁의 아침(52회×11분)〉을 방송했는데 이 작품이 중국 애니메이션 업계에서 뜨거운 화제가 되면서 애니메이션 합작 제작의 붐이 일어난다. 당시 공동제작으로 해외 투자자들의 중국 애니메이션 시장 진입이 용이해졌고 중국은 해외자금과 경험을 이용하면서 중국 국산 애니메이션 창작의 기회를 갖는 소위 일거양득의 결과를 얻은 셈이었다.

2004년도에 이러한 합작 애니메이션 작품들이 7여 편에 이르는데 〈马丁의 아침〉을 비롯하여 중국이 독자 투자하고 미국 헐리우드 저명 극작가, 감독, 음악, 미술 창작자가 참여하며 중국 감독, 설계사와 공동제작한 〈魔笛奇遇记(26회×30분)〉와 상하이 美影厂과 한국의 선우오락유한공사가 공동제작한 〈太空嬉哈族(52회×30분)〉 작품이 1월 5일과 4월 2일 CCTV 채널에서 각각 첫 방송을 탔다.

2004년 TV 방송 애니메이션 주무기관인 광전총국은 4가지의 애니메이션 산업 발전책을 제시한다. ① 애니메이션 TV 방송 플랫폼 긴급 수요 수립과 방송 시간 확대, ② 애니메이션 프로그램 교역과 여러 방송국에서 동일한 애니메이션 동시 방송 및 시장 형성, ③ TV 방송 애니메이션 전문채널 설치, ④ 애니메이션 정책 우선 시행 등이다. 당시 730개의 TV 채널 중 170개의 TV 채널에서 매일 애니메이션 방송을 20분 못 미치게 방송했다고 전한다. 그리고 애니메이션 제작·생산량도 지극히 적은 양으로 2000년 13,000분, 2001년 18,000분, 2002년 17,300분, 2003년 29,000분, 2004년 23,800분으로, 특히 2004년도는 제작 신청량은 무려 207,717분 분량이었으나 최종 허가를 받은 양은 겨우 11% 정도에 머물렀다.

2005년이 다시 '애니메이션 발전의 해'로 지정되면서 중국의 애니메이션 산업의 대발전의 기회를 맞이하는데, 광전총국은 내부에 'TV 방송 애니메이션 심사위원회'를 설치하고 각 성급 TV 방송 애니메이션 심사기구 및 광전총국이 CCTV에 위탁한 CCTV 방송 애니메이션 심사기구가 '1993~2005년간 국산 TV 방송 애니메이션 발행허가증'을 통고하면서 애니메이션의 생산과 방영을 위한 정부지원을 언급한다. 그후 2003년의 1,044편 12,755분, 2004년 1,940편 21,819분에서 2005년 3,687편 42,759분으로 생산량이 96%나 껑충 뛴다.

2006년 이후는 질과 생산량이 점점 제고되는 시기로 국가가 건설·지정한 국가 애니메이션 산업기지 중 후난, 광둥, 장쑤, 저장, 상하이 상위 5개 기지들이 생산한 TV 방송 애니메이션 양이 전체의 80.5%에 이르게 되었다. '중국 문화산업 정책 연구'의 161페이지에 의하면 당시 항저우, 선전, 창저우 등의 도시에 정착한 애니메이션 기지의 기업은 대단히 좋은 우대정책을 누렸는데 창작 애니메이션을 CCTV에서 1분간 방송 시 2,000위안, 지방 TV 방송 시에는 1분에 1,000위안의 장려금을 받았고 그 외 평가에 통과된 애니메이션도 장려금 형식의 보조를 받은 것으로 되어 있다.

2007년에는 전국적으로 애니메이션 산업 시장에서 백화제방 현상이 일어나 군웅할거의 국면에 진입했다는 것이 업계 전문가들의 평가다. 그해 4월 17일에는 54명의 전문가로 구성된 '애니메이션 산업 발전 연석회의 전문가 위원회'가 베이징에 설치되고 원창(原創), 기술, 시장, 종합 등 4개 소분과위원회로 나누어 애니메이션 산업 발전 관련 조사, 연구 및 정책 결정에서 자문에 응해 왔다.

2008년 이후는 사실상 TV 방송 애니메이션 산업이 본궤도에 오른다. 규모도 28% 증가한 249편 131,042분으로 향상되고 전국의 각 지방정부도 애니메이션 산업 진흥을 위한 정책을 내놓았으며 당시 항저우의 제4차 중국 국제 애니메이션절은 행사 기간 동안 672,000여 명이 참가하여 34개 항목에 41억 위안에 달하는 계약을 체결하고 현장 거래액도 7억 8,500만여 위안과 2,371만 달러라는 혁혁한 실적을 거두게 된다.

2009년에 와서 9월 26일에는 문화산업 전반을 아우르는 '문화산업 진흥 규획'이 발표된다.

다시 중국 정부의 애니메이션 산업 진흥을 위한 각종 정책을 파악해 보자.

3) 주요 정책

우선 당과 정부는 국산 애니메이션 진흥책을 법적·제도적으로 계속 지원하고 있다.
2004년 중국공산당 중앙과 국무원은 '미성년자 사상도덕 건설의 진일보한 강화와 개선에 관한 의견'을 내놓으면서 국산 애니메이션의 창작, 촬영, 방송을 적극적으로 지원할 것을 약속한다. 2006년에는 재정부 등 관련 부서의 '국산 애니메이션 산업 발전 촉신에 관한 의견'을 다시 국무원이 전달받아 발표한다.

'국가 11·5기간 문화발전 규획 요강'과 '문화산업 진흥 규획'이 애니메이션 산업을 중점 발전 영역에 포함시키고 이를 이어 발표된 '중국 국민경제와 사회 발전 12·5 규획 요강'과 2012년 2월 '국가 12·5 규획 기간(2011~2015) 문화개혁 발전 규획 요강'은 애니메이션 산업을 지주산업으로 상승시키는 데 큰 영향을 미쳤다. 그리고 최근 몇 년간에 애니메이션 산업이 활기차게 발전을 했는데 특히 중요한 것은 비공유제 자본의 문화산업 진입에 대한 정책이 시행되었다는 것이다.

또한 2012년 6월 26일 '애니메이션 산업발전 부처별 공동 연석회의 판공실'이 '십이오(十二五: 2011~2015) 시기 국가 애니메이션 산업 발전 규획'을 발표했는데 여기에는 동 기간 내 5~10개의 유명 국산 애니메이션 브랜드 제작·생산과 중추적인 애니메이션 기업 육성책이 포함되어 있다.

그리고 2012년 9월 21일에는 두 번째로 '애니메이션 산업발전 부처별 공동 연석회의 판공실'이 '지방성 애니메이션 산업 발전 규획'을 발표, 이후 지방정부의 애니메이션 산업 발전책들이 계속 입안·시행되고 있는 실정이다.

2012년 6월 25일 베이징 시의 '베이징 시 원창(原創) 애니메이션 작품 지원 규정'과 같은 해 7월 26일 상하이 시의 '상하이 시 애니메이션 게임 산업발전 지원 장려 규정', 같은 해 12월 21일 선전(深圳) 시의 '애니메이션 게임 산업 발전과 격려 및 지원에 관한 의견' 발표 등 각종 지원시책들이 쏟아지면서 전국적으로 지방별 애니메이션 산업 발전을 위한 환경을 지속적으로 조성하고 있다.

ⓐ 국산 TV 방송 애니메이션과 해외 수입 애니메이션 방송시간 조정

2006년 8월 광전총국은 'TV 애니메이션 방송 관리의 진일보한 규범에 관한 통지(关于进一步规范电视动画片播出管理的通知)'를 발표하고 같은 해 9월 1일부터 시행에 들어갔는데, 이를 계기로 프라임 시간대인 17:00~20:00 사이에는 수입 애니메이션 방송을 할 수 없도록 하고, 2008년 2월 14일 광전총국은 다시 국산 애니메이션 진흥 등을 고려하여 'TV 애니메이션 방송 관리 강화에 관한 통지'를 내리면서 국산 애니메이션과 해외 수입 애니메이션 방송 시간 비중을 7:3으로 규정하고 그해 5월 1일부터 프라임 시간대를 1시간 늘려 17:00~21:00까지 변경, 동 시간대 해외 수입 애니메이션 방송을 금지했다. 이 통지문에서는 외국의 애니메이션(만화영화)의 프로그램 및 전시회 소개 방송도 제한할 것을 통보했다.

광전총국은 다시 2009년 10월 12일 'TV애니메이션 방송 관리를 진일보 강화하는 데 관한 통지(关于进一步加强电视动画片播出管理的通知)'를 발표하여 2010년 1월 1일부터 해외 수입 애니메이션은 TV 채널에서 프라임 시간대인 17:00~22:00 사이에 방송을 제한했는데 이러한 목적들은 해외 수입 애니메이션의 중국 TV 방송 시장에서의 덤핑을 엄격히 제한하기 위한 것이라고 밝히고 있다. 이러한 상황에서 2009년 TV 방송 애니메이션 방송 편수가 총 17,544편 601,800회였는데 이중 중국 국산 애니메이션이 16,458편 560,700회로 각각 93.8%와 93.2%를 차지했다.

2006년 중국 국산 TV 방송 애니메이션이 86.9%에서 2009년 93.2%로 증가하였고 해외 수입 TV 방송 애니메이션은 2006년 13.1%에서 2009년 6.8%로 급감하였다. 그리고 애니메이션도 영화 · 드라마와 더불어 影視剧로 분류되고, 해외 TV 프로그램 수입 · 방송 관리규정(2004.10.23 시행)과 2012년 2월 9일에 하달한 '해외 影視剧 수입 · 방송 관리의 진일보한 강화 및 개선에 관한 통지'에 근거하면 수입 影視剧의 방송은 당일 影視剧 총 방송시간의 25%를 초과할 수 없도록 규정하고 있고, 매일 방송하는 기타 해외 TV 프로그램의 당해 채널에서 당일 총 방송시간의 15%를 초과하지 못하도록 규정하고 있다. 또한 광전총국의 비준 없이는 프라임 시간대인 19:00~22:00 사이 해외 影視剧를 방송할 수 없도록 하고 있다.

ⓑ 애니메이션 기업 대상 융자 환경 개선 등 강력한 지원책 시행

2009년 7월 22일 '문화산업 진흥 규획'의 국무원 상무회의 통과를 시작으로 2010년 5월 13일 발표한 '국무원 민간투자 유인 및 격려의 건강한 발전에 관한 약간의 의견' 및 같은 해 3월 19일 중국공산당 중앙선전부, 재정부, 문화부, 광전총국, 신문출판총서, 인민은행, 은행감독위원회, 증권감독위원회, 보험감독위원회 등 9개 기관이 공동 발표한 '문화산업 진흥과 발전 번영의 금융지원에 관한 지도의견(关于金融支持文化产业振兴和发展繁荣的指导意见)' 등으로 각종 금융지원이 비교적 쉬워진다.

그리고 2011년 10월 18일 중국공산당 제17기 6중전회에 제출된 '문화체제 개혁 심화와 사회주의 문화 대발전, 대번영 촉진'에서 문화산업이 국민경제의 지주산업으로 등장하면서 다시 한 번 지원에 대한 힘이 실리고 2012년 2월 16일 '국가 12 · 5 규획 기간(2011~2015년) 문화개혁 발전 규획 요강'에서 문화창의 산업 발전과 디지털 출판, 모바일 멀티미디어 등과 더불어 애니메이션 게임 등 신흥 문화산업 분야의 빠른 발전 추진이 약속된다.

위와 같은 갖가지 당과 정부의 정책 기조에 따라 금융기관과의 MOU 체결 등으로 애니메이션을 포함한 분야에 대출이 이루어진다.

2010년 4월 9일 광전총국과 베이징은행 간에 서명한 '베이징 라디오·영화·텔레비전 산업 발전 전면 지원 전략 합작 합의서(支持北京广播电影电视产业发展全面战略合作协议)'에서 향후 3년간 베이징은행은 수도 베이징을 위주로 한 라디오·영화·텔레비전의 대표적인 문화창의 기업에 100억 위안의 여신을 제공하기로 하였고 같은 해 9월 13일에는 동 은행과 중국 애니메이션집단 간 '중국 애니메이션게임 산업 발전 전략 지원 합작 합의서(支持中国动漫游戏产业发展战略合作协议)'에 서명하면서 베이징은행은 중국 애니메이션집단(그룹)에 향후 30억 위안의 여신을 제공하기로 했다. 이러한 사례가 적지 않다.

ⓒ 각종 세제상 우대 정책

재정부와 국가 세무총국이 2009년 공동 발표한 '재정부, 국가세무총국의 애니메이션 산업 발전 관련 세수문제에 관한 통지(〈财税(2009)〉 65호)'에 의거, '애니메이션 기업 인정 관리 규정'에서 인정된 애니메이션 기업은 부가세, 기업 소득세, 영업세에 대한 우대 혜택을 받을 수 있게 되었다.

그리고 '애니메이션 기업의 애니메이션 개발 산업 용품 수입 시 수입 세수 면제 잠정 규정'을 2011년 5월 재정부, 국가세무총국, 해관총서, 문화부가 공동으로 발표했는데 2011년 1월 1일부터 2015년 12월 31일까지의 기간에 정부는 동 규정에 따라 애니메이션 기업이 자체 개발·생산한 애니메이션 상품에 대한 수입관세 및 일련의 부가세 징수를 면제하고 있다.

ⓓ 대형 애니메이션 전람회 개최 지원

한 자료에서 중국의 중앙과 지방에서 애니메이션 산업 진흥을 위한 각종 전람회 수가 2011년 말 기준으로 총 151개로 밝혀졌는데 세미나 단독 행사나 시합에 견주는 행사를 제외하면 전람회 수는 크게 줄어든다.

'중국 애니메이션 산업 발전 보고(2011)'에서 밝힌 애니메이션의 역사와 현상에 관한 내용을 보면 2004년부터 2010년까지 중국 대륙에서 76차례 애니메이션 전람회가 개최되었는데, 2002년에는 '베이징 영화대학 애니메이션절' 행사 하나뿐이었으며, 2003년도에도 '칭다오 애니메이션 예술절' 하나뿐이었다. 그런데 2004년부터 점점 증가하기 시작하여 2004년 2건, 2005년 6건, 2006년 8건, 2007년 18건, 2008년

6건, 2009년 15건, 2010년 19건이 열렸다. 베이징 하계올림픽이 개최되던 2008년에만 대폭 줄어들었을 뿐 그 외 기간에는 점증했다.

행사 개최지를 봐도 연해주로부터 내륙까지 동서남북에 걸쳐 있다. 행사 내용을 보면 애니메이션의 모든 분야를 포괄하는 종합적인 전람회가 45%, 하나의 산업에 초점을 맞춰 집중적으로 진행하는 전문적 전람회가 45%, 그리고 학술적인 세미나 또는 연차총회 형식이 5%, 교육계의 시상 행사가 5%를 각각 점유하고 있는 상황이다. 종합적이고 전문성이 강한 전람회는 일반적으로 매년 5월부터 8월 사이에 개최하는데 7월에는 전국 각지에서 무려 31개의 행사가 진행된다. 애니메이션 전람회 산업 역시 베이징, 광저우, 상하이, 항저우, 선전에서 개최하는 행사가 주류를 이루고 영향력과 규모도 비교적 크다.

2011년 기준으로 주요 지역별 행사를 보면 베이징의 경우 '제6차 국제 문화창의 산업박람회'와 '제12차 세계 만화대회 및 2011 베이징 국제 애니메이션 주간'이 있고 상하이는 'China Joy 2011', '제10차 중국 국제 완구 및 모형 전람회', '제7차 중국 국제 애니메이션 게임 박람회' 등이 있으며 광저우는 '제23차 광저우 국제 완구 및 모형 전람회'와 'GTI Asia Guangzhou Expo 2011' 및 '제4차 중국 애니메이션 판권교역회', 그리고 '제5차 중국 만화가대회' 등을 비중 있게 다룬다. 특히 항저우 시에서 매년 개최하는 '국제 애니메이션절'은 2005년 처음 개최한 이후 매년 큰 성과를 거두고 있는데 구체적 내용은 다음과 같다. 이러한 연례 행사들은 2012년, 2013년에도 지속적으로 개최한다.

〈항저우 국제 애니메이션절 개최 실적 주요 현황〉

연도(횟수)	참가업체 수	참가국가 및 지역 수	계약 건수	계약금액(만 위안)	현장거래액	관람객 수(만명)
2005(1)	미상	미상	23	30	1,370만 위안	120
2006(2)	380	24	40	21.6	3억 위안	28
2007(3)	280	미상	60	40.8	6억 위안	43
2008(4)	300	37	34	51.85	7.85억 위안 2,731만USD	67.2
2009(5)	322	38	35	55.3	10억 위안	78
2010(6)	365	47	200	83	23억 위안	161
2011(7)	450	54	50	106	22억 위안	200

※출처: 中国动漫产业发展报告(2012) p.137

상기 지역 수는 홍콩, 마카오, 대만까지 포함한 것이다.

이러한 국제적 · 전국적인 규모의 행사일 경우는 반드시 광전총국의 비준을 받아야 하고 아울러 지정한 단위가 주관해야 하며 지역적인 라디오 · 영화 · TV프로그램 교류나 교역활동 개최 시에도 반드시 당해 성(省), 자치구, 직할시 인민정부의 비준을 받도록 '라디오 · TV 관리 조례(국무원령 제 228호)' 제45조에서 규정하고 있다. 정부의 비준 없이는 개최할 수 없다.

따라서 상기와 같은 주요 애니메이션 전람회 행사들은 대부분 중앙이나 지방 정부가 관여하고 있고 필요시 재정적 지원을 포함한 적극적인 지원도 병행하고 있다.

ⓔ 애니메이션 산업 기지 건설

소위 11 · 5 규획(제11차 경제개발 5개년 계획) 기간인 2006년부터 2010년 사이에 설립된 애니메이션 산업 기지는 문화부가 비준한 기지가 6곳, 국가 라디오 · 영화 · 텔레비전총국(광전총국)이 비준한 기지가 6곳, 국가 신문출판총서가 비준한 기지가 14곳, 과기부 6곳 등 총 55곳에 건설되어 있으며 2011년도의 이러한 기지에서 제작 · 생산된 애니메이션 양이 전체 생산량의 78.3% 이상을 차지한다.

중앙정부의 각급 지방정부가 지원하여 설립된 애니메이션 산업기지도 28개나 된다. 보다 구체적인 사항은 '주요 정책' 부문에서 다시 다루겠다.

애니메이션 기업의 기본 현황을 파악해 보면 다음과 같다.

애니메이션 기업 등기 현황을 보면 홍콩, 마카오, 대만 투자기업과 외국(外商) 투자기업이 각각 1개에 지나지 않고 모두 내자(内资) 기업이다.

자산 총액 중에 국가자본금은 2.55%로 지극히 미미한 수준에 머물고 있으며 영업이윤 중에는 정부보조 수입이 41.66%를 차지한다. 그리고 영업수입에 있어 자체 개발 상품의 수입이 54.46%를 점하므로 애니메이션 산업의 미래가 밝다고 하겠다. 영업비용 중에 애니메이션 연구개발비에 15.41%를 투자하고 있는 것도 이를 뒷받침하고 있다.

기업 수량과 분야에 있어 동화(动画) 창작과 제작 기업이 75%를 차지하고 있으며 정부 보조금도 동 분야에 88.7%를 지원했다. 또한 인터넷으로 애니메이션을 다운로드한 횟수도 상당히 높아 시장 전망을 밝게 한다.

애니메이션(动漫) 기업들의 전국 지역별 분포를 보면 27개 직할시, 자치구, 성에 분

포되어 있으며 윈난 성, 하이난 성, 칭하이 성, 시장 자치구에는 애니메이션 기업이
없다.

〈2011년도 지역별 애니메이션(动漫) 기업 및 근로자 수 현황〉

성省별	기업 수	근로자 수	성省별	기업 수	근로자 수	성省별	기업 수	근로자 수
장쑤 성	49	2,237	허난 성	11	458	랴오닝 성	4	439
광둥 성	49	2,070	쓰촨 성	8	527	구이저우 성	4	240
베이징 시	31	2,493	푸젠 성	7	584	지린 성	2	747
상하이 시	16	1,226	허베이 성	7	334	산둥 성	2	135
안후이 성	16	905	산시山西 성	7	331	광시자치구	2	81
톈진 시	15	742	장시 성	4	1,017	네이멍구 자치구	2	29
저장 성	15	555	헤이룽장 성	5	365	닝샤회족 자치구	2	45
후난 성	13	2,224	산시陝西 성	5	271	신장위구르 자치구	2	30
후베이 성	13	1,275	충칭 시	4	512	간쑤 성	1	56

※출처: 中国文化文物统计年鉴 2012, p.498 자료 재구성

〈2011년도 중국 애니메이션 기업 기본 현황〉

구분	기업 수	근로자 수	자산총액 (천 위안)	국가자본금 (천 위안)	영업수입 (천 위안)	자체개발 상품수입 (천 위안)
합계	297	20,010	9,571,352	244,645	4,755,204	2,589,814
도시	293	19,759	9,541,532	244,645	4,730,295	2,566,315
농촌	4	251	29,820	–	24,909	23,499

구분	영업비용 (천 위안)	애니메이션 연구개발비 (천 위안)	영업이윤 (천 위안)	정부보조수입 (천 위안)	인터넷 애니메이션 (모바일 다운로드 횟수 포함) (회)
합계	4,093,178	630,900	662,026	275,799	722,810,852
도시	4,059,878	627,766	670,417	270,989	722,610,842
농촌	33,300	3,134	−8,391	4,810	200,010

구분 / 등기	기업 수	근로자 수	자산총액 (천 위안)	국가자본금 (천 위안)	영업수입 (천 위안)	자체개발 상품수입 (천 위안)
내자기업	295	19,448	8,551,220	244,645	4,206,537	2,553,449
홍콩, 마카오, 대만 투자기업	1	265	599,541	–	56,631	36,365
외상外商 투자기업	1	297	420,591	–	492,036	–

구분 / 등기	영업비용 (천 위안)	애니메이션 연구개발비 (천 위안)	영업이윤 (천 위안)	정부보조수입 (천 위안)	인터넷 애니메이션 (모바일 다운로드 횟수 포함) (회)
내자기업	3,582,812	606,053	623,725	274,832	722,810,852
홍콩, 마카오, 대만 투자기업	52,926	24,847	3,705	967	–
외상外商 투자기업	457,440	–	34,596	–	–

분야별 / 구분	기업 수	근로자 수	자산총액 (천 위안)	국가자본금 (천 위안)	영업수입 (천 위안)	자체개발 상품수입 (천 위안)
애니메이션 창작기업	32	2,499	451,808	54,100	394,467	274,820
동화창작 · 제작기업	223	15,539	8,317,185	142,358	3,801,963	2,077,469
인터넷 애니메이션 (모바일 애니메이션 포함) 창작 · 제작기업	16	719	98,898	−6,847	69,910	62,375
애니메이션 무대극 레퍼토리 창작연출기업	1	87	1,881	–	2,316	1,400
애니메이션 소프트웨어 개발기업	10	599	99,671	–	202,108	93,497
애니메이션 파생상품 연구개발설계기업	15	567	601,909	55,034	284,440	80,253

분야별 / 구분	영업비용 (천 위안)	애니메이션 연구개발비 (천 위안)	영업이윤 (천 위안)	정부보조수입 (천 위안)	인터넷 애니메이션 (모바일 다운로드 횟수 포함) (회)
애니메이션 창작기업	359,290	116,362	35,177	23,469	125,125,982
동화창작 · 제작기업	3,231,107	452,823	570,856	244,675	390,278,511
인터넷 애니메이션 (모바일 애니메이션 포함) 창작 · 제작기업	77,665	15,329	−7,755	2,560	176,906,247
애니메이션 무대극 레퍼토리 창작연출기업	1,921	1,000	395	–	–
애니메이션 소프트웨어 개발기업	199,175	31,077	2,933	2,877	25,500,112
애니메이션 파생상품 연구개발설계기업	224,020	14,309	60,420	2,218	5,000,000

※출처: 中国文化文物统计年鉴 2012, p.496-497 자료 재구성

ⓕ 우수 애니메이션 TV 방송국 추천 제도 시행

　정부(광전총국)는 2006년 이후 매년 TV 방송용 우수 애니메이션을 일정량 심사 · 선정하여 전국 각급 TV 방송국에 방송될 수 있도록 추천해 왔는데 2010년 81편, 2011년 82편, 2012년 81편이 각각 추천되어 좋은 반응을 얻고 있다. 특히 2012년도 81편 63,104분(分)량이 추천되었는데 이는 2012년도 제작 · 생산량의 28.3%로 동 정책이 시행된 2006년 이후 가장 높은 비율이다.

현재 중국은 6개의 소년·아동 애니메이션 위성TV 채널과 30개의 소년·아동 지상파TV 채널이 주로 애니메이션을 방송하고 있고 일부 성급(省級) 위성채널과 각지 시급(市級) TV 방송에서도 애니메이션 시리즈물 프로그램을 보충하는 형태로 방송 체제를 유지하고 있다.

아. 맺는말

2012년은 중국 국산 TV 방송 애니메이션을 제작·생산하여 발행허가증을 받은 수량이 2011년보다 14.7%의 분량이 줄어든 222,838분에 머물렀다. 허가 기준이 비교적 까다롭고 수준 높은 애니메이션 요구를 감안한 것으로 보인다. 그런데 생산한 지점이 국가 지정 애니메이션 산업기지인 경우가 전체의 70%를 훨씬 초과하고 있고 특히 장삼각(长三角) 지역이라고 하는 상하이 시, 장쑤 성, 저장 성에서 제작·생산한 애니메이션 양은 2010년의 경우 113편으로 국가 지정 애니메이션 산업 기지 총생산량 269편의 42%를 차지하고 있어 특정 지역 쏠림 현상이 일어나고 있다.

통상적으로 장삼각 지역은 1개 시 2개 성의 16개 도시를 칭하는데 상하이, 우시, 닝보, 저우산(舟山), 쑤저우, 양저우, 항저우, 사오싱, 난징, 난퉁, 창저우, 후저우(湖州), 자싱(嘉兴), 전장(镇江), 타이저우(泰州), 타이저우(台州) 등이다. 이 지역의 2011년도 상반기 GDP 총계가 8755억 위안으로 2010년 이 지역 상주 인구를 1억 763만 명으로 계산할 때 2011년 상반기 1인당 GDP가 36,008위안이 되는데, 이 수치는 전국에서 수위권에 이르고 있다.

다음으로 주목해야 할 것은 중국 애니메이션 시장의 70%가 파생상품에서 이루어지므로 파생상품과 관련 있는 분야의 시장 규모가 방대하고 점점 확대해 가고 있다는 점이다. 즉 아동 음상도서 100억 위안, 아동 의류 연간 매출액 900억 위안, 완구 시장규모 연간 200억 위안, 문구류는 연간 600억 위안, 아동 식품 판매 연간 350억 위안 등 상당한 시장을 형성하고 있다.

또 애니메이션의 수출 물량이 점증하고 있어 시장 전망을 밝게 해 주고 있다.

그러나 반드시 좋은 현상만 있는 것이 아니고 여러 가지 난제도 많다.

첫째, 상표 판권 보호 미흡으로 해적판의 범람을 들 수 있는데 중국의 애니메이션 시장 90% 이상이 해적판 상품 때문에 어려움을 겪고 있다. 유명 애니메이션 회사인 三辰卡通의 〈남색 고양이(蓝猫)〉의 해적판 판매가 정품 판매보다 이익을 9배나 올린 경우가 이를 증명한다. 광저우의 애니메이션 〈喜洋洋〉도 해적판 판매 이익이 정품 판매 이익의 4배에 이르렀다. 해적판의 범람은 어느 나라나 할 것 없이 조속히 퇴치되어야 한다.

둘째, 국산 TV 방송 애니메이션과 해외 수입 애니메이션의 TV 방송 시장 제한을 재조정할 필요가 있다. 중국 TV 방송 시장에서 덤핑의 엄격한 제한 등을 비롯하여 국산 TV 방송 애니메이션 진흥책 등 여러 가지 이유가 있겠지만 이제는 중국 국산 애니메이션 수준도 경쟁력을 갖추었기 때문에 시장에 맡기는 것을 고려해야 한다. 왜냐하면 언제까지 중국 국산 TV 방송 애니메이션이 국가 보호 속에서 성장을 해야 하는지, 얻는 것보다 경쟁력을 오히려 저하시키는 결과를 낳지 않을까 우려도 되기 때문이다.

셋째, 인재 육성 면에서 애니메이션 분야 전문가 양산에 사회적 인센티브를 제공하는 등 고급 인재를 키우는 전략을 지속적으로 추진해야 한다. 인재 육성은 비단 중국뿐만 아니라 세계 각국이 공통으로 미흡한 실정이다.

이 밖에도 국산 TV용 애니메이션 제작·생산에 있어 2004년 이후 누계가 3만 시간을 초과하여 이제 양적 과잉 현상을 빚고 있다. 따라서 많은 전문가는 질적 향상을 적극 추진해야 한다고 지적한다. 그뿐만 아니라 소년·아동 인구 감소와 인터넷 등 뉴미디어의 급속한 발전에 융통성 있게 대응해야 하며 새로운 기술로 생산하지 않으면 관람객 또는 시청자들의 사랑을 받을 수 없다는 것을 중국 애니메이션 산업계 인사들도 알고 있다. 2012년 국내에 상영된 33편의 애니메이션 영화(영화관용) 중 45%인 15편이 3D 영화기술로 촬영되어 15편의 티켓 판매수입은 33편 전체 티켓 판매수입의 72%를 차지한 것으로 분석되었다.

위와 같이 몇 가지 사안을 제시는 했는데, 이외에도 발전할 수 있는 공간은 많다. 뉴미디어 시대에 인터넷으로 애니메이션 시장을 확보하는 것 등이 그렇다.

이제 중국의 애니메이션 시장은 질 좋고 품격 있는 상품을 요구한다. 중국이 규모 면에서는 세계 최고의 잠재력을 갖춘 시장을 보유하고 있으며 젊은층이 주 고객이므로 경쟁력 있는 신선한 상품의 출현을 기대할 만하다.

4. 영화 시장

가. 서설

올해는 중국 영화가 세상의 빛을 본 지 110년이 되는 해이다. 이렇게 긴 세월 동안 많은 변화를 겪으면서 성장해 온 중국 영화의 생산량은 인도와 미국에 이어 세계 3위를 마크하고 영화 시장은 세계 2위가 되었다.

110년의 긴 역사를 가진 중국 영화가 걸어온 길을 베이징 영화대학 객원 교수 겸 중국 예술연구원 연구원인 李小白 교수는 동인의 저서 〈中国电影史(중국영화사)〉에서 중국 영화 발전 단계를 10단계로 하여 시기별로 구분지었다. 그는 1905년부터 1923년까지의 시기를 ① 실험 시기로 보았는데 이 기간은 1916년 중국 최초의 단편 극영화 〈黑籍冤魂〉의 탄생을 포함하고 있다. 다음으로 长城公司派(약칭: 장성파)와 神州公司派(약칭: 신주파)로 대별되는 시대인 1923년부터 1927년까지의 기간을 ② 탐색시기로 규정했다. 1928년부터 1932년까지의 시대극 영화와 무협 영화의 출현에 따른 ③ 상업 경쟁 시기와 1932년부터 1937년까지 기간의 진보와 보수가 공존하는 ④ 변혁기를 거쳐 1937년부터 1945년까지의 기간 국민당 통치 지역의 영화와 연안 지역의 영화, 그리고 조차 지역의 영화 등이 섞인 정치적 혼란기인 ⑤ 비상 시기를 잘 마무리하고 1945년부터 1949년까지는 영화의 ⑥ 풍작 시기로 분석했다.

이어서 1949년부터 1966년까지는 ⑦ 신중국 영화의 창건 시기로 창춘 영화제작창(长影), 베이징 영화제작창(北影), 상하이 영화제작창(上影), 그리고 八一영화제작창을 비롯하여 기타 수십 개의 영화제작창에서 영화 제작·생산이 활발히 이루어지다가 1966년 문화대혁명을 맞는다. 따라서 1966년부터 1976년까지 기간을 ⑧ 감금의 시기로 보앉고 1977년부터 1992년까지를 ⑨ 재탐색시기로 구분했다. 또한 1992년 이후 현재까지를 ⑩ 시장화 시기로 구분했는데 사실상 중국은 1992년부터 시장경제를 도입했다.

과거 4세대 감독들의 작품인 시에페이谢飞의 〈黑骏马〉, 우이궁吴贻弓의 〈城南旧事〉, 우톈밍吴天明의 〈人生〉 등의 걸작 배출을 거쳐 5세대 유명 감독들인 장이머우张艺谋, 펑샤오강冯小刚, 천카이거陈凯歌 및 신세대 감독들의 등장이 오늘날 중국 영화계를 이끈다. 특히 신세대 감독들은 2012년도 외부로부터의 첨단기술영화 수입 압력 속에서 편당 티켓 판매 평균가가 1억 위안을 넘었고 이 중 우얼샨乌尔善 감독의 〈画皮2〉는 7억 위안을 상회했다. 이러한 신세대 감독으로는 ① 쉬펑徐峰, ② 우얼샨, ③ 펑더룬冯德伦, ④ 뉴청저钮承泽, ⑤ 리위李玉, ⑥ 닝하오宁浩, ⑦ 루촨陆川, ⑧ 자오린산赵林山, ⑨ 량러민梁乐民, ⑩ 루젠칭陆剑青 등이 있는데 이들의 향후 행보가 주목된다.

영화산업 관련 분야별 분석은 뒷장에서 상세히 설명하겠지만 최근 자료를 보면 이해가 빠를 것 같아 설명하도록 하겠다.

2012년 중국은 TV 방송 디지털 영화 92편을 포함하여 극영화 745편, 극장 상영 애니메이션 33편, 다큐멘터리 영화 15편, 교육과학 영화 74편, 특별한 종류의 영화 26편 등 총 893편의 영화를 제작·생산했다. 실로 엄청난 규모이다.

영화 티켓 판매 수입도 2011년보다 30.18% 증가한 170억 2300만 위안(미화 약 27억 830만 달러)에 이르렀는데 티켓 판매 수입의 48.46%만이 국산 영화 티켓 판매 수입이었다는 점이 시선을 끈다. 국산 영화 티켓 판매액은 82억 7300만 위안(미화 약 13억 1620만 달러)에 머물러 미국의 108억 달러의 1/4 수준이다.

이러한 상황에 중국 국산영화 티켓 판매 흥행에 있어 편당 1억 위안 이상의 티켓 판매 수입을 올린 영화가 21편에 이르렀는데 이 중 6편은 편당 2억 위안 이상의 티켓 판매 수입을 거뒀고 3편은 편당 무려 7억 위안 이상의 흥행을 기록했다. 이런 현상은 중국 영화계의 노력이 더 한층 결집된 결과 좋은 영화 제작으로 이어졌기 때문으로 풀이된다. 따라서 중국은 과거 2D 영화를 3D와 디지털 특수 기술 효과 제작으로 바꾸어 2012년에는 3D 국산영화 12편을 시장에 내놓았는데 2011년의 5편에 비해 대폭 늘어났다.

우선 여기서 중국은 과연 어떤 종류의 영화를 연간 얼마나 제작·생산해 내는지 파악해 보자.

나. 국산영화 제작 · 생산

중국은 11 · 5 규획(제11차 5개년 계획) 기간(2006~2010년)에도 국산영화 제작 · 생산량이 끊임 없이 증가해 왔고 12 · 5 규획 기간인 2011년 이후에도 생산량이 계속 증가하고 있다.

또한 2011년도는 중국공산당 중앙선전부, 국가발전개혁위원회, 재정부, 광전총국 등 4개 부 · 위(部 · 委)가 '영화강국 10년 규획'을 내놓고 국무원 법제판공실은 '영화산업 촉진법(의견 수렴)'을 발표함으로써 중국 영화산업 발전에 긍정적인 환경을 조성하는 데 크게 기여했다.

〈중국의 11 · 5 규획 기간 이후 각종 영화 제작 · 생산 현황〉 (단위: 편)

종류 / 연도	2006	2007	2008	2009	2010	2011	2012
극영화	330	402	406	456	526	558	653
애니메이션	13	6	16	27	16	24	33
다큐멘터리	13	9	16	19	16	26	15
교육과학영화	36	34	39	52	54	76	74
특수영화	7	9	2	4	9	5	26
TV 방송 디지털 영화	112	122	107	110	100	102	92

※출처: 中国广播电影电视发展报告(2011年, 2012年, 2013年) 자료 재정리

2011년의 중국공산당 창건 90주년과 신해혁명 100주년이라는 특별한 계기를 맞이하여 영화 제작 소재도 다양해졌는데, 이에 앞서 2010년에는 中央新闻 기록영화 제작창과 베이징 교육과학영화 제작창이 합병하여 中央新影集团으로 재탄생하는 등 지속적으로 영화계에 개혁이 일었다. 2011년도에 극영화 558편을 비롯하여 총 791편의 각종영화를 제작생산하였는데 2012년도에는 극영화 653편 등 총 893편의 각종 영화를 시장에 내놓았다. 한편 영화 제작 · 생산량도 지역별로 편중이 심화되어 2011년에 베이징이 전체 제작생산량의 38.69%를 점하고 있는 것으로 밝혀졌다.

2011년 12월 15일 상영된 〈龙门飞甲〉는 국산 3D 무협영화로 국제적 수준의 3D 효과와 전통적 중국 무협 소재가 서로 결합된 영화로 시장에서 티켓 판매액이 5억 위안을 넘어서는 좋은 결과를 얻었다.

그런데 중국의 연간 생산 극영화가 500편을 초과하고 있는데 이 중 70~80%가 1,000

만 위안(미화 약 160만 달러) 이하를 투자해서 제작하는 중·소액 투자 영화이며 이미 20여 편의 소액투자 영화들이 국제 영화제 등에서 수상을 한 것으로 알려져 있다.

2011년도에 중·소 투자로 제작·생산한 영화들이 영화시장에서 큰 영향력을 행사했는데 상위 10위권 중 1위의 〈실연 33일(失恋33天)〉은 3억 5607만 위안, 2위 〈将爱情进行到底〉는 1억 9635만 위안, 3위 〈武林外传〉 1억 8965만 위안, 4위 〈最强喜事2011〉 1억 7040만 위안, 5위 〈喜洋洋与灰太狼之兔年顶呱呱〉 1억 4500만 위안을 각각 마크하는 등 상당한 성과를 거두었다.

외국과의 합작 영화 제작생산도 계속 늘어났다. 2011년에는 캐나다, 이탈리아, 호주, 영국, 프랑스, 싱가포르, 뉴질랜드 등과의 합작 촬영 계약을 체결했고 한국, 러시아, 인도, 필리핀, 스페인 등과는 공동 촬영 등을 협의하거나 여러 가지 방안들이 진행되었다. 1979년 중국 영화합작제작공사 설립 후 지금까지 총 860편의 합작 영화를 제작·생산했는데 문화산업이 본격적으로 부흥하기 시작한 2002년부터 2011년까지 합작 생산량이 391편으로 매년 39편을 제작·생산한 것으로 계산된다. 2011년에 99편이 신청되었는데 이 중 73편이 통과되어 57편이 완성된 것으로 알려져 있다. 2012년도는 88편의 합작영화 신청 중 66편이 심의 통과, 비준을 받았다.

〈2010년도 영화 제작생산 상위 10개 성(시) 현황〉

순위	성(시)	생산량(편)	순위	성(시)	생산량(편)
1	베이징	299	6	허난 성	16
2	광둥 성	24	7	산둥 성	15
3	상하이	23	8	쓰촨 성	15
4	지린 성	20	9	산시陝西 성	11
5	저장 성	18	10	윈난 성	9

※출처: 中国广播电影电视发展报告(2011) p.80 자료 재구성

상위 10개 성(省) 및 직할시가 2010년도에 제작·생산한 수량이 총 450편으로 연간 총 제작생산량 721편의 62.4%를 차지했고 베이징은 무려 41.47%를 차지하므로 특정 지역 쏠림 현상이 두드러진다.

지금까지 중국 국산영화의 제작생산량에 대하여 접근해 보았다. 다음은 이러한 영화들이 시장에서 어떻게 취급받고 있는지 알아보자.

다. 영화 시장

2012년도의 중국 영화시장에서 티켓 판매 수입은 2011년도보다 30.18% 늘어난 170억 2,300만 위안이다. 2001년 8억 7,000만 위안이었던 티켓 판매 흥행 수입이 12년 만에 19.56배 증가한 것이다.

〈2001년 이후 중국 영화시장 티켓 판매 흥행 수입 추이〉 (단위: 억 위안)

연도	2001	2002	2003	2004	2005	2006
티켓 판매수입	8.7	9.0	9.9	15.0	20.46	26.2
연도	2007	2008	2009	2010	2011	2012
티켓 판매수입	33.27	43.41	62.06	101.72	131.15	170.73

※출처: 中国广播电影电视发展报告(2011) p.69 및 2011, 2012 中国广播电影电视发展报告 등 자료 재정리

2011년도의 세계 영화 티켓 시장은 미화 326억 달러로 2010년보다 3% 증가했는데 중국은 미국의 102억 달러, 일본의 23억 달러에 이어 빠르게 3위에 진입했다.

역시 영화 티켓 판매 흥행 수입도 광둥 성, 베이징, 상하이, 장쑤 성, 저장 성이 2010년이나 2011년도나 변함없이 상위 5위권에 들어 있고 2011년의 경우 이 5개 성시의 티켓 판매 수입이 모두 10억 위안(미화 약 1억 5,871만 달러)을 넘었다. 1위 광둥 성은 18억 6,544만 위안, 2위 베이징은 13억 4,952만 위안, 3위 상하이는 11억 339만 위안, 4위 장쑤 성은 10억 9,007만 위안, 5위 저장 성 10억 1,413만 위안이었다. 6위는 쓰촨 성인데 6억 7,106만 위안으로 수치가 뚝 떨어진다.

지난 3년간 지역별 영화 티켓 수입 상위 10위권 현황을 파악하면 각 지역의 영화 흥행 수입을 알 수 있다.

〈2010~2012년 지역별 영화 티켓 수입 상위 10위권 현황〉

구분 / 순위	2012년			2011년			2010년	
	지역	티켓 판매 수입(万元)	증·감(%)	지역	티켓 판매 수입(万元)	증·감(%)	지역	티켓 판매 수입(万元)
1	광둥	237,120	27.11	광둥	186,544	14.84	광둥	162,434
2	베이징	161,160	19.42	베이징	134,952	12.76	베이징	119,676
3	장쑤	156,348	43.43	상하이	110,339	13.15	상하이	97,512
4	저장	137,511	35.60	장쑤	109,007	44.12	장쑤	75,635
5	상하이	134,865	22.23	저장	101,413	37.41	저장	73,802
6	쓰촨	87,232	29.99	쓰촨	67,106	7.85	쓰촨	62,224
7	후베이	81,265	38.58	후베이	58,643	31.29	후베이	44,666
8	랴오닝	65,747	35.66	랴오닝	48,466	29.54	랴오닝	37,414
9	산둥	57,476	42.20	충칭	42,908	41.15	충칭	30,399
10	충칭	55,420	29.16	산둥	40,418	35.39	산둥	29,853
-	누계	1,174,144	-	누계	899,796	-	누계	733,615

※출처: 中国广播电影电视发展报告(2013) p.107 자료 재구성

위와 같이 상위 10위권 지역이 중국의 연간 티켓 판매 총수입에서 상당 비중을 차지하고 있는데 2010년도는 72%, 2011년도 및 2012년도는 각각 69%를 차지하고 있다. 이 또한 중국 영화시장을 살펴보는데 간과해서는 안 될 부분이다.

1) 중국 국산 영화와 해외 수입 영화와의 경쟁

중국은 2006년부터 2011년까지 영화시장에서 티켓 판매 수입 중 자국 영화 것이 외화 것을 능가해 왔는데 2012년도에는 48.46%로 상황이 바뀌었다.

이러한 상황이 발생한 데는 여러 가지 복합적인 요인이 작용했겠지만 2012년에 일어난 여러 상황들을 살펴볼 필요가 있다.

〈11·5 규획 기간(2006~2010년) 이후 중국 영화산업 수입 변화 추이〉

구분 / 연도	2006	2007	2008	2009	2010	2011	2012
연간 총수입액(억 위안)	57.30	67.26	84.33	106.65	157.21	177.47	208.17
티켓 판매(억 위안)	26.20	33.27	43.41	62.06	101.72	131.15	170.73
TV 방송 수입(억 위안)	12.00	13.79	15.64	16.89	20.32	25.86	26.81
해외판매 수입(억 위안)	19.10	20.2	25.28	27.70	35.17	20.46	10.63
국산영화 티켓 판매비율(%)	55.03	54.13	60.8	56.6	56.3	53.61	48.46

※주: 티켓 판매 수입에는 농촌 영화시장에서의 티켓 판매 수입은 포함되지 않음.
※출처: 2007年, 2008年, 2009年, 2010年, 2011年, 2012年 中国广播电影电视发展报告 등 자료 재정리

2012년도 영화 티켓 판매수입을 1억 위안 이상 확보한 영화가 상당히 증가했다. 이는 매년 중국 영화 시장 규모가 크게 늘어나고 있기 때문으로 봐야 한다. 그러나 1억 위안 이상의 영화 티켓 판매 수입을 확보한 44편 중 국산영화는 21편으로 47.7%에 머물렀다. 여기에는 여러 가지 요인이 있을 수 있겠지만 2012년 2월 18일 중·미 간에 있었던 '중·미 쌍방 WTO 영화 관련 문제해결 비망록' 서명과 무관치 않다고 지적하는 전문가들이 적지 않다.

그래도 중국 국산영화 제작·생산과 기술의 발달로 수입은 날로 늘어가고 있다. 2012년도 영화산업 총수입이 208.17억 위안(미화 약 33억 1,191만 달러)에 이르렀으니 말이다. 그러나 해외 판매 수입은 48.04% 감소했다.

〈11·5 규획 기간(2006~2010년) 이후 중국 내 티켓판매 1억 위안 초과 영화 편수〉

구분 / 연도	2006	2007	2008	2009	2010	2011	2012
1억 위안 이상 티켓 판매 총영화	5	7	12	21	27	38	44
1억 위안 이상 티켓 판매 국산영화	3	3	7	11	17	20	21

※출처: 2012年 및 2013年 中国广播电影电视发展报告 p.108 등 자료 재정리

그러나 2013년에는 중국 국산영화의 흥행이 가히 폭발적이다. 2013년 5월 12일 현재 영화시장 흥행 수입이 81억 위안을 넘었는데 이 중 중국 국산영화 흥행 수입이 50억 7,300만 위안으로 전년 동기 대비 157% 증가했으며 시장점유율도 63%에 이르렀다. 전년 같은 기간의 34%에 비하면 괄목할 만한 성장이다.

한편 2011년의 경우 총 247편의 영화가 극장에서 관객을 맞이했는데, 이 중 74%에 해당하는 183편이 중국 국산영화이고 나머지 64편은 한국, 미국, 프랑스, 영국, 일본, 러시아 등의 국가와 홍콩, 대만의 영화들로 구성되어 있어 영화 수입국의 다변화를 보여주고 있다.

2012년도에는 총 315편의 영화가 극장에서 상영되었는데, 이 중 중국 국산영화가 229편, 외화가 86편이다. 2011년도보다 중국 국산영화가 25.14%, 외화가 34.38% 각각 증가했다.

〈2007~2012년 국산 및 수입 영화 영화관 상영 현황〉 (단위: 편)

구분 / 연도	2007	2008	2009	2010	2011	2012
국산영화상영	141	124	140	141	183	229
수입영화상영	47	42	52	59	64	86

※출처: ① 中国纪录片发展报告(2012) p.105 및 ② 0(2013) 자료 재구성

그러나 영화 시장에서 티켓 판매 흥행으로 인한 국부 유출도 적지 않다.

〈11 · 5 규획 기간(2006~2010년) 이후 국산 영화와 수입 영화 티켓 판매 비교표〉 (단위: 억 위안)

구분 / 연도	2006	2007	2008	2009	2010	2011	2012
합계	26.20	33.27	43.41	62.06	101.72	131.15	170.73
국산영화수입	14.42	18.01	26.39	35.13	57.27	70.31	82.73
수입영화수입	11.78	15.26	17.02	26.93	44.45	60.84	98.00 (15.5914억 달러)

※주: 2009년, 2010년, 2011년, 2012년 '국민경제와 사회발전 통계 공보'에서 발표한 USD 환산율은 다음과 같음(2009년 1USD=6.8282위안/2010년 1USD=6.6227위안/2011년 1USD=6.3009위안/2012년 1USD=6.2855위안)
※출처: 2007년, 2008년, 2009년, 2010년, 2011년 2012년 中国广播电影电视发展报告 등 자료 재정리

2010년 약 6.7억 달러에서 2011년 약 9.7억 달러로, 2012년에는 껑충 뛰어 약 15억 5,914만 달러로, 외화(外画) 수입에 따른 외화(外货)가 많이 지출되었다.

다음은 영화관 체인관 현상을 파악하기로 한다.

2) 영화관 체인관

2010년 기준으로 중국에는 北京万达 등 크고 작은 영화관 체인관이 총 38개가 운영되고 있다. 보편화된 영화관 체인 중 51.35%인 19개의 체인이 연간 1억 위안 이상의 티켓 판매 흥행 수입을 올렸는데 금액으로는 90억 8,666만 위안으로 2010년 연간 디켓 판매 흥행 총수입의 89.3%를 차지하고 있어 중국 영화시장은 20여 개의 체인화되어 있는 대형 영화관들의 영향에 따라 움직이고 있다고 해도 과언이 아니다.

이러한 대형 영화관 체인 중 10억 위안 이상의 티켓 판매 흥행 수입을 올린 영화관 체인 3개사가 있는데 1위는 14억 265만 위안의 성적을 올린 北京万达, 2위는 12억

1,327만 위안의 티켓 판매 흥행 수입을 거둔 中影星美, 3위는 10억 7,128만 위안의 上海联和이며, 이들 3개 대형사의 2011년도 티켓 판매 흥행 수입도 계속 증가했다. 1위의 北京万达는 17억 8,475만 위안, 2위 中影星美는 13억 7,701만 위안, 3위 上海联和는 13억 344만 위안, 4위 선전의 中影南方新干线이 10억 위안 이상의 대열에 올라 10억 8,598만 위안의 티켓 판매 흥행 수입을 올렸다.

2012년도에는 영화 티켓 판매수입을 5억 위안 이상 확보한 영화관 체인공사도 11개나 되었다. 广东大地의 경우 중소도시를 거점으로 전국에 288개의 영화관에 1,309개의 스크린을 운영하면서 2012년에 영화 티켓 수입으로만 11억 538만 위안을 거두었는데, 이는 2011년도보다 무려 63.35%가 증가한 수치이며 전국 순위 7위에서 6위로 뛰어올랐다.

⟨2012년도 영화 티켓 판매 수입 5억 위안 초과 영화관 체인 현황⟩

순위	영화관 체인 회사명	상영 횟수	티켓 판매 수입 (万元)	총관람객 (만 명)	평균 티켓값 (元)
1	万达	1,672,700	245,600	5,841	42.05
2	上海联和	1,471,600	165,035	4,468	36.94
3	中影星美	1,559,000	162,024	4,388	36.92
4	深圳中影南方新干线	1,421,800	132,629	3,464	38.29
5	广州金逸珠江	1,123,200	117,513	3,059	38.42
6	广东大地	1,877,100	110,538	3,850	28.71
7	北京新影联	838,500	82,596	2,207	37.42
8	浙江时代	888,800	71,613	1,958	36.57
9	四川太平洋	596,800	60,315	1,648	36.60
10	浙江横店	834,400	56,768	1,713	33.14
11	中影数字	963,600	52,541	1,652	31.80

※출처: 中国广播电影电视发展报告(2013) p.112

지방의 중소 영화관 체인공사들도 성업 중인데 장쑤성의 幸福蓝海院线은 2012년 티켓 판매수입이 2.51억 위안으로 전국적으로 17위를 마크하고 수입이 전년도보다 96.60%나 증가했다.

참고로 2011년도 중국의 영화 티켓 판매 수입 전체의 88.3%를 차지하고 있는 영화관 체인 상위 20개 현황을 보면 중국의 영화관 체인 현상을 이해하는 데 도움이 될 것이다. 특히 이들 체인이 관람객 전체 3억 6,800만 명 중 89.4%인 3억 2,901만 명을 확보했다는 사실에도 주목할 만하다.

⟨2011년도 상위 20위 영화관 체인 티켓 판매 흥행 실적⟩

순위	영화관 체인 회사명	티켓 판매액 (만 위안)	연관객 수 (만 명)	상영 횟수	평균 티켓 가격 (위안)
1	北京万达	178,475	4,086	1,202,000	43.68
2	中影星美	137,701	3,843	1,324,400	35.83
3	上海联和	130,344	3,777	1,103,400	34.51
4	深圳中影南方新干线	108,598	2,865	967,300	37.91
5	广州金逸珠江	85,082	2,249	765,700	37.83
6	北京新影联	76,348	2,093	791,700	36.48
7	广东大地	67,670	2,352	948,200	28.77
8	浙江时代	55,665	1,553	672,200	35.84
9	四川太平洋	46,796	1,361	486,300	34.38
10	辽宁北方	38,225	1,327	466,700	28.81
11	浙江横店	35,091	1,098	479,500	31.96
12	河南오스카	32,103	1,038	371,900	30.93
13	中影디지털	29,820	1,014	543,300	29.41
14	重庆保利万和	24,087	713	253,600	33.78
15	时代华夏今典	23,774	794	423,200	29.94
16	湖北银兴	23,370	724	247,300	32.28
17	世纪环球	18,359	516	170,600	35.58
18	武汉天河	17,353	562	169,400	30.88
19	江苏东方	16,130	561	188,900	28.75
20	江苏幸福蓝海	12,787	375	129,600	34.10
계		1,157,778	32,901	11,705,200	

※출처: 中国广播电影电视发展报告(2012) p.100

1위를 고수하고 있는 北京万达의 경우 2011년도 기준 730개의 스크린에 86개의 극장을 보유하고 있는데, 이 중 IMAX 스크린이 47개이며 티켓 판매 수입도 2011년 연간 티켓 판매 총액의 13.61%를 차지하고 있다. 영화관 체인사들의 수입도 양극화 현상이 나타나고 있음을 알 수 있다. 2012년에 와서는 115개의 영화관과 1,000개의 스크린을 보유하게 되었는데 그 수가 날로 확대하고 있다.

여기서 다시 개별 영화관별 티켓 판매 흥행수입을 보면 중국 내 영화관 수입을 대체적으로 예측할 수 있을 것이다.

그리고 2012년도 영화관 체인사 중에 25개사가 1억 위안 이상의 티켓 판매 수입을 확보했고 北京万达, 上海联和, 中影星美, 中影南方, 广州金逸, 广东大地 등 6개사는 10억 위안 이상의 티켓 판매 수입을 올렸으며 北京万达는 무려 24억 위안의 티켓 판매 수입을 거두었다. 2010년, 2011년, 2012년도의 티켓 판매 수입 상위 10위권의 개별 극장수입이 연간 전체 티켓 판매 수입에서 각각 6.9%, 5%, 4%를 유지하고 있는데 그 영향력이 대단한 것을 알 수 있다.

〈2010~2012년도 티켓 판매 흥행 상위 10개 영화관 현황〉

2012년도		
순위	영화관명	티켓 판매 수입(만 위안)
1	北京耀莱成龙国际影城	8,169
2	深圳嘉禾影城	7,786
3	首都华融电影院	7,700
4	上海万达国际电影城五角场店	7,404
5	北京UME华星国际影城	6,703
6	北京UME国际影城双井店	6,384
7	上海永华电影城	6,369
8	北京万达国际电影城CBD店	6,326
9	广州万达影城白云店	6,142
10	广州飞扬影城正佳店	6,000

※출처: 中国广播电影电视发展报告(2013) p.114

2011년도		
순위	영화관명	티켓 판매 수입(만 위안)
1	北京耀莱成龙国际影城	7,632
2	首都华融电影院	7,310
3	深圳嘉禾影城	6,871
4	北京UME华星国际影城	6,740
5	上海万达国际电影城五角场店	6,495
6	重庆UME国际影城（江北）	6,398
7	广州飞扬影城正佳店	6,090
8	北京万达国际电影城店	6,071
9	上海永华电影城	6,031
10	上海星美正大影城	5,924
2010년도		
순위	영화관명	티켓 판매 수입(만 위안)
1	北京UME华星国际影城	9,824
2	重庆UME国际影城（江北）	7,734
3	深圳嘉禾影城	7,585
4	首都华融电影院	7,480
5	上海和平影都	7,071
6	福州金逸影城	6,193
7	上海永华电影城	6,079
8	武汉万达国际电影城	6,075
9	北京星美国际影城	5,990
10	天津万达影城有限公司	5,979

※출처: 中国广播电影电视发展报告(2012) p.101

중국의 영화관 체인 수는 2003년 32개사에서 2007년 34개사, 2009년 37개사, 2010년 38개사에서 2011년도는 39개사, 2012년도는 40개사로 증가하고 영화관 수도 2010

년 1993개에서 2011년에는 2,803개로 대폭 증가하였으며, 스크린 수 역시 2010년도 6,256개에서 2011년도 9,286개, 2012년도는 무려 13,118개로 늘어났다.

그런데 2011년 7월 29일 중앙선전부와 광전총국이 공동으로 허베이 성 탕산(唐山) 시에서 '전국 현급(县级) 시 디지털 영화관 건립 공작 현장 회의'를 개최했는데 동 회의에서 2015년까지 전국 모든 현급·시 디지털 영화상영관 건립을 목표로 하고 이를 시행하도록 했다.

나라별로 보유한 스크린 수와 디지털 스크린 수 순위를 매겨보면 중국이 세계 2위이며, 미국 다음으로 많은 스크린을 보유하고 있다.

3) 영화 발행(배급)

영화 배급사는 약 40여개사가 활동 중인데 대체적으로 국유 배급사가 시장을 주도하고 있으며 2010년에 ① 中影集团发行分公司는 연간 139편의 국산영화 배급과 해외 수입 영화 34편의 배급 계약을 맺었고, ② 华夏영화발행공사는 96편, ③ 博纳影业은 35편, ④ 上海东方发行影片은 11편의 영화를 각각 배급했는데 이 4개사의 배급 영화 수량이 국산 281편과 외화 35편이나 되어 중국 영화 배급업을 거의 독점하다시피 한 것으로 판단된다.

2011년에도 위와 같은 비중에서 크게 벗어나지 않았는데 中国广播电影电视发展报告(2012)의 영화 배급과 영업 판매 자료에 의하면 ① 中国电影股份有限公司(약칭: 中影股份)는 77편의 영화 배급으로 티켓 판매 수입 33억 8,800만 위안을 확보했고 또한 47편의 해외 수입영화 배급으로 티켓 판매 수입 5억 4,400만 위안도 확보했다. ② 华夏영화발행공사 역시 104편의 국산영화 배급으로 37억 위안의 티켓 판매 수입을 거두었고 ③ 上海东方발행공사도 11편의 국산영화 배급을 통해 3억 3,000만 위안의 티켓 판매 수입을 확보했다.

2012년도 역시 2011년도와 크게 다르지 않다. 국유기업인 中国电影股份有限公司(약칭 中影股份)와 华夏电影发行有限责任公司(약칭 华夏) 등이 영화 배급 시장을 석권했다. 中影股份은 디지털 네트워크 배급 체계를 갖추고 디지털 2급시장을 건설하였으며 총 298편의 중국 국산영화를 단독 또는 공동으로 배급했다. 华夏도 이에 뒤지지 않을세라 적극적으로 배급사업을 펼쳤는데 총 120편을 배급했다. 이 중에 68편이 중국 국산영화였다.

그리고 상하이 东方影视发行公司는 上海电影股份有限公司影视发行分公司(약칭 上影发行)로 변경 후 배급의 다양화를 꾀하면서 총 18편의 영화를 배급했다.

한편 민영 배급사인 华谊兄弟와 光线影业 등이 2012년 상당한 노력으로 지난 4년간 전국 120개 도시에 배급 시스템을 구축하면서 보다 발전한 면을 보였다.

〈2011~2012년 영화 발행(배급) 주체별 시장점유율〉 (단위: %)

연도 / 업체	中影	华夏	华谊兄弟	光线影业	博纳影业	美亚华天下	乐视影业	安乐影业	星美影业	기타
2012	42.0	25.6	9.3	6.3	3.3	2.5	1.5	1.2	1.0	7.3
2011	38.6	24.3	2.0	4.2	8.1	1.6	0.1	0.2	1.1	19.8

※출처: 中国广播电影电视发展报告(2013) p.116 재정리

또한 민영 발행공사는 총 47편의 영화 발행을 통해 34억 9,428만 위안의 티켓 판매 수입을 올린 것으로 조사되었는데, 이는 2011년도 전체 티켓 판매 흥행 수입 131억 1,500만 위안의 26.64%에 지나지 않아 영화 배급에 있어 국유 배급사가 거의 시장을 주도하고 있는 것으로 분석된다. 아울러 2011년도에도 국유 배급사가 총 243편의 국산영화와 47편의 수입영화를 배급하고 있는데, 이와 같은 수치는 연간 중국 영화관에서 상영되는 영화 편수가 대체적으로 300여 편에도 미치지 못한다는 영화계의 지적을 감안할 때 큰 비중을 차지하는 수치임이 틀림없다. 2012년도 영화 배급 시장에서 국유기업인 中影股份과 华夏 두 업체만도 시장 전체의 67.6%를 차지하고 있어 민영기업의 활동은 아직 미흡해 보인다.

4) 투자 · 융자

영화산업 촉진 등을 위해 투자기금과 영화 분야 전용 자금이 있는데 영화산업 또한 문화산업의 한 부문을 차지하고 있어 문화산업기금은 별도의 장에서 기술하도록 하겠다.

영화 분야 전용 자금을 보면 영화관 건설과 디지털화를 촉진시키는 데 사용되고 있다. 2011년도 전국에서 거두어 들인 영화 전용 자금은 610,499,400위안(미화 약 9,689만 달러)으로 2010년보다 147,340,000위안이 증가했다. 이 중 지출이 5억 4,551만 위안(미화 약 8,658만 달러)인데 선지급 후상환 형식인 이 자금은 2011년도에 532개의 신규 영화관 건설에 1억 8,080만 위안, 482개 영화관의 디지털 기기 설치 보조금으로

6,390만 위안, 48개 영화관 개·보수비로 2,158만 위안, 민족언어 영화더빙 보조금으로 650만 위안, 그리고 각 성(省) 전용 자금으로 2억 6,620만 위안이 지원되었다. 이러한 자금은 '국가 영화산업 발전 전용 자금 관리위원회'에서 집행한다.

2012년도의 중국 영화 전용 자금 현황도 2011년도와 거의 비슷하게 운영되었다. 총 지급액이 5억 4,677만 위안(미화 약 8,699만 달러)으로 사용 항목을 보면 각 성(省) 전용 자금 3억 530만 위안(미화 약 4,857만 달러), 신규영화관 건립지원 1억 8,149만 위안, 영화관 디지털 기기 설치 보조 1,820만 위안, 국산 첨단기술영화 보조 1,400만 위안, 영화관 개·보수 지원 및 국산영화 장려, 소수민족어 더빙 보조 등 2,778만 위안으로 분배한 것으로 '中国广播电影电视发展报告(2013)' 53페이지에서 밝히고 있다.

그리고 영화제작비에는 금융기관의 대출과 투자가 상당히 이루어지고 있는데 2011년도의 상황을 보면 중국건설은행, 중국민생은행, 베이징은행 등 많은 은행이 영화·드라마 산업 융자 시장에 이미 뛰어들었다.

2011년 1월 중국건설은행과 저장 横店집단과 전략적 합작 계약을 체결하였고, 신용한도로 100억 위안을 지원하기로 했는데, 그 대상은 〈寻龙夺宝〉라는 영화였다. 민생은행도 〈金陵十三钗〉라는 영화의 촬영 및 홍보비 명목으로 1억 5천만 위안을 대출해줬는데 이 영화의 2012년 2월 28일까지의 티켓 판매 흥행 수입이 6억 923만 위안에 이르렀다. 2011년 4월에는 腾讯网이 5억 위안 규모의 영화·드라마·애니메이션(影视) 투자기금을 설립하고 연이어 乐视网, 土豆网, 优酷网 등의 인터넷 회사들도 영화 제작에 적극 개입하였다.

또한 상하이 东方传媒集团유한공사(SMG)와 상하이 联和투자유한공사(SAIL)가 공동으로 3억 3천만 달러 규모의 东方梦工厂을 설립했다.

물론 2010년도에도 11월 18일 베이징은행이 博纳影业및 小马奔腾 등 4개 민영회사와 합작계약을 체결하고 총 2억 6천만 위안의 대출을 진행하고 그해 12월에는 국유기업인 中影集团, 중국국제TV총공사 등 7개사와 공동으로 중국영화주식유한공사를 설립하면서 등기 자산만 14억 위안에 이르는 대형회사가 출현하는 환경도 맞이했다.

이뿐만 아니라 2011년 베이징 시 광전국과 베이징은행은 '베이징 시 라디오·영화텔레비전 산업 발전 지원을 위한 전면적·전략적 합작 계약'을 체결했는데 동 계약 내용은 향후 3년간 베이징은행이 베이징 시의 대표적 영화창의 기업에 100억 위안을 지원하는 내용으로, 베이징 시 광전국이 추천하는 影视(영화·드라마) 제작기업의 중점 사업에 대출할 것을 규정하고 있다.

특히 2012년도에는 영화산업 분야에 투자 환경을 더욱 개선하였는데 국유기업뿐만 아니라 민영기업도 투자 지원을 동시에 추진하고 외국자본 진입과 시장화 정도를 제고하였다. 2012년 11월 中影股份이 중국증권감독회에 신청한 것이 국무원의 비준을 받음으로써 중국 내 최강 기업으로 올라섰고 상품브랜드 영향력이 확대되었고 중국 국산영화가 세계화의 선두기업으로 발돋움했다. 2012년 6월에는 상하이 시 인민정부가 '상하이 영화산업 번영발전 촉진에 관한 실시 의견(关于促进上海电影产业繁荣发展的实施意见)'을 시행하면서 동 정신을 관철하기 위한 대규모 금융기관들의 지원이 이루어지는데 그 규모가 엄청났다. 즉 상하이시 文广影视局과 중국공상은행(中国工商银行), 중국건설은행, 중국은행, 교통은행, 상하이푸둥(浦东)발전은행, 상하이은행과 향후 5년간 상하이 影视业에 총 130억 위안(미화 약 20억 6,900만 달러)의 자금을 지원하기로 하는 내용에 합의한 것이다.

그리고 西部电影集团은 국가개발은행, 수출입은행과의 전략적 합작 체결로 영화 〈钱学森〉 촬영비에 2,000만 위안의 자금 지원을 받았다.

2012년 2월 上海东方传媒 등 3개 기업은 미국의 梦工厂动画公司(드림웍스)와 '上海东方梦工厂影视技术有限公司'를 설립하고 여러 가지 항목에 미화 3억 3천만 달러를 투자하기로 하고 애니메이션 기술개발, 애니메이션 영화 제작, 판권 발행, 파생상품 개발, 디지털게임, 테마공원 사업을 시작했다.

이 밖에도 미국의 거대 뉴스그룹은 중국의 博纳影业의 주식 19.9%를 인수하는 등 세계 유명 영화사들이 점진적으로 중국 시장에 진입하고 있다.

5) 영화의 대중화와 TV 방송 영화

중국은 TV 채널을 통하여 적지 않은 국산영화를 방영하는데, 전문 TV 채널에서부터 종합 매스미디어까지 그 범위가 상당히 광범위하다.

매일 방영하는 영화는 89편 가량이고 연간 방영하는 영화는 32,000여 편에 이른다. 시청률도 전국의 위성채널이 오랫동안 선도하고 있으며 연간 100여 편의 TV 방송 디지털 영화를 제작하고 있다.

1995년 전국인민대표대회에서 중국 TV 영화 방송국의 설립이 제의됨에 따라 당시 라디오 · 영화 · 텔레비전부(현 라디오 · 영화 · 텔레비전총국, 약칭 광전총국)는 직속 산하기구로 영화위성채널 프로그램 제작센터의 설치를 계획했다. 이 계획은 CCTV 6채널로 앉아 영화를 보는 정책이었다.

1995년 11월 30일 CCTV 6채널의 영화채널 시험 방송이 성공을 거두면서 1996년 1월 1일 CCTV 6 영화전문채널이 정식 개통하였다. 이 채널은 중국 최대의 '안방극장'으로, 점점 시청자들의 관심 속에 성장하여 영화시장을 개척하고 영화와 텔레비전의 융합을 위한 기초를 마련했다고 전문가들이 평가했다.

CCTV 6채널의 가시청 인구는 9억 6,700만여 명이고 매일 수천만 명이 영화를 시청한다. 이렇게 CCTV 6채널을 통한 영화의 대중화에 성공함으로써 2003년부터 2005년 사이 3개의 유료채널과 2개의 해외채널이 개설된다. 유료 TV프로그램 채널은 CHC 가정(안방)극장 채널, CHC 액션(动作)영화 채널, CHC 고화질 영화채널이며, 해외채널로는 CMC 중국영화채널 구미판과 CMC 홍콩판이 있다. 2009년도에는 다시 뉴미디어 기술의 축적에 따라 모바일 매체 TV 방송인 CMMB 휴대폰 TV 플랫폼을 만들었는데, 晴彩영화채널로 중국에는 영화전용 TV 채널이 총 7개 있다.

CCTV 6채널, CHC 가정(안방) 극장 채널, CHC 액션영화 채널, CMC 해외 중국영화 채널은 24시간 방송되고, 나머지 채널은 매일 18시간 이상 방송하고 있다.

특기할 것은 이 7개를 포함한 영화전용 채널들은 중국 국산영화 제작사들에게는 큰 수입원이라는 점이다. 2011년도 영화채널이 사들인 중국 국산영화가 297편으로 그해 극영화 생산량의 50%에 이른다.

〈2011년도 CCTV 영화채널 영화 방송 편수 현황〉 (단위: 편수 누계)

CCTV 6	CHC 안방극장	CHC 액션채널	CHC 고화질 영화채널	CMC 구미채널	CMC 홍콩채널	CMMB 晴彩채널
4,082	5,550	5,475	4,830	5,330	5,110	2,190

※출처: 中国广播电影电视发展报告(2012) p.280 자료 재정리

상기 7개 CCTV 영화전용 채널에서 연간 32,567편의 영화를 방송하고 있다. 물론 각기 다른 영화 32,567편을 방송했다는 것은 아니고 채널 간에 중복 방송과 재방송도 포함한 숫자로 이해하면 된다.

CCTV 6채널을 제외한 각 지방의 영화전용 TV 채널도 4개나 있다. 예를 들면 동방(东

方) 영화채널은 중국 대륙에서 가장 우수한 지방 영화채널로 매일 24시간 방송을 하고 있으며, 상하이 시 전체 호구 수 825만 호(戶) 중 350여만 호가 시청하고 있는 채널이다. 둥베이(東北) 지방 창춘(長春) 영화채널은 2011년도 시청률이 높아지고 영화방송 수입도 증가했는데, 프라임 시간대 평균 시청률이 2010년보다 38%가 올라간 것으로 조사되었다. 또 후난 성 창사(長沙)의 영화채널은 후난 성 시장에서 5위를 마크하는 성적을 기록하고 주장(珠江) 영화채널은 유선 인터넷 TV로서 광둥 성 전역과 각 지역에 전송, TV 가시청 인구가 1억여 명에 달하는 등, 전국적으로 2011년도의 TV 방송영화 수입이 25억 8,600여만 위안이라고 2012년 중국 라디오영화텔레비전 발전 보고서의 영화 파생산업 부문에서 밝히고 있다.

본래 TV 방송을 위해 매년 제작하는 디지털 영화 생산량은 100여 편으로 지금까지 제작·생산한 영화의 수량은 약 1,400여 편이다. 이 중에는 국내외에서 수상한 작품들도 많이 포함되어 있다.

〈2003~2012년 10년간 영화채널용 디지털 영화 생산 현황〉 (단위: 편)

연도	2003	2004	2005	2006	2007	2008	2009	2010	2011	2012
생산량	110	109	123	110	122	107	110	100	102	92

※출처: 中国广播电影电视发展报告(2012) p.93 등 자료 재정리

그리고 2005년 중국 영화시장이 호황이었을 때 영화전문 포털사이트 영화망(www.m1905.com)이 새로 등장했다. 이는 중국 영화의 대중화를 위한 새로운 홍보 수단으로 신속하게 기능했다.

2011년 현재 이 사이트의 1일 공식 방문자가 평균 300만 명이 넘고 대강 둘러보는 횟수는 1일 평균 1,000만 회를 초과한다고 한다. 280여만 명의 회원이 등록해 있고 260여만 명의 블로거와 전 세계 160여 개 국가와 지역에서 이 사이트에 방문하는 것으로 알려져 있다. 따라서 영화망 포털사이트가 중국 영화에 미치는 영향도 적지 않다는 것을 이해할 수 있다.

TV 방송 영화 수입도 적지 않은데 2011년도에는 전체 영화 판매 수입의 14.57%인 25억 8,600만 위안의 수입을 올렸다.

<최근 중국 영화채널 방영 디지털 영화 수입 현황>   (단위: 억 위안)

연도	2006	2007	2008	2009	2010	2011	2012
수입	12.00	13.79	15.64	16.89	20.32	25.86	26.81

※출처: 中国广播电影电视发展报告(2012) p.105

6) 관객

영화 관객이 점증하고 있는데 2012년도 전국의 도시 인구를 7억 1,182만 명으로 볼 때, 도시 주민은 연간 평균 0.65회 영화를 관람하는 것으로 조사되었다. 지역에 따라 다르지만 광둥 성 둥관东莞시 시민은 1인 평균 연 4.57회, 저장 성 샤오싱绍兴시 시민은 1인 연평균 3.64회의 영화를 관람하는 것으로 조사되었다. 경제가 비교적 발달된 지역일수록 영화 관람 횟수가 많은 것이다.

또한 중국의 도시 영화관에서 영화를 관람한 사람이 2011년도에는 약 3억 6,800만 명으로 2010년보다 30.96%가 늘어났으며, 동시에 티켓 판매 수입도 28.9%의 증가폭을 나타냈다. 주된 영화 티켓 판매 수입은 농촌이 아닌 도시 영화관 수입인 것으로 통계에 잡혀 있다. 최근 5년간의 도시 영화관 관객 연인원수를 보면 다음과 같다.

<2007~2011년간 도시 영화관 관객 연인원수>   (단위: 백만 명)

연도	2007	2008	2009	2010	2011
관객 수	114	141	204	281	368

※출처: 中国广播电影电视发展报告(2012) p.99 자료 재구성

상기 숫자에는 농촌 관객이 제외되어 있다. 아마 공익 티켓이라는 이유에서 상업성이 극히 미약하기 때문에 그렇지 않나 생각되지만, 이는 분명 잠재적 영화 관객으로 봐야 할 것이다.

2011년도의 농촌 공익영화 상영은 8,123,000여 회에 17억 5,300만여 명의 관객이 관람한 것으로 조사되었고, 2012년도에도 전년도와 비슷한 숫자인 800여만 회 전후의 상영과 연 인원 15억 여 명의 관객이 영화를 관람한 것으로 알려졌다.

영화관 수입과 직결되어 있는 티켓 판매가는 영화에 따라 다르겠지만 평균 티켓 값은 2009년도 29.6 위안에서 2010년 35.8 위안, 2011년 35.6 위안, 2012년 35.7 위안으로 그렇게 비싼 편은 아니다.

그런데 2011년도 영화관 체인사 상위 20개사 전체의 관객 연인원수 329,010,000여 명과 동 20개 영화관 체인 소속 상영관 연 상영횟수 11,705,200회를 단순 계산하면 상영관 1회 상영에 관객은 평균 고작 28명에 불과하다는 수치가 나온다.

그러나 영화 관객 수를 영화 상영관에서 관람하는 숫자만 가지고 측정하는 것은 다소 무리가 있어 보인다. 왜냐하면 인터넷 등 뉴미디어 시대의 도래로 중국 역시 인터넷을 통한 영상채널로 영화를 감상하는 경우가 많기 때문이다.

2011년 말 현재 중국에는 17개의 인터넷 R/TV 방송국이 운영되고 있는데 이 중 2011년도에만 9개의 방송국이 새로 방송을 하기 시작했다.

2010년 중국 인터넷 TV(CNTV) 월 방문자(접속자)가 8,425만여 명에 육박하는 급속하게 발전하였다. 이에 따라 CNTV 측은 3D 방송 기술을 개발, 아시아 지역 시청자들에게 제공했다. 그뿐만 아니라 휴대폰 TV 이용객도 2009년 네티즌 수의 16.8%인 약 3,844만 명에서 2010년에는 네티즌 수의 21.9%, 약 6,636만여 명으로 급증했다. 이들은 뉴미디어를 이용해 영화를 접촉하고 있기 때문에 영화 상영관에서 영화를 관람하는 숫자에 완전한 무게를 두는 데는 한계가 있을 수밖에 없다.

따라서 인터넷 영화 판권 수입도 영화에 대한 투자금 회수에 중요한 역할을 한다. 2011년도 대부분의 인터넷 오락물 응용 사용률이 계속 떨어진 반면에 인터넷 영상채널 사용률은 역상승했다. 인터넷 영상채널 이용자 수도 3억 2,500여만 명에 이르러 2010년도보다 14.6%가 증가하였는데, 이들 이용객들이 가장 선호하는 콘텐츠가 영화로 나타났다. 따라서 영화의 인터넷 판권 가격이 2011년도에는 크게 상승하였는데 〈무협〉, 〈大武生〉 등의 영화는 평균 1,000만 위안, 〈金陵十三钗〉는 무려 2,000만 위안에 인터넷 영상채널 측에 팔렸다.

한편 2012년도에 와서는 인터넷 웹사이트 영상이 영화산업의 중요한 창구로 급속히 등장하면서 시장구조에 변화를 가져왔다. 주요 창구 역할을 하고 있는 인터넷 웹사이트를 보면 ① Youku망(优酷网), ② Tudou망(土豆网), ③ Ku6망(酷6网), ④ Souhu TV채널(搜狐视频), ⑤ 爱奇艺, ⑥ 豆瓣电影, ⑦ 756网, ⑧ 风行网, ⑨ 央视网, ⑩ 迅雷看看, ⑪ Mtime时光网, ⑫ 乐视网, ⑬ 聚力网, ⑭ M1905电影网 등인데, 업계 전문가들은 인터넷 웹사이트 영상채널의 150억 위안 수입 중 영화채널로 벌어들이는 수입이 약 50억 위안에 달한다고 분석하고 있다.

그리고 영화제의 사회적 영향력이 점점 확대해 가고 있던 2011년 10월 제 20회 중국

금계백화 영화제가 안후이 성 허페이合肥 시에서 개최하였는데 이 영화제에서 '가장 우수한 중저가 극영화상'이 신설하여 큰 인기를 끌었다. 또한 같은 해 4월 제1회 베이징 국제영화절이 개막되어 세미나, 상담회, 예술공연, 영화제 등 다양한 행사를 동시다발적으로 개최하였다. 동 행사에는 700여 개 국가 및 지역의 영화관련 기관과 25개 국가 및 지역의 179개 언론매체가 참가하여 성황을 이루었고, 2012년부터는 동 영화제를 베이징 국제영화제로 개칭, 매년 1회 개최하기로 했다.

〈2010년 및 2011년 영화 티켓 판매 수입 상위 10위권 지역〉 (단위: 만 위안)

순위	지역	2010년 티켓 판매 수입	2011년 티켓 판매 수입	증가율(%)
1	광둥 성	162,434	186,544	14.84
2	베이징 시	119,676	134,952	12.76
3	상하이 시	97,512	110,339	13.15
4	장쑤 성	75,635	109,007	44.12
5	저장 성	73,802	101,413	37.41
6	쓰촨 성	62,224	67,106	7.85
7	후베이 성	44,666	58,643	31.29
8	랴오닝 성	37,414	48,466	29.54
9	충칭 시	30,399	42,908	41.15
10	산둥 성	29,853	40,414	35.39

※출처: 中国广播电影电视发展报告(2011, 2012)

역시 주민들의 수입이 많은 지역에서 티켓 판매 수입이 상대적으로 많다. 상기 10개 지역 영화 티켓 판매 수입은 2010년 73억 3,615만 위안(미화 약 11억 773만 달러)으로 연간 티켓 총판매액의 72.12%를 차지하고 2011년도는 89억 9,796만 위안(미화 약 14억 2,804만 달러)으로 68.61%를 차지했다.

라. 수출입

중국에 미국 영화를 소개한 것은 1985년 5월 1일 입체 극영화 〈枪手哈特: 명사수 하터〉로 상하이에서 처음 상영하였고 할리우드 영화로는 〈爱情故事: 러브스토리〉가 그 이듬해인 1986년 3월 19일 베이징에서 처음 상영한 것으로 알려져 있다.

한국 영화가 중국 영화관에서 처음 관객을 만난 것은 수교 이듬해인 1993년 창춘 영화 제작창이 수입한 2편의 영화다. 대학생 엄충식이 미국 유학을 떠나는 것으로 스토리가 전개되는 〈후회 없는 사랑〉과 베트남 난민 黎得玉의 이야기를 그린 〈지옥의 드레스〉다. 이렇게 해외 영화들이 중국에 들어온 지도 27여 년이 지나면서 2011년도 중국 내 영화관에서 상영된 영화는 총 247편이었다.

총 247편 중에 중국 국산영화 183편과 해외 수입영화 64편으로 이러한 해외 수입영화는 한국, 미국, 영국, 프랑스, 일본, 인도, 러시아, 홍콩, 대만 등의 작품들이었고 2012년도 상반기 103편의 상영 영화는 중국 국산영화 74편과 수입영화 29편으로 구성되어 있어 수입영화가 중국에서 차지하는 비중이 적지 않음을 알 수 있다. 2012년도 연간 총 315편을 극장에서 상영했는데 국산 229편, 외화는 86편이었다.

2010년 4월에 중국에서 개봉한 미국영화 〈아바타〉의 티켓 판매 수입이 무려 13억 9120만 위안(미화 약 2억 1천만 달러)에 이르렀는데 3D인 이 영화는 326,048회 상영하면서 27,283,700명의 관객을 유치해 성공을 거두었다.

2010년 1월 1일부터 10월 31일까지 3D 영화의 중국 대륙 개봉상황을 보면 총 19편 중 〈아바타〉 등 12편이 미국 영화, 프랑스 및 벨기에가 각각 1편, 중국 국산영화가 5편이 었는데, 티켓 판매 수입 흥행 순위에서는 1~9위, 11, 12위 및 19위가 미국 영화이며 13위는 프랑스, 14위는 벨기에 영화였다. 중국 국산영화는 10위, 그리고 15~18위를 기록하였으며, 티켓 판매 수입을 보면 미국이 97%로 24억 3865만 위안(미화 약 3억 6823만 달러)인 반면, 중국 국산영화는 2%인 5189만 위안에 그쳤다. 기타 프랑스, 벨기에가 1%로 3441만 위안(미화 약 520만 달러)에 이르렀는데 미국 영화의 중국 내 위세가 실로 대단하다는 것을 알 수 있다.

앞 장에서 잠시 언급했지만 중국은 1979년 개혁개방 이후 2011년까지 중외 합작영화 860편을 촬영하여 시장에 내놓았는데 이 중 2002년 문화산업에 대한 관심이 제고된 시기 이후부터 2011년까지 10년간 생산량이 391편으로 연평균 37편을 생산했다.

그런데 中国广播电影电视发展报告(2012)의 '广播影视国际전파와 교류' 항목 144페이지에 의하면 2011년도에 중국은 55편의 영화 중 22개 국가와 지역에서 티켓 판매로 20억 4,600만 위안의 수입을 올렸는데 2010년 35억 1,700만 위안보다 42%가 하락한 수치였다. 중외 합작영화의 해외 수출도 크게 신장하여 2011년도는 수량에서 96.22%가 합작 영화였다.

〈11 · 5 규획 기간 순 국산영화 및 합작영화 해외 티켓 판매 수입 비교〉   (단위: 억 위안)

구분 / 연도	2006	2007	2008	2009	2010
해외 티켓 판매 총수입	19.10	20.20	25.28	27.59	35.17
순 중국 국산영화 해외 티켓 판매수입	7.86	1.8	1.26	0.82	0.01
합작영화 해외 티켓 판매 수입	11.24	18.40	24.02	26.77	35.16
해외 티켓 총판매 수입 대 합작영화 티켓 판매 비율(%)	58.85	91.09	95.01	96.64	99.97

※출처: 中国广播电影电视发展报告(2012) p.144 자료 재구성

2006년에 58.85%를 차지하고 있던 합작영화의 해외 티켓판매 수입 비율이 2007년도부터 90%대로 급상승하고 2010년도는 99.97%라는 극한까지 치닫는다.
2011년도는 52편의 영화가 22개 국가와 지역에서 티켓 판매 흥행 수입으로 올린 액수가 2010년보다 무려 42%가 줄어든 20억 4,600만 위안이었다.

〈2005~2011년간 중국 영화 해외 판매 수량 비교표〉

구분 / 연도	해외 총판매량(편)	합작영화 판매량(편)	합작영화 판매수량 비율(%)
2005	60	27	45.0
2006	73	33	45.2
2007	78	53	67.9
2008	45	29	64.4
2009	49	38	77.6
2010	47	46	97.8
2011	52	50	96.2

※출처: 中国广播电影电视发展报告(2012) p.144

그러나 중국은 국산 영화의 해외 수출과 관련하여 판권료는 수출 금액의 통계에 포함하지 않고 있어 많은 전문가는 이를 포함해야 한다고 지적했다.

이 밖에도 중국 국산영화 해외 진출과 관련하여 2010년에는 100여 차례의 중국영화전을 해외에서 개최하여 578편의 영화를 상영했다. 그리고 63편의 영화를 25개 국제 영화제에 출품하여 총 89개 부문의 각종 상을 수상했다. 그해 47편의 영화를 61개 국가 및 지역에 판매하여 티켓 판매 수입으로 35억 1700만 위안을 확보했다.

2012년도에도 40개 국가와 홍콩, 마카오, 대만 지역에서 118회의 중국영화전(주간) 행사에 연 614편의 영화를 상영했다. 47편의 국산영화를 영어, 프랑스어, 스페인어, 아랍어, 러시아어 등 10개 언어로 더빙하여 재외공관에 연 526편을 제공하고 주재국 내 영화활동을 지원하기도 하는 등 다양한 채널로 자국 영화를 해외에 소개하는 행사를 진행하여 문화강국 실현뿐만 아니라 중국영화의 해외 판매 등에도 기여했다.

그런데 2012년도에는 중국 영화시장에 큰 변화가 있었다. 영화 티켓 판매 수입에서 10년 만에 외화가 국산영화를 앞지른 것이다. 이러한 결과를 가져온 데는 여러 가지 원인이 있을 수 있으나 중국 관객들에게 호평을 받고 있는 3D 영화 또는 IMAX 영화 등 신기술로 제작된 외화의 영향이 크게 작용했다고 전문가들은 지적한다. 2012년 수입영화 티켓 판매수입 상위 10위권 중 9편이 3D 또는 IMAX 판본이라는 점이 이를 말해준다. 이 9편의 영화티켓 판매액이 2012년도 영화티켓 판매총액 170.73억 위안의 27.8%인 47.5억 위안에 이르렀다.

그리고 앞에서 일부 언급했지만 2012년 2월 18일 미국과 중국은 '중미 쌍방 WTO 영화 관련 문제 해결 양해각서(中・美双方就解決WTO电影相关问题的谅解备忘录)'에 서명했는데 주요 내용은 매년 20편의 영화 수입에 3D 또는 IMAX 영화 14편을 추가하는 것과 티켓 판매 분할율을 13%~17.5%에서 25%로 상향조정하는 내용을 담고 있는 것으로 알려져 있다.

이와 같이 여러 가지 원인에 의해 2012년도는 수입외화가 대세를 이룬 것이라고 전문가들은 지적한다.

마. 주요 정책

비단 영화산업 분야에만 국한되는 정책이 아니라 문화산업 전반을 대상으로 하는 당과 정부의 정책 지원들이 쏟아지면서 영화산업 발전도 크게 탄력을 받게 되었다.

이는 2009년 9월 15일부터 18일까지 베이징에서 개최한 중국공산당 제17기 중앙위원회 제4차 회의와 2010년 10월 15일부터 18일까지 베이징에서 개최한 중국공산당 제17기 중앙위원회 제5차 회의 및 2011년 3월 14일 개최한 제11기 전국인민대표대회 제4차 회의에서 심의통과된 '국민경제와 사회발전 제12차 5개년 규획 요강' 등에서 문화산업이 국민경제의 지주 산업으로 부각되는 것과 맥을 같이 한다.

문화산업 정책 마스터플랜이라고 할 수 있는 소위 '문화산업 진흥 규획'이 2009년 7월 22일 국무원 상무회의에서 원칙적으로 통과됨으로써 문화산업 지원정책 시행의 기초를 마련하게 된다.

물론 이런 당과 정부의 대대적인 정책적 지원이 있기 전에도 간헐적인 주요 정책들이 있어 왔다.

영화 창작 지원 등을 위한 각종 영화제들이 생겨났는데 1992년 8월 23일부터 28일까지 지린 성 창춘에서 개최한 '제1회 중국 창춘 영화제', 같은 해 구이린(桂林)에서 개최한 '제1회 金鸡百花영화제', 그 이듬해인 1993년 10월 7일부터 14일까지 개최한 '제1회 상하이 국제영화제'를 비롯하여 최근에는 2011년 4월 베이징에서 '제1회 베이징 국제영화제'가 개막되었다.

영화 분야의 모법이라고 할 수 있는 '영화관리조례'가 1996년 6월 19일 제정되고 2001년 12월 25일에는 다시 수정을 거쳐 시행되고 있으나 최근에는 '영화산업촉진법' 제정을 위하여 각계 전문가들의 다양한 의견을 모은 것으로 알려져 있다.

특히 2011년 초 중국공산당 중앙선전부, 국가발전개혁위원회, 재정부, 라디오·영화·텔레비전총국(이하 광전총국) 등 4개 부·위(部·委)는 '중국 영화 2011~2020 발전규획 요강'과 '영화강국 10개년 규획'을 수립·발표하면서 시행에 들어갔다.

2004년도에 정부(광전총국)는 영화와 관련한 각종 정책과 지도 성격의 문건을 발표하는데 새로운 시대에 맞는 영화 산업 발전의 지도적 성격의 문건인 1월 8일의 '빠른 영화산업 발전에 관한 의견'을 비롯하여 같은 해 3월 18일에는 '디지털 영화 발전 요강'을 발표하여 중국 영화의 디지털화에 대한 총체적 목표를 설정해 제시했다. 이와 관련하여 광전총국은 디지털 영화 프로그램 관리 중심을 바로 설치했다. 같은 해 6월에는 광전총국 발전개혁 연구 중심을 설치하고 이를 2007년 2월 28일 광전총국 직속 발전 연구 중심으로 개칭하면서 적지 않은 활동을 전개한다.

2005년에 와서는 국무원이 '비(非)공유자본의 문화산업 진입에 관한 결정'을 발표하면서 문화산업계에서도 자금의 어려움을 풀어주는 정책을 시행했다.

그리고 2006년 6월 9일에는 국무원 판공청이 재정부와 중앙선전부에 '문화산업 발전의 진일보한 경제정책 지원에 관한 통지'를 내려 보내면서 다시 활기를 띄는데 주요 내용은 영화 티켓 값의 5%를 국가 영화사업 발전 전용 자금으로 사용하도록 하고 R/TV 등 광고매체는 경영 수입의 3%를 문화사업 건설비로 납부하도록 하는 것이었다.

같은 해 6월 19일에 광전총국 발전 연구 중심은 '2006년 중국 라디오 · 영화 · 텔레비전 발전 보고'라는 백서를 편찬하고 정식 출판하게 되는데 이는 TV 및 영화산업 분야에 대한 자신감의 발로가 아닌가 생각한다.

여기서 최근 관심을 끄는 주요 정책을 살펴보기로 한다.

1) 최근 주요 정책

외국 기업이나 개인이 중국에 중외합자(中外合资) 또는 중외합작(中外合作) 기업을 설립하여 영화관을 건립하거나 개조할 시 반드시 관할부서의 허가를 받아야 하되 '외상투자(外商投资) 영화관 임시 규정' 제3조에 의하면 독자(独资) 영화관이나 영화관 체인기업을 설립할 수 없다. 외상 투자 중국 내 영화관 건립에 대해서는 동 규정 제4조에 적시하고 있는데 등록자본이 600만 위안 이상되어야 하고 합자 및 합작 기한이 30년을 초과하지 말아야 하며, 합자 영화관 운영은 등록자본비율이 중국 측 비중이 51% 이하는 어렵다는 여러 가지 세부 사항을 규정해 놓고 있다.

ⓐ 라디오 · 텔레비전 방송사의 지적재산권 보호에 적극 가담

국가판권국(国家版权局)은 2009년 10월 중국 영화관권 보호협회가 저작권 집체 관리 조직으로 전환, PC방이나 장거리 이동차량에 대하여 영화저작권 사용료를 징수하도록 승인했다. 이에 앞서 2009년 6월 중국 라디오 방송연맹이 결성되었는데 중앙인민라디오 방송국은 동 연맹에 중국 라디오 방송 저작권협회 설립 준비를 임시로 주도하도록 위탁하였고 CCTV에서도 TV판권협회 설립 추진을 진행해왔다.

ⓑ **디지털 영화 생산 · 방영 등에 비중**

2009년 3월 정부(광전총국)는 '영화 개혁 발전 촉진 · 심화에 관한 시책'을 발표했는데 동 시책은 중소도시 영화관의 빠른 건설에 대한 구체적 요구사항을 적시하고 있고, 다시 '디지털 영화의 발행(배급), 방영과 진일보한 디지털 영화 상영 설비 질량 인정 관리 공작 규범에 관한 통지'를 발표하면서 중소 도시의 영화관 발전에 새로운 시스템을 적극 탐색하도록 했다.

ⓒ **영화산업 등 문화산업 발전 · 번영 지원을 위한 거시적 금융 정책 시행 적극 추진**

2010년 3월 중국공산당 중앙선전부와 광전총국이 공동으로 '국유 영화관체인 개혁 심화의 빠른 발전에 관한 의견'을 중앙선전부의 2010년도 6호의 공문으로 발송하였는데 이는 영화관체인 제도의 진일보한 개혁과 영화 상영 시장 번영을 촉진하는 내용 등을 담고 있는 문건이며 2010년 4월 중국공산당 중앙선전부와 중국인민은행 등 9개 부 · 위(部 · 委)가 공동으로 발표한 '문화산업 진흥과 발전 · 번영을 위한 금융지원에 관한 지도 의견'은 최근 중국 영화 등 문화산업 발전 · 번영을 지원하는 하나의 거시적 금융정책 지도 문건이다.

ⓓ **우수 영화 시나리오 선정, 장려금 지원 등의 지원정책 강화**

2012년 2월 광전총국은 베이징에서 '전국 영화 · 텔레비전 창작 좌담회'를 개최하면서 2012년부터 매년 3,000만 위안의 우수 영화 시나리오 장려 기금을 설치하고 1편당 100~300만 위안의 장려금을 지원키로 결정했는데 연간 15편 내외의 우수 시나리오를 발굴하고 선정하여 지원하고 있다.

ⓔ **'2011~2012년도 국가 문화수출 중점기업 및 중점항목' 발표시행**

2012년 9월 18일 상무부, 중앙선전부, 재정부, 문화부, 광전총국, 신문출판총서 등 6개 중앙행정기관은 공동으로 '2011~2012년도 국가 문화수출 중점기업 및 국가 문화수출 중점항목'을 발표했다. 이에 전국 485개 중점 문화기업과 108개의 중점 문화항목을 선정하였는데 여기에 중국영화집단, 중국 국제TV총공사, 상하이영화집단, 창춘영화집단 등 방송 · 영화 · TV류의 기업은 총 95개사가 포함되었다.

ⓕ 영화시장 관리 및 민간자본 투자 유도 등 기타

광전총국은 영화시장의 규범적 관리를 위해 '영화티켓 업무 관리규범에 관한 지도의
견'을 발표하고 '偸, 漏, 瞞, 虛', 즉 영화티켓을 훔치거나 누락하고 속이며 거짓으로
처리하는 것에 대하여 처벌을 한층 강화했으며 2012년 8월 3일에는 '민간자본의 방
송 · 영화 · TV 산업 투자 안내 및 격려에 관한 의견'을 발표, 민간자본의 영화제작,
발행, 방영 분야 등에 투자를 유도했다.

ⓖ '인터넷 극(劇)과 초미니영화 등 인터넷 시청 프로그램 관리의 진일보한 강화에 관한
통지' 하달

2012년 7월 9일 광전총국과 국가인터넷정보판공실은 공동으로 상기 통지문을 하달
하면서 인터넷을 통한 시청 프로그램 업체의 사회적 책임과 방송 책임 등을 강하게
요구, 건강하고 유익한 시청 프로그램이 방송될 수 있도록 정부의 관리 담당부서와
감독기구에 대하여 철저한 관리를 요청했다.

바. 맺는말

중국은 영화산업이 발전하는 데 국내 자본의 여유와 도시화 과정의 빠른 속도에 이은
내수시장의 확대가 적지 않은 영향을 미쳤다. 2006년부터 2010년까지 11 · 5 규획 기
간 GDP의 연간 증가율이 10%대를 유지하면서 2010년도에는 일본을 제치고 세계 2위
의 경제대국으로 도약했고, 2009년도 전국의 도시 인구 비중이 46.59%로 약 6억
2,200만 명에서 2012년도에는 52.6%로 도시 인구가 7억 1,182만 명에 이르게 되었다.
그리고 2010년 1인당 GDP가 미화 4,000만 달러를 훨씬 초과하였으며 전국 사회소비
품 판매총액도 엄청나게 늘어나 2012년도에는 14.3%가 늘어난 21조 307억 위안이 되
었다. 이러한 물질적 풍요가 정신적 풍요와 연결된다는 것을 고려하면 중국 영화산업의
발전은 현재 중국 경제력과 밀접한 관련이 있다.
108세의 연륜을 가진 중국 영화는 다량의 제작 · 생산 측면에서 그 연륜을 알 수 있다.

수년간 중국 내 영화시장에서 해외 수입영화를 물리치고 국산영화 티켓 판매 수입이 우위를 차지해 왔으며, 급속한 디지털화 정책을 추진하여 전국의 영화관 90% 이상이 이미 디지털화하였다.

제12차 5개년 계획 기간이 끝나는 2015년 말까지는 지방의 현급(縣級) 이상의 모든 영화관을 디지털 영화 상영관으로 탈바꿈하겠다는 목표로 사업을 추진하고 있다. 그런데 3D 디지털 영화가 중국 영화시장에서 급상승세를 타고 있어 관객의 기대를 밝게 한다. 당과 정부의 영화산업 진흥을 위한 갖가지 정책 추진에 힘입어 각종 금융 지원과 세제 우대 정책이 지속되고 있고 특히 금융기관들이 영화 제작·생산에 투자를 아끼지 않는 분위기이다.

그러나 중국도 여느 나라와 같이 영화산업 발전에 적지 않은 어려움이 공존하고 있다.

지난 해는 중국 영화 티켓 판매 시장에서 해외 수입영화가 국산영화를 앞질렀다. 국산영화가 저조한 것은 여러 가지 요인이 있으며, 풀어야 할 과제이다. 2011년도에는 총 558편의 극영화를 제작·생산했으나 영화 상영관에서 관객을 만난 영화는 183편에 그쳤다. 2010년도에 제작·생산된 영화가 포함될 수 있는 수치이지만, 어쨌든 2011년도 극영화 제작·생산량 전체의 32.8%라는 수치에 불과하다. 여기에다 해외 수입영화 64편을 합친 247편의 극영화가 2011년도 중국 전국의 영화 상영관에서 관객을 맞지 못한 셈이다.

그리고 지적재산권 보호 강화, 티켓 관리시스템 개선 등의 여러 가지 보완해야 할 사안들이 있으며 2011년도는 특히 1,000만 위안 이하 소액 투자 영화가 제작생산량의 70~80%를 차지하는 현상이 돌출되었고 특히 해외에서 티켓 판매 수입을 올리고 있는 중국 영화는 중외(中外) 합작 영화가 수량에서는 96.2%, 수입액에서는 무려 99.97%를 차지하고 있어 순수한 중국 국산영화의 해외 판매 비율을 제고시켜야 한다는 과제를 안고 있기도 하다.

그러나 향후 중국 영화시장의 잠재력을 감안할 때, 현재 정부 정책의 강력한 추진과 영화계의 급속한 기술 발전과 더불어 새로운 젊고 유망한 감독 등의 인재들이 있어 문제 해결은 시간 문제가 아닐까 생각한다.

그리고 2011년 중국 국산 3D 영화가 5편이 제작생산되어 관객들의 호응을 받았고, 2012년도에는 3D 영화가 12편이 나왔고 〈十二生肖〉, 〈一九四二〉, 〈一八九四甲午大

海战〉등의 IMAX 영화도 등장했다. 신기술로 무장한 새로운 영화의 중국시장 점령은 이미 진행되고 있고 소액투자 영화인 〈로스트 인 타일랜드, 人再囧途之泰囧〉은 티켓 판매수입이 12.7억 위안에 이르러 신기록을 수립함으로써 모든 가능성을 보게 하는 사례들이 계속 나타나고 있다.

5. 공연 산업 시장

가. 서설

중국 공연시장은 나날이 확대되어 가고 있다. 2012년에는 전국에 공식 등록된 예술공연 단체 7,321개가 총 135만여 회의 공연활동을 통하여 연인원 총 8억 2,805만 명의 관람객을 확보하고 농촌 공연을 제외한 상업 공연을 통한 공연 수입도 64억 1,480만 위안(미화 약 10억 2,057만 달러)에 이르렀다.

당과 정부는 2011년 5월 11일 '국유문예원단(国有文艺园团)의 조속한 체제개혁에 관한 통지'를 발표하면서 전국 2,102개 단체는 2012년 상반기까지 체제개혁 임무를 끝내도록 요구했다. 다시 말하면 기업형 경영체제로의 전환을 완료해야 한다는 것이다.

2010년도에 중국의 공연 시장 수입이 이미 108억 위안으로 영화 티켓 판매 수입 101.72억 위안을 초과했고 2011년도는 233억 위안으로 이 중 티켓 판매수입만도 128억 위안에 이르고 있어 시장 규모가 급속히 확대되어 가고 있음을 알 수 있다.

공연 산업과 관광레저 산업의 접목을 통한 시너지 효과 극대화를 위하여 수도 베이징 시의 동북부에 위치하고 있는 퉁저우(通州)에 2010년 12월 총 200억 위안(미화 약 30.2억 달러, 한화 약 3조 4천억 원)을 투자하여 음악산업 기지를 건설, 음악을 주제로 하는 각종 산업을 위시하여 예술공연 산업과 관광레저 산업의 발전을 꾀하는 대규모 프로젝트를 시작했다.

그뿐만 아니라 2011년 10월 이미 사업 시행에 들어간 베이징 시 '天桥연예구'와 '天坛연예구'를 향후 10년 동안 베이징 시의 핵심적인 연예 지구로 발전시키기 위해 뮤지컬, 오페라, 무용, 연극(话剧) 등의 공연과 전시, 관광레저, 쇼핑 등을 일체화시켜 2020년까지 수도 핵심 연예지역으로 육성하고 이 지역에 50개의 극장을 신규 또는 개조하는 중장기 계획도 진행 중이다.

중국 공연시장의 70%를 차지하고 있는 베이징, 상하이, 광저우 시 중 베이징 시만 하더라도 소극장의 수가 2009년 11개에서 2011년에는 30여 개로 대폭 증가하여 소극장 운영이 보편화되었다.

최근 몇 년간은 전국 주요 대도시에 현대식 전문공연장 건설이 있었는데 20개 직할시, 자치구, 성에서 약 323.37억 위안(미화 약 48.83억 달러)을 투자하여 43개의 전문공연장을 건설했거나 진행 중인 것으로 알려져 있다.

〈2012년 및 2011년 지역별 예술 장르별 예술공연단 분포도〉

예술장르		연극(드라마), 아동극, 코미디극		오페라, 무용, 가무극단		가무단, 경음악단		악단, 합창단	
연도	2011	2012	2011	2012	2011	2012	2011	2012	2011	2012
지역 / 합계	7,055	7,321	103	110	187	250	1,387	1,283	97	122
베이징	118	324	3	8	1	1	15	51	7	4
상하이	102	147	20	12	5	7	18	19	10	18
광둥 성	401	337	7	6	28	19	50	43	11	10
톈진	53	48	4	2	–	1	11	5	1	1
허베이	312	448	2	5	6	19	67	88	2	1
산시山西	308	301	5	5	8	9	24	25	8	3
네이멍구	121	137	1	1	4	7	21	23	–	–
랴오닝	200	155	4	6	6	10	131	54	–	1
지린	67	41	3	1	2	2	13	7	2	2
헤이룽장	88	85	4	4	2	2	9	9	–	1
장쑤	370	434	7	7	3	8	113	134	6	13
저장	498	609	6	14	6	11	40	36	11	6
안후이	1,294	1,015	2	5	7	10	211	51	3	5
푸젠	454	341	1	1	7	6	20	13	2	1
장시	99	187	2	1	8	19	25	29	3	6
산둥	252	303	4	5	10	4	38	30	3	5
허난	468	364	2	2	6	2	59	15	9	3

후베이	172	226	2	3	8	25	39	41	1	5
후난	114	157	1	1	10	7	23	40	3	6
광시	149	68	1	–	9	4	38	21	–	–
하이난	86	61	–	1	4	4	14	17	1	2
충칭	282	244	3	2	3	3	27	118	1	3
쓰촨	370	469	4	4	15	22	123	130	2	7
구이저우	45	79	1	1	1	3	23	39	1	4
윈난	161	220	1	3	5	2	98	80	1	6
시장	47	92	1	1	–	16	8	28	–	–
산시陝西	115	116	2	3	14	13	11	7	1	–
간쑤	84	103	1	1	2	5	15	25	–	–
칭하이	38	40	–	–	–	–	15	27	–	1
닝샤	37	16	5	1	1	–	12	6	–	–
신장	133	137	2	2	4	6	73	71	3	3

예술장르	文工团, 文宜队 우란무치		지방희곡극단(경극京劇)				곡예曲艺, 잡기, 인형극, 그림자극		종합성 예술공연단	
연도	2011	2012	2011	2012	2011	2012	2011	2012	2011	2012
지역 / 합계	340	308	2,417	2,250	(109)	(114)	1,154	1,002	1,370	1,996
베이징	–	1	20	23	(4)	(4)	8	12	64	224
상하이	–	–	29	28	(2)	(2)	14	13	6	50
광둥 성	2	1	218	161	(2)	(3)	26	27	59	70
톈진	1	1	16	16	(4)	(4)	12	6	8	16
허베이	6	11	125	141	(5)	(8)	20	25	84	158
산시山西	7	9	165	165	(1)	(1)	10	12	81	73
네이멍구	77	78	10	8	(1)	(1)	2	2	6	18
랴오닝	–	–	14	14	(4)	(5)	5	5	40	65
지린	3	–	24	11	(1)	(–)	2	–	18	18
헤이룽장	15	16	32	30	(3)	(3)	5	7	21	16
장쑤	–	–	128	128	(6)	(6)	48	44	65	100
저장	–	–	325	365	(25)	(29)	33	27	77	150
안후이	1	1	177	136	(1)	(2)	793	659	100	148

푸젠	2	1	395	278	(1)	(2)	14	14	13	27
장시	6	20	43	69	(3)	(2)	2	5	10	38
산둥	2	4	87	101	(20)	(22)	23	35	85	119
허난	6	5	198	197	(3)	(3)	80	47	108	93
후베이	8	3	53	61	(7)	(6)	6	9	55	79
후난	6	6	66	69	(1)	(-)	2	3	3	25
광시	44	5	31	14	(1)	(-)	7	2	19	22
하이난	1	1	58	25	(-)	(-)	1	9	7	2
충칭	8	7	10	11	(2)	(2)	4	3	226	97
쓰촨	8	7	45	55	(1)	(1)	20	19	153	225
구이저우	9	11	6	3	(3)	(1)	2	5	2	13
윈난	29	21	15	14	(1)	(1)	1	2	11	92
시장	38	38	-	1	(-)	(-)	-	-	-	8
산시陝西	7	7	65	69	(2)	(1)	6	5	12	
간쑤	9	6	45	45	(1)	(1)	2	2	10	19
칭하이	5	3	1	1	(-)	(-)	-		17	8
닝샤	1	2	7	3	(1)	(1)	1		10	4
신장	36	40	8	7	(2)	(2)	5	3	2	5

※출처: 中国文化文物统计年鉴 2012(中国文化部编:2012.10) p.242 및 中国文化文物统计年鉴 2013 p.338 자료 재구성
※주(注): 지방 희곡극단 숫자에는 괄호 속의 경극 숫자가 포함되어 있음.

위의 지역별, 예술장르별 예술공연단 분포도에 있어 4개 직할시, 5개 자치구, 22개 성 모든 지역에 거의 골고루 분포되어 있으며, 다양한 작품으로 인기를 얻고 있는 지방 오페라단 수가 2012년의 경우 전체 수의 30.73%를 점유하고 있다. 다시 말하면 경극(京劇)을 비롯하여 저장 성 일부 지역에서 발전된 월극(越劇), 광둥 성의 월극(粤劇), 푸젠 성의 민극(閩劇), 허난 성과 산시(山西) 및 산시(陝西) 성 일부 지역의 예극(豫劇), 장쑤 성 남부 등의 곤곡(昆曲) 등 그 지역에 뿌리 깊은 전통을 두고 발전해 온 지방 오페라(가극)들에 대한 당해 지역 사람들의 사랑이 깊다는 얘기로 분석할 수 있다.

그 다음으로 예술공연단 수가 전체 수의 17.52%를 차지하고 있는 노래와 춤으로 구성된 가무단과 경음악단으로 나타났고 대중음악 콘서트 등을 포함한 종합적인 예술공연단이 27.26%를 차지한다.

지역별로는 안후이 성이 1,015개 단체로 13.86%를 차지하고 있고 두 번째가 저장 성, 세 번째 쓰촨 성, 네 번째 허베이 성, 다섯 번째가 장쑤 성인데, 베이징은 9번째, 상하이는 15번째를 마크하고 있다.

나. 공연 시장 분석

1) 공연 단체

중국의 예술공연 단체가 비문화부문 단위를 포함하여 정식 등록되어 있는 단체가 2012년 말 기준 7,321개로 매년 증가 추세에 있다. 이중에 국가급(국립) 예술공연단체는 전체의 0.23%인 17개, 각급 정부 문화부서에서 관리하는 예술공연단은 29.1%인 2,128개 단체이며, 민간 직업적 전문예술공연단이 62.2%인 4,550개 단체, 그리고 기타 소속이 626개 단체로 구성되어 있다.

〈중국 예술공연 단체 수량 변화 추이〉

연도	2003	2004	2005	2006	2007	2008	2009	2010	2011	2012
단체수	2,601	2,694	2,502	2,508	4,512	5,114	6,139	6,864	7,055	7,321

※출처: 中国文化文物统计年鉴 2012 p.168 및 中国文化文物统计年鉴 2013 p.172 자료 등 재구성

다만, 2007년도에 대폭 증가한 것은 비문화 부문의 예술공연 단체 숫자를 포함시켰기 때문이다. 따라서 2007년 이후 단체 숫자는 문화 부문 예술공연 단체와 비문화 부문 예술공연 단체를 합한 것으로 이해하면 착오가 없을 것이다. 그러나 군중 아마추어 여가 예술공연단은 제외된 숫자이다.

이렇게 많은 예술공연 단체들은 어떠한 장르에서 공연 활동을 하며 전국 지역별로 얼마나 산재되어 있는지 파악해 본다.

우선 예술 장르별 공연단 수를 파악하면 다음과 같다.

〈예술장르별 예술공연 단체 수〉

연도 / 장르별	합계	연극(话剧), 아동극, 코미디극滑稽剧	오페라, 무용극, 가무극단	가무단, 경음악단	악단, 합창단
2012	7,321	110	250	1,283	122
2011	7,055	103	187	1,387	97
2010	6,864	109	266	1,232	97
2009	6,139	89	190	1,137	58
2008	5,114	293	156	743	39
2007	4,512	242	164	729	49
2006	2,866	143	109	380	34

연도 / 장르별	文工团, 文宣队 乌兰牧骑	희곡극단(전통적인지방극 포함) (경극京剧)	곡예曲艺, 잡기杂技, 인형극木偶剧, 그림자극皮影戏	종합성 예술단
2012	308	2,250 (114)	1,002	1,996
2011	340	2,417 (109)	1,154	1,370
2010	351	2,451 (109)	1,125	1,233
2009	344	2,333 (109)	1,117	871
2008	452	1,914 (90)	906	611
2007	320	1,917 (116)	529	562
2006	330	1,505 (93)	164	201

※출처: 中国文化文物统计年鉴 2012 p.168, 中国文化文物统计年鉴 2013 p.172 및 中国第三产业统计年鉴 2012 자료 재구성
※주(注): ① 话剧는 우리의 연극의 일종이며 ② 활계극滑稽剧은 익살스러운 어릿광대극임. ③ 오란목기(乌兰牧骑:우란무치)는 네이멍구 자치구에서 결성된 문예(文艺) 선전대로 10여 명이 팀을 이루어 초원을 다니며 문예공연을 하는 것. ④ 가무극(歌舞剧)에는 京剧昆曲 등 지방극이 포함되어 있으며 ⑤ 曲艺(곡예)에는 민간에서 유행하는 지방색이 농후한 说唱文艺를 총칭하는 것으로 대고(大鼓: 2인1조 연창), 상성(相声: 만담의 일종) 등이 있음. ⑥ 목우(木偶: 인형극) ⑦ 피영희(皮影戏: 그림자극), ⑧ 문공단(文工团)은 문화선전공작단(文化宣传工作团)의 준말로 군대, 지방기관, 대중단체 등에 부설되어 연극, 무용, 노래 등을 하는 문화선전기관
※주(注): 지방 희곡극단 숫자에는 괄호 속의 경극 숫자가 포함되어 있음.

다음은 예술장르별 공연단체 수에 있어 전통적인 지방 오페라극인 경극(京剧), 저장 성 남부 및 베이징, 허베이의 곤곡(昆曲), 저장 성의 월극(越剧), 푸젠 성 일대의 민극(闽剧), 광둥·광시 일대의 월극(粤剧) 등이 전체 수량의 34.26%를 차지하고 있어 유구한 역사와 지리적 환경 등에 기인되는 다양한 지방 특색의 오페라 단체들이 많고 현지인들이 이를 즐기고 있음을 알 수 있다.

아울러 지역별로 얼마나 많은 예술공연 단체들이 소재하고 있는지 알아보는 것도 중국 예술공연 시장을 이해하는 데 기여할 것으로 보여 다음과 같이 파악해 보았다.

〈지역별 예술공연 단체 수량 변화 현황〉

지역 / 연도	2008	2009	2010	2011	2012
총계	5,114	6,139	6,864	7,055	7,321
베이징 시	18	18	18	118	324
톈진 시	15	29	36	53	48
상하이 시	42	77	89	102	147
충칭 시	177	160	381	282	244
허베이 성	228	246	284	312	448
산시山西 성	164	267	342	308	301
네이멍구자치구	117	120	123	121	137
랴오닝 성	256	245	239	200	155
지린 성	62	68	68	67	41
헤이룽장 성	84	90	89	88	85
장쑤 성	119	359	408	370	434
저장 성	65	435	471	498	609
안후이 성	1,204	1,172	1,255	1,294	1,015
푸젠 성	338	373	449	454	341
장시 성	83	103	99	99	187
산둥 성	119	118	119	252	303
허난 성	200	413	371	468	364
후베이 성	150	196	204	172	226
후난 성	98	110	201	114	157
광둥 성	561	344	397	401	337
광시자치구	140	135	141	149	68
하이난 성	21	59	67	86	61
쓰촨 성	274	332	348	370	469
구이저우 성	24	61	52	45	79
윈난 성	127	146	142	161	220
시짱자치구	29	29	37	47	92
산시陝西 성	111	123	127	115	116
간쑤 성	82	81	82	84	103
칭하이 성	23	30	32	38	40
닝샤자치구	47	47	45	37	16
신장자치구	119	136	132	133	137

※출처: 中国文化文物统计年鉴 2012 p.169 및 中国文化文物统计年鉴 2013 p.173 자료 재구성

중국 공연시장의 70%를 베이징과 상하이 및 광둥 성이 차지하고 있는 것을 감안하면 예술공연 단체 수와 시장은 비례하지 않는 것으로 분석된다. 수적 측면에서는 안후이 성이 전체 숫자의 13.86%를 차지하고 있는 반면 베이징, 상하이, 광둥 성의 숫자는 808개로 전체의 11.0%에 그치고 있는 것이 이를 뒷받침한다. 지역별 예술공연 단체의 숫자는 각 성, 자치구, 직할시가 속해 있는 각 지방의 다양한 전통 예술의 계승, 보존과 도 관련이 있는 것 같다.

그러나 정부의 등록허가를 받은 예술공연 단체가 2011년 7,055개에서 2012년 7,321개로 증가했지만 등록되어 있지 않거나 상설 단체가 아니면서 예술공연 활동을 하는 단체 수는 그 숫자가 엄청나게 늘어난다.

〈중국 문화예술공연 단체 수 변화 추이〉

연도	2002	2003	2004	2005	2006	2007	2008	2009	2010
단체수	8,623	8,717	9,187	9,340	9,543	15,024	17,129	19,698	20,550

※출처: 2011~2012年 中国演艺产业投资报告(道略 文化产业研究中心编) p.198 자료 재구성

그런데 상하이의 경우 2011년도 타 도시 극단들의 상하이 러시가 사상 최대로 진행되었는데 베이징, 홍콩, 대만 등지에서 대거 들어왔다. 상하이 시의 민영 극단 발전책으로 시행되고 있는 극단 전용자금 지원 창설, 우수 민영극단 브랜드 형성 촉진 등과 맞물려 정부 지원이 증가하고 있는데 80여 개의 민영극단들은 매년 농촌, 학교, 사구(社区: 지역사회)에서 6,000~7,000회 공연 활동을 하는 중요한 역할을 수행하고 있다.

이에 앞서 2010년 7월 중국 문화부는 처음으로 '전국 민영 예술공연 단체 우수 작품 활동전'을 개최하여 민영 예술공연단의 성공적인 경험을 확대함으로써 건강한 공연시장의 발전을 위해 정부 지원을 강화해 갔다.

그러나 국유보다 민영 예술공연 단체는 인력 부족과 더불어 경영상의 어려움이 적지 않은데, 이는 여타 국가들의 민영 단체와 유사하다고 봐야 한다.

이렇게 적지 않은 예술공연 단체들의 소속과 공연 횟수, 관객을 파악함으로써 이들 단체의 활동을 이해하고자 다음과 같이 표를 작성해 보았다.

〈2009~2012년 소속별 공연단 공연 횟수 및 관객 현황〉

연도 / 구분	소속	단체 수	공연 횟수(천 회)			관객 수(천 명)	
			총 횟수	국내공연	농촌공연	국내관객	농촌관객
2012	합계	7,321	1,350.2	1,249.8	811.6	828,050.9	521,024.3
	국유	2,399	423.5	392.3	246.0	399,649.7	258,312.0
	집체	209	57.5	57.2	39.6	34,992.6	27,014.6
	기타	4,713	869.2	800.3	525.9	393,408.7	235,697.8
2011	합계	7,055	1,547.2	1,465.9	1,004.7	745,850	439,240
	국유	2,213	375.2	351.7	215.3	374,740	241,330
	집체	291	77.8	76.4	48.8	42,700	33,190
	기타	4,551	1,093.7	1,037.8	742.7	328,410	164,720
2010	합계	6,864	1,371.49	1,277.82	846.7	884,558	563,676
	국유	2,247	381.90	354.36	206.63	411,025	267,716
	집체	374	75.45	72.92	49.71	66,979	48,699
	기타	4,243	914.14	850.54	590.37	406,554	247,261
2009	합계	–	1,201.0	1,126.0	740.0	817,159	515,891
	국유	–	353.0	333.0	198.0	374,870	247,114
	집체	–	93.0	91.0	65.0	84,739	57,395
	기타	–	755.0	703.0	477.0	357,550	211,382

※출처: 2010, 2011, 2012, 2013 中国第三产业统计年鉴 자료 재구성

상기 표를 보면 예술공연 단체들의 연간 공연 횟수가 대단히 많은 것으로 나타난다. 전체적으로 공연 횟수가 2010년 199.8회 공연이 2011년도에는 219.3회로 증가했다가 2012년에 와서는 다시 184.4회로 내려갔다. 국유단체의 경우 2010년 169.9회에서 2011년 169.7회, 2012년 176.5회로 증가했으나 집체 소속 공연단은 2010년 연간 201.7회에서 2011년 267회, 2012년 275회로 계속 증가했으며, 기타 소속 공연단은 2010년 215.4회에서 2011년 240.3회, 2012년 184.4회로 나타나고 있는데 적지 않은 공연을 소화하고 있다고 봐야 한다.

여기서 다시 예술장르별 공연 횟수와 관객 현황을 파악하여 중국 공연시장에 대한 이해를 높이고자 한다.

〈최근 3년간 예술장르별 공연 횟수 및 관객 현황〉

장르별 / 연도	2012년				
	공연 횟수(천 회)			관객 수(천 명)	
	총 횟수	국내	농촌	국내	농촌
합계	1,350.2	1,249.8	811.6	828,050.9	521,024.3
연극, 아동극, 코미디극	62.0	54.5	24.5	59,960.6	11,519.9
오페라, 무용극, 가무극단	34.4	32.5	11.9	33,209.3	11,157.6
가무단, 경음악단	174.7	162.3	79.2	93,251.4	40,846.0
악단, 합창단	10.1	8.7	2.7	4,793.1	1,056.1
문공단, 문선단, 우란무치	35.0	32.8	21.0	29,441.8	17,220.9
희곡극단(경극)	491.6	479.4	389.1	417,180.1	344,759.8
	(22.7)	(21.8)	(14.8)	(17,326.6)	(10,734.1)
곡예, 목우, 잡기, 그림자극	307.7	278.6	186.6	88,212.7	46,086.1
종합성 예술단	234.7	201.1	96.6	102,002.0	48,378.2

장르별 / 연도	2011년				
	공연 횟수(천 회)			관객 수(천 명)	
	총 횟수	국내	농촌	국내	농촌
합계	1,547.2	1,465.9	1,006.7	745,850	439,235
연극, 아동극, 코미디극	17.4	16.8	3.9	12,500	3,260
오페라, 무용극, 가무극단	27.9	24.4	9.9	22,210	8,840
가무단, 경음악단	182.3	160.0	77.9	92,560	41,940
악단, 합창단	7.8	7.4	2.2	5,030	1,460
문공단,문선단, 우란무치	39.6	37.3	22.5	34,770	19,680
희곡극단(경극)	837.6	816.5	715.4	372,180	294,270
	(20.7)	(19.6)	(12.1)	(15,310)	(9,410)
곡예, 목우, 잡기, 그림자극	161.4	147.0	49.4	100,040	15,740
종합성 예술단	273.2	256.6	125.5	106,560	54,040

장르별 / 연도	2010년				
	공연 횟수(천 회)			관객 수(천 명)	
	총 횟수	국내	농촌	국내	농촌
합계	1,371.49	1,277.82	846.71	884,558	563,676
연극, 아동극, 코미디극	15.24	14.76	3.38	14,539	4,306
오페라, 무용극, 가무극단	39.75	28.46	13.09	30,845	10,719
가무단, 경음악단	161.97	145.15	67.46	133,672	45,864
악단, 합창단	6.75	6.52	1.86	4,804	1,254
문공단, 문선단, 우란무치	42.00	38.88	23.66	39,539	24,413
희곡극단(경극)	476.91	460.35	374.18	450,028	354,438
	20.56	19.19	11.45	17,193	10,889
곡예, 목우, 잡기, 그림자극	389.16	370.01	226.62	85,018	47,103
종합성 예술단	239.72	213.70	136.47	126,113	75,579

※출처: 2011, 2012 中国第三产业统计年鉴 자료 재구성

공연 횟수는 2011년도는 2010년도보다 12.8% 증가했으나 2012년도에 와서는 다시 12.7%가 줄어들었다.

관객 수에서는 2011년도는 2010년도보다 15.7% 줄었으나 2012년도에 와서는 다시 11.0%가 증가했는데 공연 횟수나 관람객의 숫자는 일정치 않고 당해연도 공연 환경과 관련이 큰 것으로 보인다.

그리고 장르별 공연에 있어 각 지방의 전통적인 오페라인 희곡(戱曲) 극단들의 공연이 2010년 전체 공연 횟수의 34.76%에서 2011년도에 와서는 54.14%로 대폭 증가했는데 이는 새로움 작품 개발과 질적 향상으로 귀결되었으나 2012년도에 와서는 다시 36.4%로 급감했다.

2011년도 총 7,055개 예술공연단 중 민간 직업극단이 314개로 여기에는 66,642명이 소속되어 있고 공연 횟수가 총 956,500회로 전체의 62.82%에 이르며 5,267,448,000위안(미화 약 8억 3,598만 달러)의 수입을 가져 왔는데 역시 프로 극단들의 활동이 왕성하다는 것을 알 수 있다.

2) 공연장(극장)

다음은 공연장 상황을 파악해 보자. 베이징의 경우 2009년 11개의 소극장이 2011년도에는 30여 개로 늘어나고 레파토리도 350여 편이 넘을 정도로 소극장이 활기를 띠고 있다. 그리고 최고의 시설을 갖춘 극장으로는 국가대극원, 바오리(保利) 극장, 톈차오(天桥) 극장, 스지(世纪) 극장 등이 있는데 임대료가 비교적 비싼 편이다.

2010년에 중국 연예단체들의 '합종연횡'이 나타났는데 중국 대외연출공사와 바오리 극장으로 양대 극장(공연장) 체인화가 본격적으로 가동되어 2011년에 와서는 급속한 발전을 꾀한다.

공연장(극장) 체인화는 중국대외연출공사(약칭: 中演)와 바오리 극장, 국가화극(연극)원 등 국유집단과 대은(大隐), 희소당(戏逍堂), 번성희극촌(繁星戏剧村) 등 민영 공연장(극장)들이 체인화의 대표 주자다. 극장(공연장) 운영의 모델도 은밀하게 변화를 가져왔고 베이징에서는 전국적으로 방사 확대하여 통일적인 표준화 관리로 인재 육성과 정품(精品) 작품 + 공연장(극장) 순회 공연으로 새로운 모델이 전개되었다.

바오리(保利) 극장체인은 대표적인 직영 방식을 취하고 있는데 이는 관리가 전문화되어 있다는 것으로 지난 10년간 20여 개의 극장을 가맹시키고 주삼각(珠三角), 장삼각(长三角), 화중(华中) 지방, 화북(华北) 지방, 서남(西南) 지방의 전국적인 극장체인 인터넷망과 정품(精品) 작품 + 체인극장 순회공연의 통일적인 관리 방법을 취하고 있다.

국가연극원(国家话剧院) 역시 하나의 연맹 형식을 취하고 있는데 2010년 9월에 ① 중국 국가화극원 연합 해정극장(中国国家话剧院联合海淀剧院), ② 톈차오(天桥) 극장, ③ 민족궁극장, ④ 국가도서관음악청 등 대극장들이 소위 '중국 연극공연 체인극장 연맹(国话演出院线剧场联盟)'을 결성하여 각계각층 관객들의 요구에 부응하고 있다.

2010년에 북방극장연맹, 서부공연연맹, 동부극장연맹, 주삼각(珠三角) 연예연맹, 장삼각(长三角) 연예연맹 등 성(省) 사이에 연맹들이 출현하였으며 이러한 극장연맹 결성은 각 극장의 통일적인 관리와 공연자원의 공유를 촉진시키며 시장 영업판매 실현과 운영비용을 절감하는 동시에 많은 관객에게 우수한 작품을 감상하게 한다는 긍정적 효과들이 뒷받침되고 있다.

2011년에는 12월 17일 베이징 지구 130개 각급 극장과 중앙과 시 소속의 예술공연 단체 및 민영 예술공연단체들이 공동으로 '수도극장연맹'을 결성하여 자원과 정보의 공유와 수도 공연시장의 통일된 운영체제를 형성, 번영과 발전을 꾀하고자 노력하고 있다.

같은 해 11월 15일 제1회 중국가극제 기간에 중국동부극장연맹, 중국서부공연연맹, 중국북방극장연맹의 CEO들이 푸젠 성 푸저우(福州) 시에 모여 중국 극장연맹 결성에 대한 협의 끝에 정식으로 정부의 비준을 받았다.

중국 각지의 예술공연장 현황을 파악해 보자. 관련 통계를 살펴보면 2012년 말 전국적으로 2,364개의 공연장에 52,231명의 근로자들이 근무하고 있으며 좌석 수는 1,915,677개에 공연 횟수와 영화상영 횟수가 1,186,900회로 조사되었다. 이 중 순수 예술공연은 172,700회에 지나지 않으며 나머지는 영화 등 영상물 상영 등이 압도적으로 많다. 총 관객 186,044,100명 중에 예술공연 관객은 32.9%인 61,187,400명에 불과하다.

〈최근 3년간 예술공연장(극장, 상영관) 운영 주체별 기본 현황〉

구분 / 연도, 운영주체	2012년			
	합계	국유	집체	기타
공연극장(상영관) 수	2,364	1,419	24	921
근무자 수	52,231	25,759	204	26,268
좌석 수	1,915,677	1,121,543	13,209	780,925
공연(상영) 횟수(천 회)	1,186.9	649.2	2.8	534.9
예술공연 횟수(천 회)	172.7	83.4	1.4	87.9
총관객 수(천 명)	186,044.1	110,629.3	699.6	74,715.3
예술공연 관객 수(천 명)	61,187.4	27,850.1	285.9	33,051.4
구분 / 연도, 운영주체	2011년			
	합계	국유	집체	기타
공연극장(상영관)수	1,956	1,438	84	434
근무자 수	42,407	27,411	619	14,377
좌석 수	1,532,842	1,200,137	47,551	285,154
공연(상영) 횟수(천 회)	1,040.7	539.5	5.8	495.4
예술공연 횟수(천 회)	139.0	66.6	2.5	70.0
총관객 수(천 명)	109,088.3	68,753.2	1,080.9	39,254.2
예술공연 관객 수(천 명)	47,566.5	31,190.5	699.8	15,676.2

구분 / 연도, 운영주체	2010년			
	합계	국유	집체	기타
공연극장(상영관)수	2,112	1,519	129	464
근무자 수	42,387	29,056	822	12,509
좌석 수	1,617,320	1,199,481	74,669	343,170
공연(상영) 횟수(천 회)	811.20	550.36	28.54	232.31
예술공연 횟수(천 회)	147.23	87.90	5.68	53.66
총관객 수(천 명)	132,719	95,680	2,977	34,062
예술공연 관객 수(천 명)	54,709	37,162	1,443	16,104

※출처: 2011, 2012, 2013 中国第三产业统计年鉴 자료 재구성(p.470 및 p.488, p.516)

운영 주체별로 보면 국유 소속이 시설면에서 단연 앞선다. 영화 등을 공연장인 극장에서 동시에 상영하고 있기 때문에 이를 감안한 전국의 공연장은 2010년 2,112개소에서 2011년 1,956개소로 156개소나 줄었다. 노후 또는 신축 등의 여러 가지 이유가 있을 수 있겠으나 2010년도 이미 전국의 8개 성(省)과 시(市)에 82.9억 위안(미화 약 12.52억 달러)을 투자하여 상하이, 칭다오, 광저우, 난창(南昌), 후룬메일(네이멍구), 충칭, 장자제(张家界) 등 10개 도시에 11개소의 현대식 예술공연 전용극장을 건립하였고 2011년부터 2013년까지도 240여 억 위안(미화 36.24억 달러)을 들여서 타이위안(太原), 주하이(珠海), 톈진, 더저우(德州), 지난(济南), 우시(无锡), 청두, 다퉁(大同) 등 13개 성 1개 자치구, 2개 직할시에 29개소의 현대식 공연장(극장)의 건립을 진행하고 있다. 일정한 기간이 지나면 전국적으로 다소 노후된 극장(공연장)들의 개조나 신규 건설이 지속될 것으로 보인다. 이런 저런 이유로 2012년도에는 2011년보다 408개가 늘어나 2,364개가 되었다.

다음은 공연 극장이 기능별로 어떠한 장르의 작품들을 관객에게 제공하면서 사용되고 있는지 파악해 보자.

<최근 3년간 공연장 기능별 기본 현황>

구분	기능별	공연장 (상영관) 수	근로자 수	좌석 수	공연(상영) 횟수(천 회)	예술공연 횟수(천 회)	관객 수 (천 명)	예술공연 관객 수 (천 명)
	합계	2,364	52,231	1,915,677	1,186.9	172.7	186,044.1	61,187.4
	공연장 전용	985	25,012	813,118	286.2	77.2	70,572.3	37,917.4
	영화상영관	776	13,287	572,684	681.1	44.8	53,628.0	7,523.8
2012	만담, 곡예장	32	783	5,991	8.3	6.5	1,080.7	907.5
	잡기, 서커스장	8	249	6,760	1.2	1.1	657.1	657.0
	콘서트홀	40	1,462	15,852	5.9	4.2	1,867.7	1,742.9
	종합공연장	289	7,536	360,238	186.2	23.8	53,834.1	9,418.7
	기타	234	3,902	141,034	36.1	15.1	4,404.3	3,020.1
	합계	1,956	42,407	1,532,842	1,040.7	139.0	109,088.3	47,566.5
	공연장 전용	703	15,705	563,200	191.2	62.1	41,415.7	25,872.5
	영화상영관	802	14,021	580,098	681.0	24.9	45,593.6	9,805.8
2011	만담, 곡예장	36	332	6,202	8.5	5.9	998.4	599.3
	잡기, 서커스장	8	544	14,836	1.9	1.9	2,099.6	794.5
	콘서트홀	34	1,457	21,155	10.8	3.7	2,548.2	2,338.7
	종합공연장	242	7,134	231,639	121.6	27.4	13,460.5	6,029.4
	기타	131	3,214	115,712	25.7	13.2	2,972.4	2,126.3
	합계	2,112	42,238	1,617,320	811.20	147.23	132,719	54,709
	공연장 전용	711	16,109	539,348	171.60	48.50	39,843	24,893
	영화상영관	885	14,597	623,656	484.40	40.15	61,846	12,638
2010	만담, 곡예장	39	366	6,927	8.05	6.04	970	842
	잡기, 서커스장	10	236	15,849	1.62	1.62	1,979	1,979
	콘서트홀	36	1,779	21,272	12.44	4.94	3,806	2,687
	종합공연장	282	6,442	327,609	96.64	29.08	19,775	9,317
	기타	149	2,858	82,659	36.47	16.90	4,500	2,353

※출처: 2011, 2012, 2013 中國第三產業統計年鑑 자료 재구성(p.470 및 p.488, p.516)

공연장의 좌석 수 활용에 있어 전용공연장은 2012년도는 전체의 42.44%였고 2011년은 36.74%에 그쳤다. 오히려 영화를 포함한 영상물의 상영에 더 많이 활용이 되었는데 2011년도는 전체 좌석의 37.84%에서 2012년도는 29.89%로 다소 감소 추세다.

관객 수(예술공연 및 영화상영)에서는 2011년도 영화 관객은 전체 관객의 56.4%인 데 비해 예술공연 관객은 전체 관객의 43.6%에 그치고 있다. 2012년도는 차이가 더 벌어져 67.11%와 32.89%로 각각 나타났다.

어쨌든 전국의 공연장 운영에는 예술공연보다 영화 등의 영상물 상영으로 관객을 많이 맞이하고 있는 셈이다.

여기서 다시 이러한 공연장(상영관)들의 종속(관할) 관계를 알아보자.

〈최근 3년간 공연장(상영관) 관할 관계 기본 현황〉

구분	관할별	공연장 (상영관) 수	근로자 수	좌석 수	공연(상영) 횟수(천 회)	예술공연 횟수(천 회)	관객 수 (천 명)	예술공연 관객 수 (천 명)
2012	합계	2,364	52,231	1,915,677	1,186.9	172.7	186,044.1	61,187.4
	중앙	7	199	6,661	0.8	0.8	393.7	373.1
	성省,구区, 시市	128	4,792	135,739	121.8	15.1	12,524.1	8,949.7
	지地,시市	443	14,824	333,458	384.1	56.9	39,766.5	15,996.6
	현县, 시市급 이하	1,786	32,416	1,439,819	680.1	99.9	133,359.8	35,868.1
2011	합계	1,956	42,407	1,532,842	1,040.7	139.0	109,088.3	47,566.5
	중앙	7	142	6,578	1.1	1.0	417.5	411.3
	성省,구区, 시市	179	7,263	167,535	175.0	26.4	21,347.2	15,962.5
	지地,시市	427	12,570	309,873	363.0	40.0	31,222.5	10,282.0
	현县, 시市급 이하	1,343	22,432	1,048,856	501.7	71.6	56,101.2	20,910.8
2010	합계	2,112	42,387	1,617,320	811.20	147.23	132,719.0	54,709.0
	중앙	5	56	3,758	0.58	0.58	290.0	290
	성省,구区, 시市	190	7,661	156,272	162.60	28.08	24,499	16,718
	지地,시市	419	10,816	293,411	276.01	32.31	35,231	13,549
	현县, 시市급 이하	1,498	23,854	1,163,879	371.41	86.26	72,699	24,152

※출처: 2011, 2012, 2013 中国第三产业统计年鉴 자료 재구성

공연장이란 시설물 관리의 대부분이 당해 시설물이 위치해 있는 지방의 현(县)급에 몰려 있고 중앙과 성급에는 2012년의 경우 5.7%에 머문다. 이러한 상황들은 대도시 공연장들의 수입과 직결한다고 이해하는 것이 합리적일 것 같다.

2011년 공연 횟수에 있어 극장에서의 예술공연은 전체 공연 및 상영 횟수의 13.35%인데 비해 관객 수는 43.6%로 관객 수에 있어서는 예술공연 관객이 영화 등 영상물 상영 관객보다 적지 않다.

다음은 중국 공연산업 시장 현상과 특징을 연계하여 설명하고자 한다. 왜냐하면 시장 현상과 특징이 불가분의 관계에 있어 시장 전체를 이해하는 데 보다 구체적일 수 있기 때문이다. 따라서 예술장르별 시장 구성과 관광과 예술공연의 접목, 지역성 등에 대해 다루기로 한다.

3) 주요 특징

일반적으로 공연산업에 있어 중국에서는 크게 ① 극(戏剧), ② 음악, ③ 무용, ④ 기타로 분류되고 있는데 극은 연극(话剧), 경극(京剧), 곤곡(昆曲) 등의 지방극을 포함하고 있는 ⓐ 중국 전통적인 희곡(戏曲)과 동북 지방의 이인전(二人转) 등을 내용으로 한 ⓑ 중국 희곡(中国戏曲), ⓒ 음악극, 그리고 인형극, 아동연극, 아동음악극 등의 ⓓ 아동극(儿童剧)으로 구분하고 있다.

음악은 연창회(演唱会: 콘서트), 음악회 등의 ⓐ 대중음악과 전통악기, 소수민족 음악 등의 ⓑ 민족 음악, ⓒ 가극(歌剧: 오페라), ⓓ 교향악, ⓔ 합창으로 분류하고 있으며 무용은 ⓐ 발레와 ⓑ 현대무용으로 구분하고 있다.

기타에는 민족무용, 만담 등의 곡예(曲艺), 잡기, 마술, 곡마(서커스), 종합 등으로 세분화하고 있다.

중국의 공연시장도 여타 문화산업 분야와 마찬가지로 점진적 발전을 이루어가고 있다. 2011년 3월 제작한 중국 도략(道略) 문화산업 연구 중심의 '2011~2012년 중국 연예산업 투자 보고'에 의하면 2010년도의 중국 공연산업 시장 수입을 107.98억 위안(미화 약 16억 3,075만 달러)로 파악했는데 그 구체적인 내용을 보면 다음과 같다.

〈2010년 중국 공연시장 수입 규모〉 (단위: 억 위안)

수입 / 장소별	전문공연장 예술공연 수입	민영 비전문공연장 예술공연수입	대형장소에서의 대중음악공연수입	실경(实景) 관광지공연수입 등	합계
공연수입	57.18	25.2	13.2	12.4	107.98
점유율(%)	52.96	23.34	12.22	11.48	100.00

※출처: 2011~2012年 中国演艺产业投资报告 pp.4~5 자료 재정리

전문공연장(극장)에서의 예술공연 수입이 절반 이상을 차지하고 있고 체육관 등 대형 장소에서의 대중음악 콘서트 수입도 12.22%로 적지 않은 시장을 형성하고 있다.

전국 공연 티켓 판매 수입 변화도 2008년 13억 3,118만 위안에서 2009년도 28억 8,200만 위안으로 116.5%나 급성장하였고 2010년도는 위의 표와 같이 107억 9,800만 위안으로 274.7%라는 대단한 성장세를 보였다고 중국 문화산업 연도 발전 보고(2012) 에서 '중국통계연감 2009'와 '중국통계연감 2010' 및 '도략(道略) 문화산업 연구중심'의 데이터를 인용하여 밝히고 있다.

2009년부터 2011년까지 3년간의 공연 횟수 및 관객 수 현황을 앞장의 '공연시장 분석' 에서 밝혔기 때문에 여기서는 생략한다.

어쨌든 중국의 공연 산업 시장의 특징 중의 하나로 경제성장과 더불어 중국인들의 가처 분소득 증가와 문화예술에 대한 관심 증대로 시장 규모가 계속 확대되고 있다는 점을 들 수 있다. 관객 추이가 이를 반영하고 있다. 2011년도는 전체 관객이 2010년보다 15.68%가 감소했으나 수입과 직결되어 있는 도시의 관객은 14,532,000명이 줄어든 4.5%의 감소에 머물렀다. 그러나 2012년도에는 다시 전체 관객수가 828,050,900명으 로 전년 대비 11%가 증가하였다.

아울러 중국 역시 여타 국가들과 비슷하게 수도를 포함한 경제적으로 비교적 앞서 있는 직할시나 일부 성(省)이 예술공연 산업 시장의 60~70% 내외를 장악하고 있다는 것이 전문 기관들의 일반적인 분석 평가다. 따라서 이들 주요 지역의 예술공연 활동을 파악 하는 것이 필요하다.

〈2009~2012년간 주요 지역 예술공연 현황〉

연도 / 구분		예술공연단 공연(국내)			
		공연 횟수(천 회)		관객(천 명)	
		총횟수	도시공연 횟수	국내 총수	도시관객 수
2012	전체	1,249.8	438.2	828,050.9	307,026.6
	베이징	20.8	15.2	10,081.3	8,504.3
	상하이	35.7	30.4	15,145.2	13,229.0
	광둥 성	39.1	10.1	90,822.3	39,340.8
	저장 성	132.1	27.2	86,243.5	18,885.2
	4개 지역 소계	227.7	82.9	202,292.3	79,509.3
2011	전체	1,465.9	459.2	745,850	306,610
	베이징	12.1	10.4	7,230	5,900
	상하이	21.4	17.7	10,420	8,800
	광둥 성	52.7	29.4	44,190	24,710
	저장 성	128.5	39.3	50,910	12,350
	4개 지역 소계	214.7	96.8	112,750	51,760
2010	전체	1,277.82	431.11	884,558	320,882
	베이징	10.48	8.28	4,296	3,066
	상하이	19.76	17.34	10,367	9,106
	광둥 성	41.52	15.58	56,089	34,023
	저장 성	102.25	27.43	105,733	39,707
	4개 지역 소계	174.01	68.63	176,485	85,902
2009	전체	1,126.35	385	817,159	301,268
	베이징	9.69	–	7,627	–
	상하이	15.76	–	10,120	–
	광둥 성	42.25	–	68,676	–
	저장 성	97.01	–	75,836	–
	4개 지역 소계	164.71	–	162,259	–

2012년의 경우 도시에서의 공연 횟수는 438,200회로 전체 공연 횟수의 35.06%에 지나지 않으며 도시 주민들의 관람객 수도 전체의 37%인 307,026,600명에 머물렀다.

연도 / 구분		공연장(상영관) 공연			
		공연 횟수		관객(천 명)	
		총공연(상영) 횟수	예술공연 횟수	공연(상영) 총관객 수	예술공연 관객 수
2012	전체	1,186.9	172.7	186,044.1	61,187.4
	베이징	54.0	17.1	10,669.6	8,402.8
	상하이	84.9	12.5	10,835.4	7,060.5
	광둥 성	38.0	8.3	11,823.5	4,060.2
	저장 성	75.3	14.8	13,510.1	6,096.9
	4개 지역 소계	252.2	52.7	46,838.6	25,620.4
2011	전체	1,040,700	139,000	109,088.83	47,566.5
	베이징	56,000	17,600	9,732.7	8,231.9
	상하이	31,800	12,500	10,080.8	8,314.2
	광둥 성	34,400	14,600	11,944.1	5,304.9
	저장 성	10,130	17,600	13,087.3	5,145.6
	4개 지역 소계	132,330	62,300	44,844.9	21,745.19
2010	전체	811,200	147,230	132,719	54,709
	베이징	54,920	17,490	10,640	8,432
	상하이	22,850	10,760	7,845	6,157
	광둥 성	33,680	8,240	8,939	5,098
	저장 성	68,850	26,380	17,434	5,814
	4개 지역 소계	180,300	62,870	44,858	25,501
2009	전체	606,260	149,490	123,193	53,692
	베이징	41,470	14,410	8,149	6,678
	상하이	19,900	8,860	7,561	5,260
	광둥 성	51,850	14,950	11,738	5,733
	저장 성	60,790	31,140	13,561	5,859
	4개 지역 소계	174,010	69,360	41,010	23,530

※출처: 2010, 2011, 2012, 2013 中国第三产业统计年鉴 자료 재구성
※주: 2010년과 2009년도 베이징 시 통계는 중앙(中央)의 단체와 공연장 공연을 포함한 숫자임.

예술공연단들의 도시 공연 시 관객 숫자와 예술공연장에서의 예술공연 관객 숫자는 이

들 단체의 공연수입과 직결되기 때문에 상기 표에서 베이징, 상하이, 광둥 성, 저장 성 등 4개 특정 지역을 조사해 보았다.

예술공연단들의 도시 관객 수에 있어 4개 특정 지역 관객은 전체 관객 숫자에 비하여 2012년 25.89%, 2011년 16.88%, 2010년 26.77%로 각각 나타나고 있으며 공연장(상영관) 공연 시 예술공연 관객에 있어서는 2012년 81.87%, 2011년 45.7%, 2010년 46.6%, 2009년 43.8%를 각각 점유하고 있다.

여기서 명시하고 있는 예술공연 단체의 숫자는 등록되어 있는 단체에 한하고 있어 등록되어 있지 않거나 기타 다른 방법 등을 통하여 예술공연 활동을 하는 단체들은 포함되어 있지 않기 때문에 전국 시장점유율을 확정 짓기에는 한계가 있다.

지역별 주요 공연 현황을 파악하고자 한다. 베이징, 상하이, 광저우가 중국 공연산업 3대 시장으로 알려져 있어 이 3대 시장에 대한 공연산업 실태를 분석하도록 하겠다.

2011년 베이징은 중국 공연산업 시장을 이끌어가며 연계 집합 구역과 수도 극장연맹 결성을 확대하면서 고가의 입장객들의 관람 티켓 문제 해결을 위한 여러 가지 방안 모색에 들어갔다.

〈2006~2011년간 베이징 시 연도별 공연회수 및 수입 현황〉

구분 / 연도	2006	2007	2008	2009	2010	2011
공연 횟수(천 회)	9	12	14	16,397	19,095	21,075
총수입(억 위안)	4	4.2	6.3	10	10.9	14.05

※출처: ① 2011~2012年 中国演艺产业投资报告 p.6, ② 中国文化产业年度发展报告(2012) p.192, ③ 中国文化产业年度发展报告(2011) p.168 자료 재정리

상기 표에서 언급되고 있는 데이터는 베이징 공연업협회가 2011년 시 전체 82개 상업 공연장의 통계자료를 발표한 것으로 베이징대학 문화산업 연구원과 국가 문화산업 창신발전 연구기지가 공동으로 편찬한 '중국 문화산업 연도 발전보고(2012)'에서 밝힌 자료와 도략(道略) 문화산업 연구 중심의 '2011~2012년 중국 연예산업 투자보고'를 인용한 것으로 모두 상업공연에 근거하고 있음을 이해해야 할 것이다. 아울러 2009년도의 경우는 61개의 상업공연장의 통계자료임을 밝혀 둔다.

그리고 2012년 1월부터 9월까지 베이징의 24개 소극장에서 총 3,327회의 공연이 있었

는데 2011년 같은 기간보다 무려 163%가 증가했다.

앞에서 이미 부분적으로 언급했지만 이를 다시 정리한다면 2012년의 경우 베이징 시는 연극, 아동극, 광대극류의 단체 8개, 가무단, 경음악단류 51개 단체 등 총 324개의 예술공연 등록단체를 보유하고 동 단체 상주 인력은 7,489명으로 1개 단체 평균 보유 인력이 약 24명에 이른다. 2012년도에는 이들 단체들이 총 20,800회의 예술공연 활동으로 10,081,000명의 관객을 확보함으로써 1회 공연 시 평균 관객수도 485명에 이르는 상당한 실적을 확보했다. 그래서 공연수입으로 미화 약 52,443,000달러에 해당하는 329,630,000위안을 벌어들였고 국고보조금도 673,562,000위안(미화 약 107,162,000달러)을 지원받아 베이징 시민들이 문화의 혜택을 누리는 데 일조를 했다. 그리고 베이징 시내에 130여 개의 크고 작은 예술공연장이 있는데 실제 예술전문 공연 장으로 등록된 공연장(극장)은 96개로 여기에는 3,383명이 근무하면서 예술공연 수입 724,378,000위안과 국고보조금 219,854,000위안을 지원받기도 했다.

다음으로 베이징 시민들의 연도별, 장르별 공연관람 실태를 살펴보자.

〈2012년도 베이징 시 예술공연단 장르별 상업공연 횟수 및 관객 현황〉

구분 / 장르별	합계	연극, 아동극, 코미디(광대)극	오페라, 무용극, 가무극단	가무단, 경음악단	교향악단(악단), 합창단
공연 횟수	20,800	3,500	–	3,400	100
관객 수(천 명)	10,081	1,532	–	1,747	136
매회 평균 관객 수	485	438	–	514	1,360

구분 / 장르별	문공단, 문선대, 우란무치	전통희곡극단		곡예, 잡기, 인형극, 그림자극	종합성예술단
		희곡	(경극)		
공연 횟수	–	3,100	(1,500)	6,500	4,200
관객 수(천명)	360	1,296	(621)	2,709	2,301
매회 평균 관객 수	–	418	(414)	417	548

※출처: 中国文化文物统计年鉴 2013 pp.245~247 자료 재구성

2012년도 베이징 시에서의 각종 공연활동은 2011년도보다 횟수는 71.9%가 증가했고 관객 수도 39.4%가 늘었다.

〈2011년도 베이징 시 예술공연 장르별 상업공연 횟수 및 관객 현황〉

구분 / 장르별	합계	연극, 아동극, 코미디(광대)극	오페라, 무용극, 가무극단	가무단, 경음악단	교향악단(악단), 합창단
공연 횟수	12,100	900	100	2,400	100
관객 수(천 명)	7,232	525	100	2,165	212
매회 평균 관객 수	598	584	1,000	903	2,120

구분 / 장르별	문공단, 문선단, 우란무치	희곡극단 (전통적인 지방극 포함)		곡예,잡기, 인형극, 그림자극	종합성 예술단
		희곡	(경극)		
공연 횟수	–	3,000	(1,300)	3,000	2,600
관객 수(천 명)	–	1,506	(504)	310	1,814
매회 평균 관객 수	–	502	(387)	304	698

※출처: 中国文化文物统计年鉴 2012(中国文化部编) pp.244~245 자료 재구성, 재정리

또 다른 자료에서는 베이징 시의 예술공연 장소의 예술장르별 공연 상황을 다음과 같이 밝히고 있어 앞부분의 데이터와 일부 상이한 점이 있는데 데이터에 여러 가지 내용의 포함 여부에 따라 다르게 나타나고 있음에 착오 없기 바란다.

2008년은 베이징 하계 올림픽이 개최된 해이고 2009년은 중국 국가 수립 60돌을 맞는 뜻깊은 해였으며, 2010년도는 중국 현대연극(话剧)의 기초를 다진 사람이자 저명한 극작가 차오위(曹禺) 탄생 100주년을 맞이하는 등 문화예술 활동이 활기를 띨 수 있는 계기가 계속 마련되어 왔다.

여기서 베이징 시의 전반적인 연극 시장을 보면 공연 횟수가 급격히 증가함을 알 수 있다.

〈베이징 시 상업적 연극 공연 현황〉

연도	2006	2007	2008	2009	2010
공연 횟수	1,647	2,042	2,657	1,580	2,919

※출처: 中国文化产业年度发展报告 2010, 2011, 2012 자료 재구성

그리고 2003년 이후 소극장이 일반화되면서 많이 증가했는데 2009년도는 지속적으로 운영하는 극장이 30여 개였다. ① 北京盈之宝(150석), ② 人艺实验극장(250석), ③ 海淀극장(255석), ④ 魔山극장(310석), ⑤ 东方先锋극장(320석), ⑥ 八一극장 소극장(400석), ⑦ 北演东图극장(515석) 등이다.

대중음악 콘서트의 경우 2010년도에는 비교적 많이 개최되었는데 우커송五棵松체육관에서 열린 홍콩의 유명 가수 왕페이王菲의 음악콘서트(演唱会)는 5회 연속 최고 티켓값을 기록했다. 이러한 대중음악 콘서트의 인기 덕에 2010년도의 대중음악 콘서트 총수입은 2009년의 1.6억 위안보다 114%가 증가한 3억 위안을 돌파했다.

이러한 대중음악 콘서트가 2011년에도 500여 회가 개최되었는데 베이징 시에서 개최된 횟수만도 110회로 전체의 22%에 이르고 2010년도의 98회 개최보다 12%가 증가했다고 '중국 문화산업 연도 발전 보고(2012)'의 공연산업 연도 발전 개황에서 밝히고 있다.

지방의 전통적인 희극인 곡예(曲艺) 공연이 늘고 있고 중국의 아동 인구가 전체 인구의 19%대를 차지하면서 약 2.5억 명의 아동들을 대상으로 한 아동극이 활기차게 발전하고 있고 잠재력 역시 크다 할 것이다.

〈베이징 시 곡예(曲艺) 및 아동극 공연 현황〉

연도	2006	2007	2008	2009	2010
곡예(曲艺)공연 횟수	784	1,440	1,494	2,394	2,376
아동극공연 횟수	626	789	1,182	1,184	1,385

※출처: 2011～2012年 中国演艺产业投资报告 pp.16～17 자료 재구성

곡예 시장이 점진적으로 증가 추세에 있음을 알 수 있다. 베이징뿐만 아니라 각 지역의 특색 있는 만담 형식의 상성(相声)이 있는데 크게 보면 베이징의 京派相声, 상하이의 海派相声, 톈진의 津派相声, 광저우의 粤派相声, 시안의 古城相声 등이 그것이다.

이들은 이미 상호 간 경쟁과 촉매제 역할을 하고 상성 시장에서 적극적인 활동을 벌이고 있다. 특히 곡예 시장에서 판권 보호 의식이 점증하여 2009년 7월 중국 곡예협회가 주최한 곡예 신작품 경매가 이루어졌는데 동 기간에 16개 작품이 100.7만 위안(미화 147,500달러)에 경매가 이루어졌다.

아동극은 베이징에서 급속하게 증가하고 있다. 2008년도는 49.8%가 증가했다. 그러나 자금이 부족하고 시장에서 아동극 극본이 모자라다고 관계 전문 분석가들은 지적한다.

연번	명칭	소재지
1	刘老根大舞台	东城区前门路小江胡同
2	恭王府戏楼	西城区柳荫街甲14号
3	官园剧场	西城区平安里西大街43号
4	北京天桥杂技剧场	东城区天桥市场95号
5	丰台体育场	丰台区丰台路67号
6	奥体中心体育馆	朝阳区安定路1号
7	人民大会堂	西城区长安大街天安门广场
8	国家体育馆	朝阳区安定路1号
9	国家游泳中心	朝阳区天辰东路1号
10	鸟巢	朝阳区国家体育场南路1号
11	国家大剧院歌剧院	西城区西长安街2号
12	朝阳平房大戏楼	朝阳区东五环平房桥京城梨园公园内
13	国家京剧院剧场	西城区平安里西大街22号
14	国家大剧院戏剧场	西城区西长安街2号
15	中国木偶剧院酷宝宝剧场	朝阳区安华西里一区甲1号
16	中国木偶剧院小铃铛剧场	〃
17	中国儿童剧场假日经典小剧场	东城区东安门大街64号
18	海淀展览馆	海淀区新建宫门路2北门
19	中央民族乐团音乐厅	朝阳区小营路15号
20	国家大剧院音乐厅	西城区西长安街2号
21	嘻哈包袱东四环剧场	朝阳区东风乡辛庄甲27号
22	广茗阁茶园	西城区鼓楼西大街61号
23	宣南书馆	西城区菜市口广安门内大街
24	德云评剧社	前门外大栅栏街39号
25	德云书馆	西城区北纬路德云社剧场对面
26	张一元天桥茶馆	西城区万明路18号
27	春晖剧场	西城区陶然亭路51号
28	德云社剧场	西城区北纬路甲1号

29	枫蓝国际小剧场	海淀区西直门北大街32号
30	魔山剧场	海淀区万柳华府北街2号
31	央视华汇时代剧院	朝阳区东三环中路32号
32	朝阳9个剧场(切CHE·行动剧场)	朝阳区金台路17号
33	朝阳9个剧场(后SARS剧场)	〃
34	北演东图剧场	东城区交道口东大街85号 东城区文化馆1层
35	八一剧院	海淀区西三环北路万寿寺甲27号
36	安徒生剧场	东城区交道口菊儿胡同甲14号
37	北京蜂巢剧场	东城区东直门外新中街3号
38	海淀区文化馆小剧场	海淀区中关村大街28-1号
39	红塔礼堂	西城区月坛北街12号
40	解放军歌剧院	西城区德胜门西大街60号
41	地质礼堂剧场	西城区西四羊肉胡同30号
42	梅兰芳大剧院	西城区平安里西大街32号
43	汉风堂梦回天桥文化广场	朝阳区工体东路4号雅秀服装市场对面
44	陕西大厦秦乐宫剧场	朝阳区华威里27号长安大馆店
45	繁星戏剧村	西城区宣武门内大街抄手胡同64号
46	朝阳9个剧场(TNT)	朝阳区金台路17号
47	红剧场	东城区幸福大街44号崇文工人文化宫内
48	皇家粮仓	东城区东西十条22号
49	中华皮影文化城	海淀区清华西路28号(圆明园南门西200米路北)
50	北京华侨大剧院	朝阳区东四环小武基北路(欢乐谷公园东南门)
51	北兵马司剧场	东城区交道口南大街67号北兵马司胡同东口
52	东方先锋剧场	东城区东单3条8-2号
53	五棵松篮球场	海淀区复兴路69号
54	北大百年讲堂	海淀区颐和园路5号(北京大学校内)
55	首都剧场	东城区王府井大街22号
56	国家大剧院	西城区西长安街2号
57	政协礼堂	西城区太平桥大街23号
58	中国京剧院实验剧场	西城区西二环官园桥东200米

59	北京展览馆剧场	西城区西外大街135号
60	西单剧场	西城区新文化街甲47号
61	天桥乐茶馆	西城区北纬路甲1号
62	天桥剧场	西城区北纬路30号
63	北京鑫文体俱乐部	西城区白纸坊街16号
64	北京青年宫影剧院	西城区西直门南少街68号
65	广德楼	西城区大栅栏街39号
66	人民剧场	西城区护国寺大街74号
67	前门梨园剧场	西城区永安路175号
68	北京老舍茶馆	西城区前门西大街3号楼3层
69	中和戏院	西城区前门粮食店街5号
70	大观园戏楼	西城区南菜园街12好(大观园内)
71	北京工人俱乐部	西城区虎坊路7号
72	北京湖广会馆戏楼	西城区虎坊路3号
73	正乙祠戏楼	西城区和平门西河沿街220号
74	广安体育馆	西城区登莱胡同26号
75	延庆影剧院	延庆县东外大街48号
76	东方影剧院	通州区车站路14号
77	中央音乐学院音乐厅	西城区鲍家街43号
78	北京音乐厅	西城区新化街1号
79	国家话剧院小剧场	西城区地安门外大街帽儿胡同甲45号
80	民族文化宫大剧院	西城区复兴门内大街49号
81	门头沟影剧院	门头沟区新桥大街12号
82	首都体育馆	海淀区中关村南街56号
83	北京国图音乐厅	海淀区白石桥路39号
84	北京市海淀剧院	海淀区中关村大街28号
85	中国剧院	海淀区万寿寿甲27号
86	国安剧院	海淀区花园东路甲16号
87	丰台影剧院	丰台区西四环南路84号
88	中国评剧大剧院	丰台区西罗园4区19号

89	密云大剧院	密云区鼓楼西大街1号
90	平谷区影剧院	平谷区府前街3号
91	顺义区影剧院	顺义区新顺北大街
92	金帆音乐厅	东城区王府井大街24号(首都剧场南侧)
93	国际艺苑沙龙	东城区王府井大街48号
94	中山公园音乐堂	东城区中山公园内
95	中央民族乐团音乐厅	〃
96	燕山影剧院	房山区岗南路3号
97	房山良乡剧院	房山区良乡拱辰大街31号
98	房山影剧院	房山区青春南路1号
99	丰铁文化宫	丰台区丰台南路122号
100	北京燕山多元奥业公司文化宫	房山区燕山东风路2号
101	吉祥戏院	东城区金鱼胡同14号
102	中央戏剧学院实验小剧场	东城区帽儿胡同45号
103	人艺实验剧场	东城区王府井大街22号首都剧场前楼3层
104	东城区文化馆	东城区交道口东大街111号
105	北京市长安文化娱乐中心长安大剧院	东城区建国门内大街7号
106	北京戏校排演场	丰台区马家堡东里8号(南三环洋桥向西行500米)
107	人艺小剧场	东城区王府井大街22号
108	中国木偶剧院花果山主题剧场	朝阳区安华西里1区甲1号
109	工人体育场	朝阳区朝外工体路
110	大铁塔梦幻剧场	朝阳区大北窑中服大厦二,三层
111	北人娱乐中心	朝阳区东三环路垂杨柳南街2号
112	仁境文化交流中心	朝阳区酒仙桥路4号
113	陕西大厦秦乐宫剧场	朝阳区潘家园左安路64路终点站
114	北京剧院	朝阳区安慧里3区10号
115	朝阳文化馆影剧院	朝阳区朝外小庄金台里17号
116	红霞影剧院	朝阳区酒仙桥红霞路13号
117	世纪剧院	朝阳区亮马桥路40号
118	工人体育馆	朝阳区三里屯工人体育场北路

119	大院茶戏楼	东城区前门箭楼西侧15米路南
120	广和剧场	东城区前门外内市街46号
121	大众剧场	东城区鲜鱼口街60号
122	北京崇文工人文化宫	东城区幸福大街44号
123	大兴影剧院	大兴区黄村西大街15号
124	七色光儿童剧院	东城区安定门内大街菊儿胡同甲14号
125	北京之夜文化城	东城区大雅宝路胡同1号
126	中国儿童剧场	东城区东安门大街64号
127	朝阳剧场	朝阳区东三环北路36号
128	前铁文化宫	东城区前门东大街前门箭楼
129	保利剧院	东城区东直门南大街14号
130	东城天地剧场	东城区东直门南大街10号
131	昌平影剧院	昌平区鼓楼南街6号

다시 여기서 중국 공연산업 시장의 3대 시장 중 하나인 상하이 공연 시장을 접근해 보자. 상하이의 공연 시장은 타 지역에 비하여 비교적 양호한 것으로 평가되고 있다. 2009년에는 상하이 대극원, 동방예술 중심 등에 러시아의 발레 '백조의 호수' 등 대형 공연이 17회 있었는데 2008년의 9회보다 2배가 늘었다. 이렇게 비교적 우수한 작품들의 상하이 공연이 이루어져 왔다. 따라서 2009년 상하이의 예술 공연 티켓 판매 수입이 7.25억 위안으로 베이징의 10억 위안에 근접하고 있다.

다시 2011년도 상하이 예술공연 단체들의 공연 활동을 살펴보면 다음과 같다.

〈2011년도 상하이 시 예술장르별 공연 횟수, 관객 및 공연 수입 현황〉

구분 / 장르별	합계	연극, 아동극, 코미디(광대)극	오페라, 무용극, 가무극단	가무단, 경음악단	필하모닉, 합창단
공연 횟수	21,400	3,100	700	1,600	700
관객 수(천 명)	10,424	2,044	773	743	435
매회 평균 관객	488	660	1,105	464	622
공연 수입(천 위안)	305,035	103,827	27,511	25,707	66,777

구분 / 장르별	문화공연단, 우란무치	희곡극단 (전통적인 지방극 포함)(경극)		곡예, 잡기, 인형극, 그림자극	종합성 예술단
공연 횟수	–	8,700	(300)	5,500	1,000
관객 수(천 명)	–	3,353	(291)	2,736	341
매회 평균 관객	–	386	(970)	498	341
공연 수입(천 위안)	–	42,733	(7,438)	35,135	3,345

※출처: 中國文化文物統計年鑒 2012(中國文化部編: 2012.10) 자료 재구성

상하이의 공연행사별 평균 관객은 베이징의 598명보다 적다. 그러나 공연 횟수는 베이징의 배에 가깝다. 그리고 베이징이나 상하이 할 것 없이 순수한 공연 수입만으로서 여러 가지 어려움이 있다. 따라서 정부보조금이나 광고, 또 다른 협찬 등의 다양한 수익 창출에 진력한다. 공연산업의 수입 부문은 별도로 공연산업 시장 수입 분야에서 다시 다루겠다.

연극이나 곡예 및 아동극에 대한 과거 몇 년간의 공연 횟수를 봐도 상하이는 베이징과 유사점이 많으며 나날이 증가 추세에 있는 것을 알 수 있다.

〈상하이 주요 예술공연 현황〉

장르별 공연 횟수 / 연도	2006	2007	2008	2009
연극(话剧)	931	1,011	1,412	–
곡예(曲艺)	–	–	2,328	2,910
아동극	58	108	95	138

※출처: 2011~2012年 中國演艺产业投资报告 p.13, p.16, p.17 자료 재정리

광저우의 공연 시장 역시 점진적 번영을 가져 왔으며, 2010년 아시안 게임 이후 2011년에 세계적인 저명 예술인들의 공연이 이루어졌다. 그러나 생각보다 호황을 누리지는 못하고 있다는 것이 전문가들의 지적이다. 중국판 〈맘마미아〉가 32회에 걸쳐 공연을 가졌는데 기대에는 미치지 못한 것으로 알려져 있다.

〈2011년도 광둥 성 예술장르별 공연 횟수, 관객 및 공연 수입 현황〉

구분 / 장르별	합계	연극, 아동극, 코미디극	오페라, 무용극, 가무극단	가무단, 경음악단	필하모닉, 합창단
공연 횟수	52,700	500	1,600	2,100	500
관객 수(천 명)	44,195	662	2,231	2,658	476
매회 평균 관객	839	1,324	1,395	1,266	952
공연 수입(천 위안)	322,717	10,854	30,219	50,826	40,083
구분 / 장르별	문공단, 문선단 우란무치	희곡극단 (전통적인 지방극 포함)	(경극)	곡예, 잡기, 인형극, 그림자극	종합성 예술단
공연 횟수	200	29,600	(100)	2,600	15,600
관객 수(천 명)	127	30,076	(163)	1,997	5,968
매회 평균 관객	635	1,017	(1,630)	769	383
공연 수입(천 위안)	–	109,606	(701)	15,511	65,618

※출처: 中国文化文物统计年鉴 2012(中国文化部编:2012.10) p.244, p.245, p.247 자료 재구성

광둥 성에는 광저우 시뿐만 아니라 선전(深圳) 시, 포산(佛山) 시, 주하이(珠海) 시 등 부요한 도시들이 산재해 있어 베이징이나 상하이보다 매회 평균 관객 수가 훨씬 많은 것으로 나타났다. 베이징 오페라인 경극의 경우 실제 공연 횟수는 100회에 미치지 못했으나 최저 단위가 100회로 산출하였기에 100회 공연을 계상, 163,000명의 관객을 확보한 것으로 조사되었으나 티켓 판매 수입에서는 701,000위안으로 처리하고 있는 것으로 보아 거의 무료 공연이 아니었나 판단한다.

또한 일부이기는 하지만 공연 작품에 대해서도 강한 지역성이 있는데 이는 공연 활동에 적지 않은 영향을 준다. 국토 면적이 넓고 이에 따른 각 지역의 문화적 특색과 여러 가지 내부 실정의 일정한 차이로 현지 관객의 공연 작품 접근에 있어 선호도가 다르게 나타나는 경우가 있다. 예를 들면 경극(京劇)이 광저우에서 월극(粵劇)만큼의 환영을 받지 못하고 있는 경우와 이인전(二人转)이 동북 지방의 공연시장에서는 호평을 받고 있

지만 여타 지역에서는 환영의 정도가 비교적 낮은 편인 것을 들 수 있다. 또한 연극(话剧, Drama)은 베이징에서 대단히 좋은 시장을 형성하고 있으며, 관객의 선호도도 높다. 경극의 경우 2011년도 광둥 성에서의 공연 실적을 보면 거의 무료 공연에 가까운 것으로 보인다. 공연 수입이 겨우 701,000위안이었는데 관객 수에 비하면 공연 수입으로 보기에는 다소 무리가 있어 보인다.

다음은 하나의 브랜드화에 성공을 거두고 있는 흥미 있는 사례들을 분석하여 소개하기로 한다.

만담(相声)의 산업화 발전 분야에서 대표적인 기업으로 등장한 北京德云社文化传播有限公司(약칭: 덕운사/德云社)가 있는데 이는 2006년 만담 배우인 궈더강(郭德纲)이 주도하여 창설된 기업이다.

동 기업이 성장하기까지는 1995년 궈더강, 장원순(张文顺), 리징자이(李菁在) 등 3명의 만담 배우들이 베이징에 모여 京味茶楼, 广德楼 등에서 공연을 했는데 1998년까지 만담 연예인들의 숫자가 수십 명이 늘어나는 등 일단 성공을 거두었는데 그해 베이징에서 만담대회 창설로 성공을 확인하는 계기를 맞는다. 2003년에 만담대회(相声大会)를 德云社사단으로 개칭하고 2006년에는 다시 德云社公司로 바꾸고 승승장구하다가 2010년 구타 사건으로 수 개월의 공연 정지를 맞고 아울러 가족들이 회사를 관리하는 폐단이 폭로되는 등 다소 어지러운 환경을 맞는다.

그러다가 2004년부터 관객이 점점 많아지면서 2005년부터는 언론의 집중 조명을 받음으로써 대단한 인기를 얻게 되었는데 2006년 민족궁(民族宫)에서의 1주일간 상업공연으로 100만 위안 이상의 수입을 올리고 그해는 연간 1,000만 위안을 훨씬 넘는 수입을 창출했다. 2007년도는 1,570만 위안, 2008년도는 1억 55만 위안을 벌어들이는 등 급성장을 한다.

2009년도는 '궈더강 예술 20주년'의 축하 공연에서 2,000만 위안의 공연 수입을 얻는 등 지속적인 발전 속에 텅진(天津)에 분소(分所)를 내고 동시에 베이징에는 2개의 소극장을 건립하여 극장은 전국에 총 6개로 확대된 것으로 알려져 있다.

다음은 관광산업과 문화예술산업이 접목된 하나의 공연 산업으로 현지 외국인들을 포함한 모든 관객에게 좋은 인상을 심어주고 있는 베이징 인상창신예술발전 유한공사(北

京印象创新艺术发展有限公司, 약칭: 北京印象)란 기업이 있다.

동 회사의 전신은 장이머우(张艺谋), 왕차오거(王潮歌), 판위에(樊跃) 등 3명의 저명 감독들이 발기한 베이징인상(北京印象) 문화예술중심으로 2006년에 설립한 회사이다. 설립 후 실외에서의 대형 실경(实景) 공연의 창작과 제작, 관리를 통해 성공을 거두는 데 〈印象·刘三姐〉, 〈印象·丽江〉, 〈印象·西湖〉 등이 초기의 성공한 작품들이다. 이후 다시 〈印象·海南岛〉와 우이산(武夷山)을 실경으로 한 〈印象·大红袍〉 등 역사적·문화적 자원이 풍부한 특정 지역에서의 소위 〈印象〉 계통의 창작품들의 출현이 늘어났다.

이들 〈印象〉 계통의 예술공연 티켓 값은 만만치 않은데 대체적으로 최고가가 700위안, 최저가는 200위안 정도인 것으로 알려져 있다. 2011년부터 2012년 중국 공연(演艺) 산업 투자 보고자료에 의하면 중국 내 60여 개 이상의 도시에서 베이징인상공사(北京印象公司)의 〈인상(印象)〉 계열의 실경(实景) 공연을 요청해 놓고 있고 미국, 캐나다 등지에서도 합작 의향을 문의하고 있는 상황이다. 그리고 공연 진행은 인상공사(印象公司)가 30~40%의 자금을 투자하고 일부는 당해 정부에서 지원하며 공연 인력은 대다수를 당해 지역의 전문적인 연예인과 일반 대중을 활용하는데 〈印象·丽江〉의 경우에는 원래 리장(丽江) 10개의 소수 민족 500여 명의 농민들을 투입시켰다.

공연 기획, 제작은 인상공사가 주도하고 세부 공연 항목 모두를 장이머우(张艺谋), 왕차오거(王潮歌), 판위에(樊跃) 3명이 총감독을 맡는다. 공연 장소는 당해 지역정부가 제공하는데 공연 영업 판매 관리는 당해 공연을 위해 새로 창설한 회사가 운영한다.

〈인상(印象) 계열 공연 투자 및 수입 현황〉

단위사업명칭	소재지	창작기간 및 초연初演	투자액 (억 위안)	연간공연 횟수	연간 관객 수 (연인원)(만 명)	연간 티켓 판매 수입(억 위안)
印象·刘三姐	구이린 (桂林)	창작: 5년 6월 2004년 초연	0.9	500	100	2
印象·丽江	丽江 (리장)	창작: 1년 이상 2006년 초연	2.5	800	200	1.5
印象·西湖	杭州 (항저우)	창작: 1년 이상 2007년 초연	1	365	36	0.7
印象·海南岛	海口 (하이커우)	창작: 2년 2009년 초연	1.8	365	15	0.2
印象·大红袍	武夷山 (우이산)	창작: 2년 2010년 초연	2	1일 3회	1일 5,000명	1.7

※출처: 2011~2012年 中国演艺产业投资报告 (道略文化产业研究中心编 : 2011.3) p.35

그럼 여기서 인상 시리즈 공연 활동의 효시였던 장이머우 감독 등 3명의 감독이 추진한 소위 〈인상·류산제(Impression·Sanjie Liu, 印象·刘三姐)〉 공연을 보다 구체적으로 소개하고자 한다.

1961년 〈刘三姐〉 영화 촬영지였던 광시좡족자치구(广西壮族自治区)의 구이린桂林 시 양수오阳朔 현의 리장(漓江) 수역 및 12개 산봉우리 등 2km에 걸친 천혜의 공연 무대를 활용하여 3,534개의 좌석(일반석 2,324석, 귀빈석 1,154석, 총통석 56석) 속에 2004년 3월 20일 문화와 관광을 접목한 실경(实景) 공연이 성공적으로 이루어졌는데 공연 현황을 보면 시사하는 바가 대단히 크다.

〈2004~2009년 인상·류산제(印象·刘三姐) 공연 현황〉

구분 / 연도	2004	2005	2006	2007	2008	2009
관객(만 명)	31	48	78	100	101	128
공연 횟수	263	318	395	470	430	497
영업 수입(만 위안)	2,552	4,546	7,312	9,441	9,617	12,205
납부세액(만 위안)	83	173	244	1,065	1,141	1,389

※출처: 中国文化产业园(社会科学文献出版社, 2012.3) pp.156~158

상기 관객 중 국내외 관광객이 대부분을 차지하고 있어 주목을 받아온 것이 사실이다.

〈2007~2009년 印象·刘三姐공연 국내외 관광객 관람 비중〉

구분 / 연도	2007	2008	2009
국내 관광객 관람 수	569,938	621,421	760,758
해외(외국) 관광객 관람 수	87,363	96,298	94,568
국내외 관광객 관람 총수	657,301	717,719	855,326
총관객 수	1,000,000	1,010,000	1,280,000
국내외 관광객 비중(%)	56.99	61.53	59.43

※출처: 中国文化产业园(社会科学文献出版社, 2012.3) pp.156~157 자료 재구성

외국 관광객의 관객 중 한국 관광객의 관람 수는 2007년 3위로 10,426명, 2008년에는 4위로 7,195명, 2009년에도 3위로 8,735명으로 집계되었다.

이러한 인상(印象) 계열의 문화와 관광을 접목시킨 실경공연이 성공하게 된 이유는 여러 가지 분석이 가능하나 현지를 찾는 외래 관광객을 비롯하여 현지인들과 함께 아우르는 공연 행사로 당해 지역의 역사 · 문화적인 자원을 최대한 활용, 이를 실제 작품의 배경으로 제작한 데 있다. 일반 투자자 측과 공연 제작 · 기획사인 印象公司 측, 현지 지방정부 및 현지 주민들의 권익의 교차점에서 출발하고 있어 각측이 모두 이익을 창출할 수 있도록 공연이 제작 · 진행되는 데 있는 것으로 분석이 가능하다.

다시 말하면 투자자 측은 수익을 얻고 공연기획사 측은 수익과 지명도의 상승이라는 무형의 가치를 확보할 수 있으며 현지 지방정부 측은 당해 도시의 지명도 상승 효과뿐만 아니라 경제적 효과를 누리는 동시에 지역 주민들은 노동력 수입 이외에도 문화적 매력을 향유할 수 있는 기회를 부여받기 때문에 이러한 여러 가지 상황들의 시너지 효과가 성공 요인으로 작용하고 있다고 봐야 할 것이다.

이와 같은 인상공사(印象公司)를 관광회사에서 기업 합병을 통해 수익 창출을 극대화하는 사례가 적지 않았는데 그 사례 중 하나가 리장관광공사(丽江旅游公司)이다.

丽江玉龙雪山印象公司를 합병한 후 수익이 점점 증가하면서 관광객 관객도 점증했다.

〈인상관광공사(印象旅游公司)의 공연 수익 현황〉

연도	공연 횟수	1회 공연 관객 수	총좌석 수	좌석점유율(%)	관광 입장권 판매량	관광객 비중(%)
2007	350	425	1,500	28.33	148,700	3
2008	536	1,023	1,500	68.16	549,100	9
2009	923	1,500	1,700	88.23	1,384,100	18

※출처: 2011~2012年 中国演艺产业投资报告 p.66

위 표와 같이 인상 계열의 공연 행사에 당해 지역을 여행하는 여행객들이 관객으로 점점 확산되고 있는 추세이다.

다음은 예술공연장(극장)의 전국적인 체인화가 대세를 이루고 있는 중국에서 공연장 체인화 선도기업으로 우뚝 선 北京保利剧院管理有限公司이다. 이 회사는 상하이, 광둥, 우한, 허난 성, 산둥 성, 장쑤 성, 쓰촨 성, 안후이 성, 저장 성 등 전국 10여 개의 성직할시 20여 개 극장과 2004년부터 체인화를 구축해 왔다.

극장 체인화를 통해 北京保利剧院은 예술공연 프로그램 공급과 여러 가지 장점들을 활용하여 2008년도에는 연간 4,000여만 위안의 공연 비용을 절감하였고 지금도 극장 운영 경비를 절약하는 데 성공을 거둔 것으로 알려져 있다.

그 다음으로 北京保利劇院과 더불어 중국의 양대 극장 체인을 구축하고 있는 중국대외연출공사의 中演演出극장 체인이 있고 중국국가대극원中国国家大劇院도 상하이 대극원과 전략적 합작 관계를 맺고 있으며 그 밖에 중국국가화극원(中国国家话劇院) 측도 2010년 9월부터 ① 중국국가화극원 연합 海淀劇院, ② 天桥극장, ③ 民族宫극장, ④ 국가도서관 음악청 등과 소위 国话演出院线剧场联盟을 만들어 각계 각층의 관객 요구에 부응하고 있다.

이와 같이 중국의 공연 시장의 특징이라고 할 수 있는 부분을 요약하면 청두, 선전 등 제2의 도시로 확산되어 가고는 있으나 아직까지는 베이징, 상하이, 광저우 시가 중국 공연시장의 60~70%를 점하고 있다. 또 예술 공연 프로그램에 대한 강한 지역성이 존재하며 그 예로는 관광 산업과 예술공연 산업의 접목에서 성공을 거두고 있는 베이징인 상공사(北京印象公司)가 창작해 낸 현지 실경(实景) 공연 등을 들 수 있다. 그 다음으로 아동극 시장과 베이징에서의 화극(话剧: 연극)이 인기를 얻고 있고 각 지방 오페라들이 상당한 시장을 형성하고 있다는 것도 흥미로운 일임이 틀림없다.

다음은 예술공연 시장에서 항시 논란이 되고 있는 관람권(티켓) 문제에 대해 알아보기로 한다.

4) 공연 관람권(티켓)

베이징 시 공연업협회가 밝힌 자료를 보면 2010년의 각종 공연의 평균 티켓 값이 201위안으로 2009년보다 내려갔다고 되어 있다. 그러나 2011년도 중국 문화산업 연도 발전보고(2011.8 베이징대학출판사 출판)에서는 평균 가격이 낮은 일부 소극장을 대상으로 계산한 것이라고 반박하면서 인민대회당, 수도체육관, 공인工人체육관, 공인工人체육장, 우커송체육관 등 대표적인 대형 공연장소의 평균 티켓 1매 값이 2010년 772위안으로 2009년 637위안보다 21%가 올랐다고 설명한다. 이는 분명히 베이징 일반시민의 수입에 비해 적지 않은 가격이다.

그러나 이전의 높은 티켓값이 다소 진정되는 사례도 적지 않다. 2009년의 경우, 국가대극원 상업 공연 시 비싼 티켓은 전체의 0.72%에 머물고 500위안 이하의 티켓이 72%

에 이르고 있는 등 여러 가지 대책을 강구 중인 것으로 알려져 있다.

그런데 소비자인 관객들은 300위안(미화 약 45달러) 이하 중저가 티켓을 원하고 있는 것으로 파악되고 있다. 2011년부터 2012년까지 중국 연예산업 투자보고 등 각종 관련 자료에 의하면 일반 관객들이 희망하고 있는 티켓 값을 보면 30.8%가 100위안 이하를, 54.6%가 100~300위안, 11.4%는 300~500위안, 3.2%는 500위안 이상으로, 300위안 이하를 희망하는 관객이 전체의 85.4%로 나타나 이를 방증하고 있다.

공연 티켓 값은 공연 레퍼토리와 지역에 따라 천차만별이다. 중국인은 월 보수의 1/10 정도여야만 소위 좌석이 좋은 티켓(山頂票) 1매를 구입하는 데 비해 미국인은 보통시민 월 봉급 3,000달러의 1/20이면 가장 좋은 위치의 티켓 1매를 구입할 수 있다. 특히 베이징의 경우 일류 가수들의 공연 티켓이 2010년 1매에 1,080위안(미화 약 163달러)이 2011년에는 계속 올라 왕페이(王菲) 공연 티켓 1매 값이 2,500위안(미화 약 377달러)에 이르고 있어 관객의 불만을 자아내고 있는 사례도 있었다.

그러나 2012년에 와서 공연 티켓 값에 대한 극장들의 노력 등으로 여러 가지의 저가 티켓 공급 확대가 이어지고 공연 티켓 수입과 직결되는 여러 가지 문제점이 시정되고 있다.

2012년 원단(元旦), 즉 설 연휴기간에 국가대극원, 수도극장, 중산음악당, 장안大戲院, 繁星戲劇村 등 베이징 시내 유명 30여 개 극장에서 저가 티켓 판매 대책들을 내놓아 문화예술 향유층의 저변 확대를 꾀했다. 이들 극장 수는 수도극장연맹 회원 수의 1/3에 해당하는 수로, 좌석 위치에 따라 좌석 수의 20%를 100위안 이하의 저가 티켓으로 설정하여 80위안, 60위안, 50위안, 40위안, 30위안, 20위안으로 구분 판매했다.

국가대극원도 좋은 공연 작품일 경우에도 항상 100~200매의 티켓을 100위안 이하로 책정·운용하고 회원용 티켓, 학생용 티켓 등 저가 티켓 운영책을 시행하고 있다.

그리고 2012년 상하이 공연시장 운영이 상당히 성숙한 것으로 전해졌는데 이는 해외 공연물의 대거 유입과 민간예술단에 대한 정부의 지원책 등이 상당한 작용을 한 것으로 분석된다. 또한 공안(公安) 분야 증정표 상한 규정에 따라 대량 증정표로 인한 공연시장의 어려웠던 일들이 사라졌다는 정황을 2012년 중국 문화산업 연도 발전보고서에서 밝히고 있다.

그런데 '2011~2012년 중국 연예산업 투자보고' 49페이지에 의하면 중국 연예산업 티켓 판매 수입 배분이 대체적으로 예술공연 단체가 20%, 공연기획사 42%, 공연장(장소

임대료 등) 25% 내외, 티켓판매 대행사 13% 내외로 이루어져 있다고 지적하고 있다.

티켓 판매 수입이 공연산업의 주요한 수익임을 감안할 때 해외 여타 국가들의 티켓 판매사 대행수수료가 5% 내외인 점을 고려하면 중국의 티켓 판매사 대행수수료 13% 내외는 티켓 값 상승 요인으로 작용함에는 틀림이 없다.

물론 공연산업 수입에는 티켓 판매 이외에도 판권 수입, 상업적 협찬, 파생상품 수입, 정부 보조 등의 수입이 있다. 그러나 '2011~2012년 중국 연예산업 투자보고' 등 여러 가지 자료에 의하면 티켓 값을 결정하는 데 적지 않은 영향을 주는 요인으로 다음과 같은 것을 지적하고 있다.

첫째, 공연장소의 대관료가 비싼 것을 들 수 있는데 상하이 체육관의 경우 매 공연 시 보안경비 5만 위안 징수 문제라든가 베이징의 노동자 체육관(工人体育场) 사용료가 80만 위안(미화 약 12만 달러)으로, 대만의 같은 규모의 공연장소 사용료 20만 위안의 4배에 이른다고 지적한다.

둘째, 공연 티켓의 세율이 너무 높다고 하는데 티켓 1매에 영업세 5.5%, 기업소득세 25% 등 총 30.5%의 세금을 소비자인 관객이 부담하여 티켓 값 고액화에 영향을 준다고 언급하고 있다.

셋째, 많은 개선이 이루어졌지만 이전에는 증정용 티켓이 과다했다고 지적한다. 일반적으로 총 티켓 수의 30~35%가 증정용으로 배포되고 상대적으로 값이 싼 단체 티켓이 30% 내외를 점하고 있어, 이 또한 일반 티켓 값을 인상시키는 요인이 될 수 있다.

그리고 티켓 값 상승과는 직접적인 관련이 없지만 같은 공연작품을 두고 국내외 티켓 값의 차별화를 관객들은 이해하기 어렵다.

1998년 장이머우(张艺谋) 감독의 〈투란도트〉 독일 뮌헨 공연 티켓 값이 28~153유로(280~1500위안 상당)였는데, 동 작품의 베이징 타이먀오(太庙) 공연 시 최고 티켓 값이 1매에 16,000위안(미화 약 2,000달러)이었고 〈악단〉의 홍콩 공연 시 티켓 값이 홍콩 달러 280,580였으나 베이징 공연 시 티켓 값은 380~1,180위안으로, 자국에서 훨씬 비싼 티켓 값을 소비자인 관객은 이해하는 데 어려움을 느낄 것이다.

또 〈Gunshi(滚石)〉 30주년 기념 공연 시 베이징에서의 VIP 티켓 값이 2,580위안(미화 약 390달러), 최저가는 280위안(미화 약 45달러)였는데 비해, 2010년 11월 대만 공연 시는 최고가 860위안(미화 약 130달러), 최저가 173위안(미화 약 26달러)으로 현격한 차이를 보였다.

그리고 2010년 베이징 고궁에서 열린 '세계 3대 테너 자금성 공연'에서 티켓 최고 값이 미화 2,000달러의 정점을 찍은 후 외국 상업 공연의 중국 공연 티켓 값이 높은 현상을 보이고 있는 것으로 전문가들은 분석한다. 2010년 하반기 홍콩의 유명가수 왕페이 공연의 경우, 최고가가 2,500위안(미화 약 377달러)에 이르렀는데 대만 유명 가수 류뤄뤄(劉若若)의 베이징 공연 시는 380~1,680위안으로 대만 공연 시보다 60%가 싸다는 것을 관련 업계에서는 지적한다.

그뿐만 아니라 매년 10% 내외로 증가하고 있는 광고선전비도 티켓 값 상승 요인으로 볼 수 있을 것이다.

5) 공연 수입

앞 장에서 일부 언급하였으나 공연산업의 수입은 일반적으로 티켓 판매 수입, 협찬 수입, 파생상품 판매 수입, 판권 수입, 그리고 정부 보조금으로 나눌 수 있다. 다만 공연장소(극장)의 경우는 공연장 임대료 수입이 추가될 수 있을 것이다.

그런데 예술공연 단체 7,321개 중 관리 운영 측면에서 분류되고 있는 문화부문의 예술공연 단체가 2,128개인 데 비해 비문화부문 예술공연 단체는 5,193개로 전체의 70.93%를 차지하고 있다. 대체적으로 비문화부문의 예술공연 단체는 문화부문의 예술공연 단체에 비해 규모가 작고 운영에 어려움이 적지 않은 것으로 알려져 있다. 어느 나라 할 것 없이 예술공연 단체의 경비 자급율을 높이고자 하는 의욕은 강하나 실제는 거리가 멀다. 지난 수년간 중국의 문화부분 예술공연 단체의 경비 자급율을 보면 30% 전후를 맴돌고 있다.

〈문화부문 예술공연단체 경비자급률 변화〉

연도	2000	2005	2006	2008	2009	2010	2011	2012
자급률(%)	33.8	32.2	31.7	29.5	30.0	31.9	27.3	24.1

※출처: 中国文化文物统计年鉴 2012. p.176 및 中国文化文物统计年鉴 2013 p.180 자료 재구성

그럼 지역별로 어느 지역이 경비자급율이 좋고 좋지 않은지 파악해 보면 다음과 같이 나타난다. 베이징의 경우 전체 평균 자급율과 비슷한 수준을 유지하고 있는데 2008년 14위로 26.0%, 2009년 11위 30.7%, 2010년 11위 31.2%, 2011년에는 13위로 27.8% 였다가 2012년 23.3%로 15위로 밀려났다.

〈2012년도 문화부문 예술공연단 경비자급률 상위 10위권 현황〉

지역별	상하이	하이난	광시자치구	장쑤 성	광둥 성	산시(山西)성	허베이성	저장 성	허난 성	푸젠 성
자급률 (%)	47.3	38.5	36.5	36.3	32.8	32.2	31.4	30.0	28.1	27.1

※출처: 中国文化文物统计年鉴 2013 p.180 자료 재구성

〈2011년도 문화부문 예술공연단 경비자급률 상위 10위권 현황〉

지역별	상하이	장쑤 성	안후이 성	산시(山西) 성	허난 성	저장 성	하이난 성	광둥 성	허베이 성	후난 성
자급률 (%)	49.2	45.4	42.5	38.6	36.1	34.7	34.0	33.4	31.8	29.6

※출처: 中国文化文物统计年鉴 2012, p.176 자료 재구성

상기 표와 같이 상하이, 장쑤성 등 대체적으로 경제적 환경이 상대적으로 윤택한 성(省)의 예술공연단들의 경비 자급율이 절반에 육박하고 있어 대단히 높은 편이다.

〈2012년도 문화부문 예술공연단 경비자급률 하위 10위권 현황〉

지역별	시장자치구	네이멍구자치구	톈진 시	헤이룽장 성	윈난성	쓰촨 성	신장자치구	닝샤자치구	지린 성	구이저우 성
자급률 (%)	2.4	4.9	7.2	8.4	8.4	9.5	9.6	13.8	13.8	14.4

※출처: 中国文化文物统计年鉴 2013 p.180 자료 재구성

〈2011년도 문화부문 예술공연단 경비자급률 하위 10위권 현황〉

지역별	시장자치구	네이멍구자치구	헤이룽장 성	윈난 성	신장자치구	닝샤자치구	산시(山西) 성	지린 성	칭하이 성	간쑤 성
자급률 (%)	2.2	6.4	8.7	10.4	12.2	14.3	15.9	16.5	16.8	17.8

※출처: 中国文化文物统计年鉴 2012, p.176 자료 재구성

그런데 경비 자급률이 낮은 지역은 대체적으로 개발이 덜 되었거나 예술공연 시장이 상대적으로 활성화되지 못한 것으로 나타나고 있다.

이러한 공연 단체들은 공연 활동을 통해 연간 얼마의 수입을 가져오는지 파악해 보면 다음과 같다.

〈2012년도 예술공연 단체 연간 수·지 현황〉

소속·단체 수 / 수입		수입(천 위안)			
		합계	공연수입	정부보조	기타수입
합계	7,321	23,104,600	6,414,800	11,407,180	5,282,620
중앙	17	840,250	225,940	353,830	260,480
성급	223	6,111,810	1,036,500	4,268,710	806,600
지·시급	755	5,126,200	940,980	3,430,600	754,620
현급	6,326	11,026,340	4,211,390	3,354,050	3,460,900

소속·단체 수 / 지출		지출(천 위안)		
		합계	인건비	의료, 세액, 기타
합계	7,321	20,819,100	9,160,173	11,658,927
중앙	17	842,600	373,047	469,553
성급	223	5,625,120	2,645,596	2,979,524
지·시급	755	5,070,320	2,809,987	2,260,333
현급	6,326	9,281,060	3,331,543	5,949,517

※출처: 中国文化文物统计年鉴 2013 및 中国第三产业统计年鉴 2013 자료 재구성

2012년도 예술공연 단체들의 수입 측면을 보면 공연수입이 지난 해보다 21.78%나 증가했는데 이는 현급(县级) 도시 공연수입이 41.12%나 증가한 것에 기인하고 정부 보조금도 27.1%가 늘어났는데 이의 주요 원인도 현급 도시에서 2011년보다 무려 89.5%가 증가한 것에 그 이유를 찾을 수 있다.

지출 측면에서는 인건비가 2011년도보다 11.55%가 증가했으나 중앙 소속 단체의 인건비는 오히려 34.16%가 감소했다. 어쨌든 2012년 공연수입만 미화 약 10억 2,057만 달러에 달했다.

〈2011년도 예술공연 단체 연간 수지 현황〉

소속 · 단체 수 / 수입		수입(천 위안)			
		합계	공연수입	정부보조	기타수입
합계	7,055	15,402,630	5,267,448	8,971,009	1,164,173
중앙	17	1,083,360	351,751	576,893	154,716
성급	249	4,595,710	1,000,794	3,430,586	164,330
지 · 시급	755	4,312,980	930,576	3,194,146	188,258
현급	6,034	5,410,570	2,984,327	1,769,384	656,859

소속 · 단체 수 / 지출		지출(천 위안)		
		합계	인건비	의료, 세액, 기타
합계	7,055	14,589,260	8,211,466	6,377,794
중앙	17	1,137,090	566,676	570,414
성급	249	4,725,920	2,437,264	2,288,656
지 · 시급	755	4,313,380	2,637,929	1,675,451
현급	6,034	4,412,870	2,569,597	1,843,273

※출처: ① 中国文化文物统计年鉴 2012 (pp.250~261) 자료 및 ② 2012 中国第三产业统计年鉴 (p.487) 자료 재구성

상기 2011년도 자료에 의하면 수입이 지출보다 많은 것으로 표시되어 있으나 앞 장에서 언급한 문화부문 공연예술 단체의 경비 자급률을 비교해 볼 필요가 있다. 우선 공연수입이 전체 수입의 34.2%를 나타내고 있고 지출총액의 36.1%를 차지한다.

정부 보조는 수입액 전체의 58.2%를 차지하고 있어 그 비중이 상당히 높은 편이며 지출 부문에서 인건비가 총 지출액의 56.3%를 점하고 있다. 정부가 보조금을 지급하는 비율이 수입액 전체의 58.2%를 차지하고 있는 가운데 이를 소속별로 나눠보면 보조금 지급비율은 중앙 소속에 3.7%, 성급은 22.3%, 지 · 시급 단체에는 20.7%, 현급에는 11.5%로 구분된다. 그러나 단체 수에 있어 현급 소속 단체가 전체의 85.5% 수준에 이르고 있는 것을 감안하면 현급 소속 예술공연 단체에 대한 정부보조금 액수가 상대적으로 적은 느낌이 든다.

여기서 다시 예술공연의 장르별 주요 수지 현황을 파악하여 중국 공연산업 시장을 좀 더 깊이 이해하고자 한다.

〈2012년도 예술장르별 주요 부문 공연 수 · 지 현황〉 (단위: 천 위안)

구분 / 장르별		합계	연극, 아동극, 코미디(광대)극	오페라, 무용극, 가무극단	가무단, 경음악단	필하모닉(악단), 합창단
수입	정부보조	11,407,182	887,470	901,340	1,822,060	435,630
수입	공연수입	6,414,804	261,450	483,280	1,231,660	209,350
지출	인건비	9,160,173	535,310	766,760	1,578,470	359,400

구분 / 장르별		문공단, 문선대 우란무치	지방오페라		곡예, 잡기 인형극, 그림자극	종합성, 예술단
			희곡	(경극)		
수입	정부보조	416,780	4,213,610	(796,070)	743,280	1,987,000
수입	공연수입	41,790	1,506,930	(124,880)	628,880	2,051,470
지출	인건비	312,080	3,482,770	(634,460)	699,380	1,426,010

※출처: 中国文化文物统计年鉴 2013 pp.247~251 자료 재구성
※주(注): 상기 합계액과 장르별 합계액이 부합하지 않는 이유는 장르별 액수에 있어 만(万) 단위 이하를 반올림 또는 절사한 것으로 다소의 차이가 발생했기 때문임.

〈2011년도 예술장르별 주요 부문 공연 수 · 지 현황〉 (단위: 천 위안)

구분 / 장르별		합계	연극, 아동극, 코미디(광대)극	오페라, 무용극, 가무극단	가무단, 경음악단	필하모닉(악단), 합창단
수입	정부보조	8,971,009	654,963	887,368	1,617,696	447,814
수입	공연수입	5,267,448	281,708	449,823	1,299,892	251,056
지출	인건비	8,211,466	501,454	706,223	1,494,315	363,139

구분 / 장르별		문공단, 문선대 우란무치	지방오페라		곡예, 잡기 인형극, 그림자극	종합성 예술단
			희곡	(경극)		
수입	정부보조	462,511	3,414,460	(736,138)	485,958	1,000,239
수입	공연수입	71,162	1,428,934	(121,539)	374,637	1,110,236
지출	인건비	356,946	3,188,662	(592,188)	526,647	1,074,080

※출처: 中国文化文物统计年鉴 2012 pp.244~248 자료 재구성

2011년도의 정부 보조금 지급액 비중에 있어 38%가 경극을 포함한 지방 오페라에 지원이 되고 다음으로 대중성이 강한 가무단과 경음악단에 18%가 지원이 되었다. 공연 수입도 지방 오페라 분야에서 전체 공연 수입의 27%를 점하고 그 다음이 가무단과 경음악단의 공연 수입으로 24.6%를 차지하고 있다.

그리고 인건비가 가장 많이 지출되는 분야 역시 지방 오페라 분야로서 전체 인건비의

38.8%를, 그 다음이 가무단과 경음악단이 18.2%를 차지하고 있는 것을 보면 지방의 전통극과 가무단 및 경음악단에 대체적으로 많은 지원이 있고 이에 따라 수입도 많은 것을 알 수가 있다.

그리고 공연산업의 주요 영역을 담당하고 있는 예술공연장(상영관)의 수지 현황도 파악해 보아야 하기 때문에 다음과 같이 표를 구성해 보았다.

〈2012년도 예술공연장(극장/상영관) 소속별 주요 수지 현황〉

소속	주요수지 공연장 수	주요 수입(千元) 합계	정부보조금	예술공연 수입	인건비 지출 (千元)
합계	2,364	4,150,221	1,331,414	2,818,807	1,838,436
중앙	7	5,739	112	5,627	9,496
성급	128	1,076,947	432,913	644,034	302,151
지 · 시급	443	1,085,719	368,975	716,744	510,279
현급	1,786	1,981,816	529,414	1,452,402	1,016,510

출처: 中国文化文物统计年鉴 2013 pp.284~291 자료 재구성

2012년도 예술공연장(극장/상영관) 근무자의 인건비 지급 사례를 보면 중앙 소속 근무자 199명은 1인당 월 평균 3,977위안(미화 약 633달러), 성급 소속 근무자 4,792명은 1인당 평균 월 5,255위안(미화 약 836달러), 지·시급 소속 근무자 14,824명은 1인당 평균 월 2,869위안(미화 약 457달러), 현급 이하 소속 근무자 32,416명은 1인당 평균 월 2,614위안(미화 약 410달러)을 받는 것으로 파악이 된다.

〈2011년도 예술공연장(극장/상영관) 소속별 주요 수지 현황〉

소속	주요수지 공연장 수	주요 수입(万元) 합계	정부보조금	예술공연수입	지출액 (万元)
합계	1,956	717,136	114,462	187,188	618,464
중앙	7	2,685	56	193	2,660
성급	149	229,138	46,143	90,360	189,682
지 · 시급	427	206,013	32,955	49,708	198,658
현급	1,343	279,300	35,308	46,928	227,464

※출처: 中国第三产业统计年鉴 2012 p.488 자료 재구성

예술공연장(극장)에서의 정부 보조금 지원이 주요 수입원으로 작용하고 있는데 중앙 소속에서 지방으로 내려갈수록 정부 보조금이 차지하는 비율은 점점 높아져 간다. 2011년의 경우 중앙 소속은 22.5%, 성급은 33.8%, 지·시급은 39.8%, 현급은 42.9%이다. 이는 작품의 수준과도 관계가 있을 수 있고 공연장 규모와 시설과도 관계가 있을 수 있을 것이다. 그리고 예술공연장인 극장에서 영화 등의 영상물 상영도 이루어지고 있는데 관객들의 문화예술에 대한 애정도 하나의 이유로 들 수 있는 바, 어쨌든 다양한 이유가 존재할 수 있을 것이다.

다음으로 예술공연장별 주요 수입원을 찾아 보면 다음과 같음을 알 수 있다.

〈2012년도 예술공연 장소별 주요 수입원 현황〉

장소 / 수지	주요 수입(万元)			지출액 (万元)
	합계	정부보조금	예술공연수입	
합계	797,506	133,141	281,880	
예술공연장(극장)	421,261	60,463	187,709	325,617
영화관	134,673	23,909	12,826	161,213
만담장,곡예장	18,730	833	11,770	13,257
잡기 및 서커스장	2,807	215	1,741	2,788
콘서트홀	46,168	23,866	17,512	71,896
종합성공연장	137,113	22,441	29,276	121,623
기타공연장	36,755	1,415	21,046	28,933

※출처: 中国第三产业统计年鉴 2013 p.517 자료 재구성

주요 수입에서는 공연장이라는 특성상 정부 보조금, 예술공연 수입 이외에 영화상영 등을 통한 수입이 적지 않다는 것을 나타내고 있다.

〈2011년도 예술공연 장소별 주요 수입원 현황〉

장소 / 수지	주요 수입(万元)			지출액 (万元)
	합계	정부보조금	예술공연수입	
합계	717,136	114,462	187,188	618,464
예술공연장(극장)	261,960	52,383	916,638	207,120
영화관	119,998	18,671	14,344	113,531
만담장.곡예장	3,517	159	2,705	3,310
잡기 및 서커스장	23,990	-	22,163	13,212
콘서트홀	88,600	22,250	28,315	74,614
종합성공연장	152,738	20,007	21,491	147,238
기타공연장	66,334	992	6,533	59,439

※출처: 中国第三产业统计年鉴 2012 p.488

예술공연장(극장)의 주요 수입액 중 정부 보조금이 15.96%이고 예술공연 수입은 26.1%에 불과하며 기타 수입이 57.94%를 차지한다. 물론 상기 주요 수입원이 정부 보조금과 예술공연 수입으로부터 채워지는 것으로 되어 있으나 지출액의 48.8%를 여러 가지 임대료 등 또 다른 수입으로 충당하고 있음을 알 수 있다.

〈2011~2012년 예술공연장 등록별 수지 현황〉 (단위: 万元)

연도	등록	주요 수입(万元)			지출액 (万元)
		합계	국고보조수입	예술공연수입	
2012	합계	797,506	133,141	281,881	725,326
	국유	294,992	98,627	81,401	328,852
	집체	865	136	282	825
	기타	501,649	34,378	200,198	395,650
2011	합계	717,136	14,462	187,188	618,464
	국유	334,823	94,299	87,546	301,010
	집체	3,710	372	2,281	2,321
	기타	378,603	19,791	97,362	315,133

※출처: 中国第三产业统计年鉴 2012, 2013 자료 재구성

소위 예술공연장(극장)들의 등록(등기)별 국고보조금 지급을 보면 2011년의 경우 국유기관에 전체 보조금의 82.38%, 2012년에는 조금 줄어든 74.08%를 각각 지급하여 국유기관 편중 지원이라는 얘기를 면키 어려운 실정이다.

지출 면에서는 국유기관이 2012년 전체 지출액의 45.34%, 2011년 48.62%를 각각 차지했으나, 국유(国有)도 일반 단체인 집체(集体)도 아닌 기타로 등록된 예술공연장의 지출액은 전체 지출액의 2012년 54.55%, 2011년 50.95%를 각각 차지하고 있는 실정이다.

다음은 예술공연을 찾는 소비자(관객)를 파악하여 예술공연 산업의 이해를 돕고자 한다.

다. 소비자(관객)

중국 도략문화산업연구중심(道略文化产业研究中心)이 2011년 3월에 조사 · 발표한 '2011~2012년 중국 연예산업 투자보고'에 의하면 중국의 예술공연 소비자를 4개 군(群)으로 분석했는데 연령별에서는 20~40세 청장년층이 전체 소비자의 68% 전후를 차지하고 있고, 학력별로 보면 전문대 이상의 소비자가 전체 소비자의 70% 내외를 차지하고 있으며, 직업별로는 화이트칼라 회사원이 전체 소비자의 53% 내외, 그리고 소비자의 월 수입은 2,000~6,000위안이 전체 소비자의 52% 내외를 차지하고 있는 것으로 나타났다.

그리고 매년 650만여 명의 대학졸업생을 배출하고 있고 이 숫자는 매년 증가하고 있으며 2010년 중국사회과학원이 발표한 '당대 중국사회구조(当代中国社会结构)' 연구보고서가 밝힌 중산층 규모가 이미 전체 인구의 23%에 달하고 예술공연 산업이 비교적 발달한 베이징, 상하이 등의 중산층 규모는 40%를 초과했다고 한다. 중산층의 기준을 어디에 두든 이들이 예술공연 산업과 밀접한 관련이 있는, 여유가 있는 계층임이 틀림없는 사실이다.

특히 1978년 12월 26일 첫 국비 유학생 52명의 미국 워싱턴 파견 이후 매년 그 숫자가 확대되었고 경제 발전과 더불어 자비 유학생들의 해외 유학이 늘어나 그 숫자가 100여만 명에 가까워졌는데 이들은 또 다른 의미에서 보면 예술공연의 주요 소비자(관객)로서의 상당한 역할을 해주고 있다.

그리고 여행객 역시 예술공연 산업에 영향을 주고 있는데 중국인들의 내국인 국내 여행객 수가 2011년 26.4억 명에 수입 1조 9,306억 위안, 2012년 29.6억 명에 수입 2조 2,706억 위안으로 나타났으며 홍콩, 마카오, 대만인들의 숫자를 포함하면, 해외 여행객의 중국 여행객 수가 2011년 1억 3,542만 명, 2012년 1억 3,241만 명에 이르렀는데 이 중 순수 외국인들의 중국 여행객은 2011년 2,711만 명, 2012년 2,719만 명이다.

이들은 대체적으로 중국의 전통문화예술을 접하고자 하는 강한 의욕을 가지고 있다. 따라서 현지 문화를 바탕으로 한 현지에서의 실경(实景) 예술공연의 주요 소비자(관객)로 대거 등장했다.

어쨌든 찬란한 문화 유산과 다양한 예술 문화 덕분에 중국의 예술공연 산업 자원은 풍부하다고 봐야 할 것이고 미래의 공연산업 전망도 밝다고 하겠다.

그럼 여기서 예술공연의 소비자(관객) 수의 변화 추세와 이들의 예술공연 행사 접촉 채널 등을 알아보자.

1) 소비자(관객) 수 변화

대체적으로 예술공연 관객 수는 매년 증가해 오다가 2011년도에 와서 잠시 줄어들었다가 2012년에 다시 회복세를 보인다.

〈예술공연 관객 변화 추세〉 (단위: 만 명)

연도별	2002	2003	2004	2005	2006	2007
관객 수	45,980	39,163	39,833	36,295	41,579	75,896

연도별	2008	2009	2010	2011	2012
관객 수	63,187	81,716	88,456	74,585	82,805

※출처: ① 2011~2012년 중국 연예산업 투자보고 ② 중국문화문물 통계연감 2012
③ 2009, 2010, 2011, 2012, 2013 중국 제3산업 통계연감

그리고 2003년은 중국을 찾아 온 불청객 사스(SARS)의 영향으로 다중이 운집하는 공연장을 찾은 관객이 줄어든 것으로 분석할 수 있다.

그런데 관객 중에는 농촌 관객의 비중이 60~70%를 차지하고 있는데, 이들 관객은 잠

재적 소비자로 이해하면 좋을 것 같다. 농촌 관객들은 소위 공익표라고 하는 정부 재정 지원하에 이루어지는 공연활동을 많이 참관하고 있다.

〈2008~2011년간 예술공연 도농 관객 수 대비표〉 <small>(단위: 천 명)</small>

구분 / 연도	2008	2009	2010	2011	2012
총관객 수	631,868	817,159	884,558	745,851	828,050.9
농촌관객 수	416,580	515,891	563,676	439,235	521,024.3
도시관객 수	215,288	301,268	320,882	306,616	307,026.6
도시관객 비중	34%	37%	36%	41%	37%

<small>※출처: ① 2009, 2010, 2011, 2012, 2013 中国第三产业统计年鉴 ② 2012, 2013 中国文化文物统计年鉴 자료 재정리</small>

중국 전역에 예술공연장(극장)이 2012년 말 현재 2,364개가 있는데 이들 공연장에서 예술공연을 관람한 관객 수는 훨씬 적게 나타나고 있다. 이는 예술공연장인 극장에는 예술공연뿐만 아니라 영화 상영도 하고 기타 영상 활동도 진행하고 있기 때문이다.

〈최근 5년간 예술공연장(극장)의 예술공연 관객 대비표〉 <small>(단위: 천 명)</small>

구분 / 연도	2008	2009	2010	2011	2012
극장 총관객 수	127,443	123,193	132,719	109,088	186,044.1
예술공연 관객 수	44,288	53,692	54,709	47,567	61,187.4
예술공연 관객 비중	34.7%	43.6%	41.2%	43.6%	32.9%

<small>※출처: 2009, 2010, 2011, 2012, 2013 中国第三产业统计年鉴 자료 재정리</small>

예술공연장인 극장에서 2008년도의 경우 영화 관객 수가 43,422,000명으로 34.1%로 예술공연 관람 관객 수와 비슷하며 나머지 31.2%인 39,733,000명의 관객은 예술공연 및 영화관객이 아닌 기타 활동의 참가 관객들이다.

그럼 여기서 2011년도 예술공연의 장르별 관객 수를 알아보면 다음과 같다.

〈2011년도 예술장르별 국내 관객 수 현황〉 (단위: 천 명)

구분 / 장르별	합계	연극, 아동극, 코미디극	오페라, 무용극, 가무극단	가무단, 경음악단	교향악단, 합창단
합계	745,851	12,504	22,207	92,557	5,033
베이징	7,232	525	100	2,165	212
상하이	10,424	2,044	773	743	435
광둥 성	44,195	662	2,231	2,658	476

구분 / 장르별	문공단, 문선대 우란무치	지방오페라		곡예, 잡기, 인형극, 그림자극	종합성 예술공연
		희곡	(경극)		
합계	34,772	372,176	(15,309)	100,038	106,563
베이징	–	1,506	(504)	910	1,814
상하이	–	3,353	(291)	2,736	341
광둥 성	127	30,076	(163)	1,997	5,968

※출처: 2012年 中國文化文物統計年鑒 p.245 자료 재정리
※주(注): 지방오페라 숫자에 (   )의 경극 숫자가 포함되어 있음.

상기 표와 같이 종합성의 예술공연의 관객 수가 전체의 14.3%로 대중성이 강한 대중음악 공연 활동이라고 할 수 있는 콘서트(演唱會)의 위력이 큼을 알 수 있고, 특히 경극을 포함한 각 지방의 오페라 공연 관객이 무려 49.9%로 가장 많다. 따라서 현지 각 지방의 오페라 공연은 농촌관객 수와 무관치 않음을 알 수 있다.

또한 위 표에 베이징, 상하이, 광저우를 성회(省會)로 하는 광둥성 데이터를 표시한 것은 이들 세 지역이 중국 예술공연 시장의 60~70%를 점유하고 있기에 별도 표시한 것으로 이해해 주기 바란다.

2) 소비자(관객) 환경

예술공연 산업의 발전은 소비자인 관객들의 경제적 수입과 직접적인 연결이 있을 것이다. 경제발전과 더불어 중국 국민의 가처분 소득도 끊임 없이 증가하였는데, 지난 7년간 중국 국민의 가처분 소득 변화를 알아보면 다음과 같다.

⟨농촌 주민 1인당 가처분 소득 변화 추세⟩ (단위: 위안)

구분 / 연도	2006	2007	2008	2009	2010	2011	2012
가처분소득	3,587	4,140	4,761	5,153	5,919	6,977	7,917
증가율(%)	7.4	9.5	8.0	8.5	10.9	11.4	10.7

※출처: ① 中华人民共和国 2011年 国民经济和社会发展统计公报(国家统计국 편, 2012.2.28)
② 中华人民共和国 2012年 国民经济和社会发展统计公报(国家统计국 편, 2013.2.28) 자료재정리

⟨도시 주민 1인당 가처분 소득 변화 추세⟩ (단위: 위안)

구분 / 연도	2006	2007	2008	2009	2010	2011	2012
가처분소득	11,759	13,786	15,781	17,175	19,109	21,810	24,565
증가율	10.4%	12.2%	8.4%	9.8%	7.8%	8.4%	9.6%

※출처: ① 中华人民共和国 2011年 国民经济和社会发展统计公报(国家统계국 편, 2012.2.28)
② 中华人民共和国 2012年 国民经济和社会发展统计公报(国家统계국 편, 2013.2.28) 자료 재정리

농촌 주민이나 도시 주민 할 것 없이 가처분 소득의 연도별 증가율이 GDP 성장률과 거의 비례하고 있다. 이러한 가처분 소득의 증가는 문화산업의 한 부분인 예술공연 산업의 전망을 밝게 하는 데 적지 않은 역할을 하는 것으로 봐야 할 것이다.

그리고 농촌 지역의 예술공연 관객 수가 전체 관객수의 50% 전후를 차지하고 있는데 전체 인구 수 측면에서 2012년 말 기준 13억 5,404만 명 중 47.4%인 6억 4,222만 명이 농촌 인구임을 감안할 때 이와 비례하는 측면이 있다. 또한 문화예술 향유 기회가 상대적으로 적은 농촌 지역의 주민들을 위한 정부 지원이 적지 않음을 고려할 때 농촌 지역 주민들의 관객 수가 예술공연 수입 시장에 대한 영향이 그렇게 크지 않을 것으로 생각된다. 다만 향후 잠재적 소비자로서의 발전 가능성은 충분하다고 하겠다.

여기서 중국 예술공연 산업 시장의 60~70%를 점하고 있는 베이징과 상하이, 그리고 광저우 시를 성회(省会)로 가지고 있는 광둥 성의 인구 구성을 분석하면 예술공연 산업 시장의 이해에 더욱 더 가까이 다가갈 수 있을 것 같다.

지역 / 구분	상주 인구 (만 명)	가구 수 (만 호)	연령대별 구성(만 명)		
			0~14세	15~64세	65세 이상
베이징	1,961	668	169	1,622	171
상하이	2,302	825	199	1,870	233
광둥 성	10,430	2,775	1,762	7,965	704

지역 / 구분	총상주인구 대비율(%)			학력 수준(만 명)			
	0~14세	15~64세	65세 이상	전문대 이상	고등학교	중학교	초등학교
베이징	8.61	82.68	8.71	618	416	616	195
상하이	8.63	81.25	10.12	505	483	839	312
광둥 성	16.89	76.36	6.75	857	1,781	4,476	2,394

※출처: Major Figures on 2010 Population Cencus of China 자료 재구성

광둥 성의 인구 중 초·중학교 학력 수준의 인구가 상대적으로 많은 것은 베이징이나 상하이보다 농촌 지역이 많기 때문으로 이해하는 것이 옳을 것이다.

3) 예술공연 행사 정보 접촉

소비자인 관객들은 과연 어떠한 채널을 통하여 예술공연과 관련된 정보들을 얻는지 알아보자. 중국의 도략(道略) 문화산업 연구 중심이 '2011~2012년 중국 연예산업 투자보고'에서 밝힌 내용을 보면 여러 가지 채널 중 역시 인터넷을 통한 정보 습득이 가장 높게 나타났다. 그리고 두 가지 이상의 정보 습득 루트를 활용하는 경우도 적지 않다.

〈예술공연 행사 관련 정보 습득 구분〉

습득 구분	인터넷	친구 추천	평면매체	R/TV	종합포털 사이트	전단	여행사	기타
비중(%)	55.7	37.6	36.8	28.2	15.5	11.0	1.1	5.6

※출처: 2011~2012년 중국 연예산업 투자보고(p.30)

이와 관련하여 중국의 네티즌 수를 보면 2012년 말 현재 5억 6,400만 명이며 인터넷 보급률도 2010년 세계 수준을 넘어 2012년도는 42.1%에 이르렀다. 35세 이하의 네티

즌 수가 전체 네티즌 수의 73%이고 예술공연 관객의 70%가 40세 이하인 점을 감안하면 이들의 상관관계를 알 수 있을 것이다.

〈인터넷 보급률 및 네티즌 수 현황〉

연도	2003	2004	2005	2006	2007
인터넷 보급률(%)	6.0	7.1	8.4	10.4	16.0
네티즌 수(백만 명)	–	–	111	137	210
연도	2008	2009	2010	2011	2012
인터넷 보급률(%)	22.6	28.9	34.3	38.3	42.1
네티즌 수(백만 명)	298	384	457	513	564

※출처: ① 2011年 中国新媒体发展报告(p.3) ② 2011年 中国传媒产业发展报告(p.17)
③ 2012年 国民经济和社会发展统计公报 자료 재정리

인터넷은 어느 나라나 할 것 없이 중국에서도 다양한 분야에서 혁신을 가져오고 있는데 인터넷 광고수입이 2006년 61억 위안이던 것이 2011년도에는 무려 511.9억 위안(미화 약 81억 2,424만 달러)에 이르고 인터넷 게임 수입도 2006년 76.8억 위안에서 2011년 413.8억 위안에 이르고 있는 사실들이 이를 말해주고 있다.

라. 주요 정책

주요 정책은 중국공산당 제17기 전국인민대표대회에서 밝힌 중국의 문화산업 발전을 위한 종합적인 문화산업 발전의 비전 제시로 나타났는데, 2009년 9월 26일 발표된 '문화산업 진흥 규획(文化产业振兴规划)'을 근간으로 하여 문화산업 각 영역별 새로운 각종 단위 정책들이 나타나게 되었다. 물론 동 규획 공표·시행 이전에도 적지 않은 정책들이 수립·시행되어 왔다. 따라서 여기서는 예술공연 산업과 관련된 주요한 정책들을 담아보기로 한다.

1) 예술공연 활동 사전허가제
중국 내에서 각종 예술공연 활동 시 반드시 정부의 사전 승인을 받아야 한다. 2005년 7월

7일 국무원령 제439호로 개정·공포된 '영업성 공연 관리조례'를 2005년 9월 1일부터 시행해 오다가 2008년 7월 22일 일부 수정을 거쳐 현재 시행하고 있다. 동 조례에 근거한 '영업성 공연 관리조례 시행세칙'을 문화부 부령 제 47호로 2009년 8월 5일 심의·통과시켜 같은 해 10월 1일부터 시행하고 있다.

동 조례나 시행세칙에서는 영업성 공연의 관리를 강화하고 문화산업 발전을 촉진하며 사회주의 문화예술 사업의 활성화와 중국 국민의 대중문화 생활수요를 충족시키며 사회주의 정신문명 건설을 촉진코자 한다는 조례 제정 목적을 밝히고 있는데, 각 조항에서 관련 사항들은 모두 사전 허가를 받도록 하고 있다.

문화예술 공연단체 설립, 공연기획사 설립도 정부의 문화담당 부서에서 영업성 공연 허가증을 받아 반드시 공상행정관리(工商行政管理) 부서에 등록, 등기 신청 후 사업자 등록증을 교부받아야 하고 다시 소방·위생 관련 법규에 따라 별도로 심사·승인을 받도록 규정하고 있다.

공연장(극장)은 수용할 수 있는 관객 수(좌석 수)에 대하여 공안 부서의 승인을 받아야 하고 영업성 공연일 경우 공연 주최기관은 정부 혹은 정부 부서의 명의를 사용할 수 없으며 '중국', '중화', '전국', '국제' 등의 문구를 사용할 수 없도록 하고 있다. 이러한 사항들은 2012년 12월 7일 문화부가 발표한 '공연 시장 관련 문제 관리 강화에 관한 통지' 이후 시행된 것이다.

그리고 공연 시 립싱크를 불허하고 자선 공연 시 경제적 이윤을 취할 수 없도록 했으며, 공연 내용이 중화민족의 특색을 반영하고 국가급 수준의 공연은 보조금을 지원한다고 명시한 내용은 예술공연 활동을 위해 긍정적이고 바람직한 규정으로 보인다.

그러나 영업성 공연이 사회 질서를 어지럽히고 사회 안정을 파괴할 때, 사회 공공도덕이나 민족의 우수한 문화 전통에 해를 끼칠 경우, 또 음란, 이단 종교, 미신을 홍보하거나 폭력을 과장하는 경우 등은 공연을 할 수 없도록 명시하고 있다.

한편 문화예술 향유 취약 지역인 농촌이나 공장 지대 및 광산 지구, 그리고 취약 계층인 어린이들에게 무료 공연을 진행하는 예술공연 단체와 배우들에게는 반드시 표창과 다양한 홍보를 하도록 하는 규정과 공연허가권을 가지고 있는 관련 부서 직원들이 공연 티켓을 요청할 수 없도록 하는 규정은 여러 가지 측면에서 시사하는 바가 크다.

2009년 10월 1일부터 시행되고 있는 '영업성 공연 관리조례 시행세칙'은 공연 시장 개방을 확대하고 융자 방법도 확대하여 심사 절차 간소화와 행정적인 비용 인하 및 공연

기획사들의 편의 제공 등을 확대하는 내용들에 대하여 업계의 좋은 호응을 받았으며, 한편 위법 경영 활동에 대하여는 일벌백계의 엄중한 책임을 묻는 것으로 규정하고 있어, 중국 공연산업 시장의 건강하고 질서 있는 발전을 확보하고 있다는 평가를 받고 있다.

2) 문화 체제 개혁 정책의 지속적 추진

2009년 7월 27일 중국공산당 선전부와 문화부가 '국유문화 예술공연 단체 개혁 심화에 관한 의견'을 하달했는데 동 의견의 주요 내용은 국유 문화예술 단체의 체제개혁 노선 도와 시간표를 명확히 제시하고 있다.

2010년 2월에도 문화부가 6대 공작 요점을 발표했는데 이 중에 국유 문예단체의 체제 개혁이 요점 사업 중의 하나로 되어 있었다.

2011년 5월 11일 중국공산당 중앙선전부와 문화부가 공동으로 '국유 문예단체 체제 개혁 조속 추진에 관한 통지'를 발표한 이후 국유 문예단체들의 체제 개혁은 더욱 탄력을 받았다. 이 통지문에서는 2012년 상반기까지 국유 문예단체들이 체제 개혁 임무를 완수할 것을 요구하였는데 2012년 9월까지 2,061개의 국유 단체들이 개혁을 마쳐 98%의 단체가 임무를 완수하였다.

이러한 국유 문예단체들의 체제 개혁의 일환으로 추진되고 있는 단체 운영의 기업 경영 체제로의 전환이 중시되고 있는데, 이의 성공 사례들이 개혁을 뒷받침하고 있다.

중국 동방연예집단 유한공사(中国东方演艺集团有限公司, 구 동방가무단)는 내부 구조 조정과 기업형 경영체제로의 체제개혁 후 총 공연 횟수가 314회로 전년 대비 318.6% 증가했고, 경영 수입도 219.3%가 늘어난 81,459,000위안을 확보하면서 공연 단원들의 연 수입도 214.6%나 증가했다.

중국 대외문화집단 유한공사(中国对外文化集团有限公司, 구 중국대외연출공사)는 업무 운영 시스템 조정과 시장자원 통합 및 브랜드 확장을 통하여 2004년부터 기업형 운영체제로 전환한 후 3년 만에 공연 프로그램이 290여 개 작품에 이르게 되었고 세계 80여 개 국가와 지역에서 15,000여 회의 공연을 진행해 현지 관광객 3,000만여 명을 확보하는 성과를 올렸다고 전한다.

이 밖에 베이징 연예집단공사, 장쑤 성 연예집단공사, 안후이 연예집단, 랴오닝 연예집단, 상하이 문광연예집단(上海文广演艺集团), 지린 가무극원집단 유한공사(吉林歌舞剧院集团有限公司), 후난 가무연예집단 유한책임공사(湖南歌舞演艺集团有限责任公

司), 산시(陝西) 연예집단, 청두(成都) 연예집단 등도 각종 수단과 방법을 통해 기업경영 체제로의 전환을 꾀한 후 많은 실적을 거두면서 효과가 입증되었는데 이러한 사례는 국유 문예단체들의 체제개혁을 촉진하는 작용을 하게 된다.

3) 대외개방 및 자국기업 보호

중국의 예술공연 산업 분야의 핵심적 법률인 '영업성 공연 관리조례'와 이에 근거한 문화부 부령인 '영업성 공연 관리조례 시행세칙' 등에 의한 공연산업 대외개방 사례를 보면 부분적 개방이 언급되어 있다.

동 조례 제11조 제1항에서 외국 투자자는 중국 투자자와 함께 중외합자(中外合资) 경영, 또는 중외합작(中外合作) 경영으로 중국 내 공연 에이전시(공연기획사) 또는 공연 장소 경영업체를 설립할 수 있도록 하고 있다.

그런데 동 조례 제11조 제 2항에서는 중외합자로 경영되는 공연기획사와 공연 장소 경영업체를 설립할 시 중국 측 경영자 측 투자 비율이 51% 이하여서는 안 된다고 규정하고 중외합작의 공연기획사나 공연 장소 경영 업체 설립 시는 반드시 경영주도권을 중국 측이 갖도록 규정해 놓고 있다.

동 조례 시행세칙 제10조와 제11조에서는 중외합자 및 중외합작 경영 공연업체(공연기획사 및 공연장소 경영업체) 설립 시에 제출해야 할 서류에 쌍방 간 계약서, 정관 등과 쌍방이 합의하여 결정한 이사장, 부이사장, 이사 혹은 연합(공동)관리위원회 주임(최고책임자), 부주임, 위원 명단과 신분증명서를 제출하도록 규정해 놓고 있으며 이사장과 연합(공동)관리위원회 주임은 반드시 중국 측 대표가 맡도록 하고 중국 측 대표는 이사회 및 연합(공동)위원회에서 반드시 다수가 되어야 한다고 명문화해 놓고 있다.

중국 문화부의 공연기획사나 공연장소 경영업체의 비준을 받아도 다시 외국인 투자 관련 법규에 따라 심사와 법적 승인 절차를 밟아야 한다.

동 조례 시행세칙 제 12조에서는 홍콩 · 마카오의 공연기획사(에이전시)의 중국 대륙 내 지사 설치는 승인을 받아 가능하나 지사는 기업의 법인 자격을 갖지 못한다고 규정하고 있고, 중국 대륙 내 승인된 지사가 합법적으로 영업성 공연 중개 · 대리 활동에 종사할 수 있으나 기타 공연 경영 활동은 할 수 없도록 제한 규정을 두고 있다. 홍콩과 마카오는 중국의 특별행정구로서 지사 설치 문제를 제외하고는 큰 제한이 없으나, 대만의 경우는 외국인 투자와 같이 취급하고 있다.

〈공연산업 대외개방 비교표〉

개방 분야 투자자	공연기획사 (에이전시)	공연장소 경영업체	합자(合资), 합작(合作) 경영 조건	근거
외국 투자자	· 합자合资 · 합작合作	· 합자合资 · 합작合作	· 중국 측 투자자의 투자비율 51% 이상 · 중국 측 투자자 경영주도권 소유 · 합자, 합작 경영 쌍방이 합의 결정한 공연기획사(에이전시) 및 공연장소 경영업체의 이사장 또는 연합(공동)관리위원회 주임은 반드시 중국 측이 차지하고 이사회 및 연합위원회 임원은 중국 측 인사가 다수를 차지해야 함.	· 조례 제11조 제1항 · 시행세칙 제10조 및 제 11조
홍콩, 마카오 투자자	· 합자合资 합작合作 · 독자独资	· 합자合资 합작合作 · 독자独资	· 중국 대륙 내 지사설치 가능(단 법인 자격 없음) · 경영활동에 대한 민사 책임 규정	· 조례 제12조 제1항 · 시행세칙 제12조
대만 투자자	합자合资 합작合作	합자合资 합작合作	· 중국 측 투자자의 투자비율 51% 이상 · 중국 측 투자자가 경영주도권 소유 ※합자, 합작, 독자 경영의 문화예술공연단체와 독자(独资)경영의 공연기획사(에이전시) 및 공연장소경영업체 설립 불가. · 합자, 합자 경영 쌍방이 합의결정한 공연기획사 및 공연장소경영업체의 이사장 또는 연합(공동)관리위원회 주임은 반드시 중국 측이 차지하고 이사회 및 연합위원회 임원은 중국 측 인사가 다수를 차지해야 함.	· 조례 제12조 제2항 · 시행세칙 제16조 제2항

※출처: 중국의 '영업성 공연 관리조례' 및 동 시행세칙 관련 조문 발췌 정리

예술공연 산업의 대외개방은 자국 예술공연산업 발전을 위한 경쟁력 확보 차원에서 보면 제한적 개방이라 할지라도 상당히 의의가 있는 것으로 생각된다. 이는 자국의 정책적 보호 속에서는 성장에 한계가 있음을 간파한 것으로 중국 업체들의 해외 진출을 도모하는 정책이기도 하다.

4) 세수 우대 및 금융 지원

이는 문화예술 관련 업체나 기관의 경제적 부담을 경감시켜 이들의 시장 활동을 원활하게 함으로써 건실한 예술공연 산업을 육성하는 데 그 목적이 있다.

2009년 3월 26일에는 재정부와 세무총국(한국의 국세청)이 공동으로 '문화체제 개혁 중 경영성 문화사업 단위의 기업형 운영 전환에 대한 약간의 세수 우대에 관한 통지'가 시행되고 아울러 '문화산업 진흥과 발전·번영을 위한 금융지원에 관한 지도 의견' 시행 후 금융 기관들의 예술공연 산업 분야뿐만 아니라 문화산업 전반에 대한 금융 지원이 보다 쉽게 이루어졌는데 신용대출, 대출기한 연장 등의 지원들이 많이 나타났다.

또 문화예술 관련 기업의 해외 공연 수입에 대한 영업세 징수를 2009년 1월 1일부터 2013년 12월 31일까지 면제했다. 다만 2008년 12월 31일 이전 설립된 예술공연 관련 업체는 3년간 소득세를 면제하도록 정책을 폈다.

공연기관에 대한 은행들의 대출도 계속 이어져 왔는데, 2009년과 2010년의 사례를 보면 2009년 작품 〈투란도트〉를 대상으로 베이징은행이 2,000만 위안을 보증대출을 했고, 같은 해 베이징은행이 〈功夫传奇〉를 저당잡고 700만 위안을 대출했다. 이듬해인 2010년 木马극장을 저당으로 하여 교통은행이 200만 위안을 대출하고, 역시 베이징은행이 베이징연예집단에 신용대출로 10억 위안을 대출했다.

이와 같은 금융기관의 대출 지원 외에 증시 상장에 대한 융자나 기업 합병 등, 다양한 방법의 지원들이 이루어지고 있다.

마. 맺는말

중국의 공연산업을 단지 20~30페이지에 담는 것은 불가능하겠지만, 대략적인 공연산업 시장을 일별하고자 노력했다. 그 속에는 중국의 공연산업 시장의 현상을 읽을 수 있는 데이터들이 있기에 다행스럽게 생각한다.

중국 경제의 발전 상황과 같이 이에 비례해 가는 중국 국민의 수입 증가는 문화예술 시장에 크고 작은 영향을 주고 질적 향상에 따른 문화예술에 대한 향수층이 확대되어 가고 있는 현상을 목격할 수 있다.

2010년 5월 광저우대극원(广州大剧院) 건립이 완성됨으로써 중국 예술공연 산업 시장을 두루 섭렵하는 상하이 대극원, 베이징 국가대극원과 더불어 명실상부한 예술공연장으로서의 3각 체제가 완성되었다.

특히 수도 베이징에서는 2011년 10월 28일 카운트다운에 들어간 텐차오연예구(天桥演艺区)와 톈탄연예구(天坛演艺区) 건설 사업이 끝나는 2020년에는 퉁저우(通州) 구에 건설되는 음악산업기지와 더불어 베이징의 명물로 우뚝 솟을 것이다.

문화 체제 개혁의 지속적 추진 결과 대부분의 국유 문예단체나 기구는 기업형 운영 모델로 이미 전환하여 과거에는 볼 수 없었던 활기찬 활동으로 상당한 이익을 창출하고 있으며 전국에는 50여 개의 연예집단공사(演艺集团公司)가 설립되어 기업형 경영체제로의 전환에 따른 결실들을 맛보고 있다.

특히 예술공연 산업 시장에서 주목할 만한 소위 '실경(实景) 공연'은 문화와 관광을 접목시키고 당해 지역사회 발전에도 크게 기여하고 있어 대단한 흥미를 주고 있으며 해당 지역의 실경 공연이 증가하고 있다.

그러나 예술공연 시장에서 활기차게 진행되고 있는 연극(话剧) 시장은 일부분이기는 하지만 공연 내용의 동질성이 지적되어 예술 수준을 저하시키고 있어 새로운 것을 찾아 국제 경쟁력을 제고해야 한다는 지적도 나오고 있다. 그뿐만 아니라 전통 오페라인 희곡(戏曲)의 표현 형식이 다소 경직되어 있어 청년 관객의 대량 유실을 걱정하는 분위기도 있다.

그리고 문화 공연장에 대한 가옥세를 상업 및 오락업 납세 기준에 따라 5~20%의 영업세를 납부하고 있는데 이것이 고가의 티켓 값으로 전이되는 현상을 막아야 한다는 지적도 나온다.

한편으로는 국가 재정의 국유 문예단체와 민영 문예단체 지원에 대한 형평성의 문제를 제기하는 사람도 있다. 그러나 이러한 모든 문제점은 대단히 지엽적이다. 어쨌든 나날이 증가하고 있는 예술공연 관객 수와 새로운 작품 수가 증가하는 것은 중국 공연시장을 밝게 비춰 주고 있는 것임이 틀림없다.

특히 2011년 7월 8일부터 2012년 1월 9일까지 중국대외문화집단공사, 상하이동방전매집단 및 한국 CJ그룹이 공동 제작한 음악극(뮤지컬) 〈맘마미아!〉 중국어판이 상하이, 베이징, 광저우, 충칭, 우한, 시안 등 6대 도시 순회공연을 마쳤는데, 총 191회 공연에 관객 30여만 명을 확보하고 티켓 판매액도 8,500만 위안으로 2011년도 대표적인 공연 작품으로 평가받은 것을 주목할 필요가 있다.

6. 다큐멘터리(영화) 산업 시장

가. 서설

중국의 다큐멘터리 제작·생산의 역사는 정확히 알 수 없으나 홍콩의 경우를 보면 1923년 5월 14일 黎民伟와 그의 형제들이 '民新影片公司'를 설립하면서 극영화 제작과 함께 다큐멘터리 제작이 시작된 것으로 알려져 있다.

1949년 신중국 성립 후 홍콩과 대륙의 관계가 단절되었다가 1960년대 홍콩 경제가 발전하면서 외상(外商)들의 홍콩 투자가 이루어졌고 다큐멘터리도 텔레비전 방송국에서 방송되게 되었다. 물론 당시의 다큐멘터리는 일반 영화 프린트에서 출발하였기에 진정한 다큐멘터리가 아니라고 지적하는 학자들도 있다. 그러나 1978년 3월 홍콩방송국 TV부가 제작한 〈铿锵集〉이 중국에서 처음으로 방송되면서, 1980년 이후에는 정식으로 다큐멘터리의 제작·생산의 길이 열렸다고 전해진다.

또한 중국의 다큐멘터리 창작은 지역화의 특색을 가지고 있다고 학자들은 주장한다. 따라서 학자들은 다큐멘터리 창작의 유파(流派)가 각각 다르다고 하면서 지역 문화와 창작이라는 관점에서 접근한다. 예를 들면 중국의 다큐멘터리 분야 전문학자로 알려져 있는 欧阳宏生은 다큐멘터리 창작 과정을 기록의 창작과 문화, 경제, 사회라는 영역 사이에 긴밀한 연관성이 존재하고 있다고 보고 다큐멘터리 유파를 일종의 지역성의 집합으로 풀이했다.

어쨌든 '2011년도 중국 다큐멘터리 발전 보고'에 의하면 중국의 다큐멘터리 창작에는 베이징 등의 지역을 기반으로 하는 京派와 상하이를 중심으로 한 남방의 海派, 청두(成都)를 위시하여 서부 지역의 西部纪录片, 그리고 최근에 나타난 것으로 2007년 충칭

R/TV 실화 다큐 매스미디어 유한공사 총경리 雷꼬가 설립한 충칭 지역의 渝派, 같은 해 광저우 국제 다큐멘터리 대회 시 '광둥의 날' 활동에서 시작되어 2010년 2월 광둥 성을 중심으로 나타난 南派 등 총 5개의 유파로 구분하고 있다. 이들은 일정한 문화적 가치라는 토대 위에서 형성된 것으로 봐야 할 것으로 생각되고, 지역이 광활한 중국의 특성상 다큐멘터리 창작에 지역화에 따른 유파를 이해한다면 나름대로 상당한 의의가 있다.

그런데 일종의 다큐멘터리 영화라고 할 수 있는 기록영화 제작·생산을 보면 1949년 신중국 성립 후 그 양에 있어 적지 않은 것으로 알려져 있다. 1952년 연간 157편에서 1985년 419편으로 정점을 찍는 과정을 거쳐 1960년대부터 1993년까지는 연간 200~400여 편까지 대량으로 제작·생산되어 오다가 1994년부터는 수량이 급격하게 줄어든다. 반면 강한 시장성을 가진 극영화 제작·생산량은 2000년대 접어들면서 급격하게 증가하여 지금은 세계 2위를 마크하고 있다.

2010년에 들어 중국은 다큐멘터리 산업을 문화산업 영역에 포함시켜 타 문화산업 분야처럼 정부의 각종 지원 정책에 힘입어 본격적인 발전을 꾀하게 된다.

2011년 1월 1일 처음으로 중앙텔레비전방송(CCTV9)에 다큐멘터리 전문 채널을 개설·방송을 시작하고, 시청자가 점점 증가하면서 2012년도에는 CCTV와 성급 텔레비전 방송기구들이 전년도보다 35.9% 증가한 10,299.7시간분의 다큐멘터리를 제작·생산하게 되었으며, 연간 총제작·생산량은 약 13,000시간에 이르게 되었다. 그러나 다큐멘터리 영화라고 하는 기록영화 제작·생산의 최근 동향을 보면 2010년 16편, 2011년 26편에 이어 2012년도에는 15편을 제작·생산했으나 2012년도의 경우 중국 국산 다큐멘터리 영화가 영화관 체인관에서 상영된 것은 겨우 2편에 불과하고 티켓 판매수입도 130만 위안에 머물러 같은 해 미국의 141편 상영에 총수입 1억 3천만 달러와 비교되기도 한다.

그러나 중앙텔레비전 방송국의 제작·생산량이 계속 줄어들고 성급(省級) 텔레비전 방송기구들의 제작·생산량이 상대적으로 크게 증가하고 있어 지역적 특성과 문화자원이 풍부한 제작 환경과 점증하는 시청자 등의 요소를 감안하면 향후 다큐멘터리나 다큐멘터리 영화 시장은 계속 증가할 것으로 여겨진다.

여기서 우선 중국에서는 연간 다큐멘터리와 다큐멘터리 영화가 얼마나 제작·생산하고 있는지를 살펴보고 이렇게 제작·생산된 작품들이 어디에 얼마나 소비되고 있는지를 파악해 보겠다.

나. 제작·생산

다큐멘터리 제작·생산은 대체적으로 각급 텔레비전 방송국과 이와 관련된 기구 및 민간 제작사에서 이루어진다. 앞 장에서 언급하였듯 2012년도에는 2010년의 약 3배에 가까운 13,000여 시간 분량의 작품을 제작·생산했는데 중앙텔레비전방송국(CCTV) 및 성급 텔레비전 기관들의 제작·생산량이 10,299.7시간이고 그밖에 전문회사 등에서 제작·생산한 양이 약 3,000여 시간에 가까운 것으로 밝혀졌다.

민간 다큐멘터리 전문 제작사로는 '三多堂传媒有限公司'가 있는데 '中国纪录片发展报告(2011)'에 의하면 동 공사는 '北京三多堂传媒科技有限公司'와 '北京三多堂影视广告有限公司'를 합친 말로 설립된 지 채 10년도 되지 않았지만 중국 최초의 민영 전문 다큐멘터리 제작·생산 및 배급에 투자하여 다큐멘터리 시장에서 선두기업으로 널리 알려져 있다.

동 공사는 1996년 〈方寸国土万千情〉 20집, 1998년 〈20년, 20인〉 20집, 2000년에는 〈唐之韵-唐诗〉, 〈晋商〉 20집, 2006년 〈大国崛起〉 12집, 2007년부터 2009년 사이에는 〈公司的力量〉 10집 등 끊임없이 양질의 다큐멘터리를 제작·생산하여 시장에 내놓아 적지 않은 성공을 거두었다.

다시 여기서 다큐멘터리 제작·생산량의 약 80%를 차지하고 있는 중앙텔레비전방송(CCTV)과 성급(省級) 텔레비전 방송기구들이 제작·생산하고 있는 양(量)의 변화 추세를 살펴보자.

〈2007~2012년 CCTV 및 성급 텔레비전 기구 연간 다큐멘터리 제작생산량〉 (단위: %)

구분 / 연도	2007	2008	2009	2010	2011	2012
CCTV 제작·생산	78.6	74.3	72.1	59.4	39.9	28.6
성급 텔레비전 기구 제작·생산	21.4	25.7	27.9	40.6	60.1	71.4
총제작·생산량(시간)	4593.0	5286.0	5267.0	5094.0	7576.0	10,299.7

※출처: 中国纪录片发展报告(2013) p.9 자료 재구성

앞의 표를 살펴보면 다큐멘터리 제작 · 생산량에서 국유(国有)인 중앙텔레비전방송(CCTV)이 성급(省級) 텔레비전 방송기구에 비해 비중이 점점 작아지는 것을 알 수 있다. CCTV가 제작 · 생산한 다큐멘터리의 경우 2007년도에 78.6%를 차지했던 것이 2012년도는 무려 28.6%까지 급감하고 있는데 여기에는 여러 가지 원인들이 있을 수 있겠으나 다큐멘터리 창작에 존재하고 있는 유파와도 관련이 있을 것이다.

여기서 중국의 성급 텔레비전 기구들이 제작 · 생산하고 있는 작품들 중 시리즈물과 비시리즈물의 소재들은 과연 어떤 종류가 있는지 알아보자. 역시 '인문역사'를 소재로 하고 있는 것이 대체적으로 50% 내외를 차지한다.

〈성급 텔레비전 기구 제작 · 생산 시리즈물 및 비시리즈물 다큐 소재별 현황〉　　　　(단위: %)

구분 / 소재별		인문역사	사회실화	자연지리	과학탐구	문헌기록	정론(政論)	기타
2012년	비시리즈물 다큐	47.1	18.6	7.8	4.9	9.8	9.8	2.0
	시리즈물 다큐	50.0	20.6	11.8	0	17.6	0	0
2011년	비시리즈물 다큐	49.1	17.0	7.4	1.9	18.9	5.7	0
	시리즈물 다큐	32.1	21.4	10.8	0	28.6	7.1	0

※출처: 中国纪录片发展报告(2013) p.15 자료 재구성

여기서 다큐멘터리 제작 · 생산 기구들의 폭을 더 넓혀 2011년도와 2012년도 상위 15위권의 비시리즈물 다큐멘터리 제작 · 생산량과 투자액을 보면 보다 빠른 이해를 도울 수 있을 것 같다.

〈2011~2012년 성급 텔레비전 방송기구 비시리즈물 다큐멘터리 제작·생산 상위 15위권 현황〉

구분 제작·생산 기구	2012년도				2011년도			
	수량 (편)	투자총액 (万元)	제작총 시간(分)	분당(分) 투자액(元)	수량 (편)	투자총액 (万元)	제작총 시간(分)	분당(分) 투자액(元)
상하이TV 실화다큐채널	5	2,071	922	22,470	18	3,545	4,064	8,720
후난TV 진잉실화다큐채널	1	300	180	16,670	0	–	–	
시짱(西藏)TV	3	708	525	13,490	2	200	270	7,410
하이난TV	1	120	90	13,330	0	–	–	
지린TV 위성채널	2	900	700	12,860	3	1,600	980	16,330
장쑤TV	6	1,030	1,020	10,010	4	780	792	9,850
광둥TV	3	449	470	9,550	4	618	704	8,780
베이징TV 실화다큐 고화질채널	2	95	122	7,790	2	–	240	
윈난TV	1	30	40	7,500	0	–	–	
중국교육채널3 (CCTV3)	12	3,123	4,400	7,100	7	224.6	237	9,480
신장TV	9	607	915	6,630	3	112	322	3,480
허베이TV	3	1,200	1,890	6,350	1	100	360	2,780
충칭TV 과학교육채널	2	650	1,600	4,060	4	530	410	12,930
간쑤TV	6	205	553	3,710	0	–	–	–
네이멍구TV	5	300	990	3,030	1	100	1,000	1,000
누계	61	11,788	14,417 (240.7시간)	–	49	7,809.6	9,379 (156.3 시간)	–

※출처: 中国纪录片发展报告(2013) p.8

위의 표에서 나타나고 있듯이 비시리즈물 다큐멘터리 부분에 있어 네이멍구, 간쑤성, 신장자치구 등 대체적으로 원격지역에 있는 지방 TV기구들이 제작·생산하는 다큐멘터리의 분당(分当) 제작비가 낮은 수준이다.

다큐멘터리를 제작·생산하는 데 적지 않은 투자가 이루어지는데 어떤 방법을 통하여 제작·생산되고 있는지를 알아보자.

〈2011~2012년 성급(省級) TV 기구 다큐멘터리 제작 방식〉

구분 / 연도	시리즈물 다큐멘터리 제작(%)					비시리즈물 다큐멘터리 제작(%)				
	자체	공동	위탁	가공합성	외부구입	자체	공동	위탁	가공합성	외부구입
2012	46.1	12.3	7.1	10.4	24.0	64.5	20.9	3.6	0	10.9
2011	31.6	15.3	4.1	12.2	36.7	66.3	21.4	1.0	6.1	5.1

※출처: 中国纪录片发展报告(2013) p.16 자료 재구성

다큐멘터리 제작·생산량의 70% 이상을 차지하고 있는 성급(省級) 텔레비전 기구들의 다큐멘터리 제작 방식을 보면 시리즈물과 비시리즈물이 차지하는 비중이 상당한 차이를 보인다. 시리즈물 다큐멘터리 제작·생산에 있어 2012년 자체 제작이 46.1%와 외부 구입이 24%를 점하고 있는 데 반해, 비시리즈물 다큐멘터리 제작·생산은 자체 제작이 64.5%, 외부 구입이 10.9%에 머문다.

그리고 일반 다큐멘터리와는 별도로 다큐멘터리 영화라고 하는 기록영화를 제작·생산해 왔는데 이에 대한 현황을 보면 다소 부진함을 알 수 있다.

〈최근 3년간 중국 기록영화 제작·생산 및 발행(배급) 현황〉

연도 / 구분	제작·생산량 (편)	영화관체인관 상영 편수	상영 편수 중 국산기록영화 편수	기록영화 티켓 판매수입(万元)	극영화 티켓 판매 수입 점유율(%)
2012	15	2	2	130	0.000007
2011	26	4	4	2,707	0.23
2010	16	7	3	2629.5	0.25

※출처: 中国纪录片发展报告(2013) p.128 재구성

상기 표에서 적시하고 있는 기록영화들의 영화관 체인관에서 상영되어 티켓 판매수입을 거둔 것을 보면 2010년도의 기록영화 티켓 판매수입 대부분이 프랑스 기록영화 〈深海探奇〉에 의존하고 있고 2011년도에도 프랑스 기록영화 〈海洋〉이 티켓을 팔아 2,700만 위안을 확보했는데 이는 그해 전체 기록영화 티켓 판매액 2,707만 위안의 99.7%를 차지한 것으로 밝혀졌다.

특히 기록영화 〈归途列车〉의 경우를 보면 '北京百老汇영화중심'에서 매주 1회 몇 개월 동안 상영했는데 전체 관람객 숫자는 869명, 티켓 판매수입은 고작 23,343위안으로 대단히 미미한 수준으로 전문가들은 지적한다.

2012년도에 중국 국산 다큐멘터리 영화의 영화관 체인관에 진입하여 상영된 2편을 보면 1편은 〈소말리아 진상〉으로 소말리아 해적들을 다룬 다큐영화다. 이는 1개월간 46시간에 걸쳐 촬영하여 80분품으로 제작되어 총 200만 위안을 투자, 티켓 판매수입으로 127만 위안을 거둔 것으로 알려져 있다. 다른 1편은 〈별이 총총한 하늘을 바라보며(仰望星空)〉라는 다큐멘터리 영화인데 과학자 첸쉐썬钱学森 탄생 100주년 기념 창작 기록영화로 티켓 판매액은 3만 위안에 머물렀던 것으로 파악된다.

이러한 부진한 흥행실적들은 여러 가지 원인이 있을 수 있으나, 전문가들은 관객들의 한계성, 홍보 부족, 단조로운 영업판매, 주도면밀하지 못한 발행(배급), 상영관의 한계 등을 지적하면서 직접적인 원인을 시장의 경쟁력 부족이라고 보았다

그리고 다큐멘터리 제작 생산에 경축 행사들이 적지 않은 기회를 제공하고 있는데, 예를 들면 2009년은 중화인민공화국 성립 60주년이 되는 해로 다큐멘터리 제작·생산에 엄청난 기회를 제공하였다. 〈중국 1949〉, 〈마오쩌둥 1949〉, 〈跨越〉, 〈大阅兵 2009〉, 〈人民之上〉 등 많은 작품이 제작되었다.

2012년 8월 24일 한·중 협력제작 다큐멘터리 영화 〈한강의 기적〉이 CCTV9 다큐채널에서 첫 방송을 했는데 이 역시 한중 수교 20주년 기념의 일환으로 제작된 작품이었다. 그해 8월 24일부터 26일까지 매일 저녁 22:00부터 3회분을 방송했는데 한국 문화산업의 빠른 굴기 과정 및 원인 분석과 토론을 담고 있으며 '한류 성행의 수수께끼'를 벗기는 것으로 구성되어 있다.

그리고 같은 해 9월 6일에는 중국과 터키와의 협력 창작 다큐멘터리 영화로 〈과거로부터 미래까지의 발자취의 비밀〉을 제작·방송했다.

또한 2006년 '青藏铁路通车', 2007년 '홍콩 반환 10주년', 2008년 '원촨汶川 지진'과 '베이징 올림픽', 2010년 '상하이 Expo' 등도 많은 소재와 기회를 제공했다.

그럼 이렇게 제작·생산되는 다큐멘터리와 다큐멘터리 영화는 어떤 경로로 시청자 또는 관객에게 접근하는지 알아보겠다. 주요 경로로는 대체적으로 TV 방송채널과 영화관 체인관, 그리고 인터넷 포털사이트 등을 들 수 있을 것이다.

다. TV 방송 및 뉴미디어

여기서 다큐멘터리가 TV 방송 매체와 뉴미디어인 인터넷 포털사이트를 통하여 얼마나 시청자와 만나고 있는지 파악해 보겠다.

1) TV 다큐멘터리 전문 채널

중국 전매传媒대학 중국 다큐멘터리 연구중심(China Documentary Research Center: CDRC)이 2006년부터 2012년까지 7년간 계속하여 중국의 다큐멘터리에 대해 조사해온 데이터를 인용한 '中国纪录片发展报告(2013)'의 자료에 의하면 2012년도의 연간 다큐멘터리 방송량(첫 방송)이 15,880시간으로 2011년보다 17.8% 늘어났다. 이는 중앙텔레비전방송(CCTV9 다큐채널) 3,114시간과 성급 TV 방송 12,766시간으로 나뉜다. 중앙텔레비전방송의 방송 시간은 2011년보다 1,414시간이 늘어났고 성급 TV(CETV 3채널 포함)는 983시간이 늘어난 수치이다.

그러나 2012년도 연간 다큐멘터리의 첫 방송량은 17,500여 시간으로 알려져 있다. 여기서 2011년도와 2012년도의 중앙텔레비전방송(CCTV)과 성급 텔레비전 기구들의 연간 첫 방송량을 알아보면 다음 표와 같다.

〈2011~2012년 CCTV 및 성급 TV 기구 다큐멘터리 첫 방송량 현황〉

구분 / TV 방송국		중앙텔레비전 방송국 (CCTV)	성급(省級) 텔레비전 방송국	합계
2012년	시리즈물(시간)	2986.0	12,667	13,483
	비시리즈물(시간)	128.0	99.0	
	소계	3,114.0	12,766.0	
	점유율(%)	19.6	80.4	
2011년	시리즈물(시간)	1,700.0	11,770.0	15,880
	비시리즈물(시간)		14.0	
	소계	1,700.0	11,783.0	
	점유율(%)	12.6	87.4	

※출처: 中国纪录片发展报告(2013) p.11

그리고 방송 주기를 보면 주 5회 이상 방송되는 다큐멘터리가 61.1%, 시리즈물 다큐 방송이 38.2%를 차지하고 있으며, 주 1회 방송되는 다큐멘터리도 31.3%에 이르고 있다. 방송시간대는 저녁 21:00~22:00대가 가장 높고 낮12:00 시간대가 그 다음인 것으로 나타났다.

2) 인터넷 포털사이트

인터넷 포털사이트상의 다큐멘터리 영상채널이 점점 보완되어 가고 콘텐츠도 더욱 더 많아지고 있는 추세이다. 중국의 주요 6개사 인터넷 영상채널 사이트가 보유하고 있는 다큐멘터리 양을 보면 다음과 같다.

〈6대 인터넷 포털사이트 영상채널 다큐멘터리 보유 수량〉

포털사이트	Youku(优酷)	腾讯视频	(인터넷TV 방송)CNTV	爱奇艺	搜狐视频	迅雷看看
보유편 수(콘텐츠)	6,869	943	4,037	5,342	1,511	3,110

※출처: 中国纪录片发展报告(2013) p.175

상기 콘텐츠는 역사, 군사, 인물, 사회 등을 소재로 한 것인데 대체적으로 사회적인 소재가 가장 많고 다음이 인물류, 문화류, 역사류 등의 순이다.

그런데 중국 인터넷TV 다큐멘터리 방송(CNTV)의 사이트가 보유하고 있는 다큐멘터리 양이 24,565시간 분량이며, 그중 780시간에 해당하는 분량은 외부에서 구입한 것으로 알려져 있다.

앞 장에서 다큐멘터리 전문 TV 채널을 언급했지만 다시 정리하면 2011년 1월 1일 다큐멘터리 채널로 정식 개설한 CCTV 9을 비롯하여 CCTV 10(과학교육) 채널, 상하이TV 실화다큐 채널, 후난 진잉(金鹰) 실화다큐 채널, 중국교육TV 3, 충칭TV 3(과학교육) 채널, 톈진TV 6(과학교육) 채널, 그리고 선양에 있는 랴오닝 베이팡(北方) 채널이 대표적이다.

상기 채널 중에 CCTV 채널은 전국적으로 시청이 가능하고, 나머지 TV 채널은 해당 지역에서만 시청 가능하다.

그럼 여기서 각 성급(省級) 텔레비전 방송과 CCTV가 다큐멘터리 제작·생산에 얼마나 투자하고 있는지 파악해보자.

다큐멘터리 제작 분야 종사자들을 보면 2007년부터 2009년까지 평균 908명이었으나 2010년에는 다소 늘어난 988명으로, 전문가들은 이 분야의 인력 부족을 지적한다. 상하이TV 실화다큐 채널은 매년 10명씩 인력 증원을 꾀하여 2010년에는 150명에 이르렀다고 한다. 중국교육TV 방송(CETV 3)은 2009년에 비해 70명이 늘어나 100명 정도에 이르고 기타 실화다큐멘터리 채널 또는 과학교육류의 프로그램을 위주로 하는 TV 채널에는 이에 상응한 다큐멘터리 제작 전문 인력들을 확보하고 있는데 충칭TV 3(과학교육) 채널은 83명, 후난 진잉(金鹰) 실화다큐멘터리 채널도 80여 명의 인력이 활동하고 있는 것으로 알려져 있다.

3) 제작 · 생산 투자

2010년도의 다큐멘터리 제작 · 생산에서 총투자액 1 · 2위를 차지한 TV 방송 채널이 상하이TV 방송국과 중국 교육텔레비전방송(CETV 3) 채널이다.

상하이TV 방송국은 8,800만 위안(미화 약 1,328만 달러), CETV 3은 2,000만 위안(미화 약 302만 달러)을 투자한 것으로 알려져 있고 나머지 실화다큐 채널 몇 개사의 투자액은 그리 많지 않다.

2011년부터 2012년까지 성급(省級) TV 다큐멘터리 전문채널의 연간 투자 현황을 보면 이해가 빠를 것이다.

〈2011~2012년 성급(省級) 다큐멘터리 전문채널 연간 투자액〉

채널별 / 구분	2012년(万元)			
	시리즈물	비시리즈물	외부구입	총액
상하이TV 실화다큐 채널	3,607.2	2,071.3	266.1	5,944.6
베이징TV 실화다큐 고화질 채널	2,384	95	2,762.7	5,241.7
CETV 3	600	3,123	822	4,545
후난TV 진잉 실화다큐 채널	913.2	300	121	1,334.2
충칭TV 3(과학교육) 채널	–	650	1,714	2,364
소계	7,504.4	6,239.3	5,685.8	19,429.5
채널별 / 구분	2011년(万元)			
	시리즈물	비시리즈물	외부구입	총액
상하이TV 실화다큐 채널	6,370.8	3,542.6	266	10,179.4
베이징TV 실화다큐 고화질 채널	994	500	1,146	2,640
CETV 3	500	224.6	400	1,124.6
후난TV 진잉 실화다큐 채널	760	–	60	820
충칭TV 3(과학교육) 채널	263	130	–	393
소계	8,887.8	4,397.2	1,872	15,157.0

※출처: 中国纪录片发展报告(2013) p.5

가장 활발하게 다큐멘터리 제작·생산을 하고 있는 상하이TV 실화다큐 채널은 2012년 도 총투자액이 41.6% 줄었으나 외부구입 투자비는 큰 변화가 없다.

상기 5개 TV 다큐멘터리 전문채널에 한정할 때 2012년도의 투자액은 2011년도보다 18% 증가했고, 외부구입비는 무려 203.7%가 증가한 56,858,000위안(미화 약 9,046,000달러)으로 전체 총투자액의 29.26%에 이른다. 다시 말해 콘텐츠만 좋으면 시장성은 충분하다는 것을 의미한다.

중국에서 TV에 방송되는 다큐멘터리 제작·생산에 연간 10억 7800만 위안~12억 5200만 위안이 투자되는 것으로 추산하고 있다. 이는 CCTV와 각급·성급(省級) TV 방송국 및 정부, 기업, 뉴미디어, 영화관 체인관 등에서의 투자 총액을 이야기하는 것으로, 여기에는 현급(縣級) 이하 TV 방송국이나 기타 기관들의 투자액이 제외되어 있어 이들을 합칠 경우 그 금액은 훨씬 더 늘어난다.

그런데 2012년도 중국의 TV 방송용 다큐멘터리 분당(分当) 제작·생산비가 시리즈물일 경우 평균 673.3위안(571.2元~775.4元)이고 비시리즈물일 경우는 훨씬 늘어난 평균 12,059위안(9,745.0元~14,372.9元)으로 조사되었다.

또한 각 전문채널별로 다큐멘터리 제작·생산에 투자되는 분당(分当) 투자액은 또 다르다. 상위 3위권 중 상하이TV 실화다큐멘터리 채널은 22,470위안(미화 약 3,575달러), 후난 진잉(金鷹) 실화다큐 채널 16,670위안(미화 약 2,650달러), 시짱(西藏)TV는 13,490위안(미화 약 2,145달러)으로 파악되었다.

이렇게 투자를 하여 제작·생산되어 각종 매체를 통하여 시청자들을 만나게 되는데 가장 대표적인 TV 채널을 통한 시청자들의 반응은 어떤지 알아보자.

라. 시청률과 시청자

2010년 이후 지속적으로 방송하고 있는 실화 다큐멘터리 채널 7개와 2011년부터 방송하고 있는 CCTV 9 채널을 합치면 8개다. 다시 말하면 CCTV 9, CCTV 10(과학교육), 상하이TV 실화다큐 채널, 후난 진잉 실화다큐 채널, CETV 3, 충칭TV 3(과학교육), 톈진TV 6(과학교육), 그리고 선양의 랴오닝 베이팡 채널이다.

2012년도의 CCTV 9 다큐멘터리 채널 평균 시청률은 0.08%로 2011년도보다 0.02% 증가한 것으로 조사되었고 시장점유율도 0.61%로 2011년 대비 40% 증가했다. 시청자 수는 세계 60여 개 국가 및 지역에서 약 3,000만 명에 이르고 있다고 한다.

2010년부터 2012년까지 주요 다큐멘터리 채널 시청률과 시장점유율을 살펴보자.

〈주요 실화류 다큐멘터리 채널 2010~2012년 시청 시장점유율〉

채널 / 구분	데이터 계산 범위	2012년		2011년		2010년	
		시장점유율 (%)	시청률 (%)	시장점유율 (%)	시청률 (%)	시장점유율 (%)	시청률 (%)
CCTV9 다큐	71개 중 대도시	0.60	0.07	0.43	0.05	–	–
CCTV10 (교육과학)	〃	0.80	0.10	0.88	0.11	1.16	0.15
상하이TV 실화다큐	상하이	1.59	0.20	1.71	0.21	1.55	0.20
후난 진잉 실화다큐	창사(长沙)	1.22	0.16	1.61	0.20	1.47	0.19
CETV 3	베이징	2.13	0.29	1.90	0.27	1.46	0.21
충칭TV3 (과학교육)	충칭	0.90	0.11	1.14	0.13	1.52	0.17
텐진TV6 (과학교육)	톈진	1.31	0.22	1.08	0.17	1.25	0.18
랴오닝 베이팡	선양	1.13	0.16	1.54	0.21	0.9	0.13

※출처: ① 中国纪录片发展报告(2012) p.74 및 ② 中国纪录片发展报告(2013) p.90 자료 재구성

CCTV 9 다큐멘터리 전문채널은 2011년 1월 1일 방송을 개시한 중국 유일의 중앙텔레비전 방송으로 전 세계를 가시청지역으로 하여 중국어와 영어로 동시 방송되고 있다. 방송 시간은 18:00~24:00으로 시간대별 30분 또는 60분 분량의 몇 가지 대주제별로 방송이 되고 있다.

그런데 상기 주요 다큐멘터리 채널의 시청률을 보면 1%에 근접하는 채널이 없다.

2012년 5월 14일 CCTV 9 다큐 전문채널에서 제작한 7회 분량의 〈舌尖上的中国〉이라는 다큐멘터리를 CCTV 1 종합채널에서 방송했고, 바로 이어 전국으로 확산되어 대단히 인기를 끌면서 시청률이 최고로 오르기도 했다.

CCTV 1(종합) 채널에서 2012년 5월 14일 첫 방송 시 평균 시청률이 0.481%였으며 일

일 최고 시청률은 0.75%까지 상승했다. 시장점유율도 5.77%를 차지했으며 이러한 성적표는 CCTV 1(종합) 채널의 동일 시간대 TV 드라마 프로그램 시청률의 30%에 이른다고 전문가들은 분석했다. 2011년도 중앙텔레비전 방송의 다큐멘터리 전문채널에서 연간 400여 편 이상의 다큐멘터리를 방송한 것으로 알려져 있는데, 여기서 CCTV 9 채널과 CCTV 10(과학교육) 채널 및 전국 성급 주요 다큐멘터리 채널 시청자들의 구성을 분석해보자.

CCTV 9(다큐멘터리 전문) 채널에서 시청자 구성을 보면 남성과 45~54세 사이 시청자들이 상대적으로 많고 학력수준은 고등학교 이상이 62.9%, 월 수입은 1,701위안 이상이 46.8%를 차지하고 있다. CCTV 10(과학교육) 채널의 시청자 구성도 비슷하게 나타난다.

〈CCTV 9(다큐) 채널 및 CCTV 10(과학교육) 채널의 전국 71개 주요 대 · 중 도시 시청자구성〉

구분 채널 · 연도		성별(%)		연령별(%)				
		남	여	4~24	25~34	35~44	45~54	55 이상
CCTV9 (다큐 채널)	2012년	59.7	40.3	11.7	13.0	20.8	22.7	29.9
	2011년	60.3	39.7	10.4	14.8	19.0	23.5	32.3
CCTV10 (과학교육 채널)	2012년	58.0	42.0	13.8	12.5	19.0	21.5	33.3
	2011년	58.6	41.4	14.8	13.5	19.2	20.6	32.9

구분 채널 · 연도		학력수준(%)				월 수입(元)				
		초등 이하	중학교	고등학교	대학 이상	600 이하	601~ 1,200	1,201~ 1,700	1,701~ 2,600	2,601 이상
CCTV9 (다큐 채널)	2012년	10.8	26.4	34.5	28.4	18.7	11.4	16.9	24.8	28.1
	2011년	11.1	24.5	34.5	29.9	18.8	16.9	17.4	23.0	23.8
CCTV10 (과학교육 채널)	2012년	14.2	30.6	32.9	22.4	22.1	13.5	17.0	24.4	22.9
	2011년	14.7	31.5	32.3	21.5	24.6	18.7	18.0	21.6	17.0

※출처: ① 中国纪录片发展报告(2012) pp.77~81 및 ② 中国纪录片发展报告(2013) pp.94~97 자료 재구성

그리고 CCTV의 다큐멘터리 전문채널이나 과학교육 채널의 시청자 구성은 큰 차이가 없고 2011년과 2012년과의 변화에서도 특별히 차이나는 것은 보이지 않는다.

중앙교육텔레비전방송(CETV3)과 성급의 주요 다큐멘터리 채널 시청자들의 구성을 살펴보자.

〈CETV 3 및 각 성급(省級) 다큐멘터리 채널 2011~2012년 시청자 구성〉

구분 채널 · 연도		성별(%)		연령별(%)				
		남	여	4~24	25~34	35~44	45~54	55 이상
상하이TV 실화다큐	2012년	59.1	40.9	6.7	11.2	12.0	32.4	37.7
	2011년	57.8	42.2	8.8	13.6	10.4	28.4	38.8
후난 진잉 실화다큐	2012년	49.9	50.1	14.3	12.1	20.8	21.4	31.4
	2011년	50.5	49.5	18.5	9.5	20.7	22.0	13.3
CETV 3	2012년	59.2	40.8	11.2	32.9	15.6	22.0	18.4
	2011년	57.1	42.9	10.9	32.1	14.3	24.3	18.4
충칭TV 3 (과학교육)	2012년	55.9	44.1	14.7	25.8	20.2	22.6	17.7
	2011년	50.4	49.6	15.5	17.8	21.6	21.4	23.7
톈진TV 6 (과학교육)	2012년	51.0	49.0	13.7	11.2	18.6	28.3	28.2
	2011년	49.6	50.4	14.3	10.4	17.3	27.0	31.0
랴오닝 베이팡	2012년	50.1	49.9	12.4	10.7	16.4	31.1	29.6
	2011년	43.6	56.4	11.0	13.8	16.1	30.2	29.0

구분 채널 · 연도		학력수준(%)				월 수입(元)				
		초등 이하	중학교	고등학교	대학 이상	600 이하	601~ 1,200	1,201~ 1,700	1,701~ 2,600	2,601 이상
상하이TV 실화다큐	2012년	4.6	23.5	45.8	26.1	9.4	7.1	10.5	40.9	32.1
	2011년	5.0	26.0	49.6	19.4	12.7	13.9	15.7	35.1	22.6
후난진잉 실화다큐	2012년	14.3	40.6	28.8	16.4	23.8	21.4	23.5	13.4	17.9
	2011년	16.9	37.1	26.8	19.2	23.8	34.0	16.3	9.7	16.2
CETV 3	2012년	3.9	19.0	42.3	34.8	14.5	8.8	9.6	27.0	40.1
	2011년	4.5	22.3	38.7	34.5	15.7	9.0	12.0	26.3	36.9
충칭TV 3 (과학교육)	2012년	20.9	40.3	33.1	5.5	41.4	20.3	11.4	21.9	5.1
	2011년	19.2	39.0	34.6	7.1	46.6	24.3	13.2	11.5	4.3
톈진TV 6 (과학교육)	2012년	9.6	31.9	35.2	23.3	20.2	11.3	19.1	27.2	22.2
	2011년	11.5	35.0	33.5	20.0	23.2	17.9	21.6	18.1	19.2
랴오닝 베이팡	2012년	9.2	41.5	30.0	19.4	17.6	22.4	23.1	17.6	19.6
	2011년	6.2	43.9	25.1	24.8	18.0	30.6	16.9	15.3	19.2

※출처: ① 中国纪录片发展报告(2012) pp.83~95 및 ② 中国纪录片发展报告(2013) pp.100~113 자료 재구성

상기 표 중에 CCTV는 전국 71개 주요 대·중도시 지역 시청자들을 대상으로 조사되었고 CETV 3은 베이징, 상하이TV 다큐채널은 상하이 지역, 후난 진잉 실화다큐 채널은 후난성 성도 창사(長沙) 지역을 대상으로 하였으며, 충칭TV 3(과학교육) 채널은 충칭 지역을, 톈진TV 6(과학교육) 채널은 톈진 지역, 랴오닝 베이팡 채널은 선양(沈阳) 지역을 각각 대상 지역 시청자들로 조사한 것이다. 조사 결과 지방 성급(省級) 실화 다큐멘터리 채널의 시청자들의 구성 역시 중앙의 CCTV와 크게 차이가 나지 않음을 알 수 있다. 따라서 다큐멘터리의 시청자들은 대체적으로 제한적인 층에 국한되는 느낌을 갖게 한다.

다음은 다큐멘터리를 제작·생산하여 어떤 식으로 유통이 되고 판매 실적은 얼마나 되는지 파악해보자.

마. 거래 현황

2012년도의 다큐멘터리 판매는 2011년도보다 다소 증가한 것으로 파악되었다. 대표적인 다큐멘터리 제작·생산 방송국인 7개 방송국의 판매 현황이 총 1,506.3시간에 7,026,000위안의 판매 실적을 올린 것으로 알려져 있다. 상하이TV 다큐채널이 1위로 1,392시간 작품에 4,616,000위안, 그 다음이 CETV 3, 장쑤TV, 신장TV, 윈난TV, 베이징TV 실화다큐 고화질채널 순이다. 인터넷 배급 측면에서도 상하이TV와 BTV(베이징TV)가 449시간에 65만 위안의 실적을 올렸다.

2012년도 주요 TV 채널에서 구입한 다큐멘터리 현황을 보면 중국 국산 다큐멘터리보다 해외의 다큐멘터리 작품 구입량이 1,193시간이 더 많은데, 비용지출 측면에서는 오히려 해외 작품 구입비보다 국내 국산 작품 구입비가 2,459,000위안 더 많다.

〈2012년도 주요 TV 방송국의 다큐멘터리 구입 현황〉

방송국 / 구분	국산다큐 구입량(시간)	국산다큐 구입비(万元)	해외다큐 구입량(시간)	해외다큐 구입비(万元)
상하이TV 실화다큐 채널	833	153.5	978	112.6
베이징TV 실화다큐 고화질 채널	625	855.6	365	880.0
후난TV 진잉 실화다큐 채널	260	121.0	2,460	0.0

CETV 3	250	180.0	131	242.0
윈난TV	10	3.0	30	4.0
충칭TV 3 채널	801	171.4	–	–
소계	2,779	1,484.5	3,972	1,238.6

※출처: 中国纪录片发展报告(2013) p.13

또한 해외 판매에서는 2012년 200여 회에 미화 248만 달러를 확보했는데 이는 동기 대비 180%가 늘어난 숫자이다. 그런데 중국의 다큐멘터리 해외 판매에서 보면 '중국 국제 텔레비전총공사'가 판매한 것이 80%를 차지하고 있다. 또 2012년도의 경우도 다큐멘터리 수출이 여전히 중화문화권 위주로 이루어지고 있다는 지적을 받고 있다.

〈중국텔레비전총공사의 다큐멘터리 판매 국가 및 지역〉

국가 지역	한국	일본	태국	말레 이시아	싱가포르	인도 네시아	캐나다	브루나이	미국
점유율 (%)	8	4	5	6	4	1	2	3	6

국가 지역	EU	아랍	마카오	대만	홍콩	항공	위성	러시아	기타
점유율 (%)	2	2	6	14	12	10	7	1	7

※출처: 中国纪录片发展报告(2013) p.31

2010년도 다큐멘터리 영화의 티켓 판매에 있어 2위를 차지했던 〈圆明园〉은 1,000만 위안(미화 약 151만 달러)을 투자하여 티켓 판매수입으로는 544만 위안에 그쳤는데 영화관 체인관과 이익 배분으로 실제 제작·생산비 회수는 200만 위안에 머문 것으로 알려져 있다. 따라서 아직도 큰 투자는 큰 손실을 가져온다는 느낌을 가지게 할 수 있다. 그러나 〈승리를 위하여〉는 300만 위안, 〈부흥의 길〉은 200만 위안, 〈저우언라이의 외교 풍운〉은 3,000만 위안의 수입을 가져온 상황을 보면 작품의 내용과 질, 홍보 등이 제대로 갖춰진 작품은 충분한 시장성을 확보할 수 있음을 보여주고 있다.

다음은 중국의 다큐멘터리와 다큐멘터리 영화 산업의 발전을 위한 정부의 주요 정책들을 살펴보자.

바. 주요 정책

중국의 다큐멘터리와 다큐멘터리 영화 산업 발전을 위한 각종 정부 정책들은 중국 문화
산업 진흥 규획에 모두 포함되어 있다고 봐야 한다. 동 분야가 문화산업 발전과 같은
조건에서 진행되고 있기 때문이다. 정부의 주요 정책들은 다음과 같다.

1) 'R/TV 관리조례(广播电视管理条例)'

조례 제10조 규정에 의하면 '국가는 외자(外资) 경영, 중외(中外) 합자 경영, 중외(中
外) 합작 경영의 라디오 방송국이나 TV 방송국 설립을 금지한다'라고 규정하고 있다.
따라서 중국 내 R/TV 방송국 설립은 외자 또는 합작·합자로는 불가능하다. 그러나 방
송의 콘텐츠인 프로그램 방송은 동 조례 제39조와 제41조에 의해 해외 영상물 방송 허
가를 득하면 가능하다.

2) 해외 유명 다큐멘터리 제작방송사와 제휴

중국은 미국의 Discovery Channel과 National Geographic Channel의 중국 시장
진출을 허락했고, 이 채널들은 중국 시장 진입 후 먼저 관방(官方) 매체와 프로그램 합
작, 생산, 판매를 통하여 중국 시장을 개척했다.

중국 국무원 신문판공실과 National Geographic 채널은 공동으로 다큐멘터리를 제작
하였고, 2010년 11월 16일 Discovery Channel도 국무원 신문판공실과 공동으로 〈神
奇的中国〉이라는 다큐멘터리의 3년 합작 제작 계약을 체결했다. 이러한 경우는 해외의
전문 다큐멘터리 제작사들이 중국 다큐멘터리 시장에 진입한 좋은 사례라고 할 수 있을
것이다.

3) 다큐멘터리 제작사 일정한 요건 구비

중국의 다큐멘터리 제작사들은 등록자본에 따라 대체적으로 3가지로 구분된다.
첫째는 자본금 500만 위안(미화 약 75.5만 달러) 이상인데, 东方良友影视传媒(北京)
有限公司가 이 경우다. 이 회사는 등록자본금이 800만 위안이다. 그리고 등록자본금
이 900만 위안(미화 약 143만 달러)인 민영업체인 北京三多堂传媒科技有限公司가 있는
데, 대체로 이러한 대형 제작사들은 고정 전문인력만 30~60명을 확보하고 있다고 한다.

둘째는 중·소형 공사로 등록자본금이 100만 위안에 고정 인력이 10명 내외의 공사(公司)로, 北京伯璟文化传播有限公司가 있는데 이러한 제작사들은 공사 내 제작팀을 갖고 있다. 실제 촬영은 왕왕 외부에 촬영을 의뢰하는 방법을 택하면서 공사는 공정을 관리하고 촬영을 감독한다.

셋째는 비영리 제작사들인데, CNEX视纳华仁라는 다큐멘터리 공사를 들 수 있다. 이회사는 고정 인력을 10명 내외 확보하고 등록자본도 10만 위안 내외로 알려져 있다.

4) 수입 다큐멘터리 TV 방송 총량 규제 시행

2010년 10월 라디오·영화·텔레비전총국(이하 광전총국)은 '다큐멘터리 산업의 조속한 발전에 관한 의견'을 발표하면서 해외수입 다큐멘터리의 '총량 규제'를 시행하고 있는데 TV 방송국은 매일 방송하는 국산 다큐멘터리와 수입 다큐멘터리의 비율을 7:3으로 유지토록 하고 있다.

그리고 동 의견은 다큐멘터리에 대한 정부의 최초 지도의견으로 다큐멘터리 산업 발전에 많은 영향을 끼치고 있다.

동 의견에는 다큐멘터리 전문채널과 위성채널 지원과 영화관 체인관 상영 및 IPTV, 모바일 TV, 이동 TV 등 뉴미디어 분야 다큐멘터리 방송에도 많은 지원을 하겠다는 정부의 의지가 담겨 있기 때문이다.

5) 우수 작품 TV 방송 추천 제도 시행

2011년 말 광전총국은 '우수 국산 다큐멘터리 추천에 관한 통지'를 발표하면서 다큐멘터리 산업 발전과 이의 촉진을 도모하고자 우수한 다큐멘터리를 심사·평가한 후 선정하여 분기별 전국에서 방송이 될 수 있도록 추천과 지원을 진행해왔다.

2012년도의 경우 1/4분기 46편, 2/4분기 22편, 3/4분기 44편, 4/4분기 44편이 추천된 것으로 알려져 있다. 이러한 우수 작품들은 전국의 각급 TV 다큐멘터리 전문채널과 과학교육 채널에 우선적으로 방송될 수 있도록 배려를 했다.

6) 중앙텔레비전방송(CCTV)의 다큐 채널 운영 등

광전총국은 CCTV 9 다큐 전문채널을 2011년 1월 1일 정식 개통하면서 중앙정부 차원에서 다큐멘터리 산업을 촉진시키고 있다.

그리고 2012년 1월 1일에는 중국 교육TV 방송(CETV)에 문헌 다큐 전문채널을 개국하여 CCTV 9 다큐채널과 더불어 두 번째 국가급 다큐 채널로서 저녁 프라임 시간대 3시간에 걸쳐 중점 방송하고 있다.

그 밖에도 2011년 6월 25일 포털사이트 텅쉰腾讯의 TV영상 채널에 다큐 채널을 개설했다.

7) 국제 실화영상 창의 산업기지 건설

2012년 7월 24일 베이징 시 朝阳区委, 区政府 지원하에 중국텔레비전예술가협회, 중국 전매传媒대학, 베이징TV, 베이징 锐创지주집단이 공동으로 참여하는 'Beijing International Documentary Center: BIDC(北京国际纪实影像创意产业基地)'를 설립하여 중국에서 처음으로 다큐멘터리 전문 생산기지를 탄생시켰다.

이 밖에도 여타 문화산업 분야와 같이, 문화산업 발전 정책의 혜택을 받으면서 동 분야가 성장해가고 있는 것으로 이해하면 좋을 것 같다.

사. 맺는말

2006년 말 다큐멘터리 영화 〈大国崛起: 대국으로 우뚝 서다〉의 TV 방송을 하면서 세계 경제대국에서 문화대국으로의 매진을 암시하기 3년 전인 2003년 제16기 중공중앙 정치국 제9차 집체학습 때 학습 주요 내용에 이러한 것들이 이미 포함된 것으로 알려져 있다.

12년 전에 중국은 GDP에서 처음으로 1조 달러를 돌파하고 2010년에는 6조 달러를 넘어서게 되어 일본을 추월, 세계 경제규모 2위 국가로 우뚝 섰으며 2012년도는 GDP가 8조 달러를 훨씬 상회했다.

중국은 국제적으로 문화 분야에서도 많은 진전을 이루어 왔는데 2004년 11월 '공자학원(孔子学院)'을 한국에 처음 세운 후 세계 100여 개 이상 국가와 지역에 400여 개 이상의 공자학원을 개설했는데, 그 숫자는 계속 증가하고 있다.

이러한 환경 속에 중국은 비단 다큐멘터리 분야뿐만 아니라, 문화산업 전 분야에 대한 자신감과 기대감 속에 강력한 정책을 추진해오고 있다.

다큐멘터리 시장의 역사는 비록 길지는 않지만 '다큐멘터리 영화 발전 세미나'가 매년 베이징과 광저우에서 개최되고 중국의 다큐멘터리 작품들이 프랑스 국제 TV 페스티벌 등에서 입상을 하며, 외국 유명 다큐멘터리 제작사들과의 제휴를 통해 점점 발전하고 있는 추세다.

중국의 다큐멘터리 산업 발전의 특징을 보면 2012년도의 경우 각급 TV 방송 채널에서 다큐멘터리 프로그램 방송을 증설·운영해오고 있고 인터넷 포털사이트 영상채널에서도 다큐멘터리 프로그램 방송을 확대해 나가고 있다.

수입에도 서광이 보이는데 CCTV 9 다큐멘터리 전문채널은 2011년도에는 광고수입이 없다가 2012년도에는 2억 위안에 이르렀고, 2013년도에는 40억 위안의 계약을 이루는 등 시장 전망을 밝게 하고 있다.

또한 〈舌尖上的中国〉라는 다큐멘터리는 9,000만 위안의 광고를 획득함으로써 거대한 브랜드 가치를 실현하기도 했다.

인터넷 포털사이트의 다큐멘터리 판권 가격도 분당(分当) 30위안 하던 것이 100~200위안으로 인상되었고 심지어 특별히 우수한 작품은 분당 1,000위안까지 껑충 뛴 것으로 알려져 있다.

그러나 보다 안정된 시장의 확대 발전을 위해서는 다큐멘터리 영화의 경우 영화관 체인관 방영 확대를 꾀하고 다큐멘터리 전용 공익기금 설치를 보다 확대하여야 할 것이다.

또 초·중·고·대학생층에 대한 다큐멘터리 영화의 공익적 방송 정책 추진과 기술 혁신을 통한 3D 촬영의 다큐 등으로 해외 판로 개척에 대한 노력도 경주되어야 할 것이다. 특히 2012년도 중국은 해외로부터 59,760,000위안(미화 약 951만 달러)을 들여서 1,976시간에 해당하는 다큐멘터리를 수입했고, 국산 다큐멘터리는 2,369시간 분량의 작품을 32,260,000위안에 팔았다.

수입 측면에서는 2011년에 비해 비용상 62.6%가 증가했고, 시간량에 있어서는 38%가 늘었다. 그러나 중국 국산 다큐멘터리 작품의 해외 수출은 수입액에 있어 2011년보다 75.9%가 늘었고 시간량은 무려 2,033%가 급증했다. 이는 다큐멘터리 산업 시장의 전망을 읽을 수 있는 좋은 지표가 될 것이다.

7. 게임 산업 시장

가. 서설

중국의 게임 시장은 매년 커지고 있으며, 중국 국산 게임의 해외 수출도 2012년 5.7억 달러에서 2013년 18.2억 달러로 무려 219.3%가 급증했다. 중국 국산게임의 시장에서 영업 수입 증가율은 해외수입 게임의 시장 영업 수입 증가율보다 2배 이상 높다.

2013년 중국 내 게임 시장에서의 실제 영업수입도 2012년보다 38.0% 증가한 831.7억 위안으로 이를 2013년도 말 환율을 기준(1$=6.0969元)으로 적용하면 미화 약 136억 4,136만 달러에 이른다. 그리고 게임 시장에서의 영업 수입 구성도를 보면 클라이언트 Client 게임이 점점 줄어드는 가운데 모바일 게임 수입이 전년도에 비해 246.9%로 급등하는 등 게임 시장의 대변동이 진행되고 있다.

그리고 중국의 게임 시장에서 거두로 맹활약하고 있는 텅쉰(텐센트)의 2013년 9월 22일 증시에서 주가 총액이 미화 1,000억 달러에 이르면서, 1,000억 달러를 달성한 중국 최초의 인터넷 회사가 되었다.

중국의 게임 시장은 한 마디로 백가쟁명이다. 치열한 경쟁 속에 시장을 가장 많이 점유하고 있는 腾讯, 网易, 盛大, 完美世界, 搜狐畅游 등 몇몇 개의 대형 게임사들의 시장 점유율은 나날이 높아지고 있는 상태다. 그런데 항저우에는 80개의 모바일 게임 창작진이 있고 청두(成都)에도 모바일 게임 연구개발에 종사하는 크고 작은 제작진들이 700여 개나 있다. 이와 같이 대규모로 밀집된 상황은 게임 시장에서 보기 힘든 사례다. 따라서 일부 게임 매체들은 모바일 게임 시장에서 게임의 동질화(同质化) 현상이 심각해질 수 있다고 우려하는 분위기다.

게임 산업뿐만 아니라 문화산업이 국가 지주산업 중의 하나로 인식되고 이의 조속한 발전을 위한 각종 법·제도적 측면과 재정지원 정책들이 융합을 이루면서 나날이 발전을 거듭하고 있는 중국 게임 시장을 일별해보는 것 또한 의의가 크다 할 것이다.

나. 인터넷 환경

게임 산업뿐만 아니라 문화산업 발전과 긴밀한 관계에 있는 인터넷 환경에 대하여 일별해보는 것이 중국 게임 시장을 이해하는 데 도움이 될 것 같아 개략적으로 파악해 보았다.

2012년 9월 18일 중국 국무원 신문판공실, 국가 인터넷정보판공실 주임(장관급)은 브릭스 국가들(브라질, 러시아, 중국, 남아공)이 참가한 신흥국가 인터넷 원탁회의 개막 연설에서 중국 정부는 경제사회 발전을 위하여 인터넷 작업을 촉진하고 있다고 언급하고 이미 거의 1조 달러(미화)를 투자하여 인터넷 구축 기반 인프라 사업을 진행하였다고 전했다.

중국은 이미 수년 전부터 인터넷 선진국들과 교류를 지속적으로 추진해왔는데 2007년부터 중·미 인터넷 원탁회의가 진행되어 왔고 이듬해 영국과도 인터넷 세미나 개최를 진행해온 것으로 알려져 있다. 그 뿐만 아니라 중국 국가인터넷정보판공실은 다른 많은 국가들과도 상호 간 인터넷 대화 교류 플랫폼을 만들었으며 지난 2012년 12월 5일에는 제1차 한·중 인터넷 원탁회의가 개최되기도 하였다.

2013년도 중국 뉴미디어 발전 보고에 의하면 인터넷을 통하여 사회적 여론으로 확산된 사건이 매년 증가하여 2009년 248건에서 2010년 274건, 2011년에는 349건으로 상당히 증가했는데 2012년에는 892건으로 2011년보다 무려 255.6% 급등한 것으로 나타나고 있다.

인터넷에 대한 법적·제도적 측면에서는 2012년 12월 28일 제11기 30차 전국 인민대표대회 상임위원회 회의에서 '인터넷 정보보호 강화에 관한 결정'이 심의·통과되어 공포일로부터 시행에 들어갔다.

이는 2000년 12월 28일 제9기 17차 전국 인민대표대회 상임위원회에서 통과되었던 '인터넷 안전 유지 보호에 관한 결정' 이후 최고입법기관에서 공포·시행한 인터넷 관리에 관한 법률이다.

2012년 3월 15일 공업(工業)과 정보화부(信息化部)는 '인터넷 정보서비스 시장 질서 규범에 관한 약간의 규정'을 공포·시행하고 2012년 7월 9일에는 광전총국과 국가인터넷정보판공실이 공동으로 '인터넷 극(劇), 초미니 영화 등 인터넷 시청각 프로그램 진일보 관리 강화에 관한 통지'를 공포·시행했으며, 국가신문출판총서에서도 '인터넷 출판서비스 관리 규정'을 수정하여 2012년 12월 28일 국무원 법제판공실 웹사이트에 전문(全文)을 게재, 의견을 개진하였는데 관련 중앙정부에서는 담당부서 업무 관련 부문에 대한 각종 인터넷 관리 규정을 제정 또는 수정했다.

그뿐만 아니라 지방정부에서도 이러한 법적·제도적 개선 작업들이 이루어졌는데, 2011년 12월 베이징과 광둥 성의 시(市)와 구(区)에서 웨이보(중국판 트위터) 관리 규정을 공포, 2012년 3월 16일부터 시행에 들어갔다.

그리고 관련 업계에서는 자율 활동들이 전개되었는데 2012년 7월 13일 중국 인터넷 시청각 프로그램 서비스협회 이사회는 '중국 인터넷 시청각 프로그램 서비스 자율 공약'을 통과시킴으로써 단위별 인터넷 시청각 프로그램 콘텐츠 편집 책임제와 프로그램 내용 심의 후에 방송하는 제도를 도입하고 빠르게 개선 처리토록 했다.

그리고 2012년 11월 1일 중국 인터넷협회는 '인터넷 검색엔진 서비스 자율 공약'에 대한 서명의식을 진행하였는데 Baidu, 即时搜索, 奇虎360 등 12개 인터넷 업체가 참가했다. 시나新浪닷컴은 2012년 5월 8일 '웨이보 사구(社区) 공약(시행)'과 '사구(社区) 관리 규정' 및 '사구(社区) 위원회제'를 각각 시행함으로써 자체적인 조치들이 이루어졌다.

한편 인터넷 웹사이트 당(党) 조직이 이루어졌는데 2012년 11월 5일 '중공(中共) 수도 인터넷협회(전 베이징 인터넷 미디어협회를 2012년 8월 개명)위원회'가 베이징에서 창립되었는데 베이징 지역 26개사 주요 웹사이트 당원 2,680명이 참여했다.

중국 인터넷정보중심(CNNIC)이 제31차 통계보고에서 2012년 말 기준 중국의 이동 인터넷 네티즌 수가 4.20억 명으로 모바일폰 접속률도 74.5%에 이르렀고 모바일폰 이용객은 11.12억 명에 보급률 또한 82.6%, 이 중에 제3세대(3G) 이동통신 이용객이 2.33억 명이라고 밝힌 자료에 근거한다면, 2013년 이후에도 네티즌 수와 접속률 수치는 당연히 증가할 것이다.

중국 웹사이트를 살펴보면 전통의 기존 미디어는 1995년에 처음 접속이 되었고 현재 몇 개의 국가급 중점 뉴스 웹사이트는 1997년에 사업을 시작한 것으로 알려져 있다.

포털사이트 시나닷컴은 1998년 말, 소후搜狐는 1999년 3월, 왕이网易는 1997년 6월에 각각 웹사이트를 개설했는데, 초기에는 사구(社区: 커뮤니티)와 e-mail 서비스가 위주였다.

그 후 10여 년이 지나면서 이 사이트들은 발전을 거듭했지만, 몇 개의 대형 상업적 웹사이트의 영리를 따라가기는 역부족으로 보인다.

2013년 3월 말 Alexa라는 기관의 자료에 의하면 웹사이트 유량(流量) 순위에서 대형 포털사이트인 텅쉰腾讯이 2위, 新浪은 4위, 网易가 5위, 搜狐는 10위를 각각 마크한 것으로 되어 있고, 기존 미디어 웹사이트로서는 12위의 '凤凰网'이 있다. 그리고 국가급 중점 뉴스 웹사이트 중에 가장 앞선 것이 人民网으로 27위이고, 新华网은 28위를 차지했다.

여기서 중국 웹사이트 유량(流量) 상위 50위를 보면 다음과 같다.

〈중국의 웹사이트 유량(流量) 순위 50위〉

순위	사이트명	주소	순위	사이트명	주소	순위	사이트명	주소
1	百度	Baidu.com	18	中国站长站	chinaz.com	35	Yahoo!	yahoo.com
2	QQ.com	qq.com	19	京东商城	jd.com	36	天极网	yesky.com
3	淘宝网	Taobao.com	20	豆瓣	douban.com	37	58同城	58.com
4	新浪新闻中心	Sina.com.cn	21	阿里巴巴	alibaba.com	38	Ku6	ku6.com
5	网易	163.com	22	人人网	renren.com	39	搜房网	soufun.com
6	谷歌Google	google.com.hk	23	亚马逊	amazon.cn	40	朋友网	pengyou.com
7	新浪微博	weibo.com	24	天涯社区	tianya.cn	41	迅雷在线	xunlei.com
8	天猫	tmall.com	25	我乐网	56.com	42	CSDN	csdn.net
9	hao123	hao123.com	26	京东网上商城	360buy.com	43	一淘网	etao.com
10	搜狐网	sohu.com	27	人民网	people.com.cn	44	爱奇艺	iqiyi.com
11	SOSO搜搜	soso.com	28	新华网	xinhuanet.com	45	开心网	kaixin001.com
12	凤凰网 (凤凰新媒体)	ifeng.com	29	CNZZ	cnzz.com	46	www.51Job	51job.com
13	360安全中心	360.cn	30	中关村在线	zol.com.cn	47	IT168	it168.com
14	优酷	youku.com	31	Bing	bing.com	48	爱丽网	aili.com
15	Google	google.com	32	乐视网	letv.com	49	搜库	soku.com
16	Alipay.com	alipay.com	33	太平洋电脑网	pconline.com.cn	50	中华网	china.com
17	搜狗	sogou.com	34	土豆	tudou.com			

※출처: Annual Report on Development of New Media in China(2013) p.248

참고로 중국의 웨이보(微博, 중국판 트위터) 기본 상황을 잠시 살펴보자. 2013년 중국 新媒体(뉴미디어) 발전 보고에 의하면 2012년 말 기준, 웨이보 이용객은 309,576,000 명이며 웨이보 사이트는 10여 개가 있다.

이 중 가장 이용객이 많은 웨이보 사이트가 腾讯으로 245,320,000명, 다음 新浪은 233,206,000명인데 이 두 사이트 이용객들이 수적 측면에서 주류를 이룬다.

2010년 웨이보 이용객이 6,311만 명이던 것이 2011년 2억 4,990만 명으로 급증했고, 2012년도는 6,000여만 명이 다시 늘어 309,576,000명이 된 것으로 밝히고 있다.

또한 이용자들의 방문 횟수는 엄청난데, 1위가 新浪으로 연 방문 횟수가 9,001,483,000 회, 2위 腾讯은 5,920,786,000회에 이른다. 2013년 2월 22일 웨이보 이용객은 5억 명에 이르렀다.

2012년을 기준으로 하여 웨이보 이용자들을 들여다보면 남성이 56%로 1억 7,420만 명, 여성이 44%로 1억 3,530만 명이다.

연령층에서는 10~19세가 26.54%, 20~29세 29.24%, 30~39세 25.14%로 이들 3개 계층이 80.92%를 차지했다.

월 수입 측면에서는 수입이 없는 사람이 91,835,000명으로 가장 많고 2001~3,000위 안 64,351,000명, 3,001~5,000위안이 48,769,000명, 1,501~2,000위안은 36,617,000명으로 나타났는데 대체적으로 무직자와 일반 서민들이 웨이보를 많이 이 용하고 있어 웨이보(중국판 트위터)가 중국 사회에서 이미 보편화된 느낌을 주고 있다. 직업 측면을 보면 학생이 가장 많은데 93,870,000명으로 가장 많고 두 번째는 일반 회 사원들로 49,666,000명에 이르고 있다.

다. 게임 산업 시장

중국의 인터넷 게임 산업은 2002년부터 지금까지 이미 13여 년의 발전과 정체의 길을 걸어왔다. 인터넷 게임 산업의 역사를 보면 2002년부터 2005년 사이에는 폭발적인 증 가 시기였고 2006년부터 2008년 사이에는 게임의 비즈니스 모델이 새로이 만들어진 후 점진적인 안정기에 접어든 시기로 전문가들은 분석한다.

그리고 중국공산당의 제17대 대회와 '十二·五(2011~2015년) 관련 규획'에서 문화산업의 촉진은 국민경제의 지주산업이라는 정책적 지원 속에 지속된다. 2011년도부터는 Web게임과 모바일 게임이 발전하면서 2013년에 와서는 모바일 게임 영업 수입이 2012년보다 무려 246.9% 증가하는 폭발적인 성과를 거둔다.

1) 게임 기업과 제작생산

'2013년 중국 애니메이션(动漫) 산업 발전 보고'에 의하면 2012년 말 기준으로 중국에 인터넷(Client)게임 개발 운영사가 820개사, 모바일 게임 개발 운영사가 250여 개 기업에 이르고 Web게임 개발 운영 기업도 1,200여 개사, 그리고 게임기 경영 오락장소업도 31,000여 개사로 게임 관련 크고 작은 업체수가 33,590개사가 있는 것으로 파악된다.

2012년도의 중국 게임업체의 증시 상장 수입 상위 10위까지 보면 ① 腾讯게임, ② 网易게임, ③ 盛大게임(Shanda Network), ④ 搜狐畅游(Sohu changyou), ⑤ 完美世界(Perfect World), ⑥ 巨人网络(Giant Network), ⑦ 金山게임, ⑧ 网龙, ⑨ 360奇虎, ⑩ 空中网의 순으로 기록되고 있는데 연간 수입이 200억 위안(미화 약 31억 8,193만 달러)을 훨씬 넘긴 腾讯游戏를 제외하면 나머지는 연간 수입이 75억 위안 이하이다.

중국 动漫游戏产业发展现状调研报告에서 밝힌 2007년 실적 자료에서는 盛大의 시장 점유율이 18.9%, 网易가 14.6%, 九城이 9.0%, 巨人网络가 12.3%로, 상위 4위를 마크했다.

그런데 동 보고서에서는 2007년 11월 말 현재의 순수한 중국 국산 게임 연구개발 기업이 2006년도보다 93개 기업이 증가한 126개사로 조사되어 있고 지역으로는 광둥 지역이 가장 많은 19개사로, 2006년도보다 7개사가 증가하였으며 베이징은 2006년보다 17개 사가 늘어난 41개로 나타나 있다.

그리고 당시 수입 부문에서 상위 15위를 차지한 게임 개발 운영 기업 중 10개 기업이 증시 상장 기업이며 이들의 수입은 약 98.7억 위안으로 전체 수입의 77.1%를 차지한 것으로 되어 있다.

지난 6년 전의 자료이긴 하지만 중국 게임 운영업체의 지난 실적과 치열한 경쟁 속에서 오늘까지 지탱해오고 있는 과정 등을 이해하고자 2007년도 자료들을 소개하고자 하는 바 독자들의 이해가 있길 바란다.

〈2007년도 게임 운영 업체의 수입(收入) 시장점유율〉

업체명	盛大	网易	巨人	九城	久游	腾讯	网龙	完美时空	广宁华夏	金山	기타
시장점유율(%)	18.9	14.6	12.3	9.0	7.0	6.2	5.5	5.3	3.8	2.7	14.7

※출처: 中国动漫游戏产业发展现状调研报告 p.116 자료 재정리

〈2007년도 게임 운영 업체 연간 시장규모 상위 15개 업체 현황〉

업체명	盛大	网易	巨人	九城	久游	腾讯	网龙	完美时空
수입액(亿元)	24.2	18.7	15.7	11.5	9.0	7.9	7.1	6.8

업체명	广宁华夏	金山	搜狐	中华网	天联世界	联众	世纪天成	기타	계
수입액(亿元)	4.8	3.4	2.6	2.2	1.1	0.9	0.6	11.6	128.1

※출처: 中国动漫游戏产业发展现状调研报告 p.116

2013년도 기준으로 중국에서 게임 업계의 선두를 달리고 있는 업체는 腾讯인데, 2013년 9월 16일 자본시장에서 주가 가격이 1,000억 달러를 초과하게 되면서 인터넷 기업으로서 중국 최초의 회사가 되었다.

2007년도는 盛大의 전성시기였다. 이미 해외 증시시장에서 상장된 기업으로 연간 순운영수입만 49.1%가 증가한 3.38억 달러였다. 동 기업은 2001년 〈传奇〉라는 게임으로 대단한 성공을 거두면서 일거에 중국 최대의 게임 운영업체로 등극하였고 2004년도에는 중국 게임 기업으로는 처음으로 나스닥 상장에 성공했다. 盛大는 자본 운용 능력이 아주 강하여 게임 개발뿐만 아니라 모바일 운영, 인터넷 창작 문학, 대형 포털사이트 등 관련된 기업 활동 범위가 대단히 넓은 것으로 알려져 있으며 2002년에 이미 고객 콜센터를 설립·운영하면서 고객들에 대한 서비스를 대단히 중요시한 것으로 평가받고 있다.

그런데 중국 내 게임시장의 발전은 아주 빠르며 연구개발 운영에서도 성적이 좋아 세계 게임업계 수준에 육박하여 상위 그룹에 오르고 있다고 전문가들은 분석한다. 그런데 腾讯게임은 2012년 3/4분기에 이미 미국 EA를 뛰어넘어 세계 4대 게임회사가 되었고 동시에 수출 증가 속도도 대단히 안정적이라는 것이 게임계의 대체적인 평가이다.

다음은 인터넷 문화 경영허가 기업과 게임업체들이 어느 지역(성, 자치구, 직할시)에 많이 분포되어 있는지 살펴보자.

여기서 중국 문화부가 발표한 '2010 중국 인터넷 게임 시장, 중국 PC방 시장 연간 보고' 내용에 의한 게임 산업을 포함한 인터넷 문화 경영허가를 득한 기업들의 지역별 분포를 보면 다음과 같다.

〈2010년 인터넷 문화 경영허가 기업의 지역 분포도〉

지역	베이징	광둥	상하이	저장	쓰촨	장쑤
분포비율(%)	33.8	16.7	13.9	9.0	3.9	3.4
지역	푸젠	후베이	지린	톈진	장시	랴오닝	기타
분포비율(%)	2.9	2.0	1.6	1.5	1.1	1.0	9.2

인터넷 게임사는 베이징, 상하이, 광저우 등 3개 시에 전체의 65.9%가 몰려 있고, 특기할만한 것으로 상하이 1개 시가 전체 게임 기업 중 60%의 수입과 시장 가치를 가지고 있다는 점을 전문가들은 지적한다.

또한 이 3개 도시에 腾讯게임, 网易게임, 盛大게임, 完美时空, 搜狐畅游 등 5개 대형 게임사가 중국 게임 시장의 70% 이상을 차지하고 있는 상황도 이해할 필요가 있다.

〈2011년 중국 게임 업체 분포도 비율〉

지역	베이징	상하이	광저우	저장 성	충칭 시 쓰촨 성	푸젠 성	기타
분포율(%)	24.4	23.2	18.3	9.1	10.4	5.5	9.1

※출처: 中国动漫产业发展现状调研报告(2012) p.145

그러면 개별 인터넷 게임사들이 시장에서 얼마의 수입을 가져오고 있는지도 관심사가 아닐 수 없다.

〈2011년 중국 주요 게임사 시장 수입 규모 상위 15사〉

기업	腾讯 게임	网易 게임	盛大 게임	完美 时空	搜狐 畅游	巨人 网络	广宁 华夏	世纪 天成
수입액(亿元)	168.7	66.3	52.8	29.0	27.8	18.0	11.5	7.1
기업	网龙	金山 게임	昆仑 万维	趣游	4399	中华网	37wan	기타
수입액(亿元)	7.0	6.6	6.3	6.1	5.5	4.6	3.4	55.5

※출처: 中国动漫产业发展报告(2012) p.145 자료 재정리

상기 인터넷 게임기업들의 시장 수입 규모가 인터넷 게임 실제 영업 판매 수입보다 다소 많다. 이는 게임사들의 게임 서브 이외의 수입이 포함된 것으로 이해할 수 있다.

2012년도 개별 게임 기업들의 수입 순위에는 큰 변화가 없다.

〈2012년도 게임 상장기업 시장 수입 상위 10위 현황〉

기업	腾讯 게임	网易 게임	盛大 게임	搜狐 게임	完美 世界	巨人 网络	金山 게임	网龙	奇虎 360	空中网
수입액(亿元)	231.1	69.4	46.5	36.1	26.7	20.6	8.3	8.0	5.9	5.4

※출처: 中国文化产业年度发展报告(2013) p.122

위와 같이 상위 10개 기업이 총 458억 위안의 수입을 올리고 있어, 전체 수입의 75.97%를 차지하고 있는 상황이다.

매년 연도별 환율을 제시하고 있는 '국민경제와 사회발전 통계 공보(중국 국가통계국 발표)'에 의한 환율에 따라 환산해보면 腾讯은 2011년 게임 수입으로 약 26억 7,739만 달러, 2012년에는 36억 7,672만 달러를 벌어들였다.

그러면 대체로 중국에서는 게임이 얼마나 제작·생산되고 유통되고 있는지 여러 가지 자료를 살펴보자.

'2010년 중국 인터넷 게임 시장·중국 PC방 시장 연간 보고(문화부)'에 의하면 2010년 말 현재 중국 시장에 Client 게임 1,133개, 그리고 중문 모바일 게임이 2,186개가 있는 것으로 파악되고 있다.

2010년 한 해 동안에는 총 204개의 인터넷 게임이 문화부의 심의를 거쳐 등록 절차를 밟았는데 이 중에는 Client 게임이 88개, 웹 게임 85개, 모바일 게임 3개로 분류된다고 언급한다.

그러나 심의등록된 숫자와 실제 당해연도 서브되는 것은 다른데 2011년도의 경우 총 339개의 게임이 서브 되었는데 이 중 3D 게임이 172개로 전체 51%를 차지하고 2.5D 게임은 78개, 2D 게임은 89개로 조사되었다.

<최근 연도별 게임 심의등록 현황>

구분 / 연도	2009	2010	2011	2012	2013년 상반기
합계	115	204	453	580	291
중국자체개발 게임	80	176	–	–	268
해외수입	35	28	–	–	23

※출처: ① 2010년 중국 인터넷 게임 시장 · 중국 PC방 시장 연간 보고 ② 中国文化产业年度发展报告(2013)
③ 2012 中国动漫产业发展报告자료 재정리

나날이 게임 시장이 확대되고 있는 중국 게임 기업들이 연간 얼마를 벌어들이고 있는지 파악해보면 게임 시장 현상을 이해하는 촉매가 될 것이다.

2) 게임 시장의 영업 수입

게임기업들의 주된 수입은 Client 게임과 웹 게임, 모바일 게임에서 벌어들이는 것으로 파악되었다. 2013년도 수입은 2012년 602.8억 위안(미화 약 95억 9,033만 달러)보다 38% 증가한 831.7억 위안으로 껑충 뛰었다.

<2004~2013년 중국 게임 시장의 실제 영업 수입>

구분 / 연도	2004	2005	2006	2007	2008	2009	2010	2011	2012	2013
수입(亿元)	25.7	38.4	66.1	107.6	185.6	262.8	333.0	446.1	602.8	831.7
증가율(%)	45.8	49.4	72.1	62.8	72.5	41.6	26.7	34.0	35.1	38.0

※출처: ① 中国动漫产业发展报告(2012) p.143 및 ② 2013 中国游戏产业报告(摘要版) 자료 재정리

영업수입에서 10년 동안 약 33배가 늘어났다. 그리고 증가율 역시 고속 성장을 해온 것으로 분석이 가능하다.

여기서 중국 자체 연구개발 게임의 실제 영업 수입과 해외 수입 게임의 영업수입을 비교해보자. 우선 데이터 조사 전문기관에 따라 수치가 다소 차이날 수 있다.

<국산과 수입 게임 시장 실제 영업 수입 비교표>

구분 / 연도	2005	2006	2007	2008	2009	2010	2011
국산게임 영업수입(亿元)	22.6	42.4	68.8	110.1	165.3	193.0	271.5
해외수입게임 영업수입(亿元)	25.1	23.0	36.8	73.7	90.9	130.7	157.0
합계	47.7	65.4	105.6	183.8	256.2	323.7	428.5

※출처: 中国动漫产业发展报告(2012) p.144 자료 재구성

2005년 이전까지는 수입 게임들이 시장에서 선전을 했으나 그 이후부터는 중국 국산 게임들의 영업수입이 월등히 앞서고 있는데 이는 중국 자체 연구 개발 상품의 수준이 그만큼 향상된 것을 의미하고 유저들의 사랑을 받고 있다는 얘기가 된다.

여기서 중국 게임 시장에 보다 구체적으로 접근하면 다음과 같이 구분된다.

〈2013년도 중국 게임 시장 영업 수입 구성도〉

게임종류	Client 게임	웹 게임	모바일 게임	SNS 게임	单机(개인용) 게임	계
수입액(亿元)	536.6	127.7	112.4	54.1	54.1	831.7
시장점유율(%)	64.5	15.4	13.5	6.5	6.5	100.0

※출처: 2013 中国游戏产业报告 자료 재정리

역시 유저가 게임을 즐기고자 할 때 반드시 컴퓨터에 해당 게임 전용 소프트웨어를 설치해 게임을 진행하는 Client 게임이 대세를 이루고 있음을 알 수 있다.
중국이 자체 연구개발을 통해서 제작한 Client 게임이 시장에서 얼마나 수입을 확보했는지 지난 몇 년간의 데이터를 보면 매년 상당히 증가했다는 것을 알 수있다.

〈2008~2013년 중국 자체 연구개발 client 게임 수입 현황〉

구분 / 연도	2008	2009	2010	2011	2012	2013
수입액(亿元)	110.1	165.3	193.0	271.5	368.1	476.6
증가율(%)	60.0	50.1	16.8	40.7	35.6	29.3

※출처: 2013 中国游戏产业报告 p.7

상기 수입을 달러로 환산해보면 2011년도는 43억 891만 달러, 2012년도는 58억 5,634만 달러이다. 2013년도는 78억 1,709만 달러로 이보다 훨씬 늘어났다.

그럼 여기서 중국 게임 시장 대표주자로 시장 형성을 하고 잇는 Client 게임과 웹 게임, 모바일 게임 등에 대한 지난 6년간의 실적을 모아보았다.

㉮ Client 게임
Client 게임은 최근의 모바일 게임의 시장점유율이 확대됨에 따라 수년 전부터 시장점

유율이 계속 떨어지고 있다.

〈2008~2013년 Client(客戶端) 게임 발전 상황〉

구분 / 연도	2008	2009	2010	2011	2012	2013
이용자 수(억명)	0.51	0.68	1.13	1.24	1.40	1.52
이용자 수 증가율(%)	72.4	34.7	65.2	10.1	12.5	8.6
실제영업 수입(亿元)	167.1	233.2	271.6	366.9	451.2	536.6
실제영업 수입 증가율(%)	21.7	39.6	16.5	35.0	23.0	18.9
게임 시장 점유율(%)	90.0	88.7	81.6	82.2	74.9	64.5

※출처: 2013年 中国游戏产业报告(摘要版) pp.19~21 자료 재구성
※주(注): 동 데이터는 CNG 中新游戏研究(감마데이터)와 국제 데이터공사(国际数据公司/IDC)
데이터를 인용한 것으로 기재하고 있음

Client 게임의 유형은 대체적으로 롤 플레잉류(MMORPG/Massively Multiplayer Online Role-Playing Games)와 레저·경기 게임류로 구분하는 것이 일반적인데, 이들의 지난 수년간의 영업 수입액을 살펴보자.

〈롤 플레잉 게임류 및 레저·경기류 게임의 시장 영업수입 현황〉

구분 / 연도	2008	2009	2010	2011	2012	2013
롤플레잉게임 수입액(亿元)	150.8	184.3	203.3	250.8	307.8	352.9
롤플레잉게임 증가율(%)	87.8	22.2	10.3	23.4	22.7	14.7
레저·경기류게임 수입액(亿元)	28.2	59.9	78.5	116.1	143.1	183.7
레저·경기류게임 증가율(%)	11.5	112.4	31.1	47.9	23.5	28.1

※출처: 2013年 中国游戏产业报告 pp.23~24 자료 재구성

이러한 Client 게임의 지속적인 발전에는 장기간 이용자들에게 접근해 있고 제작과 생산에 서 있는 기술진들이 상대적으로 안정되어 있으며 연구개발 수준 또한 비교적 높은 점이 작용했다. 그리고 자본과 경영 경험이 누적된 것도 발전할 수 있는 장점으로 들 수 있겠으나 개발과 운영비가 걸핏하면 4,000만~5,000만 위안 이상 높게 소요되고 개발팀도 100명 선을 넘어서며 개발 주기도 2년 이상이 소요되는 점은 단점으로 지적할 수 있다. 따라서 투자액도 많고 효과를 얻는 데도 시간이 많이 소요되며 위험 또한 크기 때문에 신규 기업들은 진입을 꺼리고 있다고 전문가들은 분석한다.

⑭ 웹 게임

웹 게임 역시 중국 게임 시장에서 하나의 축으로 자리를 굳히고 있다.

〈2008~2013년 웹 게임 발전 상황〉

구분 / 연도	2008	2009	2010	2011	2012	2013
이용자 수(억 명)	0.587	0.908	1.378	2.032	2.712	3.287
이용자 수 증가율(%)	107.4	54.6	51.8	47.5	33.5	21.2
실제영업 수입(亿元)	4.5	14.0	41.8	55.4	81.1	127.7
실제영업 수입 증가율(%)	161.2	211.1	198.6	32.5	46.4	57.5
게임 시장 점유율(%)	2.4	5.3	12.6	12.4	13.5	15.4

※출처: 2013年 中国游戏产业报告(摘要版) pp.35~37 자료 재구성

또한 웹 게임 시장이 지속적으로 양호하게 발전하고 있고 시장 규모도 계속 커지고 있으며 우수한 상품 구조 속에 증가 속도가 게임 시장 전체의 발전 속도와 궤를 같이 한다. 그러나 새로운 상품 출시가 저조해 지고 있어 모바일 게임 등 새로운 시장에서 불가피한 경쟁을 맞고 있다.

2013년 웹 게임이 시장에서 1,000여 개의 서버 기록을 갖고 있는데 이 1,000여 개의 게임 중 이익을 본 게임은 1/3 정도에 그치고 있어, 대량의 상품이 이용자 확보에서 어려움에 직면하게 되어 생존할 방법이 없는 것이다. 그리고 웹 게임 역시 개발비가 상승하고 있어 고민이 많다는 것이 관계 전문가들의 지적이다.

다음으로 모바일 게임 현황을 알아보자.

⑮ 모바일 게임

수년 전부터 중국 게임 시장에서 수요가 급증세를 보이고 있는데 실제 시장에서의 영업 수입 증가율이 2013년에 무려 246.9%로 급등했다.

〈2008~2013년 모바일 게임 발전 상황〉

구분 / 연도	2008	2009	2010	2011	2012	2013
이용자 수(억명)	0.098	0.210	0.302	0.513	0.891	3.105
이용자 수 증가율(%)	25.0	114.3	43.8	69.9	73.7	248.5
실제영업 수입(亿元)	1.5	6.4	9.1	17.0	32.4	112.4
실제영업 수입 증가율(%)	25.0	326.7	42.2	86.8	90.6	246.9
게임시장 점유율(%)	0.8	2.4	2.7	3.8	5.4	13.5

※출처: 2013年 中国游戏产业报告 pp.47~49 자료 재구성

특히 이용자 수는 2013년도에 248.5%라는 급등 속에 이용자가 3억 명을 넘어섰다는 것이 주목할 만하다. 이는 Client 게임 이용자보다 배에 가깝고 웹 게임 이용자 수와 맞먹는 숫자이다.

이 밖에 개인용 게임(单机게임)이 있는데 영업 수입은 그다지 많지 않지만, 그 발전 상황을 보면 다음과 같다.

㉱ 개인용 게임

〈개인용(单机) 게임 영업 수입 변화〉

구분 / 연도	2008	2009	2010	2011	2012	2013
실제영업 수입(亿元)	0.31	0.25	0.30	0.61	0.75	0.89
증가율(%)	-58.6	-19.4	20.0	103.3	23.0	18.7

※출처: 2013年 中国游戏产业报告 p.60

그럼 여기서 중국이 자체 연구 개발한 게임이 해외 수출은 얼마나 되는지 살펴보면 이 또한 2013년은 금액상 219.3% 급등했다.

3) 중국 게임 해외 수출

중국 게임의 해외 수출은 판권 교역, 합작 운영, 독자 운영 등 대체로 3가지 방식으로 이루어진다. 2011년도의 경우 중국의 게임 연구 개발 업체 중 34개사가 131개의 게임을 해외 시장에 내보냈는데 2010년보다 56.5% 증가한 미화 3.6억 달러에 이르렀다.

〈2008~2013년 중국 자체 연구개발 게임 수출 현황〉

구분 / 연도	2008	2009	2010	2011	2012	2013
수출액(억 달러)	0.7	1.1	2.3	3.6	5.7	18.2
증가율(%)	28.6	55.7	111.0	56.5	58.3	219.3

※출처: ① 中国动漫产业发展报告(2012) p.143 및 ② 2013年 中国游戏产业报告 p.67 자료 재정리

중국이 자체 연구 개발한 게임의 수입과 해외 게임의 과거 수년 간 중국 내 수입 증가율을 비교해보면 국산이든, 수입이든 판매수입은 계속 증가하고 있다.

〈2006~2011년 중국 자체 연구개발 게임 수입과 해외수입 게임 수입 증가율〉

구분 / 연도	2006	2007	2008	2009	2010	2011
중국 국산게임영업 수입 증가율(%)	87.6	62.3	60.0	50.1	16.8	40.7
해외 수입게임영업 수입 증가율(%)	−8.4	60.0	100.3	23.3	43.8	20.1
게임 시장 영업수입 전체 증가율(%)	37.1	61.5	72.5	41.6	26.7	34.0

※출처: ① 中国动漫产业发展报告(2012) p.144 및 ② 2013年 中国游戏产业报告 자료 재정리

중국 게임 시장의 경쟁력 강화와 해외 시장 진출이 맞물려 있다. 과거 수출 대상국가가 동남아, 한국, 일본, 유럽 등 국가 수가 그리 많지 않았지만, 지금은 이미 세계 100여 개 국가로의 수출이 이루어지고 있고 소재 또한 나날이 다양화되고 있는 상황이라는 것이 전문가들의 분석이다.

完美世界 등은 이미 자체 연구 개발 게임 기업의 세계화 전략에 따라 2012년 단순한 해외 대리수출 방식을 지양하고 해외 자공사(子公司)를 통한 수출 시장 2단계 전략에 돌입했다. 같은 해 腾讯은 미국 게임센터 ZAM.com과 싱가포르 Level up 주식 49%를 매입하여 해외 진출에 진력하고 있는 상황이다.

중국 게임의 해외 시장 진출을 보면 창작 게임의 해외 수출이 계속해서 빠른 발전을 유지하고 있는 동시에 신흥 시장 개척에도 전력을 쏟고 있는 것으로 보인다. 그리고 모바일 게임과 웹 게임이 해외 수출의 새로운 힘이 되고 있고 Client 게임도 계속 증가세를 유지하고 있는 가운데 간단한 위임장 수출 형식에 국한하지 않고 다양한 방식으로 해외 수출을 증가시키고 있다. 앞에서 지적했듯이 현지 자회사 설립에 따른 각종 치밀한 전략 속에 수출 시장 경쟁력 제고에 힘을 쏟고 있는 것이다.

그리고 중국 게임 업체의 해외 기업 합병 효과가 2013년도에 충분히 나타나고 있는데 과거 몇 년간 해외 게임 기업 합병 분야에서 앞서 가고 있는 腾讯의 미국 Riot Games 작품 〈英雄联盟〉이나 完美世界의 미국 Runic Games의 작품 〈火炬之光 2〉는 많은 추종자를 이끌어내고 있다고 전문가들은 지적한다.

이렇게 중국 게임의 해외 진출 성공에는 정부 등 각 분야의 강력한 지원책과 중요 매체들의 해외 수출 홍보 등도 긍정적 작용을 하고 있는 것으로 보인다.

그러나 기업들의 심도 있는 해외 시장 개척 능력이 중요하고 해외 고객인 이용자들에 대한 이해가 선행되어야 하는데 이에 대한 이해 부족, 해외 수출 기업들의 개별 전략 추진으로 어려움이 있는 것은 해결해야 할 과제다.

2000년부터 시작된 중국의 해외 수입 게임 규모, 대상 국가, 상품 등을 알아보자.

2004년부터 2010년 12월 31일까지 중국 문화부가 콘텐츠 심사에서 통과시킨 게임은 총 176개라고 한다. '2010 중국 인터넷 게임 시장, PC방 시장 연간 보고'에서 밝힌 내용을 보면 2010년 한 해 동안 문화부 심의를 통과한 인터넷 수입 게임이 28개인데, 이를 국가별로 보면 한국 게임 14개, 대만 게임 5개, 미국 게임 4개, 일본 게임 2개, 프랑스 게임 2개, 독일 게임 1개로 한국 게임이 전체의 50%를 차지했다. 유럽과 미국 상품에 비하여 한국, 일본, 대만 등에 치우쳐 있는 것은 문화의 유사성에 대한 유저들의 호감으로 받아들이는 분위기이다.

게임 상품을 분류하면 Client 게임이 24개로 전체의 85.7%를 차지하고 있고 다음이 웹게임 2개, 모바일 게임 2개로 되어 있다.

이 24개의 Client 게임 중에는 MMORPG 게임 16개, 레저·경기류 게임이 6개(STG(슈팅) 게임 4개, 스포츠 경기 2개), 소셜 게임 1개, 격투기 게임 1개로 MMORPG 게임이 대세를 이루고 있고 한국에서 수입한 게임은 15개가 Client 게임이다.

라. 이용자(유저) 분석

중국 게임 시장에서 이용자 수는 2013년 말 약 4.95억 명에 이르고 있는데 2012년보다 20.7% 상승한 숫자이다.

〈2008~2013년 중국 게임 시장 이용자 수 변화표〉

구분 / 연도	2008	2009	2010	2011	2012	2013
이용자 수(억 명)	0.67	1.15	1.96	3.30	4.10	4.95
증가율(%)	–	70.0	71.1	68.5	24.2	20.7

※출처: 2013年 中国游戏产业报告(摘要版/中国书籍出版社 2013.12)

그런데 2013년 들어 모바일 게임 이용자가 급격히 증가하면서 모바일 게임 영업 판매 수입도 폭발적으로 늘어났다. 따라서 이들 게임 산업의 성장과 불가분의 관계에 있는 모바일폰 네티즌들의 증가 숫자를 이해하는 것 역시 중국 게임 시장 이해에 도움이 될 것이기 때문에 모바일폰 네티즌 증가 자료를 찾아보았다.

〈2007~2012년 모바일폰 네티즌 증가 현황〉

구분 / 연도	2007	2008	2009	2010	2011	2012
모바일폰 네티즌 수(만 명)	5,040	11,760	23,440	30,274	35,558	41,997
네티즌 전체에 대한 비중(%)	24.0	39.5	60.8	66.2	69.3	74.5

※출처: 中国文化产业年度发展报告(2013) p.123
※주(注): 상기 자료는 중국 인터넷연구중심(/CNNIC)의 데이터를 인용한 것임

다시 게임 이용자인 유저에 대한 직업별, 소득별, 연령별, 학력수준 등에 대한 데이터를 파악하기로 한다. 다소 많은 시간이 지난 데이터들이라 아쉬움이 있지만 소득을 제외하고는 큰 변화가 없다는 것이 전문가들의 전언이다.

첫째, 연령별로 보면 대체로 젊은 층이 대세를 이룬다.

〈2010년 연령별 이용자 구성〉

연령 / 구분	12세 이하	13~17세	18~24세	25~34세	35~44세	45~64세	65세 이상
구성 비율(%)	1.5	11.7	58.2	24.2	3.7	0.5	0.2

※출처: 2010 중국 인터넷 게임 시장 · PC방 시장 연간 보고 p.8

〈2011년 직업별 이용자 구성〉

구분	학생층	일반회사원	엔지니어	프리랜서	기타
대형 게임	44.2	14.6	12.0	11.1	18.1
소형 레저 보드게임	29.8	19.1	10.1	14.3	26.7

※출처: 中国动漫产业发展报告(2012) p.146 자료 재정리

직업별에서도 학생층이 최대 이용자층을 형성한다. 그리고 2011년도의 연령별 유저 구성이 대형 게임일 경우 10~30세 사이층이 80% 이상을 차지하는 것으로 나타났고 소형 레저 보드게임은 10~19세 28.2%, 20~30세 31.6%, 31~59세 36.5%로 각각 조사되었다고 전한다.

〈2010년 월 소득별 이용자 구성〉

수입 (元)	무소득	1,000 이하	1,001~ 1,500	1,501~ 3,000	3,001~ 4,500	4,501~ 6,000	6,001~ 9,000	9,001~ 12,000	12,001~ 20,000	20,000 이상
구성 비율 (%)	21.9	8.1	18.0	34.0	10.5	3.3	1.5	0.7	0.7	1.3

※출처: 2010 중국 인터넷 게임 시장 · PC방 시장 연간 보고 p.9

월 소득별 유저 구성에서는 대체로 학생층으로 지칭될 수 있는 무소득이 가장 많고 대학을 졸업한 후 사회 초년생으로 직업을 갖고 있는 일반 회사원들의 월 수입이 3,000 위안 이하인 점 등을 감안하면, 이들이 이용자 구성에서 82%를 차지, 절대다수를 이루는 이유를 알 수 있을 것이다.

그리고 게임 이용자들은 서방의 진기한 작품류, 무협류, 역사류 순으로 게임 소재에 관심이 높고 게임 정보 입수 경로로는 게임류 사이트가 가장 높고 다음이 IT 포털사이트, 게임류 신문 · 잡지, 친구, PC방 순으로 조사된 바가 있다.

그러면 게임 이용자들은 어디서 게임을 즐기고 있을까? 가장 선호하는 장소가 집이며 그 다음이 PC방으로, 이는 컴퓨터의 보급과 직결되어 있다고 봐야 한다.

〈최근 3년간 중국 PC방 현황〉

구분 / 연도	2012	2011	2010
PC방 수	135,683	141,275	140,376
근무자 수	529,362	567,170	584,912
영업이윤(千元)	14,139,360	15,671,994	–

※출처: ① 中国文化文物统计年鉴 2012, 2013 ② 中国第三产业统计年鉴 2011

상기 표에서 나타나듯 PC방 숫자, 근무자 수, 영업이윤 등 모두가 매년 줄어들고 있다. 이는 휴대전화, 아이패드 등 모바일이 PC방 수요를 대체했고 PC방 이용자 실명제 시행에 따른 문제, PC방 시장의 건전하고 지속적인 발전을 위한 체인화 사업에 따른 시장의 변화 등 여러 가지 원인 때문으로 전문가들은 지적한다. 2012년도의 영업수입을 미화로 환산하면 약 22억 4,952만 달러이다.

PC방의 컴퓨터 수량을 보면 대체적으로 200대 이하가 대세를 이루고 있는데 2007년의 경우 150대 이하가 전체의 61%를 차지하고 있고 2010년에 와서는 200대 이하가 전체의 78.7%를 점유하고 있는 것으로 집계되었다.

〈2007년도 PC방 규모〉

컴퓨터 보유 수량	80대 이하	81~149대	150~249대	250~400대	401~800대	801대 이상	계
시장점유율(%)	22	39	25	11	2	1	100

※출처: 中国动漫游戏产业发展现状调研报告(2010.8) p.128

〈2009~2010년도 PC방 규모〉

연도 / 컴퓨터 수량	50대 이하	51~99대	100~199대	200~299대	300~499대	500대 이상	계
2010 시장점유율(%)	14.5	25.0	39.2	14.2	5.0	2.2	100.0
2009 시장점유율(%)	19.0	27.9	35.2	11.2	4.6	2.1	100.0

※출처: 2010 중국 인터넷 게임 시장·PC방 시장 연간 보고서 p.141

PC방에서 네티즌들은 주로 게임을 즐기지만 친구들과 잡담도 하고 영화를 보거나 음악을 듣는 이들도 적지 않다. 그리고 PC방을 운영하는 업체의 수입에서 인터넷 접속비 외에 음료 등의 소비도 중요한 수입원이 된다.

2010년 8월에 출판된 中国动漫游戏产业发展现状调研报告에 의하면 2007년에 전국에 약 1,200여만 대의 컴퓨터가 PC방에 분산 배치되어 있는 것으로 알려져 있고 또한 2010 중국 인터넷 게임 시장 · PC방 시장 연간 보고서에 따르면 PC방 이용자 규모가 2009년 1억 3,478만 명에서 2010년 1억 6,325만 명으로 증가한 것으로 되어 있다. 어쨌든 PC방이 중국 게임 시장에서 중요한 역할을 하는 것이 틀림 없다.

다음은 게임과 직접적인 관련이 있는 최근의 주요 정책들을 살펴보겠다.

마. 주요 정책

1) 인터넷 게임 콘텐츠 관리 및 운영 활동 제도적 규범화

2010년 6월 3일 문화부는 '인터넷 게임 관리 임시 규정(网络游戏管理暂行办法)'을 공표, 같은 해 8월 1일부터 시행에 들어갔다. 총 6장 39개조로 구성되어 있는 동 규정은 인터넷 게임 적용 범위, 접속 운영, 게임 머니 등의 개념 확립과 콘텐츠 관리 강화, 게임 유저 중 미성년자 보호 강화, 인터넷 게임 업체의 경영 행위 규범화, 게임 유저의 권익 보호 등을 주요 골자로 하고 있다.

2) 가장 감호 공정(家长监护工程) 시행

2010년 2월 정부가 발의, 인터넷 게임 기업이 제창하여 시행한 것으로, 요지는 가장(家长)이 미성년자에 대한 인터넷 게임 감독 보호를 강화하는 것이다. 동 공정의 취지는 미성년자들의 건강을 인도하고 조화로운 가정관계를 세우는 업체들의 자율 행동에 맡기자는 것이다. 2010년 2월 후 42개의 인터넷 게임업체가 참여하고 연이어 가입이 확대, 2011년 말에는 90% 이상의 인터넷 기업들이 동 공정 시행에 참여했다.

3) 게임 중독 방지 역량 진일보 강화(防沉迷力度进一步加强)

2011년 7월 신문출판총서, 중앙문명판공실, 교육부, 공안부, 공업과 정보화부 등 8개 중앙정부(부서) 공동으로 '인터넷 게임 중독 방지 실명 검증 공작 시동에 관한 통지'를 발표하고 인터넷 게임 중독 방지를 위한 실명 검증을 같은 해 10월 1일 전국적인 시행에 들어갔다. 통지문에는 공안부 소속 '전국 공민 신분증번호 조회서비스 중심'이 전국 인터넷 게임 중독 방지 실명 검증 업무를 맡았다. 동 통지문은 인터넷 게임 기업이 절차에 따라 필요한 검증 대상자의 신분정보를 제때에 상부에 보고하고 동시에 인원을 선발하여 보내야 한다는 등의 구체적 내용들을 포함하고 있는 것으로 알려져 있다.

4) 정부의 지속적인 문화산업 발전을 위한 중장기 계획 수립 추진

2006년 4월 25일 국무원은 재정부 등 10개 부위(部委)가 공동 발표한 '중국 애니메이션 산업 발전 촉진에 관한 약간의 의견(关于推动我国动漫产业发展的若干意见)'에서 5~10년 동안 목표 달성을 위해 적극 노력하여 중국 애니메이션 산업의 창작 개발과 생산 능력이 세계 애니메이션 대국과 강국의 대열에 오르도록 하겠다는 의지를 표현했다. 2006년 11월 '국가 십일오 시기(2006~2010) 문화발전 규획 강요'에서도 디지털화 생산과 네트워크화 하는 전파가 주요한 특정 디지털 콘텐츠 산업의 주(主)가 되도록 적극적인 발전을 가져오도록 했다.

2012년 2월 15일 중공중앙판공청(中共中央办公厅)과 국무원 판공청이 공표한 '국가 십이오(十二五)시기(2011~2015년) 문화개혁 발전 규획 강요'와 2012년 2월 28일 문화부의 '문화부 십이오시기 문화산업 배증(倍增) 계획'에서도 게임 등을 포함한 11개 업종에 대한 중점 발전 지원 의사를 피력했다.

2012년 7월 문화부는 애니메이션(动漫) 산업 발전 지원 법 부서 연석회의에서 '十二五시기(2011~2015년) 국가 애니메이션(动漫) 산업 발전 규획'을 공동 발표함으로써 애니메이션 산업 발전을 위한 중요한 정부 문건으로서 작용하게 되었다.

이와 같이 정부의 적극적인 지원 정책하에 애니메이션 기업들이 경쟁력을 갖게 되고 규모 역시 지속적으로 확대되었는데 2012년 다시 110개의 애니메이션 기업들이 문화부, 재정부, 세무총국(한국의 국세청에 해당)의 인정을 받게 되었고, 16개 기업은 중점 애니메이션 기업의 대열에 올랐다.

2013년 8월 국무원은 '정보 소비 내수확대에 관한 약간의 의견(关于促进信息情报扩大内需的若干意见)'을 공포했는데 이는 디지털 출판의 발전, 뉴미디어의 상호작용, 이동 멀티미디어 등 신흥 문화산업의 강력한 발전을 요구했다.

2013년 11월 중국공산당 제 18기 중앙위원회 제3차 전체회의(약칭: 제 18기 3중전회)에서 '문화강국'에 대한 계속적인 개념 강조와 문화산업 시장 시스템에 대한 개선과 보완을 지적했다. 특히 국유 문화기업의 시장화 과정 중 시장화를 위한 기업의 전변(转变)의 우세가 발휘되도록 하였으며 시장화 운영에 우수한 선두 민영기업들이 많이 문화 분야에 진입할 수 있도록 가능성을 열어두었다.

2013년 11월 20일에는 중앙정부(재정부)에서 48억 위안의 문화산업 전용자금을 지원하는 등, 상기 언급되지 않은 각종 정책들이 상호작용을 일으켜 시너지 효과로 이어지는 일들이 적지 않다.

바. 맺는말

중국의 게임 시장을 전체적으로 들여다보면 여러 가지의 상황이 진행되고 있음을 알 수 있다.

우선 모든 종류의 게임들이 시장에서 좋은 성장세를 유지하고 있는데 2013년에 와서는 모바일 게임이 새로운 게임 산업의 동력으로 급성장했다.

정부의 '중국 민족 인터넷 게임 출판 공정'의 원활한 추진에 따른 각종 지원 정책들의 지원 속에 게임 수량이 확대되고 정품 수량의 증가를 가져왔다. 시장의 치열한 경쟁은 기업 도산이라는 아픔도 있지만, 정품화 전략으로 3G, 4G의 확대 보급 속에 품질의 수준을 제고시켰다.

2007년부터 많은 게임 기업들의 증시 상장이 이루어지면서 출판미디어, 影視类(영화, 드라마, 애니메이션 영화 등), 종이 인쇄, 의류방직 등 기존 전통 기업들이 게임 출판 산업에 하나둘 투자함으로써 게임 출판 산업이 투자 유인 능력의 최강 산업 중의 하나로 성장했다.

게임 산업 발전에는 유저 규모가 지속적으로 늘어나고 있고 또한 네티즌 중에 게임을 즐기는 사람들이 비교적 많아지고 경제적 여유가 늘어남에 따라 소비 욕망도 확대되는 등 다양한 발전 요인들이 긍정적으로 작용하고 있는 것으로 분석된다.

그러나 게임 생산 비용이 계속 증가하고 있고 그간 계속해서 지적 재산권 보호를 위해 노력해왔지만 아직도 게임 상품 간에 도작(표절) 해적판 현상이 여전히 존재하고 있고 해외에서의 판권 남용 현상도 빚어지고 있는 것들이 중국 게임 산업 발전의 장애요인이라고 지적된다. 또한 모바일 게임과 웹 게임의 급속한 시장 확대에 따른 발빠르고 적절한 관리가 부족하다. 아울러 어느 나라에서나 겪고 있는 현상이지만 인재부족 현상이 게임 산업 발전에 어려움을 주고 있는데 현재 중국에는 애니메이션 전공을 개설한 대학이 많지만 전체 게임 산업 발전 속도를 따라가지 못하고 있고 개설 대학 교학 내용도 지식 주입, 이론에 편중되어 있어 학생들이 이론과 실전의 결합에 어려움이 있다고 업계는 분석한다. 그뿐만 아니라 기업 내 훈련도 충분치 못하고 사회 교육기관도 모자란데다 수준 또한 높지 않다고 전해진다.

그리고 미국 증시에 상장한 중국 게임 기업이 2013년 후 주가가 비록 회생되지는 못했지만 영업액과 이윤의 비율이 상당히 창조적인데 많은 게임 기업들이 미국 증권 상장을 피하고 기타 중국 지방 증권시장을 찾는 현상이 일어나고 있다. 2013년도에 3개의 게임 기업이 홍콩 증권시장을 찾았다고 한다. 미래에 미국 증시는 중국 게임 기업에 소극적인 영향을 주는 데 그칠 것으로 전문가들은 분석한다.

위와 같이 여러 가지 어려움이 상존하지만 이동 인터넷의 빠른 발전으로 중국은 모바일 게임에 거대한 시장을 제공하고 있다. 중국의 대다수 게임 기업들은 이동 인터넷화하고 있고 모바일 게임으로 바꾸고 있다.

플랫폼 형식은 게임 산업 집중도를 상승시키고 있는데 이는 모바일 게임과 웹 게임의 발전에 지대한 영향을 주고 있으며 腾讯, 百度(baidu), 360은 인터넷 이용객의 플랫폼으로 전개되고 모바일과 웹 게임 개발업자와의 공동 운영을 취하고 있다.

그리고 IGG, 云游科技, 博雅互动 등 신예 게임 기업이 자본시장의 단골 손님으로 등장하면서 이들 또한 발전의 기회를 노리고 있다.

한편 인터넷 게임은 중국의 전신업, IT산업, 미디어 및 출판산업 등 관련 산업에 적지 않게 공헌하고 있다. 2011년도의 경우만 해도 인터넷 게임 덕택에 전신업은 465.98억 위안(미화 약 73억 9,545만 달러)에 이르렀는데 이는 2010년보다 15% 증가한 액수다. IT 업종도 직접 수입이 155.4억 위안(미화 약 24억 6,632만 달러)으로 이 또한 2010년보다 11.0%가 늘었다. 이렇게 게임산업이 여러 다른 산업 발전에 기여하고 있는 영향력 등을 고려, 이 산업의 끝없는 발전 추구하기 위한 정책들이 지속되고 있다.

2013년 12월 5일에는 공업과 정보화부가 중국 이동통신 집단공사(China Mobile), 중국 전신 집단공사(China Telecom), 중국 연합네트워크 통신 집단유한공사(China Unicom) 등 3사에 LTE 제 4세대 디지털 벌집 이동통신(TD-LTE) 영업 허가를 내줬다. 확실한 미래 발전적 전략을 추구하고 있고 진행되고 있는 것이다.

한눈에 알아보는 중국의 문화산업 시장

III. 중국 문화기업

중국에는 시장에서 문화와 관련한 상행위를 하는 기업(기구)들이 2012년 말 현재 240,993개로 '중국문화문물통계연감'에서 밝히고 있다. 그러나 이들 대부분이 인터넷 접속서비스 영업장소(PC방 135,683개)과 기타 오락을 즐기는 오락장소 운영업체들로 90,271개사이다. 점유율로 보면 93.8%나 된다. 따라서 본 장에서 다루는 문화기업은 소위 각종 문화 콘텐츠 및 이와 관련된 상품을 연구하고 제작·생산하는 문화산업을 주된 영업 활동 목적으로 하는 기업으로 한정하여 이들 기업들의 사회적 환경과 정책적 지원, 이와 관련한 자본시장의 진입, 주요 영업활동을 파악하고 문화산업투자기금 설치 등을 알아보기로 한다. 왜냐하면 정부의 정책적 지원 없이는 모든 것이 어렵기 때문이다.

문화산업적 측면의 문화기업 수도 대단히 많다. 2011년 말 기준으로 애니메이션관련 각종 문화기업 수가 무려 46,090개로 알려져 있다. 이들은 ① 애니메이션 제작사(작업실 포함) 12,500개사, ② 애니메이션 게임 생산업체 1,200개사, ③ 게임오락장소 운영업체 31,000개사, ④ 인터넷 게임 개발 운영업체 820개사, ⑤ 모바일 게임 운영업체 250개사, ⑥ 홈페이지게임 개발운영업체 320개사 등으로 세분화할 수 있다.

중국 정부는 2012년 출판사(580개사), 예술공연단체(7,321개/국유 2,102개), 예술공연장(2,364개) 등을 비롯하여 문화예술 분야의 체제개혁 추진을 끊임없이 진행해 왔으며 운영체제를 기업형 경영체제로 전환, 시장에서의 경쟁을 유도해 왔다.

2003년 기업형 경영체제를 처음으로 도입하고, 2005년에는 어느 정도의 성과를 거두면서 전면적으로 시행을 넓혀왔으며 2009년 들어 다시 이를 확대 시행했다.

그리고 문화시장 관리와 새로운 시장질서 확립 등을 위해 중국 문화부는 2011년 12월 6일 '문화시장 종합행정법집행관리규정 : 文化市場綜合行政执法管理办法'을 공포하고 2012년 2월부터 동 규정에 대한 시행에 들어갔다.

정부재정 투입에 있어 문화산업이 국가의 전략적 지주산업으로 격상되면서 2011년 실제로 투입된 중앙재정 금액이 2010년의 316억 위안보다 32% 증가한 416억 위안이었다. 공공재정 투입 이후 각급 정부의 문화산업 전용 예산투입과 전용자금 항목들이 우후죽순처럼 늘어나면서 문화기업 역시 활기를 띠게 된다.

문화기업을 업종별로 구분해 보면 ① 디지털오락, ② 과학기술창의, ③ 애니메이션게임, ④ 影视(드라마, 영화 등 TV영상물), ⑤ 음악, ⑥ 미디어(传媒), ⑦ 예술품교역, ⑧ 문화창의산업원 등 다양하다.

중국세관총서 통계에 따르면 2011년 중국 문화상품의 수출이 187억 달러로 2010년보다 22.2% 증가했는데 이 중 시각예술품 수출액이 99.3억 달러로 나타나 있다. 세계 문화산업시장에서의 시장점유율이 미국 43%, EU 34%, 일본 10%, 한국 5%, 중국 4%, 기타 4%라는 통계를 감안하면 중국의 점유율 또한 적지 않음을 알 수 있다.

중국의 문화기업들은 영세한 면도 없지 않지만 나름대로의 경쟁력을 갖추면서 상당한 활동을 전개하였고 지금은 일취월장으로 세계무대로 진격 활보하고 있다.

여기서 문화기업들의 자본시장 진입과 주요 상장기업들의 주된 영업 활동 및 정책들을 비롯하여 문화산업투자기금 설치, 이들 기업들의 투융자 및 기업합병인수 등을 살펴보기로 한다.

1. 현황

중국 문화산업은 구조상 현재 지속적인 변화 속에 있으며 기회와 도전이 병존하고 있다. 특히 디지털 산업의 발전이 문화산업 발전에 이미 많은 기회를 제공하고 있다. 2012년의 경우, 문화기업들은 다소 여유를 찾았는데 증시상장이 규모화되어 가고 기업 자원의 재정립과 기업합병이 가속화되고 있다. 또 문화금융 서비스 기업의 일정한 발전과 더불어 문화기업 간의 경쟁이 심화되고 동질화가 뚜렷해졌으며 대기업과 소기업으로 양극화 현상이 분명해지는 것 같다.

'중국공산당 제17기 중앙위원회 제6차 전체회의'와 '국가 제12차 5개년 계획 문화개혁 발전 요강' 및 문화부의 '문화기업 중국 경내 증시상장관련 공작 촉진에 관한 통지'에 이르기까지 일련의 주요 정책들은 문화기업들의 자본시장 진입에 큰 영향력을 미쳤다.

중국 문화 관련 기업들의 증시상장 최근 동향을 보면 영화, 드라마, 애니메이션 등으로 대표되는 影視传媒기업과 인터넷미디어 관련기업들이 두각을 나타내고 있고 상장기업 수도 점증하고 있는 추세이다.

그리고 문화산업이 국가지주산업으로 자리함으로써 제12차 5개년 계획(12·5규획) 기간이 끝나는 2015년에는 동 산업의 규모가 2011년 GDP의 2.85%에서 5% 이상으로 확대될 것으로 분석되고 이러한 발전 전략 속에서 대량의 사회자본이 유입될 것이다.

2011년 문화산업기금의 발전 상황에서 지역이 넓고 규모가 크며 종류도 다양하고 속도도 빠르게 나타나는 특징을 가지고 있는 것이 이를 뒷받침하고 있다. '2012년 중국 문화기업보고서'에 따르면 2011년 중국 증시에서 문화산업투자기금이 총 17건에 411.5억 위안(약 65.3억 달러)에 이른다. 이러한 투자기금의 투자 대상은 신문 출판 발행, 라디오·영화·TV 분야, 문화예술 분야, 인터넷문화 분야, 문화레저 분야 등과 이와 관련된 업종들이 대부분이다.

그뿐만 아니라 정부는 문화기업에 대한 세수우대 정책과 금융지원 정책들을 시행하고 있다. 2011년 11월 29일 재정부, 국가세무총국은 '財稅[2011] 117호 공문'을 시행하면서 연간 납세 소득액이 최저 6만 위안으로 극히 소액의 이익을 내는 소형기업에 대하여 그 소득액을 50% 삭감하여 납세소득액으로 산정하여 20%의 세율에 따라 기업소득세를 납부하도록 했다. 〈소득세법〉에 따라 중국의 기업소득세율은 25%인데 극소형기업에 일부 문화기업이 포함되어 있어 기업소득세 감면은 극소형 문화기업들에게는 시장경쟁력을 제고시킬 수 있는 힘이 된다.

이울러 중앙선전부, 재정부, 국가세무총국은 2011년 3월 16일 '홍기(紅旗)출판 책임유한공사' 등 중앙소속 출판사들의 기업형 경영체제로 전환한 문화기업 명단을 발표하면서 같은 해 4월27일 '財稅[2011] 27호'로 인민인터넷주식 유한공사 등 81개 중앙소속 기업형 경영체제 전환 문화기업 명단을 공표했다. 같은 해 12월 31일에는 세계지식출판사 등 35개 중앙소속의 기업형 경영체제 전환 문화기업 명단을 '財稅[2011] 120호'로 공표했는데 이들에 대한 기업소득세를 면제해주었다.

금융지원 정책 측면에서 보면 2010년 3월 19일 중앙선전부, 재정부, 문화부, 인민은행, 금융감독위원회, 증권감독위원회, 보험감독위원회 등 9개 부처(部) 및 위원회(委)가 발표한 '문화산업진흥과 발전번영을 위한 금융지원에 관한 지도의견'을 공표하면서 이를 근거로 한 문화산업과 문화기업에 대한 지원이 상당히 이뤄졌다.

각종 은행들의 금융지원도 대폭 증가했는데 2011년 9월말, 공상(工商)은행, 농업은행, 중국은행, 건설은행, 교통은행 등 5개 은행의 문화산업 지원 대출잔고가 2,307.7억 위안(미화 약366억 달러)으로 알려져 있다. 공상(工商)은행의 경우 611억 위안(미화 약 96.97억 달러) 잔고에 신규투자가 92억 위안으로 17.71% 증가했고, 농업은행의 잔고는 472억 위안(미화 약 74.91억 달러)으로 전국 37개 1급 지방 지점과 해당 지역의 문화청(국)과 합작관계를 맺었다.

중국은행도 대출잔고가 250억 위안이었고 건설은행의 경우는 최근 3년간 문화산업에 대한 대출이 평균 30% 이상 매년 증가했으며 교통은행은 문화산업 분야 중소기업 대출잔고가 67억 위안으로 신문출판, 라디오 · 영화 · TV 및 인터넷문화분야 등에 지원하고 있다.

신문출판총서의 통계에 의하면 2011년 12월 31일까지 모두 49개사의 출판기업이 증시에 상장하면서 신문, 출판, 잡지, 인쇄, 디지털 산업 등 각 분야에 크게 영향을 미쳤다. 당시 미디어와 문화산업분야 30개사의 증시가치가 1,957억 위안(약 310억 달러)으로 조사되었다. 이와 같이 문화기업들의 증시 상장과 금융기관들의 적극적인 지원 및 정부의 세수우대 정책 등에 힘입어 기업 운영이 활기를 띠고 있는 것이다.

이러한 문화기업들에 대한 좋은 환경이 형성되기까지의 과정을 살펴보자.

2. 자본시장 진입

문화기업들의 증시 상장 여부는 자신들의 경영 능력에 따라 좌우되지만 국가의 정책적 영향도 크게 작용한다. 어떤 분야는 촉진하고 어떤 분야는 제한하며 시기마다 각기 다른 정책들을 시행해 왔다. 국가발전개혁위원회의 '산업구조조정지도목록'이나 문화부의 '문화산업투자 지도목록'에서 나타나듯 최근 몇 년 사이에 증시상장 문화기업은 분명히 적지 않게 증가했고 문화기업들의 번영과 발전의 시대가 도래하였다고 할 수 있다.

가. 2003년 이전

이 시기에는 증시 상장 문화기업이 많지 않았는데 이는 당시 문화산업이 국가적 측면에서 크게 각광받지 못했기 때문이다. 이 시기의 증시 상장 문화기업은 국유기업이라는 배경을 갖고 있는 기업들이었다. 아마도 중국의 문화산업이 발전 계기를 맞는 시기는 2003년 이후로 보면 틀리지 않을 것 같다.

나. 2003~2009년

2003년 12월 말 정부는 '문화체제개혁 시험 · 시행 중의 문화산업 발전지원 규정'을 공표 · 시행했는데 이는 국내 문화기업 체제 개혁의 첫걸음이다.
특별한 것은 이것이 국유출판미디어업체들에 대한 개혁의 시험시행으로 바로 뒤이어

몇 년간 개혁에 불이 붙었다는 사실이다. 이러한 정책적인 상황에 2006년부터 2007년 까지 주요 출판미디어집단인 北青미디어, 新华文轩, 출판미디어 등이 잇따라 증시에 상장하게 된다.

그리고 '空中网', 'A8 디지털음악' 등의 무선 부가서비스업체와 'Baidu(百度)', '盛大' 등 이 자본시장에 상륙하면서 국내 문화기업들의 증시 상장수가 나날이 늘어갔다.

2009년 10월 30일 창업한 '화의형제(华谊兄弟)'가 국내 영화, 드라마, 애니메이션(影视) 분야로서 증시 시장에 상장되는 첫 명성과 영예를 얻으면서 이것이 가치 있는 일로 여겨지기도 했다.

다. 2010년~현재

'문화산업 진흥규획'이 발표 · 시행되고 얼마 지나지 않아 2011년 4월 9개 부처(部) 및 위원회(委)가 제정 · 공포한 '문화산업 진흥과 발전 · 번영을 위한 금융지원에 관한 의견'은 문화기업에 대한 금융기관의 융자와 문화기업 증시 상장지원에 큰 획을 그었다. 1 년 후 中南미디어, 皖新미디어, 天舟문화, 华策影视, 当当网, 优酷网, 博纳影业, 宋城股份, 乐视网, 蓝色光标 등이 잇따라 증시에 상장했다.

2011년에 들어서면서 중국공산당 중앙과 정부의 제12차5개년 계획(12 · 5 규획) 시기 (2011~2015)에 문화산업이 국민경제의 지주산업으로 각광받고 같은 해 10월 16일 중국 공산당 제17기 중앙위원회 제6차 전체회의에서 문화산업이 지주산업에서 차지하는 전략 적 지위를 재차 강조함으로써 문화기업의 증시 상장에 중요한 추진력을 제공하였다.

〈주요 증시상장 문화기업 현황〉

명칭	상장일	명칭	상장일	명칭	상장일
ST传媒	92.12.8	盛大	04.5.13	东方财富	10.3.19
浙报传媒	93.3.4	腾讯控股	04.6.16	昌荣传媒	10.5.5
百视通	93.3.16	空中网	04.7.9	省广股份	10.5.6
新南洋	93.6.14	北青传媒	04.12.22	酷6传媒	10.6.1
ST磁卡	93.12.26	分众传媒	05.7.13	乐视网	10.8.12
新华传媒	94.2.1	百度	05.8.5	华策影视	10.10.26
广电网络	94.2.24	第九城市	06.12.06	中南传媒	10.10.28
东方明珠	상동	新华文轩	07.5.30	优酷网	10.12.8
博瑞传播	95.11.15	完美世界	07.7.26	当当网	상동
西藏旅游	96.10.15	巨人网络	07.11.1	宋城股份	10.12.9
深圳华强	97.1.30	航美传媒	07.11.1	博纳影业	상동
大地传媒	97.3.31	奥传媒	07.11.16	天舟文化	10.12.15
中视传媒	97.6.16	华视传媒	07.12.5	三三传媒	11.2.28
华闻传媒	97.7.29	弘成教育	07.12.11	凤凰新媒体	11.4.22
华侨城	97.9.10	出版传媒	07.12.21	人人网	11.5.4
中青旅	97.12.3	天威视讯	08.5.26	网秦	11.5.5
中体产业	98.3.27	A8电媒音乐	08.6.12	淘米网	11.6.9
电广传媒	99.3.25	广而告之	08.8.4	方直科技	11.6.29
新浪	00.4.13	畅游	09.4.2	汇星印刷	11.7.25
首旅股份	00.6.1	橙天嘉禾	09.7.1	光线传媒	11.8.3
网易	00.6.30	奥飞动漫	09.9.10	土豆网	11.8.17
搜狐	00.7.12	盛大游戏	09.9.25	佳创视讯	11.9.16
歌华有线	01.2.8	中国国旅	09.10.15	凤凰传媒	11.11.30
北巴传媒	01.2.16	华谊兄弟	09.10.30	新华电视	11.12.6
白马户外媒体	01.12.19	威创股份	09.11.27	华缘百纳	12.2.9
中文传媒	02.3.4	皖新传媒	10.1.18	吉视传媒	12.2.23
时代出版	02.9.5	高乐股份	10.2.3	盛大文学	12.2.28
环球数码创意	03.8.4	中青宝	10.2.11	계	총85건
大贺传媒	03.11.13	蓝色光标	10.2.26		

※출처: 中国文化企业报告2012, pp.245~246 자료 재구성

상기 각종 문화기업들의 증시상장 현황에서 1992년부터 2012년 2월까지 20년간 총 85 개 기업이 증시에 상장, 자본시장에 뛰어들었음을 알 수 있다. 또한 이들 기업들의 증시상장을 보면 2010년과 2011년에 가장 두드러지게 나타나는데, 이는 2009년 10월 '문화산업진흥규획'이 발표되고 연이어 문화산업 진흥을 위한 각종 세부 정책들이 표면적으로 나타나면서 힘을 발휘하게 되고 중국공산당과 국가가 문화산업을 국민경제의 지주성 산업으로 격상시킨 것과 궤를 같이한다.

〈중국 문화기업 증시상장 연도별 현황〉

연도	1992	1993	1994	1995	1996	1997	1998	1999	2000	2001	2002
상장기업 수	1	4	3	1	1	6	1	1	4	3	2
연도	2003	2004	2005	2006	2007	2008	2009	2010	2011	2012	계
상장기업 수	2	4	2	1	8	3	7	16	12	3	85

*출처: 中国文化企业报告 2012, p.245 자료재구성

3. 증시 상장 장소

상장기업 전체의 3/5은 국내 증시에 상장을 하고 2/5의 문화기업은 홍콩과 국외증시에 상장한 것으로 나타났다.

국내증시 상장은 주로 상하이 증권거래소, 선전증권거래소 등 두 곳으로 일반적으로 비용이 적게 들고 유지관리비도 비교적 낮은 편이면서 기업브랜드의 국내 소비자 인지도를 높이는 장점을 갖고 있다. 대형 국유문화기업들은 대부분 상하이 증권거래소를 선택했고 중소기업이나 신규 창립 기업들은 대체적으로 선전 증권거래소를 선택했다.

홍콩증시 상장은 진행 과정이 국내증시 상장보다 비교적 신속하게 이루어지고 미국증시 상장은 뉴욕 증권거래소 시장가치가 가장 높은 대신, 그 나름대로의 장점을 가지고 있는 등 각각의 장점을 이용해 왔다.

다음은 주요 문화기업 상장지역 현황인데 중국 내 증권거래소 상장기업이 47개사, 홍콩 증권거래소 상장기업이 11개사, 나스닥 등 미국 증권거래소 상장기업이 27개사이다.

〈주요 문화기업 상장지역 현황〉

기업명	상장지	기업명	상장지	기업명	상장지
A8电媒音乐	홍콩	广电网络	상하이	华视传媒	나스닥
白马户外媒体	홍콩	吉视传媒	상하이	空中网	나스닥
北青传媒	홍콩	时代出版	상하이	酷6	나스닥
橙天嘉禾	홍콩	首旅股份	상하이	盛大	나스닥
大贺传媒	홍콩	西藏旅游	상하이	盛大文学	나스닥

环球数码创意	홍콩	新华传媒	상하이	盛大游戏	나스닥
汇星印刷	홍콩	新南洋	상하이	搜狐	나스닥
三三传媒	홍콩	浙报传媒	상하이	土豆网	나스닥
腾讯	홍콩	中国国旅	상하이	完美世界	나스닥
新华电视	홍콩	中南传媒	상하이	网易	나스닥
新华文轩	홍콩	中青旅	상하이	新浪	나스닥
ST传煤	선전	中视传媒	상하이	航美传媒	나스닥
奥飞动漫	선전	中体产业	상하이	分众传媒	나스닥
电广传媒	선전	方直科技	선전	第九城市	나스닥
东方财富	선전	高乐股份	선전	畅游	나스닥
天威视讯	선전	光线传媒	선전	昌荣传媒	나스닥
天舟文化	선전	华策影视	선전	博纳影业	나스닥
威创股份	선전	华缘百纳	선전	百度	나스닥
奥传媒	선전	华侨城	선전	当当网	뉴욕
中青宝	선전	华闻传媒	선전	凤凰新媒体	뉴욕
大地传煤	선전	华谊兄弟	선전	广而告之	뉴욕
ST磁卡	상하이	佳创视讯	선전	巨人网络	뉴욕
百视通	상하이	蓝色光标	선전	人人网	뉴욕
北巴传媒	상하이	乐视网	선전	淘米网	뉴욕
博瑞传播	상하이	深圳华强	선전	网奏	뉴욕
出版传媒	상하이	省广股份	선전	优酷网	뉴욕
东方明珠	상하이	宋城股份	선전	皖新传媒	상하이
凤凰传媒	상하이	中文传媒	상하이	계	85개사
歌华有线	상하이	弘成教育	나스닥	–	–

※출처: 中国文化企业报告 2012, pp.248~249

4. 상장기업들의 주요 영업 범위

문화기업들의 증시 상장으로 자본시장의 진입에 따른 정책적 후원이 있었다. 이들 기업들의 주된 영업 활동이 무엇인지 파악해 보면 다음과 같이 정리할 수 있다.

〈중국 주요 상장문화기업의 주요 영업 활동〉

기업명	주요 수입		
	업종	대상지역	주요 상품
中文传媒	도서 출판	장시(江西)	교재, 교육보조업무
百度	인터넷	전국	광고
百视通	뉴미디어	상하이/전국	뉴미디어서비스
昌荣传媒	뉴미디어	전국	광고
凤凰新媒体	뉴미디어	전국	뉴미디어서비스
华缘百纳	영화, 드라마, 애니메이션	화베이(华北)	영화, 드라마, 애니메이션 제작
汇星印刷	인쇄	국외	인쇄서비스
吉视传媒	유선TV	지린(吉林)	유선TV
佳创视讯	디지털TV	전국	디지털TV
盛大文学	디지털 출판	전국	디지털 출판
盛大游戏	인터넷 게임	전국	인터넷 게임
淘米网	线上互动오락	전국	사이버社区
网秦	인터넷응용	전국	소프트웨어 보안
威创股份	전자영상	전국	전자디스플레이설비

기업명	주요 수입		
	업종	대상지역	주요 상품
新华传媒	도서, 신문, 잡지	상하이	도서, 신문, 잡지
新华电视	TV	홍콩	TV
时代出版	신문출판	안후이(安徽)	교재, 교육보조업무
中南传媒	출판, 발행(배급)	후난(湖南)	교재, 교육보조업무
皖新传媒	도서교재	안후이(安徽)	도서교재
出版传媒	출판, 발행(배급)	랴오닝(辽宁)	교재, 교육보조업무
ST传媒	기억매스미디어	베이징	기억장치 매스미디어
华视传媒	광고	전국	광고
天舟文化	도서	후난(湖南)	교육보조업무, 소년아동도서
凤凰传媒	출판, 발행	하이난(海南) 장쑤(江苏)	출판, 발행
大地传媒	출판인쇄물자소매	허난(河南)	도서종이, 교재
新华文轩	출판	전국	도서, 오디오, 비디오상품, 교재, 교육보조업무
中视传媒	광고, 영화, 드라마, 애니메이션	상하이	광고, 영화, 드라마, 애니메이션
广电网络	유선TV	산시(陕西)	유선TV
电广传媒	광고제작, 인터넷전송	후난(湖南)	광고제작, 인터넷전송
天威视讯	유선TV	화난(华南) 선전(深圳)	유선TV
华谊兄弟	영화, 드라마, 연예인경영	화베이(华北) 화둥(华东)	영화, 드라마, 연예인경영
华策影视	影视	국내	드라마
光线传媒	影视, 연예	전국	프로그램제작활동, TV 드라마
博纳影业	영화, 광고	전국	영화
橙天嘉禾	영화체인	전국	영화체인
奥飞动漫	애니메이션	전국	애니메이션, 완구
华侨城	여행, 부동산	전국	여행, 부동산
宋城股份	여행서비스	저장(浙江)	테마파크
东方明珠	여행숙박, 광고	상하이	여행, 광고
首旅股份	여행, 호텔, 전람	베이징, 하이난(海南)	여행, 호텔, 전람

기업명	주요 수입		
	업종	대상지역	주요 상품
中青旅	여행, IT	전국	관광업투자
中国国旅	여행서비스	전국	여행서비스
西藏旅游	광고매스미디어, 경치지구수입	티베트(西藏)	광고매스미디어
中体产业	부동산, 헬스, 체육경기	상하이, 베이징	부동산, 헬스, 경기활동
歌华有线	네트워크운영	베이징	유선TV, 정보업무
博瑞传播	인쇄, 광고	남서부지역	인쇄광고
华闻传媒	전파, 가스, 에너지자원	화난(华南) 북서부지역	정보, 전파, 인쇄
奥传媒	인쇄광고	화난(华南)	인쇄광고
蓝色光标	고급과학기술, 자동차	베이징	'蓝标' 상표
乐视网	인터넷TV영상	전국	인터넷HD고화질TV 영상
当当网	소매	전국	상품소매판매
优酷网	뉴미디어, 광고	전국	TV 채널
酷6传媒	뉴미디어, 광고	전국	TV 채널, 광고
三三传媒	광고	철도, 공항	광고
盛大	게임, 광고, 뉴미디어	전국	게임, 문학작품, 모바일 부가서비스
北青传媒	광고, 인쇄	베이징	신문, 잡지
第九城市	게임	전국	게임, 모바일 부가서비스
分众传媒	광고	전국	광고
腾讯控股	뉴미디어, 광고	전국	QQ광고, 게임, 모바일 부가서비스
新浪	뉴미디어, 광고	전국	광고, 모바일 부가서비스
网易	뉴미디어, 광고	전국	광고, 모바일 부가서비스, 게임, 이메일
搜狐	뉴미디어, 광고	전국	광고, 모바일 부가서비스
A8电媒音乐	음악, 뉴미디어	전국	음악, 모바일 부가서비스
空中网	광고, 뉴미디어	전국	광고, 모바일 부가서비스
航美传媒	광고	전국	광고
ST磁卡	카드, 인쇄	화베이(华北)	카드, 광고
人人网	뉴미디어, 전자상거래	전국	광고

기업명	주요 수입		
	업종	대상지역	주요 상품
土豆网	뉴미디어, 광고	전국	TV 채널, 광고
深圳华强	전자설비, 전자상거래	선전(深圳), 전국	전자설비, 전자상거래
北巴传媒	광고, 자동차	전국	광고, 자동차
中青宝	인터넷 게임	전국	인터넷 게임
东方财富	정보기술, 광고	전국	정보기술, 광고
省广股份	광고, 브랜드관리	전국	매스미디어 대리, 브랜드(상표)관리
方直科技	교육	전국	方直金太
新南洋	교육	상하이	교육
弘成教育	교육, 뉴미디어	전국	교육
广而告之	광고	전국	광고
巨人网络	게임	전국	인터넷 게임
畅游	게임	전국	온라인 게임
完美世界	게임	전국	인터넷 게임
白马户外媒体	광고	전국	옥외광고
大贺传媒	광고	전국	옥외광고
环球数码创意	影视	전국	디지털콘텐츠 제작
高乐股份	완구	전 세계	완구

기업명	주요 영업 내용
中文传媒	도서 출판, 전자, 잡지 도매배급
百度	搜索引擎(검색엔진) 플랫폼
百视通	뉴미디어 기술서비스, 시장영업판매와 매체의 정보기술서비스 및 장비시스템경영
昌荣传媒	전체적인 전파영업판매, 브랜드관리, 매스미디어정책과 전략연구 및 매스미디어 구입 서비스
凤凰新媒体	봉황망(凤凰网), 모바일봉황망 및 봉황영상채널
华缘百纳	드라마, 영화 투자 제작
汇星印刷	국제서적출판상(商)과 무역, 전공 및 교육출판집단 및 인쇄매체공사에 인쇄서비스 제공
吉视传媒	지린(吉林) 성 지역 유선TV 네트워크의 기획 및 건설, 경영관리, 유지보수 등
佳创视讯	디지털TV 계통의 전반적인 해결방안 제공
盛大文学	창작문학웹사이트, 도서 출판
盛大游戏	국내 가장 풍부한 자체재산권을 보유한 인터넷 게임 생산라인 보유

기업명	주요 영업 내용
淘米网	5~15세 아동대상 오락 생산품
网秦	모바일 보안서비스
威创股份	초고해상도스크린 연결시스템과 교호 디지털 플랫폼 연구개발, 생산, 판매 및 서비스
新华传媒	도서, 신문, 잡지, 전자출판물 소매 등
新华电视	TV 방송
时代出版	출판, 인쇄 및 관련 문화메스미디어산업
中南传媒	출판물 출판, 발행(배급), 신문과 뉴미디어경영, 인쇄물자소매
皖新传媒	출판물 도소매
出版传媒	출판업, 인쇄물 및 인쇄물자제공
ST传媒	자문, 매체, 투자 관리
华视传媒	공공지하철 전국영향하의 야외 DMB광고 동시방송네트워크
天舟文化	청소년 독서물 기획, 디자인, 제작, 발행(배급)
凤凰传媒	도서 출판물을 음향영상제품으로 출판, 발행, 문화용품판매
大地传媒	도서, 잡지, 신문, 전자출판물, 음상제품, 뉴미디어, 인터넷출판물 등
新华文轩	도서 및 영상과 음향제품 판매 경영, 교재발행 및 교육보조업무
中视传媒	影视(영화, 드라마, 애니메이션)촬영, 드라마프로그램제작, 판매경영
广电网络	R/TV 인터넷설계, 건설, 개조, 운영 및 관리
电广传媒	국내외 각종 광고기획, 설계, 제작, 대행
天威视讯	유선TV 및 인터넷 기획, 건설, 경영관리, TV 프로그램 유지보수 및 방송
华谊兄弟	영화제작, 발행(배급) 및 파생업무, 드라마, 연예인 경영 관리
华策影视	라디오드라마, TV 드라마, 애니메이션 제작, 복제, 발행, 특집, 종합예술 등
光线传媒	라디오/TV 프로그램 제작, 발행. 연출경영, 국내 및 해외 화상광고 디자인, 제작, 대행
博纳影业	영화제작, 발행(배급), 영화관투자, 영화체인관리, 광고영업판매
橙天嘉禾	영화제작, 융자, 발행 및 영화관운영
奥飞动漫	애니메이션영화 제작, 발행, 위탁대여 및 애니메이션/비애니메이션 완구 개발, 생산 및 판매
华侨城	테마파크, 호텔, 토지나 부동산자산, 종이포장
宋城股份	여행서비스. 테마파크 개발, 경영
东方明珠	라디오/TV 전파서비스, TV탑 설치 및 임대
首旅股份	사업투자 및 관리, 호텔경영 및 관리, 여행서비스, 여행상품개발
中青旅	관광업, 고급과학기술, 벤처투자, 증권업투자
中国国旅	여행사 업무와 면세 업무

기업명	주요 영업 내용
西藏旅游	여행서비스업
中体产业	스포츠상품, 헬스, 스포츠경기, 부동산
歌华有线	라디오/TV 네트워크 건설개발, 경영관리 및 유지보수
博瑞传播	정보전자서비스, 신문잡지발행 및 배달, 고급과학기술상품개발
华闻传媒	전파 및 문화산업투자, 개발, 관리 및 자문서비스
奥传媒	광고대행제작, 인쇄, 도서, 신문, 잡지 판매 등
蓝色光标	기업제공 상표관리서비스
乐视网	인터넷TV 영상과 모바일폰TV 등 인터넷영상채널기술연구, 개발, 응용
当当网	세계 최대규모의 중국어 온라인 종합쇼핑몰
优酷网	TV 채널, 광고, 드라마 자체제작
酷6传媒	모바일 부가서비스, 광고, TV 채널
三三传媒	철도네트워크 평면매체광고서비스, 음성채널프로그램운영 및 제공, 공항 항공관제탑 광고
盛大	온라인오락매체(盛大游戏, 盛大文学, 盛大온라인)
北青传媒	광고섹션, 신문제작 및 인쇄, 인쇄 관련물, 재료무역 및 대형 활동 계획, 시행
第九城市	인터넷기술 및 콘텐츠서비스 제공
分众传媒	디지털미디어 구축
腾讯控股	인터넷부가서비스, 모바일(ChinaTelecom)부가서비스, 인터넷광고서비스
新浪	인터넷광고 및 모바일 부가서비스 등
网易	이메일, 인터넷경매, 인터넷휴게실, 개인사이트 등
搜狐	문자메시지, 신문보기, 게임 등
A8电媒音乐	휴대폰 벨소리, 각종 음악콘텐츠
空中网	업체와 무선인터넷 포털사이트에 무선부가서비스제공
航美传媒	항공디지털 미디어네트워크, 공항TV 계통의 미디어기구
ST磁卡	카드류 상품, 포장, 인쇄 상품
人人网	인터넷광고, 인터넷부가서비스
土豆网	광고, 온라인TV 채널, 드라마 자체제작
深圳华强	컴퓨터 소프트웨어, 정보시스템통합, 고도의 과학기술지능오락상품, 인터넷 통신상품
北巴传媒	광고디자인, 제작 및 투자, 매체대리발표, 자동차임대
中青宝	인터넷 게임 개발 및 운영
东方财富	인터넷 경제정보 서비스 네트워크, 기업투자자문, 기획, 회의, 전람자문, 광고
省广股份	브랜드(상표)관리, 매스미디어 대리 등

기업명	주요 영업 내용
方直科技	초등학교~중학교 동기(同期)교육, 소프트웨어 개발, 판매 및 인터넷 온라인서비스제공
新南洋	하이테크놀로지상품 생산, 판매
弘成教育	인터넷 고등교육서비스, 기초교육, 국제교육, 원격교육
广而告之	광고
巨人网络	인터넷 게임 개발, 운영 및 판매 등 종합성 오락기업
畅游	인터넷 게임 개발, 운영
完美世界	인터넷 게임 개발 및 운영
白马户外媒体	–
大贺传媒	옥외광고
环球数码创意	디지털 콘텐츠 위주의 업종, 디지털콘텐츠 배급 및 전시, 컴퓨터그래픽연수 과정
高乐股份	전자전동 아동교육용 완구개발, 생산 및 판매

※출처: 中国文化企业报告2012, p.253~257

2011년 말 현재 상기 증시에 상장된 85개 문화기업체 중에는 관광업을 전담하는 업체 4개사가 포함되어 있고 교육 분야도 3개사가 포함되었는데, 이유는 문화가 완전히 배제되어 있지 않아 문화산업에 포함되었다. 그리고 2012년도에 들어 R/TV 방송 관련 증시 상장사 5개사가 신규로 상장되고 있고 다른 분야도 증시 상장사가 계속 늘어나는 추세에 있으며 출판매스미디어집단(出版传媒集团)들의 경영실적도 상당히 양호한 편이다.

여기서 중국의 방송 관련 기업들을 별도로 묶어내어 증시 상장 시기와 특징들을 살펴보면 다음과 같다.

〈16개 중국 방송기업의 증시 상장 과정과 특징〉

시기	상장기업 및 시기	방송산업 발전의 특징	정책적 특징
모색기 (1994~ 2001년)	东方明珠(1994) 中视传媒(1997) 电广传媒(1999) 歌华有线(2001) 广电网络(2001)	· R/TV 광고수입 급속 증가 · 유선TV 국내 보급 확대 · R/TV 산업 발전으로 기업 증시 상장 역량 축적	· 기업 증시상장 할당제 시행 · 엄격한 목표 제한
정체기 (2002~ 2008년)	天威视讯(2008)	· 방송업체 집단화 발전 모색 · 방송국, 집단(그룹), R/TV국, 인터넷 국 관계 원모델 및 운영 타파 · TV 광고와 유선TV 완만한 증가	· 문화체제 개혁 이후 전국적 시범 시행 · 중국 증권시장 주주권리 분할 배치 개혁 진행
가속기 (2009~ 2011년)	华谊兄弟(2009) 乐视网(2010) 华策影视(2010) 百视通(2011) 光线传媒(2011)	· R/TV 광고수입 및 유선TV 수입의 완만한 추세 · 시청각 분야 뉴미디어 산업 활기찬 발전	· 문화체제 개혁의 전면적 진입 단계 · 문화산업 발전정책의 지속적 격려 시행 · 국가의 4조 위안 자극적인 경제 계획 시행 · 전략적 신흥산업 발전 격려
황금기 (2012~ 현재)	华录百纳(2012) 吉视传媒(2012) 湖北广电(2012) 新文化(2012) 华数传媒(2012)	· 전국 유선 네트워크 정합 기본 완성 · 부가가치 업무의 급속한 발전 · 콘텐츠 생산제작 날로 사회화에 따른 이익 창출	· 사회주의 문화 대발전 대번영의 전략부서 확립 · 문화산업 위치 명확한 정립 · 자본시장의 문화산업에 대한 편향 역량 확대 · 문화기업 증시상장 지원 및 발빠른 심사비준

※출처: 中国广播电影电视发展报告(2013) p.241 자료 재정리

증시 상장사는 이미 R/TV 광고, TV 드라마 등 영상물(劇) 제작과 유선 네트워크 전송 업무 등에 진입했다. 증시 상장기업의 주된 업무가 유선TV 전송, 드라마, 애니메이션, 영화 등의 프로그램 제작, TV 광고, 뉴미디어, 게임 및 부동산 등을 포괄하고 있음을 이해해야 할 것이다.

위의 16개 상장기업 중 국유기업과 민영기업을 분류하면 국유는 11개사이고, 민영은 고작 5개 기업에 불과하다.

국유기업으로는 ① 东方明珠, ② 电广传媒, ③ 歌华有线, ④ 广电网络, ⑤ 天威视讯, ⑥ 湖北广电, ⑦ 吉视传媒, ⑧ 华数传媒, ⑨ 华录百纳, ⑩ 中视传媒, ⑪ 百视通 등 11개사이며, 민영기업은 ① 华谊兄弟, ② 乐视网, ③ 华策影视, ④ 光线传媒, ⑤ 新文化 등 5개 기업으로 분류된다. 이들 기업들이 모금한 자금만 250억 위안(미화 약 40억 달러)에 이르고 있다.

상장기업들의 핵심적인 영업 활동을 보면 유선 전송 영업 활동을 위주로 하는 기업이 ① 东方明珠, ② 电广传媒, ③ 歌华有线, ④ 广电网络, ⑤ 天威视讯, ⑥ 湖北广电, ⑦ 吉视传媒, ⑧ 华数传媒 등 8개 사인데, 이 모두가 국유기업이며 TV 광고 대행업을 주로 하는 ① 东方明珠, ② 央视传媒도 국유기업이다.

그러나 TV 드라마, 애니메이션, 영화 등 소위 影视류의 TV 프로그램 제작을 핵심 영업활동으로 하는 기업이나 동 분야에 발을 들여놓은 기업들 중에 국유기업은 ① 广电传媒, ② 广电网络, ③ 华录百纳 등 3개사이고, 민영기업은 ① 华谊兄弟, ② 乐视网, ③ 华策影视, ④ 光线传媒, ⑤ 新文化 등 5개사로, 오락 프로그램 제작사는 역시 민영기업이 많다.

이러한 민영기업들의 증시 상장 후, TV 드라마 분야에서 대작(大作)이 나오게 되었는데 华谊兄弟의 〈唐山대지진〉, 〈非诚勿扰〉와 华策影视의 〈雪豹〉, 〈全家福〉 등을 예로 들 수 있는바, 이들 민영기업들은 TV 드라마 시장에 우수한 콘텐츠를 제공했다는 평가를 받았다.

2012년 7월 9일 신문출판총서가 밝힌 '2011년 신문출판산업 분석 보고'에 의하면 중국은 이미 출판, 발행(배급), 인쇄 집단(그룹)이 119개 사 있는데, 이 중 2012년도 상반기 주요 상장사들의 경영 상황은 다음 표와 같다.

〈2012년도 주요 출판매스미디어 집단 증시 상장사 경영 현황〉

증권(주식)명칭	영업수입(亿元)	영업수입 증가율(%)	순이익(亿元)	순이익 증가율(%)
中文传媒	① 49.10	① 191.66	④ 2.36	⑧ 15.00
凤凰传媒	② 33.55	⑧ 10.54	① 4.88	③ 49.37
中南传媒	③ 29.96	⑥ 20.79	② 4.26	⑥ 15.31
新华文轩	④ 20.48	⑦ 19.20	③ 2.72	⑤ 28.60
皖新传媒	⑤ 16.26	⑤ 23.49	⑤ 2.31	④ 47.35
长江传媒	⑥ 14.94	② 42.77	⑥ 1.82	② 51.62
时代出版	⑦ 14.28	④ 25.72	⑦ 1.73	⑦ 15.04
大地传媒	⑧ 9.58	③ 25.89	⑧ 0.75	① 68.49
新华传媒	⑨ 8.13	⑪ −19.09	⑨ 0.65	⑨ −22.41
出版传媒	⑩ 5.86	⑩ −10.52	⑩ 0.26	⑪ −43.48
天舟文化	⑪ 1.28	⑨ 0.32	⑪ 0.16	⑩ −26.15

※출처: 2012~2013 中国出版业发展报告 pp.220~223 자료 재구성
※주(注): ○ 속의 숫자는 순위를 말함

长江传媒의 영업 수입 증가 원인은 출판업에서 20.87%, 발행업에서 34.93%, 물자 교역에서 65.73%의 증가를 가져왔기 때문인 것으로 알려졌으며, 中文传媒의 영업 수입 증가 원인은 교역 부문에서 무려 581.59%의 증가세를 보였기 때문이다. 그리고 新华传媒는 광고수입 부진으로 36.20%의 하락세를 보였다는 것이 전문가들의 분석이다.

여기서 조금 더 상장사들에 대한 내용을 부언하고자 한다. 중국의 출판, 발행(배급), 인쇄 시장의 이해를 위하여 2012년 12월 31일 종가(終價)를 기준으로 한 증시 상장사들의 현황을 파악해보면 활동이 상당히 활발함을 읽을 수 있다.

출판·발행·인쇄 분야 상장사가 총 32개 사가 있는데 이 중에 도서, 신문, 잡지 출판 상장사가 15개사, 발행(배급) 상장사 6개사, 인쇄 분야 상장사 11개사가 그것이다. 이들 32개 사는 2012년 12월 31일 주식시장에서의 종가를 기준으로 하면 주식시가가 903.1억 위안(미화 약 143억 6,800만 달러)으로 2011년보다 67.7억 위안이 증가하여 증가율 8.1%를 기록했다. 업종별 상장사와 주식 유통 시가액을 보면 다음과 같다.

<도서, 신문, 잡지 출판 분야 상장사 현황>   (단위: 亿元)

순위	상장사명	주가	순위	상장사명	주가
1	华闻传媒投资集团股份有限公司	90.17	9	时代出版传媒股份有限公司	20.51
2	江苏凤凰出版传媒股份有限公司	44.68	10	广东九州阳光传媒股份有限公司	18.73
3	成都博瑞传播股份有限公司	39.91	11	北京赛迪传媒投资股份有限公司	16.24
4	中南出版传媒集团股份有限公司	35.58	12	现代传播控股有限公司	9.06
5	北方联合出版传媒集团股份有限公司	34.44	13	中原大地传媒股份有限公司	8.25
6	中文天地出版传媒股份有限公司	26.81	14	北青传媒股份有限公司	8.02
7	长江出版传媒股份有限公司	21.53	15	财讯传媒集团有限公司	3.1
8	浙报传媒集团股份有限公司	20.52	계		397.55

※출처: 中国出版年鉴 2013

<발행(배급)업 분야 상장사 현황>   (단위: 亿元)

순위	상장사명	주가	순위	상장사명	주가
1	上海新华传媒股份有限公司	50.65	4	安徽新华传媒股份有限公司	22.21
2	广东广弘控股股份有限公司	38.49	5	中国当当网公司有限公司	14.35
3	四川新华文轩出版传媒股份有限公司	37.81	6	湖南天舟科教文化股份有限公司	5.11
			계		168.62

※출처: 中国出版年鉴 2013

<인쇄업 분야 상장사 현황>   (단위: 亿元)

순위	상장사명	주가	순위	상장사명	주가
1	北京康德新复合材料股份有限公司	84.08	7	东港安全印刷股份有限公司	18.25
2	深圳劲嘉彩印集团股份有限公司	58.42	8	陕西金叶科教集团股份有限公司	18.01
3	上海紫江企业集团股份有限公司	50.54	9	福建鸿博印刷股份有限公司	10.42
4	珠海中富实业股份有限公司	35.6	10	北大印刷机械股份有限公司	8.83
5	黄山永新股份有限公司	27.72	11	北京盛通印刷股份有限公司	3.87
6	上海界龙实业集团股份有限公司	21.23	계		336.97

※출처: 中国出版年鉴 2013

상기 32개 상장사들의 상장 지점을 보면 대부분이 중국 국내이고 다만 발행(배급)업 분야의 '中国当当网公司'만 미국 나스닥에 상장한 것으로 되어 있다.

5. 문화산업기금

'중국 문화기업 보고 2012'에 따르면 2011년 11월 말 현재 중국에는 111개의 문화산업 기금이 설치되어 있는데, 이미 발표된 기금 83개의 규모만 해도 133.45억 위안(미화 약 211.15억 달러)에 이르는 것으로 알려져 있다.

이러한 기금들은 정부주도형과 민간기업이 자발적으로 설립하거나 자금의 혼합된 형태가 있는데, 국가의 문화기금인 '중국 문화산업 투자기금'은 재정부, 중국은행 국제지주유한공사, 중국 국제TV총공사, 선진 국제문화산업박람교역회 유한공사가 공동으로 발기·설립한 기금이다. 기금의 규모는 200억 위안으로 주식투자 방법을 채택하고 있고 신문출판·발행과 라디오, 영화, TV, 문화예술, 인터넷문화, 문화레저 등 구체적인 문화 및 관련 업종에 투자하는 것으로 운영되고 있다.

민영기업이 자발적으로 설립한 기금은 유한의 공동출자경영자(LP)와 일반적인 공동출자경영자(GP)가 개인적으로 기금을 모은 것이다. 현재 영화, 드라마 등 影視 업종에서 가장 활발하게 진행되고 있는데 IDG 뉴미디어기금, 중화영화기금, A3 국제아시아영화기금, TWC 아시아영화기금 등이 있다.

CHINA VENTURE 投中集团소속의 금융데이터상품 CV source 통계에 나타난 2011년 12월 말까지의 문화산업투자기금은 총 15개가 설치되어 있는데, 그 규모는 381억 5천만 위안(미화 약 50억 5천 5백만 달러)로 상당한 규모이다. 하기 표의 모금 상태는 2011년 12월 말 현재를 기준으로 하였기에 착오가 없기를 바란다.

일시	기금명칭	모금상태	목표액	관리기구
1.15	저장 문화산업기금	발표동시 완료	1	天堂硅谷
1.22	大摩헐리우드기금	모금완료	16	摩根士丹利
2.23	华映东南문화산업기금	모금 진행중	2	华映光辉
3.17	광둥문화산업투자기금	상동	50	공상은행국제
3.29	난징문화창의투자기금	모금완료	1	난징创股
4.14	腾讯影视투자기금	상동	5	腾讯
4.23	건설은행 국제문화산업기금	상동	20	乾信文化
5.14	중국문화산업투자기금	모금 진행중	200	중국은행국제
6.3	후난 富坤文化미디어 투자기금1기	모금완료	3	후난富坤
7.12	우시(无锡)华映문화산업기금	발표동시 완료	10	华映光辉
8.6	허베이 성 여행문화산업주식투자기금	모금완료	0.5	玄元투자
8.22	윈난 성 문화(여행)발전기금	모금 진행중	50	공상은행국제
10.2	盛典문화기금	모금완료	3	盛联투자
10.31	海峡문화산업투자기금	모금 진행중	10	中科招商
12	산둥 성 문화산업투자기금	상동	10	산동문화기금
계	15건		381.5	

※출처: 중국문화기업보고 2012, p.223

위와 같이 문화산업 전 분야를 대상으로 하는 기금 이외에도 보다 업종을 세분화하여 문화산업 분야에 투자하는 기금들이 튼튼한 기둥역할을 하고 있으며 2006년이후 주요 영역에 집중하는 문화산업 투자기금 설치를 보면 다음과 같다.

〈중국의 주요 문화산업 투자기금 설치 현황〉

설립시기	기금명칭	모금규모	지역별
2006.	东方惠金문화산업기금	/	상하이
2007.5.17	IDG중국매체기금	1기: 5천만 달러	베이징
2007	A3국제영화기금	1억 달러	베이징
2008.4	蓝顶예술품기금	5천만 위안	상하이
2008.11	韦恩斯坦아시아영화기금	2억 8,500만 달러	미국
2008.11.18	18기금	30억 위안	상하이
2009.4	华人문화산업투자기금	50억 위안	상하이
2010.6	中博雅예술기금	1기: 1억 위안	베이징
2010.6.9	汇力影星투자기금	3억 위안	베이징
2010.7.1	中外名人문화산업기금	5억 위안	베이징
2010.7	泛城문화창의산업기금	2억 위안	저장성
2010.7.3	德美艺嘉예술기금	2~3억 위안	베이징
2010.7.3	德美皇家살크품기금	3~5천만 위안	베이징
2010.8.	中国炎帝발전기금	10억 달러	후난 성
2009.8	一台影视문화주식투자기금	5억 위안	톈진
2010.11.	乐기금	1억 위안	베이징
2010.11.	星空天地문화매스미디어기금	15~20억 위안	베이징
2011.11.18	웨이버개발자창신기금	2억 위안	베이징
2010.12.16	中科.安广주식투자기금	50억 위안	안후이 성
2010.12.23	후난문화여행산업기금	30억 위안	후난 성
2011.1.22	大摩华莱坞기금	16억 위안	우시 (无锡)
2011.1.	腾讯산업공영(公赢)기금	5억 위안	베이징
2011.1.15	저장문화산업기금	1억 위안	저장 성
2011.2.16	장쑤紫金문화산업발전기금	20억 위안	장쑤 성
2011.2.23	华映동남문화산업기금	2억 위안	常熟
2011.3.17	광둥문화산업투자기금	50억 위안	광둥 성

설립시기	기금명칭	모금규모	지역별
2011.3.	중국影视출판산업투자기금	50억 위안	베이징
2011.3.29	난징문화창업투자기금	1억 위안	난징
2011.4.14	腾讯影视투자기금	5억 위안	베이징
2011.4.	凤凰문화산업기구	6~8억달러	홍콩
2011.4.23	建国은행국제문화산업기금	20억 위안	베이징
2011.5.14	중국문화산업투자기금	200억 위안	광둥 성
2011.6.	东方星空문화기금	2억 5천만 위안	저장 성
2011.6.30	후난富坤文化传媒투자기금	10억 위안	후난 성
2011.8.22	윈난성문화(여행)발전기금	50억 위안	윈난 성
2011.8.6	허베이성여행문화산업주식 투자기금	5천만 위안	허베이 성
2011.10.19	华映쑤저우(苏州) 문화산업기금	10억 위안	저장 성
2011.10.20	盛典문화기금	3억 위안	베이징
2011.10.31	海峡문화산업투자기금	30억 위안	푸젠 성
2011.12.	산둥성문화산업투자기금	10억 위안	산둥 성
2011	선전杏石투자기금	2억 위안	선전
2011.12.21	톈진문화산업투자기금	20억 위안	톈진
2011.7.12	우시(无锡)华映문화산업기금	10억 위안	우시(无锡)

설립 시기	기금명칭	관리기구	관심 분야
2006	东方惠金문화산업기금	张江유한공사 精文투자유한공사	문화산업
2007.5.17	IDG중국매체기금	중국영화집단 미국국제디지털집단	콘텐츠 분야의 媒体公司및 영화
2007	A3국제영화기금	/	영화
2008.4	蓝顶예술품기금	상하이 蓝顶 예술품 발전공사	当代예술품
2008.11	韦恩斯坦아시아영화기금	/	영화
2008.11.18	18기금	盛大	인터넷 게임
2009.4	华人문화산업투자기금	东方惠金국가개발은헹	문화산업
2010.6	中博雅예술기금	주식제 상업은행	예술품 및 예술품 관련

설립 시기	기금명칭	관리기구	관심 분야
2010.6.9	汇力影星투자기금	汇力影星	影视(영화, 드라마 등)
2010.7.1	中外名人문화산업기금	北京中外名人投资	문화산업
2010.7	泛城문화창의산업기금	泛城科技	이동인터넷
2010.7.3	德美艺嘉예술기금	德美艺嘉	国画및油画
2010.7.3	德美皇家살크품기금	德美艺嘉	明.清시대 龙袍, 皇家 실크제품
2010.8.	中国炎帝발전기금	红马天安	문화산업
2009.8	一台影视문화주식투자기금	一台国제문화传媒 (北京)유한공사	影视(영화, 드라마 등)
2010.11.	乐기금	联相	이동인터넷,
2010.11.	星空天地문화매스미디어기금	/	影视산업및 선진. 취약부문 세부사업
2011.11.18	웨이버개발자창신기금	新浪	인터넷
2010.12.16	中科.安广주식투자기금	中科招商	문화산업
2010.12.23	후난문화여행산업기금	达晨文化	문화여행산업
2011.1.22	大摩华莱坞기금	摩根士丹利	无锡디지털영화 산업파크(기지)
2011.1.	腾讯산업공영(公赢)기금	腾讯	影视(영화, 드라마 등)
2011.1.15	저장문화산업기금	天堂硅谷	문화산업
2011.2.16	장쑤紫金문화산업발전기금	江苏高投	문화산업
2011.2.23	华映동남문화산업기금	华映光辉	문화여행및 影视 관련업
2011.3.17	광둥문화산업투자기금	工商은행국제	문화산업
2011.3.	중국影视출판산업투자기금	建国은행국제	影视(영화, 드라마 등)
2011.3.29	난징문화창업투자기금	南京创投	문화산업
2011.4.14	腾讯影视투자기금	腾讯	影视(영화, 드라마 등)
2011.4.	凤凰문화산업기구	凤凰卫星TV	문화산업
2011.4.23	建国은행국제문화산업기금	乾信文化	문화산업
2011.5.14	중국문화산업투자기금	중국은행국제	문화산업
2011.6.	东方星空문화기금	浙江日报	문화산업
2011.6.30	후난富坤文化传媒투자기금	湖南富坤	문화 매스미디어
2011.8.22	윈난성문화(여행)발전기금	工商은행국제	문화여행산업

설립 시기	기금명칭	관리기구	관심 분야
2011.8.6	허베이성여행문화산업주식 투자기금	玄元	여행문화산업
2011.10.19	华映쑤저우(苏州) 문화산업기금	华映光辉	문화매스미디어 및 교육
2011.10.20	盛典문화기금	盛联投资	문화산업
2011.10.31	海峡문화산업투자기금	中科招商공사	문화산업
2011.12.	산둥성문화산업투자기금	山东문회기금	문화산업
2011	선전촹石투자기금	深圳촹石투자관리 유한공사	현대 国画大师의 书画작품
2011.12.21	톈진문화산업투자기금	天津滨海海胜	문화산업
2011.7.12	우시(无锡)华映문화산업기금	华映光辉	문화산업

※출처: 中国文化企业报告 2012, pp.224~225 자료 재구성

상기 표에서 알 수 있듯 각종 투자기금 설치가 2011년에 기하급수적으로 증가한다. 이 중 홍콩 1건과 미국 지역 1건을 제외하고서라도 중국대륙 내의 각종 문화산업기금이 41건이다. 이 중 종합적인 문화산업 전 분야를 대상으로 기금이 지원되는 문화산업기금은 18건으로 472억 5천만 위안(미화 약 75억 달러)에 이르며, 이는 홍콩 봉황 위성TV 채널의 기금과 후난성 중국炎帝발전기금은 제외된 금액이다.

지역별로 분석해 보아도 경제력이 월등하게 앞선 지역에서의 기금 설치가 많은 것으로 나타난다. 수도인 베이징이 14건으로 압도적이다. 기금액은 118억 5천만 위안과 5천만 달러이다. 광둥 성은 3건에 불과하지만 규모는 적지 않은 252억 위안의 기금을 설치했다. 경제가 가장 발달한 큰 성(省)답다.

그리고 중국에는 문화재산권을 거래하는 전문기구가 14개가 있는데 이는 문화기업 육성에 다소 도움을 주고 있기에 다음과 같이 그 현황을 소개한다. 특히 중국 국무원은 2011년 11월 24일 '각종 교역장소 정리정돈으로 확실한 금융위험예방에 관한 결정'을 공표·시행하면서 법률에 의해 설립한 증권거래소나 국무원의 비준을 받은 금융상품 거래장소에 종사하는 것을 제외하고는 어떠한 교역장소에서도 관련된 상행위를 할 수 없도록 했다.

〈중국 각지 문화교역소 설립 현황〉

설립일	교역소명	등기자본	취급 분야	비고
2009.6.15	상하이문화재산권(产权) 교역소	/	문화물건, 채권, 주식, 지적재산권 등	/
2009.9	톈진문화예술품 교역소	1.35억 위안	예술품배당, 선물(选物), 期权 등	天津济州투자발전유한공사 天津市泰运天成투자유한공사 天津신금융투자유한공사 자연인
2009.11	선전문화재산권 교역소	/	문화재산권(产权)교역, 투융자	/
2010.5.19	청두문화재산권 교역소	/	문화물권,채권, 주식, 지적재산권 등	/
2010.1	광저우문화재산권 교역소 유한공사	1천만 위안	문화재산권교역, 자연인적 대외투자 진행, 문화창의활동 투자계획 및 자문활동	广州교역소집단유한공사 广州신문화투자유한공사
2010.11	정저우문화예술품 교역소	5천만 위안	예술품교역, 저당권설정, 융자, 경매 등	자연인
2011.3.19	汉唐예술품교역소 유한공사	5천만 위안	공예품 소매, 예술품 교역, 사업투자, 자산관리, 전시회서비스, 문화경영 등	자연인
2011.3.30	후난문화예술품 교역소	/	주식, 저작권, 판권, 예술품소유권, 수익권 및 채권권익분석권 등	후난성문화예술기금회 후난高登예술산업투자유한공사
2011.6.17	네이멍구문화재산권 교역소	3천만 위안	주식, 판권, 지식재산권 등	자연인
2011.6	联合利国문화재산권 유한공사	8천만 위안	투자, 예술품전자상거래 등	长沙市雅腾문화전파유한공사 长沙市振扬문화전파유한공사
2011.6	산시(陕西)예술품 교역소	5천만 위안	예술품재산권교역	산시문화산업투자 控股집단유한공사
/	歌华문화예술품 교역중심	/	문화예술품 및 판권교역, 사업투융자	/
/	후베이华中문화재산권 교역소	/	문화물건, 채권, 주식, 지적재산권 교역	/
2011.7.15	南方문화재산권 교역소	5천만 위안	문화재산권교역, 문화기업 투융자서비스, 문화상품 기술혁신	南方报业매스미디어집단 南方연합재산권교역중심 광둥신기금투자공사 南方 R/TV.영화 매스미디어집단 광둥성출판집단, 광둥中凯문화전매공사

※출처: 中国文化企业报告 2012, pp.226~227 자료 재구성

6. 맺는말

중국의 주요 문화기업에는 각종 문화산업원(文化产业园)이 대세를 이루고 있는데 ① 문화산업집합구(文化产业集聚园), ② 테마파크(主题公园), ③ 문화거리(文化街区), ④ 예술가촌(艺术家村), ⑤ 창의구역(创意园区), ⑥ 애니메이션기지(动漫基地), ⑦ 레저휴식촌(休闲度假村), ⑧ 미디어기업기지(传媒企业基地), 등으로 형성되어 있고 이들의 누적 숫자는 전국적으로 1만여 곳이 넘는다고 한다.

2011년과 2012년 초까지 문화기업의 특징으로는 기업경영체제로의 전환과 디지털 문화산업 및 예술품 교역 영역의 가파른 발전 그리고 플랫폼화 추세를 들 수 있다. IT기술과 문화서비스 영역에서는 오락 콘텐츠 소비가 급속한 발전 추세를 보이고 있다.

2011년 모바일 게임 이용객이 1억 6,200만 명에 이르렀고 인터넷 판매 거래액이 7,700억 위안(미화 약 1,222억 476만 달러)으로, 발전 속도가 예상보다 빠르다.

이는 디지털 문화산업의 급속한 발전을 가져왔는데, 2011년 12월 말 중국의 네티즌 수는 5억 1,300 명으로 신규증가 수 는 5,580만 명이었으며, 이 중 2억 5,000만 명이 웨이보(중국판 트위터) 이용자다. 모바일전화 이용객도 9억 6,400만 명이며 3G 이용객 1억 1,800만 명, 휴대폰 네티즌 3억 4천만 명 등 수량 면에서 엄청난 숫자이다. 이러한 현상은 관련 문화산업의 수입과도 직결된다.

정책적 측면에서도 2011년 10월 '중국공산당 제17기 중앙위원회 제6차 전체회의(약칭: 제 17기 6중전회)'에서 통과된 '중국공산당 중앙 사회주의 문화대발전과 번영을 위한 문화체제개혁 심화에 관한 약간의 중대문제 결정'이 문화산업 시장에 미친 영향은 적지 않았다. 이는 2012년 초에 발표된 '국가 제12차 5개년계획 시기의 문화개혁발전 규획요강' 등 관련 정책들을 지속적으로 생산해 냈다.

따라서 이와 관련한 지방정부 문화산업 발전을 위한 광둥 성과 베이징 시의 주요 정책들에 주목해야 하는데 베이징 시는 매년 100억 위안의 문화산업 발전기금을 투입하여 향후 문화산업 발전에 진력하겠다는 의지를 보여주었다.

제12차 5개년 계획(2011~2015년) 동안 약 230여 개의 문화기업들이 증시 상장을 통해 자금확보에 나설 계획이며 2012년에 이미 60여 개 기업이 상장되었다.

2011년 말 현재 국유문화예술단체 2,102개 중에 운영 면에서 기업형 경영체제로 전환했거나 평가 결과 이에 맞지 않아 취소한 단위 숫자가 이미 1,176개로 56%가 정리를 마쳤으며 300여 개 단위도 기업형 경영체제로의 전환을 확정해 놓고 있는 것으로 알려져 있다.

2012년에 와서 국유문화예술단체 2,102개가 개혁을 완성했는데 61%인 1,282개 단체가 기업형 경영체제로 전환을 마쳤고 20%인 420개 단체는 단체 특성상 기업형 전환을 취소했으며 400개 단체에 해당하는 19%는 자금 따위를 분리 운영 체제로의 전환으로 하는 것 등 모두 정리가 된 상태이다.

그리고 문화창의 산업이 국유기업보다 민영기업들의 활동이 두드러지게 나타났는데 2011년 베이징 시의 문화창의 산업 수입 중 국유기업은 19%를 점유하고 있는데 반해 민영기업 수입은 81%를 차지하고 있는 것이 이를 방증한다.

문화기업 간의 인수합병도 지속적으로 이뤄지고 있으며 문화산업 투ㆍ융자 사례도 급증하고 있다. 2011년 문화산업 투융자 사례 중 영화 분야를 보면 상당히 활발하다. 영화 〈画皮〉은 국유, 민영, 국제자본 등 8개사가 공동으로 참여하여 제작을 완성했고 영화 〈당산대지진(唐山大地震)〉의 총 투자액 1억 2천만 위안 중 당산 시정부가 6천만 위안을 투자했으며 영화 〈적벽(赤壁)〉의 경우 中影集团은 위험성을 분산시키기 위해 橙天오락, 베이징자금성影业, 베이징春秋鸿, 일본艾回, 미국狮子山 등 10여 개사의 영화, 드라마 제작사들을 참여시켰는데 총 투자액이 6억 위안(약 9,522만 달러)이었고 中影은 최종적으로 추과율 100%를 회수했다

그러나 문화산업에 대한 투ㆍ융자에 문제가 없는 것은 아니다. 통계자료에 따르면 중국의 문화산업 중에는 중소기업의 비중이 90% 정도에 달하는데 이러한 중소기업은 경영상 등의 문제로 은행대출을 어렵게 만들 수 있고 은행으로 하여금 비용을 증가시킬 수 있는 위험요소를 가지고 있다.

애니메이션의 경우 어려운 점이 많은데 〈阿童木〉 제작에 意마国际가 4억 4천만 위안의

제작비를 지출하고 타 업체로부터 투자한 금액을 합치면 무려 8억 2천만 위안인데 최종 매출 수입은 고작 1억 9천만 위안에 머물러 意马国际가 문을 닫는 결과를 초래했다.

어쨌든 기업 경영을 위해 여러 가지 문제들이 없을 수 없는 것 또한 현실이다.

어느 분야나 그렇듯 유능한 인재 확보가 시급하며 사고를 혁신하여 새로운 돌파구를 찾아야 할 것이다.

한눈에 알아보는 중국의 문화산업 시장

IV. 중국 문화산업 주요 정책

1. 서설

중국공산당 중앙과 정부는 '문화산업 진흥규획(文化产业振兴规划)'이라는 종합적인 문화산업 발전에 대한 비전을 제시하여 수립·시행하고 있다.

이는 국무원이 중국공산당 제17기 전국인민대표대회에서 밝힌 내용을 보다 구체화한 것으로 2009년 9월 26일 발표했다. 동 규획의 주요 내용은 공익성 문화산업 발전을 중시하고 문화산업 진흥을 꾀하며 체제개혁과 내수확대, 일자리 증가 등의 문화산업 발전을 촉진하는 의지 등을 담고 있다.

다시 말하면 문화산업 진흥을 가속화하고 이의 시급성과 중요성을 일깨우며 중국공산당 중앙의 지도사상과 중국특색의 문화산업 발전을 기본 노선으로 하며 세계의 우수문화를 귀감으로 삼아 중화민족 문화의 번영과 발전을 촉진하도록 하는 것을 적시하고 있다. 또한 문화체제 개혁을 통한 대형 프로젝트사업 추진을 촉진하고 산업 규모의 확대와 경쟁력 강화 등으로 사회·경제적 효과와 이익을 동시에 달성하겠다는 기본 원칙으로 문화시장 주체확립, 문화산업구조 최적화, 문화 혁신역량 제고, 현대문화시장 시스템 정립 및 문화상품과 서비스 수출 확대라는 철저한 목표를 설정해 놓고 있다.

동 규획에서는 중점 추진임무를 8개 항목으로 분류하여 향후 이의 이행을 서두르겠다는 강한 의지를 담고 있는데 8개 항목을 보면 ① 핵심적인 문화산업 개발, ② 대형 프로젝트사업을 통한 전략적 발전방안 강구, ③ 기간 문화기업 육성, ④ 문화산업기지 건설 가속화, ⑤ 문화소비 확대, ⑥ 현대화된 문화시장 시스템 구축, ⑦ 새로운 문화업종 개발, ⑧ 대외무역 확대로 표현하고 있다.

이러한 정책적인 목표달성을 위해 문화산업 진입장벽을 낮추는 시책의 일환으로 비공유자본 및 외자(外资)의 문화산업 진입 관련 규정들을 보완하거나 새로이 제정하여 각종 문화산업 영역별 독자(独资), 합자(合资), 합작(合作) 등의 방법을 통한 정책적인 허용 범위 내에서의 지원 의지 등이 포함된 정책을 단행해 나가고 있다.

지엽적인 정책이긴 하지만 중앙과 지방정부의 문화산업 투자를 확대하는데 대출금, 정부보조금, 자본금 확충 등의 방법을 동원하여 국가급 문화산업기지 구축과 범지역적인 지원으로 정부 투자를 강화하는 내용도 제시하고 있다.

중앙의 재정지원을 대폭 확대하여 '문화산업발전지원전용자금'을 비롯 '문화시스템 개혁자금' 등을 마련하여 지원역량을 지속적으로 확대·추진하고 문화산업 분야의 세수 우대정책을 동원, 금융지원을 확대·강화하면서 '문화산업 투자기금' 설치 등 문화산업 발전을 위한 다각적인 방안이 추진되고 있다.

이와 같이 중국은 문화산업 발전을 위한 국가발전 전략산업 중의 하나로 인식하고 관련 중앙과 지방정부는 문화산업의 경쟁력 제고를 위한 정책적 환경을 조성하고 시스템을 지속적으로 보완·개선해 나가고 있음은 잘 알려진 사실이다.

이러한 문화산업 발전 추진을 위하여 중국은 Richard Florida 교수가 창안한 유럽식 창의지수 '3Ts'모델에 기초한 3P라는 문화산업 발전 방향을 제시하고 그 방향을 향해 전진하고 있다. 이 3P형의 문화산업은 Creative Power(창의력), Influencing Power(영향력), 그리고 Cultural Capital Transform Power(문화자본전환력)으로 요약할 수 있을 것이다.

어쨌든 여기서는 거창한 이론적 접근보다 중국공산당 중앙이 1978년 12월 제11기 3중 전회에서 채택된 개혁개방정책에서 중국사회주의 문예발전 촉진이 시작된 만큼 그간 주요한 정책들을 살펴보기로 하겠다.

특히, 문화산업 정책이 본격적으로 가동되기 시작한 2004년 이후의 특정지역에서 문화산업기지 건설을 적극 추진해온 것과 1960년대 이후부터 2011년 사이 문화산업 각 분야별 정책 발표를 수량화한 자료를 이용, 어떠한 분야에 정부의 관심이 많았는지에 대해서 접근해보겠다.

2. 주제별 주요 정책

가. 지속적인 문화산업 체제 개혁

'중국 문화산업 정책연구(浙江大学出版社, 2012년 2월 출판)'에서 분석한 4단계의 시기별 구분을 기초로 하여 필자는 이를 5단계로 다시 구분하여 설명하고자 한다.

제1단계는 문화대혁명이 끝나고 개혁개방이 시작된 시기부터 1985년까지로 이 시기는 사실상 초기 단계의 문화산업으로 생각된다.

1978년 말 제11기 3중전회(3中全会) 정신인 경제발전을 촉진시키고 개혁개방의 구체적 정책들이 시행에 들어가게 된다. 1979년 정부업무 보고서에서 신문, 방송, 출판, 도서관, 박물관, 문화예술, 체육 등 각 분야의 진흥책이 언급된다. 이듬해인 1980년 2월 문화부의 '전국 문화국장 회의'에서 문화체제 개혁과 경영관리제도 개혁 순서 등을 엄격히 요구했는데 이것이 문화체제 개혁에 대한 최초의 요구이자 시발점이다.

1983년의 '정부 업무 보고서'는 문화, 예술, 신문, 출판, 방송 등 분야의 상품의 질을 부단하게 제고시키는 데 초점을 맞춰 사업 조정과 체제 개혁 등을 추진해야 한다는 보다 진보된 요구를 했다.

1984년 10월 중국공산당 제12기 중앙위원회 제3차 전체회의(약칭: 제12기 3중전회)에서 '경제체제 개혁에 관한 결정'을 통과시켰는데 이는 중국의 사회와 경제가 계획된 사회주의 상품경제체제로의 문화체제 개혁 조건을 창조하는 것을 촉진하는 역할을 했다.

1987년 문화혁명 시기의 '중앙문혁문예조(中央文革文艺组)'가 '문화부'로 복원되고 1980년 말 문화부 내에 司, 局이 증가하여 21개로 대폭 확대되었다. 1981년 국무원은 대외문화 연락위원회를 설치하고 그 다음 해에는 대외문화연락위원회, 국가출판관리국, 국가문물국, 외문출판발행사업국(外文出版发行事业局)을 문화부로 통합하고 1985년에는 국가판권국, 출판사업관리국을 국가판권국(国家版权局)으로 개칭한다. 1986년에는 국가판권국이 문화부에서 분리되어 국무원 직속기관이 되고 문화부의 영화사업관리국을 라디오·텔레비전부(广播电视部)로 이관했으며 1989년에는 문화부가 문물사업관리국을 '국가문물사업관리국'으로 개편함과 동시에 이듬해 국가문물사업국 국장을 차관급으로 승급시키는 등 시대 조류에 걸맞는 부단한 개혁으로 이어지면서 오늘날의 기초가 된다.

제2단계는 1986년부터 1995년까지의 10년간으로 이 시기는 중국경제의 신속한 회복과 발전에 따라 문화시장이 활로를 되찾는 시기이다.

1986년 9월 28일 '중국공산당 제12기 중앙위원회 제6차 전체회의'에서 '사회주의 정신문명건설 지도방침에 관한 결의'가 통과되는데 이는 사회주의 정신문명 건설의 전략적 지위와 근본적인 임무 및 기본적 지도방침을 한층 더 확실히 한 것으로 중국의 문화건설과 문화체제 개혁을 촉진시켜 문화생산력을 발전시키는 데 중요한 의의를 갖는 것으로 되어 있다.

1985년 국무원이 국가통계국에 전달한 '제3차 산업 통계건립에 관한 보고: 关于建立第三产业统计的报告' 중에 문화예술이 제3차 산업 분야로서 통계항목에 삽입되었는데 이는 문화예술 상품과 산업의 속성을 이미 확인한 것이다.

1988년에는 문화부와 국가공상국(国家工商局)이 공동으로 '문화시장 관리업무강화에 관한 통지:关于加强文化市场管理工作的通知'를 발표했는데 이 통지문에서 정부가 문화시장이라는 개념을 처음 도입하고 문화시장의 범위, 관리원칙, 업무 등을 명확하게 설정한다. 이후 신문출판 분야, 공연예술 분야, 광고업 등 각종 단위업종들이 번성하게 되고 체제 정비 등이 나타났다.

1982년 6월 문화부는 '도서발행체제 개혁업무에 관한 통지'를 발표, 국영서점 위주의 다양한 유통시스템, 다양한 경제적 비용과 구입 및 판매 형식 등이 이루어지게 하고 서비스 수준과 시장경쟁력 제고 등에 힘쓰도록 요구했다.

1985년 국무원 판공청은 문화부의 '예술공연단체에 관한 개혁의견: 关于艺术表现团体的改革意见'을 승인했는데 동 개혁의견의 요지는 전국 전문예술공연단체의 수가 과다

하여 개혁을 요구하는 것인데, 전문예술공연 단체들의 합리적이지 못한 일들을 비롯하여 대·중도시에 집중되어 있는 이 단체들의 문제점을 파악하여 시(市), 현(县) 전문예술공연단체 설립, 중복되는 예술원 또는 예술공연단의 통폐합 등을 요구했다.

1988년에도 국무원은 문화부의 '예술공연단체 체제개혁 급속화 및 심화에 관한 의견: 关于加快和深化艺术表演团体体制改革的意见'을 발표하면서 국가가 지원하는 소수의 전민소유제원단(全民所有制院团)과 그 밖에 다양한 형태의 소유제 예술단체들의 개혁을 요구했다.

1991년 국무원은 문화부의 '문화사업 약간의 경제정책에 관한 보고'를 타 관련 기관에 하달하면서 '문화경제'라는 개념을 정식으로 도입했다. 문화체제 개혁 심화와 내부관리 강화를 동시에 진행하며 각급 정부기관과 유관부서는 문화산업에 대한 정책적 지원과 보장이 될 수 있도록 변화를 요구했다. 이는 문화와 경제가 상호협력의 기본을 제공한 것이다.

1992년에는 덩샤오핑(邓小平) 주석의 소위 '남순강화(南巡讲话)'와 중국공산당의 제14대 개최는 새로운 사상해방을 이끌어낸다. 즉, 제14대는 사회주의시장경제체제의 개혁개방을 명확히 하였는데 이는 문화체제 개혁의 촉매제 역할을 했다. 같은 해 국무원판공실 편저의 〈중대전략적 결정－제3차 산업의 조속한 발전(重大战略决策－加快发展迪三产业)〉이라는 책에 '문화산업'이라는 단어가 사용되었는데 이것이 중국정부가 처음 사용한 '문화산업(文化产业)'의 개념이다.

1993년 개최한 제8기 전국인민대표대회의 '정부업무보고' 중에 문화체제 개혁을 진일보 진행한 기관에 대하여 문화관리체제 개혁심화와 교육훈련 등 건강한 문화시장발전을 위한 국가의 필요한 자금 지원이 언급되어 있다.

1993년 9월과 1994년 2월 문화부는 '예술공연단체 체제개혁의 급속한 진행과 심화에 관한 통지' 및 '예술공연단체 체제개혁업무의 지속적 성취에 관한 의견'을 하달했는데 이에는 모든 예술공연단체의 구조조정을 요구하고 국가는 소수의 예술공연단체를 지원함으로써 성(省) 내외에 적지 않은 영향을 미치게 하여 민족의 대표성, 역사적으로 가치 있는 예술공연단체 등을 고무·지원하는 내용들이 함축되어 있다.

제3단계는 1996년부터 2002년으로 문화산업에 대한 기본적인 설계를 하여 미래 비전을 준비한 단계였다.

1996년 3월 전국영화공작자회의에서 영화관리체제를 전략적으로 개조하고 지방문화행정부처소속의 영화제작단위를 영화행정부서로 이관토록 조치했다. 같은 해 5월에는 국무원이 '영화관리조례'를 발표하고 1996년 6월 19일 동 조례를 개정·발표한다.

1996년 10월 '중국공산당 중앙의 사회주의 정신문명건설의 약간 중요문제에 관한 결의'와 2000년 10월 '중국공산당 중앙의 국민경제와 사회발전 제10차 5개년 계획에 관한 결의: 中共中央关于制定国民经济和石化发展第十五年计划的建议' 등 2가지 문서의 목표는 중국 문화산업체제 개혁이 새로운 단계에 접어들었음을 의미한다. 1996년 10월 결의의 주요 내용은 문화체제 개혁의 목표, 업무, 기본방침 등을 제시하면서 개혁의 목적이 문화사업 활성화와 문화부문 근무자들로 하여금 우수한 작품과 인재를 양성하는 데 있다고 지적했다.

그리고 '국민경제와 사회발전 제15년 계획에 관한 건의'에서는 사회 효익과 경제적 효익이 상호 통일되는 원칙하에 문화체제개혁심화, 과학적 건설의 합리적 추진, 고효율적인 관리체제 및 문화상품생산의 재빠른 경영시스템을 취할 것을 강조한다.

2000년 9월 25일 국무원의 '중화인민공화국 전신조례' 발효로 인터넷 사업의 독점 배제, 경쟁 독려, 공개·공평·공정의 원칙 준수, 경영주체의 전면적인 상업적 경쟁 등의 현상으로 이어졌다.

2002년 국가신문출판총서와 정보산업부는 '인터넷출판관리 임시규정'을 발표, 시행에 들어갔는데 인터넷 출판활동의 범위, 인터넷 접속방법 등을 명시하고 있다.

종합적으로 언급한다면 이 시기에 문화산업 발전의 신속한 진행을 위해 전국인민대표대회 상무위원회, 국무원, 중앙의 각 행정부처 등에서 발표한 문화산업 관련 법규 등이 200여 개나 되어 각종 법률적 뒷받침을 마련한 시기이다.

제4단계는 2003년부터 2010년으로 문화산업의 발전단계이다.

2003년 6월 전국문화체제개혁 실험장 공작회에 관련 기관이 총출동하고 같은 해 8월 중국공산당 중앙정치국은 제7차 집체(集体)학습회를 개최, '세계 문화산업 발전상황과 중국 문화산업 발전전략'을 다루었다.

2003년 10월 14일 '중국공산당 제16기 중앙위원회 제3차 전체회의(악칭: 당의 제16기 3중전회)'에서 '사회주의시장경제 약간 문제의 보완 결정'을 내림으로써 이후 문화체제 개혁의 목표에 대한 진일보와 명확한 진행을 선언했다. 즉, 중국공산당 중앙의 지원,

정부의 관리, 기업 자율, 의법운영의 문화관리 체제, 그리고 문화사업과 문화산업의 개혁방향과 목표설정을 명확하게 함과 동시에 공익성 문화사업 단위는 인사노무, 수입배분, 사회보장제도 개혁을 진행하고, 국가는 투자를 확대하고 활력을 증강시키며 서비스를 개선토록 한 것이 주요 골자이다.

2004년 10월 18일 문화부는 '비공유제(非公有制) 경제발전의 문화산업으로의 인도, 지원 및 격려에 관한 의견'을 관련 기관에 내려 보내면서 시장에서의 법 집행을 보다 융통성 있게 하고 문화산업 시장진입에 법률상 금지되어 있지 않은 비공유제(非公有制) 경제활동을 허용하며 소유제의 한계를 타파하고 지역과 분야를 초월하여 문화체제 개혁을 지속적으로 심화시킨다는 내용과 함께, 비공유제 문화기업과 국유 및 집체(集体) 문화기업들이 동등한 대우를 받도록 하고 비공유제 경제발전을 강력하게 추진함으로써 문화산업에 대한 좋은 정책적 환경과 시장환경 등을 조성해 나간다는 내용이다.

2005년 12월 중국공산당 중앙과 국무원은 '문화체제개혁 심화에 관한 약간의 의견'을 하달했는데 다양한 소유제로 공동발전과 대외개방 기본정책을 보완할 것을 요구하는 가운데 국가의 정책적 지원하에 비공유자본의 문화 영역에 대한 투자가 이루어짐으로써 보다 빠른 발전이 진행되고 있다.

2006년 9월에는 중국공산당 중앙판공실, 국무원 판공실이 문화건설에 관한 중장기 규획인 '국가 11 · 5시기 문화발전 규획 요강'을 발표하면서 제11차 5개년 계획 기간인 2006년부터 2010년까지 문화산업을 포함한 전반적인 문화영역의 발전 로드맵을 제시했다.

2006년 말, 전국 13개 성의 구(区)와 시(市)에 문화산업발전 전용자금이 설치되었고 현재 전 성(省)에는 성급(省級)의 문화산업 발전기금이, 성회(省会)에는 시급(市級)의 문화산업발전 전용자금이, 2~3급 도시에는 문화산업발전 전용자금 설치가 보편화되어 있는 것으로 알려져 있다.

2007년 전국의 민영 출판물 발행기업이 13개사, 체인화된 기업이 8개사가 되고 민영 출판물 배급판매망이 이미 전국 총 발행망 수의 69%를 차지했는데, 이는 전국 일반 도서시장의 50%를 점하고 있다는 얘기다. 이와 같이 문화산업 분야는 빠른 속도로 발전을 거듭하고 있다.

2008년에는 중국의 영화산업이 빛을 보게 되는데 흥행순위 1~3위가 모두 국산영화로 1위인 〈적벽(赤壁)〉은 3억 1,600만 위안의 수입을, 2위 〈화피(画皮)〉는 2억 3,000만 위안, 3위 〈장강7호(长江七号)〉는 2억 200만 위안을 각각 마크하는 등 순풍을 맞았다. 광고업도 호황을 누렸는데 CCTV의 2009년 프라임 시간대 광고영업액이 92억 5,677만 위안으로, 전년 대비 15.29% 증가했는데, 과거 5년간의 평균 성장세는 16.20%였다.

게임산업 역시 2008년 중국자체개발 인터넷 게임 판매액이 110억 1,000만 위안으로 2007년보다 무려 60% 증가했고 국내 게임시장의 59.90%를 차지했다.

艾瑞公司의 '2008~2009년 중국 인터넷 게임산업 발전보고'에서는 2008년 세계 인터넷 온라인 게임시장 수입의 27%를 중국이 차지함으로써 한국을 제치고 세계 2위를 마크했다고 분석했다. 2008년 세계 인터넷 온라인 게임시장 수입에서 미국은 29%였다. 2008년 중국의 15개 게임업체가 자체 연구개발한 게임은 33개로 해외시장에서 7,074만 달러를 벌어들였고 이는 2007년보다 28.6% 증가한 것이다.

제5단계는 2011년부터 현재까지로, 도약 단계로 보는 것이 타당하다. 제12차 5개년 계획 기간인 2011년부터 2015년간의 문화산업 발전은 이미 과거 10여 년간의 노하우와 당과 정부의 강력한 지원 정책하에 문화산업이 국가경제의 지주산업으로 성장을 거듭하고 있는 상황이 목격되고 있기 때문이다.

여기서 중국의 관련기관에서 그동안 문화산업과 관련한 각종 법규성 정책들이 어느 분야, 어느 시기에 집중적으로 진행되었는지를 살펴봄으로써 정부의 관심도를 측정할 수 있을 것이다.

나. 각종 정책적 법 규범 시행

다음은 중국의 문화산업 정책을 단위산업별로 구분하여 1964년 이후 2011년 12월 31일까지의 각종 정책적 법규범을 파악해 보았다. 동 분석의 토대가 되는 자료는 〈中国文化产业政策研究〉라는 연구 용역을 李思屈 등이 中国广电总局로부터 의뢰받아 '国家广电总局重点项目', '浙江省社科规划重大项目'으로 2012년 2월 浙江大学出版社에서 출판한 〈中国文化产业政策研究〉를 참고하여 재정리한 것이다.

문화산업의 범위에서 중국은 우리와는 일부 다른 영역을 포함시키고 있어 동 분석의 대상 분야를 ① 문화산업총괄, ② 도서 출판업, ③ 신문잡지업, ④ 라디오 · 영화 · 텔레비전 사업, ⑤ 음상(音像)업, ⑥ 인터넷사업, ⑦ 광고업, ⑧ 예술산업, ⑨ 동화(애니메이션) 산업 등 9개 분야로 한정했다.

여기서 문화산업에 대한 각종 정책의 수량을 알아보고, 이를 시대별 · 정책발표 부서별로 구분하여 분석해보기로 한다.

〈중국의 문화산업정책 수량과 비중〉

정책유형	수량	점유율(%)	정책유형	수량	점유율(%)
문화산업총괄	55	12.17	인터넷산업	63	13.94
도서 · 출판업	94	20.79	광고업	30	6.64
신문 · 잡지업	29	6.42	예술산업	36	7.97
라디오 · 영화 · TV업	58	12.83	애니메이션산업	75	16.59
음상(音像)업	12	2.65	합계	452	100

※출처: 中国文化产业政策研究(2012.2 浙江大学出판사) p.55 자료 재구성

상기 표와 같이 정책의 수량 면에 있어 도서 · 출판업과 라디오 · 영화 · 텔레비전 산업 등 전통적인 산업 분야가 많고 뉴미디어 시대와 더불어 인터넷산업과 최근 문화 시장에서 고부가가치를 창출, 각광을 받고 있는 애니메이션산업의 정책 수량이 상대적으로 많은 것으로 나타났다. 이를 다시 정책의 발표 시기별로 구분하여 분석해보면 중국정부의 문화산업과 관련한 정부지원과 관리 · 감독 등에 대한 관심도를 엿볼 수 있다.

〈중국 문화산업정책의 발표 시기별 현황〉

시기	문화산업총괄	도서 출판업	신문 · 잡지업	R/TV · 영화업	음상업
1964~1990	1/0.22	4/0.88	3/0.67	0/0.00	0/0.00
1991~1993	2/0.44	6/1.33	1/0.22	1/0.22	0/0.00
1994~1996	1/0.22	14/3.10	8/1.77	0/0.00	1/0.22
1997~1999	1/0.22	12/2.65	9/1.99	2/0.44	0/0.00
2000~2002	6/1.33	21/4.65	4/0.88	13/2.87	1/0.22
2003~2005	12/2.65	18/3.98	2/0.44	26/5.75	3/0.67
2006~2008	11/2.44	3/0.66	0/0.00	4/0.88	3/0.67
2009~2011	21/4.65	16/3.54	2/0.44	12/2.65	4/0.88
합계	55/12.17%	94/20.79%	29/6.42%	58/12.83%	12/2.65%

시기	인터넷산업	광고업	예술산업	동화산업	합계
1964~1990	0/0.00	0/0.00	4/0.88	0/0.00	12/2.65
1991~1993	1/0.22	0/0.00	0/0.00	0/0.00	11/2.43
1994~1996	2/0.44	4/0.88	0/0.00	0/0.00	30/6.63
1997~1999	2/0.44	5/1.11	4/0.88	0/0.00	35/7.73
2000~2002	18/3.98	5/1.11	4/0.88	2/0.44	74/16.36
2003~2005	15/3.32	4/0.88	14/3.11	20/4.42	114/25.22
2006~2008	10/2.21	7/1.55	8/1.77	30/6.64	76/16.82
2009~2011	15.3.32	5/1.11	2/0.44	23/5.09	100/22.16
합계	63/13.94%	30/6.64%	36/7.97%	75/16.59%	452/100.00%

※출처: 中国文化产业政策研究(2012.2 浙江大学출판사) p.57 자료 재정리
※주: /의 왼쪽 숫자는 정책 수량이며 오른쪽은 정책수량 전체인 452개에 대한 비중으로 백분율(%)을 표시한 것임.

정책의 발표 시기를 보면 1964년부터 2000년까지 88건으로 전체의 19.47%에 그치고 있으나 문화산업에 대한 관심을 갖기 시작했던 2000년부터 2002년 사이에는 3년간 74건의 정책을 발표함으로써 전체 수량의 16.37%에 이른다.

그러나 본격적으로 문화산업에 뛰어든 시기인 2003년부터 2005년 동안에는 이보다 많

은 114건의 정책 발표로 25.22%를 차지하고 있으며 이후 끊임없이 정책을 보완하고 국제환경에 적응해 나가고 있는 것으로 분석된다.

여기서 또한 정책 발표부서별로 분석해보면 문화산업에 대한 중국정부의 의지를 읽을 수 있다.

〈문화산업 단위영역별 · 발표별 문화산업정책 수량〉 (단위: 수량/%)

부서별	문화산업총괄	도서 출판업	신문 · 잡지업	R/TV · 영화업	음상업
人大	2/0.44%	2/0.44%	0/0.00	0/0.00	0/0.00
中共 国务院	18/3.98%	5/1.11%	0/0.00	5/1.11%	1/0.22%
部. 省级	30/6.64%	87/19.25%	29/6.41%	53/11.73%	11/2.43%
市. 地. 区	5/1.11%	0/0.00	0/0.00	0/0.00	0/0.00
합계	55/12.17%	94/20.08	29/6.41%	58/12.84%	12/2.65%

부서별	인터넷산업	광고업	예술산업	동화산업	합계
人大	2/0.44%	0/0.00	3/0.67%	0/0.00	9/1.99%
中共 国务院	17/3.76%	2/0.44%	17/3.73%	1/0.22%	66/14.60%
部. 省级	44/9.73%	28/6.19%	16/3.54%	54/11.95%	352/77.86%
市. 地. 区	0/0.00	0/0.00	0/0.00	20/4.42%	25/5.53%
합계	63/13.93%	30/6.63%	36/7.97%	75/16.58%	452/100.00%

※출처: 中国文化产业政策研究(2012.2 浙江大学出版社) p.59 자료 재구성

대체적으로 중국정부와 성정부의 정책발표가 상대적으로 많고 문화산업을 총괄하는 정책과 사회적 파장이 큰 인터넷산업 및 예술산업정책에 대한 발표 비중에서 부나 성정부보다 중국공산당 중앙의 국무원 발표가 많음을 알 수 있는데 이는 동 분야에 대한 중요성과 민감성을 동시에 중시하고 있는 것으로 분석할 수 있다.

부(部)나 성(省) 정부의 발표 수량이 352건으로 77.86%나 되는 것은 당연한 결과일 수 있다. 반면 각 시(市), 지(地), 구(区)의 정책 발표는 지극히 미미한 수준으로, 이는 중앙의 지시에 의존하기 때문으로 생각된다.

다음으로 문화산업 발전을 위한 전문성을 고려한 문화산업단지(园区)를 전국 주요 지역에 건립하여 업종 간의 협력을 도모하고 융합을 통한 시너지 효과를 지양한바, 이의

효익은 기대 이상이었다. 따라서 여기서는 뉴미디어산업기지를 비롯하여 문화산업기지, 애니메이션산업기지 등을 파악하여 소개하고자 한다.

다. 문화산업단지 건설

1) 뉴미디어산업단지

2005년부터 2011년까지 중국의 뉴미디어산업단지(园区) 설치 상황을 보면 종류도 많고 운영 시스템도 다양하다. 뉴미디어산업 발전을 위해 세워진 산업단지 건설은 이미 상당한 규모로 형성되어 있고 산업적 효능도 나타나고 있으나, 지역적인 배치 분포의 불합리성과 기능 구분의 모호성, 중복된 설치 등 적지 않은 문제점도 보이고 있어 이를 보완, 개선해 나가야 한다는 지적을 받고 있다.

이러한 뉴미디어산업단지는 문화와 创意产业파크(园区) 또는 과학기술산업단지를 조성하는 하나의 영역으로 뉴미디어기술의 응용 및 디지털미디어 소프트웨어 연구개발 및 제작, 디지털뉴미디어기술과 기타 관련 산업과의 상호융합 후의 출판, 인쇄, 영상, 애니메이션, 게임, 광고 디자인 등 다양하고 폭넓은 공간을 대상으로 확대하고 있다.

산업간 결집효과와 단지 내 기업간 시설 공동사용 및 효율성 제고, 낙후된 산업과 앞서가는 산업간의 연쇄보완 및 산업과 인력의 상호작용 등을 주요 기능으로 하는 뉴미디어산업단지(园区) 유형은 설립주체에 따라 대략 다음 4가지로 요약된다.

정부주도와 통신분야 업체 주도, 그리고 전통적인 미디어 주도와 대학 주도 등으로 나뉜다.

〈정부 주도 각종 뉴미디어산업단지(기지) 현황〉

뉴미디어산업기지 및 설립일	주요 특징
国家뉴미디어 산업기지 (2005.12.31)	국가의 火炬计划(횃불계획)에 의거하여 설립한 유일한 뉴미디어산업단지 (北京市大兴区 소재) – 디지털影音, 애니메이션, 게임, 체험 등 5대 산업발전에 중점 – 뉴미디어산업과 통신기술, 정보기술, 컴퓨터기술 관련 문화산업융합 – 단지 내 약 200여 개사 입주 * 2011년 1월 10일 기술교역 총 수입 123억 1천만 위안(13.2% 증가), 총 이윤 2억7천만 위안(전년대비 1.7배)

베이징西山汇 뉴미디어 산업기지(2011.12)	- 국가 디지털미디어 기술산업단지로 인터넷 게임, 애니메이션(动漫)산업의 　고급기지. 향후 디지털미디어 연구발전중심으로 육성 - 3G응용산업 및 3网융합으로 차세대 디지털오락산업의 메카로 육성
국가 디지털기술산업화기지 (2006.4 상하이)	- 국가 863디지털미디어기술 산업화단지 소속 중의 하나 - 애니메이션(动漫), 인터넷 게임 및 디지털미디어 문화기업, 인력훈련센터, 　국제협력센터 등 설치, 운영
张江고급기술과학파크 디지털출판기지 (2008 상하이)	- 디지털 출판연구원 설립 - 중국 디지털출판네트워크 및 작품판권등기보호플랫폼 마련 - 디지털출판기지로서 국가 디지털복합출판시스템사업 참여 및 　디지털판권보호기술 연구개발사업 등 참여 * 전국 인터넷온라인게임산업의 20%, 상하이 애니메이션산업의 7%, 　전국 디지털콘텐츠산업의 10%를 각각 점유하고 있음
江苏创壹 국제 디지털 출판미디어 산업기지사업 (2011.12.31/ 총 자산 60억 위안)	- 디지털 출판기술개발, 출판물창작 및 전시교역 - 국제문화산업정보 교류 및 무역활동에 중점 - 江苏省남부지역 최대의 디지털출판매체단지
扬州국가 디지털출판기지 (2011)	- E-Book 관련 업체 30개사 입주 - 전자종이 생산량 1억 편(片) 이상, 연간생산액 200억 위안 - E-Book 연간 5만 본, 판매고 250억 위안 이상 목표 * 2015년까지 완성된 산업체인과 강력한 경쟁력을 갖춘 대규모 산업조직망 구축
华中국가 디지털출판기지 (2011.9)	- 华中지구(河南, 湖北, 湖南, 江西省) 국가급 디지털출판기지 - 제12차 5개년 계획기간(2011~2015)까지 디지털출판교육훈련산업단지 　(园区) 8~10개 육성 - 입주기업 500개사, 총 생산액 300억 위안 이상, 2020년까지 전통출판업체 　의 디지털화 전환 목표
中南국가 디지털출판기지 (2011.11 湖南长沙)	- 디지털상품创意, 제작, 출판, 판매 및 디지털플랫폼 운영 등 - 향후 중국의 디지털 출판기업 및 디지털콘텐츠 운영기업 집합 중심, 　디지털판권인증·유지·보호센터, 디지털 출판 투융자센터 및 기술연구 　개발센터로 발전 - 무선단말기 독서콘텐츠 제작 센터 육성
重庆北部新区 국가급 디지털출판기지 (2010.4)	- 디지털도서, 신문, 잡지, 인터넷출판, 모바일폰 출판, 출판데이터베이스 - 디지털 인쇄, 인터넷 게임, 애니메이션(动漫), 음각, 교육 등 　미디어 10대 산업류 육성

산시(陝西)디지털출판기지 (2010.10/ 투자액 20억 5,200만 위안)	– 산시성(陝西省) 내 각종 출판기구의 종합적인 사무동 관리 – 애니메이션(动漫), 게임산업단지(园区), 전시, 교역, 서비스센터 및 　판권교역센터 운영
국가디지털미디어 기술산업화기지 (2005.11 湖南长沙)	– 애니메이션영화(动漫片)위주의 산업이 특색 – 산학연, 국내외 합작운영체제 구축 *湖南省科学技术厅이 주관함
국가 뉴미디어산업기지 합작파크 (2010 长春)	– 국내 유수기업과 투자기금의 공동창업, 교육훈련센터, 창의기획센터, 　생산가공센터, 디지털은행 등 세부항목별 시스템운영
济南西区 디지털창의산업기지园区	– 济南대학 과학기술대학 외주시범단지 – 济南西区 투융자 센터가 투자하여 설립, 上海徐汇 산업단지로부터 　위탁받아 全权 운영서비스를 진행하고 있는 산업단지임 – 애니메이션, 게임, 영화, 드라마, 문화创意, 소프트웨어기술, 디지털기술 등 　고급기술영역의 산업체인으로 구성

※주: 火炬计划(횃불계획)이란 국가가 1988년부터 시행한 고급신기술산업 개발계획으로
　　 그 성과를 상품화, 산업화, 국제화하는 것을 목적으로 하는 사업계획임.

〈전통매체 또는 통신 및 과학기술분야 기업이 설립한 산업단지〉

뉴미디어산업단지 및 설립일	주요 특징
新华社뉴미디어연구개발기지 (2011)	
南方뉴미디어문화산업파크 (2011.8)	– 광저우의 南方新闻미디어集团(南方报业传媒集团)이 투자 – 멀티미디어기술과 뉴미디어산업 상품창작, LED미디어, 디지털 출판, 　전자상거래 등
广西北部湾출판매체기지 (2009)	– 디지털출판센터 설치운영 – 애니메이션创意, 영화, 드라마제작, 현대인쇄포장산업, 출판매체, 문화, 　관광, 레저 등 4개 기능단지로 육성
헤이룽장 뉴미디어산업기지 (2011.9.29)	– 헤이룽장신문집단(黑龙江新闻集团) 5억 위안 투자 – 현대의 디지털화 관리와 디지털 인쇄 등 고급기술 응용 등
新疆출판기지 및 디지털뉴미디어기지(2010)	– 新疆日报, 新疆전자음상출판사 등이 위탁 – 디지털미디어 출판, 인터넷 모바일 출판 등

昆明影視뉴미디어산업기지 (2008.2.18)	– 昆明滇池국가여유레저기구와 중국 국제미디어집단유한공사가 공동설립 – 影視산업단지, 뉴미디어 산업단지, 직업훈련 교육단지, 影視문화 상업촉진 센터 운영, 관광레저 등 서비스시설 운영
中国移动(China Mobile) 8대기지 (2009)	– 5억 위안 투자 – 상하이浦东 영상주파수채널기지설립 –四川무선음악기지 설립 – 항저우 모바일폰阅读기지 설립 – 랴오닝位置기지 설립 – 湖南전자상거래기지설립 –광둥南方기지설립 – 江苏게임기지 설립 – 푸젠 모바일폰 애니메이션기지설립
河南省디지털산업기지 (2011)	– 중국 炎黄科技园 건설유한공사 투자(총 32억 위안) – 5년 내 데이터 산업 항목 최소 80개 도입, 고급 과학서비스기업 30개사, 물류종합기업 30개사 유치 – 연간 생산액 30억 위안 돌파 목표
디지털 湖南 (2011 설립)	中国连通(China Unicom) 150억 위안 투자 현재 디지털 阅读플랫폼 건설에 5,000만 위안 투입(2012년) 디지털 열독기지 기초건설비 중 1기 공정에 5억 위안 이미 투입

위 표와 같이 전통매체 또는 통신, 과학기술분야기업이 투자한 뉴미디어산업단지의 수는 그렇게 많지 않고 규모도 크지 않으며 기능도 단일종목이 많다. 주로 뉴미디어그룹, 일부 영화 · 드라마제작사(影視企业), China Mobile, China Unicom 등이 참여하고 있고 목적은 이들의 업무영역 확장에 있는 것으로 분석된다.

– 전통매체 주도 뉴미디어산업단지

이들은 부분적으로 이미 건설되어 있는 고급신과학기술원과 공업단지의 기능을 새롭게 정립하는 곳으로 이해하는 것이 타당할 것이다.

중국 뉴미디어발전보고(2012)자료를 근거로 다음과 같이 정리해 보았다.

뉴미디어산업단지 및 설립일	주요특징
상하이인터넷시청각산업단지 (2011)	인터넷 게임, 애니메이션, 인터넷TV 채널, 인터넷 시청각, 디지털 출판 등의 산업 촉진

상하이뉴미디어创意산업센터 (2008)	뉴미디어 관련 고급기술산업 위주
톈진滨海新区뉴미디어 산업단지(2010)	모바일폰 애니메이션, E-Book, 모바일신문 등 문화산업 10개 분야 집중육성
산시(山西)云 컴퓨터산업단지 (2011, 太原市)	컴퓨터 소프트웨어 관련기업 200개사 입주
江苏, 无锡 디지털영화산업단지(2010.11) * 2009.11에 설립된 无锡공업	– 3~5년 내 완공 예정 – 해외영화, TV 관련 기업 500개사 유치 목표 – 매년 국제영화 10~15편 위탁제작 및 30~40편의 국내 영화, 드리마 제작 *影视(영화, TV, 드라마, 애니메이션영화) 관련 산업 연간 생산목표 200억 위안
苏州뉴미디어산업단지 (2008/苏州공업단지 내)	– 애니메이션, 게임 등 대표적인 文化创意산업의 비중이 2007년 11%에서 　뉴미디어산업단지 조성 후 2008년 14%로 증가 – 뉴미디어산업 분야 집중투자, 육성

– 산학(产学) 뉴미디어 과학기술 단지(园区)

뉴미디어산업단지 및 설립일	주요 특징
칭화과학기술원(清华科技园) 뉴미디어산업단지 (2004.9 정식투자, 2005.9.9 정식설립)	– 2005.9. 中关村과학기술단지(园区)海淀园관리위원회 '국제 뉴미디어산업 　기지' 정식 인수 – '국제 뉴미디어 산업기지'의 800여 개 입주기업 중 20여 개가 　뉴미디어기업임 – 고급기술 과학기업, 文化媒体 기업, 고급신기술 기업, 문화창의 인재의 　집합소로 형성, 운영되고 있음
江苏디지털정보산업단지	– 深圳清华大学研究院이 주도 – 기업, 대학 연구소, 투자재(资)가 연계된 고급과학기술단지임
베이징대학 뉴미디어산업단지 (2009년 설립)	– 베이징대학 소프트웨어 학부에 위탁, 국가학술교류센터 설립, 교학센터, 　실험센터, 창작 및 제작센터, 연구개발센터 등 설치, 운영

위의 각종 뉴미디어산업기지 조성은 유럽이나 미국의 새로운 기술과 뉴미디어 위주 과
학기술의 핵심기지건설 등을 참고로 하여 만든 것으로 판단된다. 투자 및 운영주체의

다원화와 다양하고 탄력적인 형식을 취하고 있는 것이 특징으로 분석된다. 미국의 정부 주도 단지(기지), 사설기지, 학술기관 주도의 단지(기지), 공사(公私)합병기지가 그것이다.

2) 문화부 비준 국가 문화산업 시범단지

중국 문화부는 선택과 집중으로 중국 전역에 5차례에 걸쳐 ① 국가급 문화산업시범(示範) 단지(园区) 8곳, ② 국가급 문화산업시험(試驗) 단지 7곳, ③ 국가문화산업시범기지 269개사(단일기업)를 지정·비준하였다. 시범 및 시험 단지와 시범 기지 현황은 다음과 같으며 시범기지 4개사를 2012년 지정비준을 취소했다. 다만 취소한 4개사 명단을 파악치 못했음을 안타깝게 생각한다.

■ 국가급 문화산업 시범(示範)단지: 8곳

ⓐ 开封宋都古城문화산업단지

ⓑ 上海张江문화산업단지

ⓒ 长沙天心문화산업단지

ⓓ 成都青羊绿舟문화산업단지

ⓔ 西安曲江新区 등 8곳

■ 국가급 문화산업시험(試驗)단지: 7곳

ⓐ 广州北岸文化码头

ⓑ 黑龙江省大庆文化创意산업단지

ⓒ 中国曲阳雕塑문화산업단지

ⓓ 福建省闽台문화산업단지

ⓔ 山东省儿庄古城문화산업단지

ⓕ 吉林省东北亚文化创意科技园

ⓖ 宁夏回族自治区石嘴山市星海湖产业园区

■ 국가문화산업시범(示范)기지: 269개사

ⓐ 〈제1차 비준: 2004.11.10 / 42개 시범기지〉

연번	문화산업기지명	연번	문화산업기지명
1	中国对外文化集团公司	22	宁波市新彩红오락유한공사
2	中录同方文化传媒유한공사	23	安徽安美置业투자발전集团
3	北京市长安文化娱乐中心	24	山东爱书人音像(集团)
4	北京保利文化艺术유한공사	25	湖北省민간예술단
5	北京儿童艺术剧院 股份유한공사	26	湖南红太阳오락유한공사
6	北京麦乐迪餐饮娱乐 管理유한공사	27	岳阳汇泽문화발전유한공사
7	天津市西青区 文化旅游发展유한공사	28	佛山市민간예술研究社
8	河北吴桥杂技文化经营集团公司	29	广州长隆集团유한공사
9	山西灵石县王家大院民居예술관	30	佛山市孔雀廊影音电器유한
10	辽宁锦州辽西文化古玩商城	31	深圳华侨城集团公司
11	辽宁민간예술단	32	深圳大芬油画书
12	大连普利문화산업기지	33	桂林广维문화관광산업 유한공사
13	하얼빈马迭尔集团股份유한공사	34	桂林愚自乐园
14	상하이张江创意산업기지	35	四川自贡中国彩燈 문화발전파크(园区)
15	상하이盛大인터넷발전유한공사	36	成都武侯祠锦里旅游 문화경영관리공사
16	상하이大剧院총공사	37	四川建川宝业集团
17	상하이瑞安集团	38	四川广元市女皇文化园
18	常州中华恐龙园유한공사	39	云南映像문화산업발전 유한공사
19	江苏省문화사업집단유한공사	40	丽江丽水金沙연예유한공사
20	浙江宋城集团지주유한공사	41	兰州市문화실업발전총공사
21	华宝斋富翰문화유한공사	42	西宁新奇공예장식유한공사

ⓑ 〈제2차 비준: 2006.5.18 / 33개 시범기지〉

연번	문화산업기지명	연번	문화산업기지명
1	雅昌기업(集团)	18	河南省文化集团
2	北京520인터넷접속서비스 유한공사	19	江通动画股份유한공사
3	河北易水砚유한공사	20	三辰卡通集团
4	山西宁达集团公司	21	TCL문화발전유한공사
5	东联集团成吉思汗陵여유구	22	广东潮州关键宇航鼠动漫影视유한공사
6	辽宁大剧院	23	重庆市綦江농민판화산업 발전유한공사
7	大连大青集团	24	成都市三圣花乡景区
8	吉林省东北风二人转예술단	25	成都市兴文투자발전 유한공사
9	상하이时空之旅 문화발전유한공사	26	九寨沟연예산업군
10	상하이다매체产业园발전 유한공사	27	三星堆문화산업파크(园)
11	江苏泰兴凤灵乐器유한공사	28	多彩贵州문화예술유한공사
12	苏州苏绣문화산업群	29	云南中天文化产业发展股份 유한공사
13	杭州金海岸오락유한공사	30	西安曲江문화산업투자(집단) 유한공사
14	安宁市五千年공예미술 유한공사	31	安塞县황토문화산업개발 유한공사
15	福建省王龙컴퓨터인터넷 정보기술유한공사	32	天水汉唐麦积山艺术陶瓷 유한공사
16	景德镇陶瓷문화박람区	33	吾屯热工문화예술촌
17	青岛市문화거리(文化街)	*	

ⓒ 〈제3차 비준: 2008.9.17 / 59개 시범기지〉

연번	문화산업기지명	연번	문화산업기지명
1	北京老舍茶馆유한공사	31	淄博东夷齐문화발전유한공사
2	俏佳人유한공사	32	郑州市天人문화관광 유한책임공사
3	天津华宁미래문화발전중심	33	郑州中远연예오락유한공사
4	天津市爱心수공편직제품 유한공사	34	湖北三峡非博园발전유한공사
5	衡水习三内画예술유한공사	35	湖南红萝卡通전파유한공사
6	曲阳宏州대리석공예 유한공사	36	张家界魅力湘西관광개발 유한책임공사
7	大同市广灵剪纸 문화산업파크(园区)	37	广东省广告股份유한공사
8	泡头市乐园文化传播 유한책임공사	38	深圳市腾讯컴퓨터계통 유한공사
9	沈阳杂技연예집단유한공사	39	中山市小榄镇문화산업발전 유한공사
10	盘锦辽河문화산업파크(园)	40	繁庆市端砚문화관광촌개발 유한공사
11	大连海昌기업발전유한공사	41	深圳古玩城
12	吉林歌舞剧院集团유한공사	42	百色靖西旧州绣球村
13	黄山市屯溪老街	43	海口市大致坡镇琼剧 문화산업군
14	厦门市优必得工资유한공사	44	重庆巴国城문화투자유한공사
15	景德镇法兰瓷실업유한공사	45	重庆红岩洞城市 종합발전유한공사
16	逢来八仙过海旅游유한공사	46	四川乐山马木珍品文化博物苑 유한공사
17	嘉祥石雕문화산업파크(园)	47	成都洛带客家문화사업개발 유한책임공사
18	杰作云台山旅游 발전유한공사	48	成都연예집단유한공사
19	淄博东夷齐문화발전유한공사	49	安顺兴伟문화발전 유한책임공사
20	郑州市天人문화관광 유한책임공사	50	云南柏联和顺관광문화발전 유한공사
21	郑州中远연예오락유한공사	51	昆明市福保文化城유한공사

22	湖北三峡非博园발전유한공사	52	라싸岗地经贸유한공사
23	湖南红萝卡通전파유한공사	53	西安关中민속예술박물원
24	张家界魅力湘西관광개발 유한책임공사	54	陕西华清池 관광유한책임공사
25	黄山市屯溪老街	55	华县皮影문화산업군(群)
26	厦门市优必得工资유한공사	56	庆阳香包민속문화산업群
27	景德镇法兰瓷실업유한공사	57	贵南县石乃亥민간예술단
28	逢来八仙过海旅游유한공사	58	宁夏回乡문화실업유한공사
29	嘉祥石雕문화산업파크(园)	59	新疆和合玉器유한공사
30	杰作云台山旅游 발전유한공사	*	

ⓓ 〈제4차 비준: 2010.11.23 / 70개 시범기지〉

연번	문화산업기지명	연번	문화산업기지명
1	베이징디지털오락발전 유한공사	36	莆田市集友艺术框业유한공사
2	베이징 京都문화투자관리공사	37	福安市珍华공예품유한공사
3	베이징贵辰传媒유한공사	38	萍乡市升华실업유한공사
4	배이징人民大문화과학기술원 건설발전유한공사	39	东方泰豪动漫산업투자유한공사
5	배이징钧天坊古琴문화예술 传播유한공사	40	山东周村古商城旅游발전유한공사
6	中央新闻纪录영화제작창 (动漫)	41	威海刘公岛실업발전유한공사
7	베이징中外名人문화산업집단 유한공사	42	潍坊杨家埠민속예술유한공사
8	天津神界만화유한공사	43	开封清明上河园股份유한공사
9	天津市猛犸과학기술유한공사	44	镇平石佛寺珠宝玉雕유한공사
10	天津市津宝악기유한공사	45	项城市汝阳刘笔业유한공사
11	天厂评剧歌舞团 연예유한책임공사	46	海豚传媒股份유한공사
12	河北金音악기집단유한공사	47	武汉艾立卡电子유한공사

13	蔚县圆通문화창의 유한책임공사	48	湖南大剧院
14	阳城县皇城相府(집단) 실업유한공사	49	拓维정보系统股份유한공사
15	山西晋阳常娥문화예술 유한공사	50	广东中凯文化传媒유한공사
16	内蒙古오르도스市达拉特旗响沙酒 관광유한공사(文化)	51	广州珠江钢琴集团股份유한공사
17	内蒙古力王공예미술유한공사	52	羊城创意省产业园
18	大连圣业旅游控股股份유한공사	53	深圳华强文化科技集团股份유한공사
19	深圳三农博览园유한공사	54	深圳市永农源실업유한공사
20	吉林省宇平공예품제조유한공사	55	深圳市同源南岭文化创意园유한공사
21	吉林禹硕动漫게임과학기술股份유한공사	56	海南天涯인터넷다운로드科技유한공사
22	헤이룽장冰尚杂技舞蹈연예제작유한공사	57	广西钦州坭兴陶瓷유한공사
23	하얼빈太阳岛风景区 자산경영유한공사	58	重庆商界传媒유한공사
24	상하이天地소프트웨어创业园유한공사	59	凉山文化广播电影电视传媒유한공사
25	상하이今日动画影视文化유한공사	60	广州平坝县天龙관광투자개발유한공사
26	扬州智谷투자관리유한공사	61	大理丽凤花雪月文化传播유한책임공사
27	江苏金一문화발전유한공사	62	라사市城关区古艺建策미술공사
28	江苏周庄문화창의산업발전유한공사	63	宝鸡市문화관광산업개발건설유한공사
29	杭州神采飞扬오락유한공사	64	西安大唐西市문화산업투자유한공사
30	宁波音王集团유한공사	65	陕西富平陶瓷村유한공
31	卫州醉根艺品유한공사	66	敦煌飞天문화산업발전유한책임공사
32	桐城市佛光铜质공예품유한공사	67	青海藏羊地毯집단유한공사
33	蚌埠光彩투자유한책임공사	68	青海工艺美术厂유한책임공사
34	中国宣纸유한공사	69	宁夏华夏西部影视城유한공사
35	艾派집단(중국)유한공사	70	新疆国际大巴扎개발유한공사

*

ⓔ 〈제5차 비준: 2012년도 / 69개 시범기지〉

연번	문화산업기지명	연번	문화산업기지명
1	中国木偶艺术剧院有限责任公司	36	山东金宝集团有限公司
2	北京万豪天际文化传播有限公司	37	山东东平水浒旅游开发有限责任公司
3	北京四达时代软件技术股份 有限公司	38	山东诸城中国龙城旅游投资有限责任公司
4	北京盛世金鹰国际传媒有限公司	39	河南禹州市神后镇孔家钧窑有限公司
5	北京通惠坊投资有限公司	40	河南安绣文化产业有限公司
6	北京春秋永乐文化传播有限公司	41	湖北宜昌金宝乐器制造有限公司
7	天津兆讯传媒广告股份有限公司	42	湖北武汉亿童文化教发展有限公司
8	天津福丰达动漫游戏制作有限公司	43	湖北盛泰文化传播有限公司
9	河北省金大陆展览装饰有限公司	44	湖南明和光电设比有限公司
10	河北省承德鼎盛文化产业投资有限公司	45	湖南金霞湘绣有限公司
11	河北野三坡神悦文化传播有限公司	46	广州漫友文化科技发展有限公司
12	山西省太原高新区火炬 창의산업연맹관리유한공사	47	广东奥飞动漫文化股份有限公司
13	山西省平定古窑陶艺有限公司	48	广东揭阳市阳美宝玉石有限公司
14	네이멍구 鄂尔多斯中视实业有限公司	49	深圳市灵狮文化产业投资有限公司
15	랴오닝 葫芦岛葫芦山庄有限责任公司	50	海南三道圆融旅业有限公司
16	지린 성 林田远达形象集团有限公司	51	海南三亚市天涯海脚旅游发展有限公司
17	长春知和动漫产业股份有限公司	52	广西榜样传媒集团有限公司
18	헤이룽장 성 同源文化发展有限公司	53	重庆演艺集团有限责任公司
19	헤이룽장 성 伊春市柏承工艺品有限公司	54	重庆猪八戒网络有限公司
20	上海世博演艺中心 有限公司	55	四川天遂文化旅游集团有限公司
21	上海宝山科技控股有限公司	56	贵州省雷山县西江千户苗寨旅发展有限公司
22	上海淘米网络科技有限公司	57	云南文化产业投资控股集团有限责任公司

23	江苏省南京云锦研究所股份有限公司	58	云南民族村有限责任公司
24	江苏省南通鸿禧문화창의유한공사	59	陕西演艺集团有限公司
25	江苏省无锡软件产业发展有限公司	60	西安长风数字文化科技有限公司
26	浙江龙泉市金宏瓷厂	61	甘南州羚城藏族文化科技开发有限责任公司
27	浙江乐富创意产业投资有限公司	62	兰州创意文化产业园有限公司
28	浙江台州市绣都服饰有限公司	63	甘肃肃南裕固族自治县祁连玉文化산업
29	浙江大丰实业有限公司	64	青海天地人缘文化旅游发展有限公司
30	안후이 安庆帝雅예술품유한공사	65	青海生物产业园开发建设有限公司
31	안후이 演艺集团有限责任公司	66	宁夏西夏城文化旅游开发有限公司
32	福建省时代华奥动漫有限公司	67	宁夏新科动产产业有限公司
33	厦门根深知业文化창의산업集团有限公司	68	新疆卡尔罗媒体科技 有限公司
34	江西省东源投资发展有限公司	69	新疆德威文化传播有限公司
35	江西婺源朱子实业有限公司	*	

상기와 같이 문화부의 지정·비준을 받은 269곳의 문화산업 시범기지들은 선택을 받은 대신 우수한 문화상품 생산에 집중하여 전국 총 생산량의 70~80%가량을 생산하고 있는 것으로 알려져 있으며, 2012년 이들의 영업수입이 4,396.28억 위안(미화 약 699억 4,321만 달러)에 이윤총액은 817.4억 위안(미화 약 130억 달러)에 이른 것으로 2013년 문화문물통계연감에서 밝히고 있다.

그러나 2012년 말 현재 중국은 전국에 문화산업시범(시험)단지(园区)및 산업시범기지가 총 1,013개로 여기에는 ① 국가급 문화산업시범(示范)원구(단지) 8개, ② 국가급 문화산업 시험(试验)단지 7개, ③ 국가 문화산업 시범(示范)기지(단일기업) 209개, ④ 국가 문화산업 시범(示范)기지(집합구역류) 45곳, ⑤ 성급 문화산업 시범단지(园区) 95개, ⑥ 성급 문화산업 시범기지 538개로 구분되고 이곳에는 1,297,553명의 근로자가 근무하고 있다. 대체로 국가급 기지는 269개이고 나머지 744개는 지방 성급이다.

3) 애니메이션 산업기지 및 전시회

중국 애니메이션의 역사는 이미 80년을 훨씬 넘었다. 21세기 초까지만 해도 선전(深圳)와 쑤저우(苏州)등 남부지역에 국산 동화예술인들이 모여들어 외국의 애니메이션 가공생산을 이어갔다. 국내의 많은 애니메이션 제작기관들이 국산애니메이션을 제작하지 않아 중국대륙은 점점 한국, 대만, 홍콩뿐만 아니라 세계의 애니메이션 가공공장이 되어버렸다. 과거 중국 내 애니메이션 방송은 95%가 일본의 애니메이션이라는 통계도 있다. 이는 중국애니메이션산업 발전에 중대한 제약일 뿐 아니라 청소년들의 건강한 성장에 심각한 영향을 초래함을 인식하고 2004년 2월 중국공산당 중앙과 국무원은 '미성년자 사상도덕 건설의 진일보 강화와 개선에 관한 약간의 의견'을 통해 소년, 아동용 영화, 드라마, 애니메이션의 창작생산을 강화하고 국산애니메이션 창작, 촬영, 제작 및 방송을 적극 지원하며 미성년자들에게 적합한 애니메이션과 중화민족의 우수한 전통적인 애니메이션시리즈를 선보일 것을 촉구한다.

이를 계기로 2004년부터 자국애니메이션산업 발전책을 강구하는데 2011년까지 국가가 전국각지의 애니메이션(动漫) 산업기지에 국가브랜드 권한을 위임하는 정책을 시행했다. 전국 7개 지역, 4개 직할시, 15개 성(省) 56곳을 국가 애니메이션 산업기지로 명명하는 절차를 행했는데 명칭을 부여한 중앙정부기관이 5개로 나뉘어 나름대로의 특징을 각기 살려가고 있다.

주로 산학(产学)연구기지 유형을 채택하고 있는 광전총국(广电总局)이 29곳으로 전체 산업기지의 52%를 차지하고, 인터넷과 출판·배급 면에 선택과 집중을 꾀하는 신문출판총서(新闻出版总署)가 25%로, 14곳의 기지를 국가애니메이션산업기지로 명명토록 명칭을 부여했다. 나머지는 문화부(文化部)와 과기부(科技部)가 각각 6곳, 공신부(工信部)가 1곳이다.

그런데 별도의 애니메이션 부문에서도 언급했지만 이렇게 국가가 지정한 애니메이션 산업기지에서 생산하고 있는 생산량이 중국 전체 생산량의 70% 이상을 차지하는 쏠림 현상이 이어지고 있다. 선택과 집중으로 성장하고 있는 애니메이션 산업기지 현황은 다음과 같다.

〈중국 주요 애니메이션(动漫) 산업기지 현황〉

지역별	성,시	산업기지명	기지유형	칭호부여기관
화베이(华北) 애니메이션산업 발전지역	베이징 시	중국영화집단	국가동화(动画)산업기지	광전총국
		CCTV중국국제TV 총공사	국가동화(动画)산업기지	광전총국
		베이징 영화대학(学院)	국가동화(动画) 교학연구기지	광전총국
		중국传媒 (매스미디어)대학	국가동화(动画) 교학연구기지	광전총국
		베이징문화창의산업 집합구	국가동화(动画)산업기지	광전총국
		中关村石景山 과학기술파크	국가인터넷, 게임, 애니메이션산업발전기지	신문출판총서
		中关村창의산업 선도기지	국가인터넷, 게임, 애니메이션산업발전기지	신문출판총서
		东城区雍和 과학기술파크	국가인터넷, 게임, 애니메이션산업발전기지	신문출판총서
		베이징 시 大兴区	중국뉴매스미디어 산업기지	과기부
		中关村石景山 과학기술파크	국가디지털매스미디어 기술산업화기지	과기부
	톈진 시	톈진시	국가影视.인터넷 애니메이션실험파크	광전총국
	허베이 성	石家庄시	국가影视.인터넷 애니메이션산업발전기지	신문출판총서
	산시 (山西)성	라디오, 영화, TV관리 간부대학	국가동화(动画)胶学연구기지	광전총국
둥베이(东北) 애니메이션산업 발전지역	랴오닝 성	다롄高新园区 동화산업파크	국가동화(动画)산업기지	광전총국
		다롄高新파크	국가애니메이션 게임산업진흥기지	문화부
		선양浑南新区	국가애니메이션 산업발전기지	신문출판총서
		선양高新기술산업구 에니메이션산업파크	국가동화(动画)산업기지	광전총국
	지린 성	长影集团 유한책임공사	국가동화(动画)산업기지	광전총국
		지린예술대학(学院)	국가동화(动画) 教学연구기지	광전총국

화둥(华东) 애니메이션 산업발전지역	상하이시	상하이미술 영화제작창	국가동화(动画)산업기지	광전총국
		상하이炫动卡通 위성TV매스미디어 오락유한공사	국가동화(动画)산업기지	광전총국
		华东사범대학(学院)	국가애니메이션 게임산업진흥기지	문화부
		张江고급 과학기술파크	국가인터넷, 게임, 애니메이션산업발전기지	신문출판총서
		상하이张江 문화과학 기술 창의산업기지	국가디지털매스미디어 기술산업화기지	과기부
		상하이다매체 산업파크	국가디지털매스미디어 기술산업화기지	과기부
	장쑤 (江苏) 성	常州국가 高新기술산업개발구 소프트웨어파크	국가동화(动画)산업기지	광전총국
		苏州공업지구 국제과학기술파크	국가동화(动画)산업기지	광전총국
		无锡太湖 디지털동화 影视창업파크	국가동화(动画)산업기지	광전총국
		无锡新区	국가애니메이션게임산업진흥기지	문화부
		난징(南京) 소프트웨어파크	국가동화(动画)산업기지	광전총국
	저장 (浙江) 성	항저우高新기술개발구 동화산업파크	국가동화(动画)산업기지	광전총국
		닝보(宁波) 鄞州국가애니메이션 게임 원창산업기지	국가애니메이션게임원창(原创) 산업기지	工信部
		국가디지털오락산업 (저장)시범기지	국가디지털오락산업 시범기지	문화부
		중국미술대학(学院)	국가동화(动画) 教学연구기지	광전총국
		저장대학 (大学)	국가동화(动画) 教学연구기지	광전총국
		저장매스미디어 대학(学院)	국가동화(动画) 教学연구기지	광전총국
	산둥 (山东)성	济南高新기술개발구	국가애니메이션산업발전기지	신문출판총서

화둥(华东) 애니메이션 산업발전지역	산둥 (山东) 성	칭다오 시	국가애니메이션 산업발전기지	신문출판총서
		옌타이芝罘구	국가애니메이션 산업발전기지	신문출판총서
	푸젠 성	샤먼소프트웨어파크 影视동화산업구	국가동화(动画)산업기지	광전총국
	안후이 성	合肥에니메이션 산업기지	국가애니메이션 산업발전기지	신문출판총서
		芜湖에니메이션 산업기지	국가애니메이션 산업발전기지	신문출판총서
화중(华中) 애니메이션 산업발전지역	후난 (湖南) 성	金鹰卡通유한공사	국가동화(动画)산업기지	광전총국
		三辰卡通집단	국가동화(动画)산업기지	광전총국
		长沙市高新区麓谷 파크	국가애니메이션 게임산업진흥기지	문화부
		长沙高新区	국가디지털매스미디어 기술산업화기지	과기부
	후베이 성	江通동화(动画)주식 유한공사	국가동화(动画)산업기지	광전총국
	허난 성	정저우小樱桃卡通 예술유한공사	국가애니메이션 산업발전기지	신문출판총서
화난(华南) 애니메이션 산업발전지역	광둥 성	南方동화프로그램 연합제작중심	국가동화(动画)산업기지	광전총국
		광저우天河 소프트웨어파크	국가인터넷, 게임, 애니메이션산업발전기지	신문출판총서
		선전동화(动画) 제작중심	국가동화(动画)산업기지	광전총국
시난(西南) 애니메이션 산업발전지역	충칭 시	충칭 시 南岸区茶园新区	국가동화(动画)산업기지	광전총국
	쓰촨 (四川) 성	청두高新区 天府소프트 웨어파크	국가애니메이션 게임산업진흥기지	문화부
		청두高新区 디지털오락 소프트웨어파크	국가인터넷, 게임, 애니메이션산업발전기지	신문출판총서
		청두(成都)시 高新区	국가디지털매스미디어 기술산업화기지	과기부
시베이(西北) 애니메이션 산업발전지역	산시 (山西) 성	시안(西安) 미술대학(学院)	국가동화教学연구기지	광전총국

※출처:国家动漫产业发展报告(2011)(卢文武 베이징영화대학 중국동화연구원 산업경제연구소장 등 3명/
2011.5 中国社会科学文献出版社 출판) 자료 pp.246~248

국가 지정 애니메이션산업기지의 특징

국가는 기지건설과 구체적 운영에는 나서지 않고 표창이나 지원, 격려정책을 시행할 따름이다. 다만 애니메이션 산업기지라는 대규모 시장조직망의 효과를 기대하고 효과가 줄어들면 애니메이션의 선진기업과 뒤쳐지는 기업의 비용분석 등을 통한 관리를 하고 있다.

애니메이션 산업기지의 유형은 복잡하고 다양하지만 대체로 3가지 유형으로 구분할 수 있다. 그 첫 번째는 산업파크주도형인데 기존의 산업파크(园区)는 새로운 고급기술개발구들의 소프트웨어 환경과 성숙한 관리 경험을 가지고 있어 이들 산업파크(园区)에 위탁하는 경우다. 다롄, 쑤저우의 애니메이션산업기지가 이에 해당한다.

두 번째는 기관주도형으로 애니메이션산업 중 대형 선진기업에 위탁하는 경우이다. 이들은 주로 제작사, TV 방송국, 대학교들인데 三辰卡通集团, 상하이미술영화제장창, CCTV중국국제TV총공사, 상하이 炫动卡通 위성매스미디어오락 공사 등이다.

세 번째는 지방정부 주도형이다. 이는 지방정부가 애니메이션산업발전을 위하여 국가급 애니메이션산업기지 브랜드 명칭을 취득하고 건물을 세우는 정책을 시행하여 정부가 각종 우대정책을 제공하면서 중소기업의 입주로 산업밀집지역의 효능을 형성하는 경우이다. 常州애니메이션산업기지가 전형적인 유형이다.

애니메이션산업기지 운영모델 역시 복잡하고 그 종류별 특색도 다양하다. 그러나 굳이 분류한다면 ① 종합형, ② 중소기업 부화(孵化)형, ③ 공공기술서비스형, ④ 선진기업 집약발전형, ⑤ 고급 신기술 개발구와 소프트웨어파크건설 상호결합형, ⑥ 인재육성 및 훈련기능형이 있다.

각 지역 애니메이션산업 발전상황과 여러 가지 조건들이 같지 않아 비교적 차이가 크다. 각 지역의 특성에 알맞고 우위를 확보하고 있는 사실 등을 고려하여 자신에 가장 적합한 운영모델을 찾는 것이 중요하다.

① 종합형

상하이는 광전총국이 국가급 애니메이션 산업기지로 2개의 애니메이션 산업기지와 문화부의 1개의 애니메이션 산업기지를 각각 명명 받았다. 그리고 신문출판총서가 '국가 인터넷 게임애니메이션산업 발전기지' 1곳을, 과기부가 2개의 '국가 디지털매체 기술산업기지'를 각각 명명했다. 2004년 문화부의 비준을 받아 전국에서 처음으로 '국가 애니메이션 산업진흥기지'가 자리를 잡고 교육훈련센터, 창의센터, 국제합작교류센터, 전시센터, 연구개발센터, 산업부화(孵化)센터를 설치했다. 주요 특징에서 접근해보면 다음과 같이 설명할 수 있다.

창작 능력에서는 '상하이미술영화제작창'이 풍부한 제작경험과 훌륭한 인적자원을 보유하고 있고 방송의 경우는 '상하이 炫动卡通채널'이 시청자들의 직접적인 요구를 만족시키고 있다. 기업결집 효능에서는 '상하이张江 고급과학기술파크(园区)'가 9개 도시들의 많은 우수기업들을 입주시켰다.

2005년 12월 상하이 浦东新区政府및 张江集团과 상하이영화예술대학(学院)이 공동으로 투자하여 당시 중국 최초로 애니메이션 연구개발 공공서비스 플랫폼을 건설하여 상하이,长三角지역을 비롯하여 전국 애니메이션기업의 서비스 요구를 만족시켰다.

② 중소기업 부화(孵化)형

중소 애니메이션기업이 애니메이션 산업기지에 위탁, 자원과 집약적인 발전을 함께 누리고자 하는 형태이다. 대표적인 것이 선전이징(深圳怡景) 국가애니메이션 산업기지와 창저우常州 국가애니메이션 산업기지이다.

2004년12월6일 창저우 국가 고급기술 산업개발구 소프트웨어파크가 광전총국으로부터 처음으로 유일하게 지·시급(地·市级) 국가애니메이션산업기지가 되었다. 3년 후 창저우 애니메이션 산업기지에는 베이징, 상하이, 광저우 등지의 102개 애니메이션 업체가 입주하고 캐나다, 인도, 한국, 싱가포르, 말레이시아 등 8개국 외국기업도 입주하거나 항목별 합작 의향서를 체결하기도 했다.

③ 공공기술 서비스형

우시(无锡)는 광전총국과 문화부로부터 국가 애니메이션 산업기지 명칭을 부여 받았는데, 창저우가 애니메이션산업발전을 위한 중소기업 입주서비스를 위주로 한다면 우시는 공공기술 서비스 제공이라는 기능상의 특징을 갖는다.

④ 선진기업 집약발전형

이러한 선진기업 집약발전형은 애니메이션기업의 시범적 기능을 발휘하는 것에 중점을 두는 유형이다. 이 유형은 독자적으로 애니메이션산업의 브랜드를 만들어가고 있는데 후난성(湖南省)의 拓维, 광둥성의 奥飞, 中南卡通이 있다. 후난성의 拓维信息系统股份유한공사가 소유하고 있는 '후난 국가디지털매체기술 산업화기지'는 애니메이션 기술 중심기업으로 '후난 국가애니메이션게임 산업 진흥기지'이며 모바일 애니메이션게임 기술중심이라는 자질도 가지고 있는 것으로 알려져 있다. 그리고 이 산업기지는 2008년 7월에 선전(深圳)증권거래소에 상장하는 데 성공한다.

⑤ 고급 신기술 개발구와 소프트웨어파크건설 상호결합형

2005년 5월 27일 쑤저우(苏州)공업지구 국제과학기술파크에 국가 애니메이션 산업기지를 설치하였는데, 이때 상당한 애니메이션기업들이 모여들었다. 애니메이션산업기지는 약 3천여 명으로 종업원 수가 늘었다. 또한 기지건설에 총 35억 위안을 투자하는 등 애니메이션산업에 대한 새로운 고급기술개발에도 박차를 가했다.

⑥ 인재육성 및 훈련기능형

베이징, 창춘, 항저우가 인재육성 및 훈련기능을 갖춘 특색 있는 애니메이션 산업기지로 평가 받고 있다.

베이징의 매스미디어대학(传媒大学), 베이징영화대학(学院), 광저우의 '국가애니메이션 교학연구기지'가 이에 속한다. 그 밖에도 중앙미술대학(学院), 도시대학 애니메이션 전공이 교육부의 애니메이션 특별전공으로 인정받기도 했다. 그리고 지린 성 창춘(长春)의 吉林애니메이션대학(学院)(원명: 吉林艺术学院动漫学院)은 광전총국으로부터 '국가애니메이션 교학연구기지'로 브랜드 명칭을 지정받고 애니메이션산업 실용인력 육성에 진력하는 것으로 알려져 있다. 항저우의 저장(浙江)대학, 중국미술대학(学院), 저장매스미디어(传媒)대학도 국가 애니메이션 교학(教学)연구기지이다.

중국의 애니메이션산업이 자금, 기술, 지식, 노동집약형 문화기업으로 각종 정책시행 결과 2005년말 애니메이션산업의 핵심상품 직접 생산액이 20억 위안에도 미치지 못했으나 2009년에는 64억 3,000만 위안, 2010년에는 80억 위안에 이르렀다.

그런데 2010년의 경우를 보면 국가 애니메이션산 업기지에서 생산된 중국 국산애니메이션이 172,689분 분량으로 전국 총 생산량의 78.3%를 차지하였는데 이는 2009년보다 30%나 증가한 양이다. 따라서 중국정부의 애니메이션산업에 대한 선택과 집중에 따른 성과물이 그 빛을 보고 있는 것으로 분석된다.

중국 애니메이션 전시회 현황

중국 애니메이션 전시회는 10여 년의 경험을 거치면서 차츰 성숙하고 있다. 2010년 전국 애니메이션전시회는 수억 명의 국민이 참관함으로써 중국 애니메이션산업발전에 중요한 역할을 한 것으로 나타났다. 2004년부터 시작된 애니메이션전시는 애니메이션산업에 중요한 하나의 축으로 작용하고 있으며 2004년부터 2010년 중국대륙에서 개최된 애니메이션 전시행사를 보니 국가급 전시회와 지방급 전시회로 구분되어 총 76개의 행사가 치러졌다.

〈2004~2010년 주요애니메이션 행사 개최 현황〉

연번	개최 연도	전시회명
1	2002	베이징영화대학 애니메이션节
2	2003	칭다오 애니메이션 예술节
3	2004	중국 창저우 국제애니메이션 예술주간
4	2004	话语애니메이션盛典
5		중국 국제애니메이션节
6		卡通总动员
7	2005	중국 국제애니메이션 게임박람회
8		광시 애니메이션节
9		광둥 애니메이션 예술节
10		중국 중산(中山) 국제애니메이션 게임박람회
11		대학생애니메이션节
12		중국(中山) 국제문화창의 산업박람회
13	2006	산시성(山西省) 애니메이션 예술节
14		石家庄 국제애니메이션节
15		안후이 국제애니메이션 카니발
16		宁波市 인터넷애니메이션 문화예술节

17	2006	중국 국제디지털콘텐츠(상하이)박람회
18		광저우 국제에니메이션节
19		베이징 국제애니메이션전
20		옌타이 국제애니메이션 예술节
21		난징문화산업교역회 애니메이션 전문박람회
22		톈진 국제애니메이션게임 산업박압회
23		창춘 국제애니메이션 디지털오락예술节
24	2007	샤먼 국제에니메이션게임전
25		장쑤 애니메이션게임节
26		중국 국제애니메이션 창의산업 교역회
27		중국 중부 '국제애니메이션전'
28		우한 국제애니메이션 카니발
29		중국 국제청년애니메이션 박람회
30		광저우 국제에니메이션전
31		중국 국제청소년 애니메이션주간
32		푸젠 애니메이션节
33		穗港澳 애니메이션게임전
34		중국 국제디지털상호오락상품 및 기술응용 전람회
35		충칭 창의산업활동주간
36	2008	산시(陝西)성 청소년애니메이션 문화节
37		중국 국제애니메이션节
38		게임개발자대회
39		창의에서 부가까지-XML 쑤저우 애니메이션 산업대회
40		샤먼 국제에니메이션节
41		윈난 쿤밍 에니메이션节

42	2008	马鞍山 준마상 애니메이션 COSPLAY전
43		중국 애니메이션 예술대전
44		중국(정저우) 국제애니메이션 논단 및 2009 중국(정저우) 국제애니메이션 프로그램 교류회
45		애니메이션판권 서비스주간
46		'动感地带'중국고교MOCA(휴대폰애니메이션게임 카니발)
47		중국 국제影视애니메이션 판권보호와 교역박람회
48		서부 국제애니메이션节
49		아시아청년애니메이션대회 및 '宏立城' 중국(꾸이양)卡通예술활동
50	2009	중국국제(톈진) 게임아니메이션산업 문화교류 전람회
51		동북아 애니메이션 전자완구节
52		광저우 자선 애니메이션节
53		션전 애니메이션节
54		선양 애니메이션节
55		꾸이린 애니메이션节
56		嘉善欢乐애니메이션节
57		济南西区 대학생애니메이션节
58		서부청두 에니메이션 게임문화节
59		중국 국제뉴미디어影视 애니메이션节
60		중국 국제애니메이션 박람회
61		중국 빙설애니메이션전
62	2010	중국清运 국제애니메이션 문화체험节
63		중국(베이징) 완구애니메이션 교육문화박람회
64		톈진 시 아동애니메이션节
65		중국서부 애니메이션 예술节
66		저장台州(溫岭) 국제애니메이션节

67		唐山 애니메이션节
68		玉林 애니메이션 문화节
69		赤峰市 애니메이션节
70		东营市 애니메이션节
71	2010	베이징 科普애니메이션 카니발
72		徐州市 IT 애니메이션节
73		淄博 국제애니메이션节
74		绍兴 애니메이션节
75		马鞍山 대학교교원 애니메이션节
76		〈무지개고양이 남색토끼(虹猫蓝兔)〉 팬미팅

※출처: 中国动漫产业发展报告(2011) pp.224~226 자료 재구성

상기 현황 자료에 의하면 2004년 이전에는 중국국내개최 애니메이션 전시회가 지극히 적었으나 2004년 이후 일년이 멀다 하고 계속 각지에서 생겨났다. 그리고 자료에 열거된 전시회는 대부분 연례행사로 매년 개최되고 있다. 애니메이션 관련 세미나, 시합 등을 포함하면 전국적으로 매년 개최되는 애니메이션행사는 100여 개에 달한다는 것이 전문가들의 지적이다.

개최되는 도시가 4개의 직할시를 비롯하여 전국 각 성회(省会: 성의 수도)뿐만 아니라 부성급(副省级) 도시를 총망라하고 있어 애니메이션 산업에 대한 관심과 열기를 짐작할 수 있다. 베이징, 상하이, 충칭, 톈진 시를 비롯, 항저우, 광저우, 난징, 청두, 선양, 정저우, 쿤밍, 꾸이양, 시낭, 푸저우, 창춘, 허페이, 스좌좡, 타이옌, 지난, 난닝, 우한 등과 선전, 칭다오, 옌타이, 샤먼, 닝보, 쑤저우 등 부성급 도시, 창저우, 즈보(淄博), 쉬저우(徐州), 둥잉(东营), 중산(中山), 위린(玉林), 탕산(唐山), 타이저우(台州), 샤오싱(绍兴), 칭위안(清远), 츠펑(赤峰), 자샨(佳善) 등이다.

중국은 전문화, 국제화, 산업화, 브랜드화로 이어지게 하는 것을 애니메이션 행사의 목표로 하고 있는데, 각종 국제애니메이션행사를 통해 교역이 크게 증가하는 등 일단 성공을 거둔 것으로 평가된다.

그럼 여기서 애니메이션전시회의 대표적인 몇몇 행사를 소개해 보면 다음과 같다. 전시

회 역시 국가급 전시회와 지방급 전시회가 있는데 중국 애니메이션전시회의 특징은 관(官)에서 주도하고 정부가 촉진하며 기업이 주역이 되며 매체가 선전을 담당하고 관람객이 참여하는 형식이다.

① 국가급 애니메이션전

ⓐ 제6차 중국 국제애니메이션 게임 박람회

문화부와 상하이 시인민정부가 공동주최한 '제6차 중국 국제애니메이션 게임 박람회 및 2010 卡通总动员'은 내용상 새로운 것을 창작해내고 애니메이션과 게임의 전 산업 체인을 극대화하는 계기를 강화함으로써 중국 애니메이션과 게임산업의 일체화 발전을 촉진하는 최종목표를 달성하는 데 기여하고 있다고 평가되고 있다. 행사는 세미나, 전시회, 박람회, 대회시상 등 10가지 종류의 세부행사로 진행되었다.

ⓑ 제6차 중국 국제애니메이션节(전)

광전총국과 저장성 인민정부가 공동 개최한 동 행사는 중국 내 최대 규모이며 가장 격조 높은 행사로 최고의 인기를 끌고 있는 행사이다.

중국 국제애니메이션산업박람회, 2010 국제동화영화교역 및 항목투자상담회, 애니메이션 최고위 논단 및 항저우 정상회담, 인재초빙회, COSPLAY초급(初级), 盛典 등 10여가지의 세부활동을 진행했는데, 47개 국가와 지역에서 365개의 애니메이션 업체가 참가했으며 161만 명의 관람객을 유치, 현장에서의 거래액만 23억 위안(약 3억 729만 달러), 총 교역 규모는 106억 위안(약 16억 달러)에 이르렀다.

ⓒ 제3차 중국 국제만화节(전)

신문출판총서와 광둥 성인민정부가 공동주최한 동 행사는 제7차 '金龙'상(만화동화예술대상)수여식, 2010 애니메이션 판권교역회, 제4회 ACG穗港澳애니메이션게임전, 중국 판본도서체육선전 화장품(画藏品) 선별전, 2010 전국 대학생원항동화대회 시상전을 개최했는데, 265,000여 명의 참관객이 몰렸다.

ⓓ 기타 2010년에 개최된 국가급 애니메니션전

광전총국, 광동 성 인민정부 및 국가판권국이 공동주최한 제2차 중국국제影视애니
메이션 판권보호와 무역박람회가 있고 문화부와 장쑤 성 인민정부가 공동주최한
2010 제7차 중국 창저우 국제애니메이션 예술절이 있으며, 문화부와 공신부(工业
和信息化部), 공청단중앙 및 후난 성 인민정부가 공동주최한 중국원창(原创) 모바
일폰 애니메이션 게임대회가 개최되었는데, 애니메이션 865개사와 게임사 316개
사가 참가하였다. 그리고 광전총국의 비준을 받아 중국공산당 원난 성위원회 선전
부와 중국 동화학회가 공동주최한 '2010 중국동화年会'가 개최되는 등 상당한 수의
행사들이 이어졌다.

② 지방급 애니메이션전
중국은 지방마다 풍부한 문화적 자원을 보유하고 있어 그 지역 특성에 맞는 행사가
많다.
2010년 영향력이 비교적 컸던 지방급 에니메이션전을 보면 ① 화베이 지역에는 네이멍
구자치구의 '제3차 애니메이션전', ② 둥베이 지역은 '2010 제2차 선양 애니메이션 전
자완구박람회', ③ 화둥지역은 '제8차 칭다오 에니메이션 예술절(节)'과 '제8차 샤먼 국
제애니메이션절(节)', '제5차 중국 중부박람회 국제애니메이션전', ④ 화중 지역에는
'2010 제1차 후난 애니메이션게임전'과 '2010 중국(정저우) 애니메이션 문화산업박람
회', ⑤ 화남 지역은 '제12차 홍콩 애니메이션 전자완구전', ⑥ 시난 지역은 '2010 서부
청두 애니메이션 게임문화절'과 '중국서부 애니메이션문화절'이 충칭에서 개최하였다.
중국 국내에서도 적지 않은 애니메이션 전시회가 개최하고 있고, 중국 역시 해외에서
개최하는 유명 애니메이션 국제행사에 적극 참가하는 양상을 보이고 있다.

라. 주요 정책

앞 장의 '지속적인 문화산업 체제 개혁' 항목에서 부분적으로 언급된 내용이 있지만 여
기서는 중국문화산업발전을 위한 중, 장기계획의 근간이 되고 있는 중국공산당 중앙과
정부의 중요한 정책들을 발췌하여 분석했다.

1) '문화산업 진흥규획(文化产业振兴规划)'

이는 2009년 9월 26일 국무원 명의로 중국의 문화산업육 성을 위한 중장기계획이다. 문화산업이 국민경제의 지주산업으로 등장 함으로써 이의 중요성을 철저히 분석한 후에 나온 중요한 정책 중 하나이다. 따라서 동 규획을 보다 깊이 있게 접근, 다음과 같이 기술한다.

우선 문화산업진흥을 가속화하고 그 중요성 및 시급성을 갈파했다. 문화산업이 사회주의문화의 대 발전, 대번영의 중요한 엔진이자 경제발전의 성장점 역할을 하고 있다고 진단하고 현재 문화산업발전의 수준과 역량이 부족하며 대중의 정신적 충족에 미흡할 뿐만 아니라 과학발전과 대외개방속도 등에도 미흡함을 지적하면서, 성장발전과 내수확대, 구조조정, 개혁추진 및 민생확보 등에 공헌해야 한다는 문화산업 진흥의 시급성을 강조하고 있다.

다음은 문화산업 진흥의 기본원칙과 목표설정으로, 중국 특색의 문화산업 발전을 기본노선으로 하고 세계우수문화를 거울삼아 중화민족의 문화번영과 발전을 촉진하며 구조조정하에 대형프로젝트추진과 산업규모확대 및 경쟁력강화 등을 기초로 하는 사회적 효과와 경제적 이익을 동시에 달성하려는 기본 원칙 속에 제도개선과 문화 시장주체 정립 및 역량강화를 비롯, 규모를 확대하는 원대한 목표도 설정한다. 목표설정에 대하여 보다 세부적으로 접근해 보면 참신한 시스템, 메커니즘 전환, 시장지상주의, 역량강화의 원칙 속에 문화 관련 기관의 제도개선을 기하는 문화시장주체확립과 참신한 아이디어, 영상물 제작, 출판인쇄, 광고, 공연예술, 전시, 디지털 창작물, 애니메이션 등 관련 산업의 빠른 발전과 더불어 자본을 축으로 하는 문화 관련 기업 간의 합병 및 체제 개혁을 빠르게 진전시키는 문화산업 구조의 최적화를 내세운다.

또한 기업 중심의 시장선도와 산학연(产学研) 협력시스템 기반 구축, 그리고 문화창조력 제고 및 디지털기술의 광범위한 응용 등 문화혁신 역량을 한층 높이고 문화자원 배치와 도농(都农) 간의 문화시장 상호발전, 문화소비 영역의 점진적 확대 등을 골자로 하는 현대 문화시장시스템을 정립함에도 그 목표를 두고 있다. 아울러 문화관련상품 등의 수출형기업 및 글로벌브랜드 육성과 무역 확대 등 문화상품 및 서비스제품의 수출확대도 촉진하고 있다.

이러한 문화산업의 중장기발전을 위한 '문화산업진흥규획'은 8개의 중점시행항목을 설정하고 있는데 그 요지는 다음과 같다.

① 핵심문화산업개발과, ② 대형 프로젝트 진행을 통한 전략적 발전, ③ 기간 문화기업을 육성하며, ④ 문화산업기지 건설을 가속화하고, ⑤ 문화소비를 확대하며, ⑥ 현대화된 문화시장 시스템 구축과, ⑦ 신흥문화업종을 개발하는 동시에, ⑧ 문화상품의 대외교역을 확대하는 것으로 요약이 가능하다.

상기 8개 중점시행항목의 원만한 추진을 위한 정책적 조치가 이루어지고 있는데 국가는 비국유자본 및 외자(外资)의 문화산업진입과 관련하여 규정을 마련, 각종 문화산업별 독자(独资), 합자(合资), 합작(合作) 등 소위 '3자'의 방법을 통한 정책적 허용범위 내에서의 문화산업 분야 진출을 지원함으로써 진입장벽을 낮추고 있다. 또한 정부투자를 강화하고 세수우대정책을 시행하며 금융지원을 확대해 나가는 동시에 문화산업투자기금설치를 확대해 가고 있다.

2) '중국공산당 중앙의 문화체제 개혁 심화에 관한 결정'

2011년 10월 18일 중국공산당 제17기 중앙위원회 제6차 전체회의(약칭: 제17기 6중전회)에서 통과되어 같은 해 10월 25일 발표된 동 결정은 중국공산당중앙이 문화체제 개혁의 지속적인 추진을 강화하고 문화산업을 국가경제발전의 하나의 축으로 삼는 것으로 인식되어 있다.

동 결정은 문화체제 개혁 · 발전의 중요성과 긴박성에 대한 충분한 인식 속에 더욱 자각하여 주동적인 사회주의 문화발전과 번영을 추진할 것을 주문하고 있고 중국 특색의 사회주의 발전노선을 견지하여 문화강국 건설을 위해 노력할 것을 언급하고 있다.

3) 기타 주요 시책

앞에서 언급한 '문화산업 진흥규획'과 '중국공산당 중앙의 문화체제개혁 심화에 관한 결정'은 현재와 미래의 중국 문화산업 전반에 걸친 비전을 제시하고 각종 정책을 구체화하는 데 근간이 되고 있는데 이러한 당과 정부의 주요 정책에 힘입어 그 후속조치들이 끊임없이 전개되고 있다.

2010년 4월 중앙선전부, 문화부, 재정부, 인민은행, 은행감독위, 증권감독위, 보험감독위 등 9개 부(部), 위(委)가 공동으로 제정한 '문화산업진흥과 발전번영을 위한 금융지원에 관한 지도의견'이 공표됨으로써 금융기관이 문화산업분야에 자금을 지원하고, 2011년 3월 '국민경제와 사회발전 제12차 5개년 규획 요강(国民经济和社会发展第

十二个五年规划纲要)'에서 문화체제 개혁을 심화하고 문화산업이 국민경제의 지주산업이 될 수 있도록 촉진한다는 내용이 제출된다. 이는 같은 해 10월 '중국공산당 제17기 중앙위원회 제6차 전체회의'에서 채택된 내용의 전초적인 성격을 가지고 있다.

2012년 2월 16일 '국가 12·5 시기 문화개혁발전 규획 요강(国家十二五时期文化改革发展规划纲要)'을 발표하고 같은 해 3월 문화부는 '12·5 시기 문화산업배증계획(十二五时期文化产业倍增计划)'을 발표하면서 문화산업이 한층 더 발전하도록 촉진한다. 위와 같이 강령 성격의 산업정책과 지원정책들이 연이어 공표됨으로써 중국의 시장경제 속의 문화산업이 두드러지게 표출되었고, 당과 정부는 보다 더 문화산업발전을 중시하고 있다.

중앙의 각 부(部), 위(委) 및 각급 지방정부도 자체적으로 5개년 계획을 수립하고 당해 지역의 문화산업 발전을 위한 심도 있는 전문적인 토의를 거쳐 지역과 구역의 특성에 알맞은 발전전력을 내놓았다.

4) 지방정부의 문화산업 발전계획

2012년 각 성(省)별 자체 문화산업 발전계획의 내용을 살펴보면 현재 실정에 맞는 갖가지 정책적인 목표를 설정, 추진해 왔다.

여행(관광)산업을 전략적 지주산업으로 육성, 발전시켜 나가겠다는 허베이성(河北省)을 비롯하여 2010년 이미 문화산업 부가가치가 GDP의 3.12%를 달성, 전국평균 2.753%을 초과 달성한 산시(山西) 성은 12·5(十二五) 규획 기간(2011~2015년) 중에 문화산업의 부가가치를 1,000억 위안까지 끌어올리고 문화강성(文化强省)을 이루겠다는 포부로 매진하고 있다.

산둥(山东) 성은 문화자원의 대성(大省)으로 문화강성(文化强省)으로 진행되고 있고 산시(陕西) 성은 시안(西安)의 풍격(风格)과 특색 등을 바탕으로 문화강성(文化强省)으로 성장하고자 8대 공정(工程) 시행에 들어갔다. 중원(中原) 특유의 문화자원 개발에 진력하고 있는 허난(河南) 성과, 가정의 미덕(美德)과 개인의 품덕교육 등 현지 실정에 맞는 여러가지 정책들을 계발하면서 문화강성(文化强省)으로 향한 안후이(安徽) 성, 예술정품의 창작을 극대화하겠다는 랴오닝 성, 100가지 중점 문화항목을 시행해 나가고 있는 지린(吉林) 성, 문화자원의 공동향유를 강화해 나가고 있는 헤이룽장(黑龙江) 성, 문화산업의 부가가치를 2015년에 GDP의 4% 돌파할 것을 목표로 정진하고 있는 네이멍구 자치구 등, 각 성(省)과 자치구들의 거대한 문화산업 발전을 위한 발걸음이 빨라지고 있는 것을 알 수 있다.

여기서 중국의 대표적인 15개 부성급(副省級) 대도시들의 제12차 5개년 계획(2011~2015년) 기간 중 문화산업 발전규획을 '중국 문화기업 보고 2012'가 밝힌 자료를 근거로 다음과 같이 설명이 가능하다.

〈중국 15개 대도시의 2011~2015년 기간 문화산업 규획(안)〉

도시명	주요 요지	발전 목표
하얼빈 (哈尔滨)	문화강시(文化强市)	– 문화산업 부가가치 40억 위안 돌파, GDP의 6% 달성(연평균 25% 증가) – 동북지역 문화자원 집결 중심, 문화산업 창의 중심, 문화상품 생산, 유통 중심으로 도약
칭다오 (青岛)	'문화칭다오' 조속건설	– 문화산업 부가가치 GDP의 10% 달성, '창의칭다오' 계획 수립, 시행 – 10대 문화선진기업(집단)과 100개 중점문화기업 육성
난징 (南京)	문화혁신 핵심 도시	– 문화산업부가가치 GDP 5% 이상 달성, 문화산업분야 근로자 수가 전체 근로자 수의 8% 점유 – 도시근로자들의 연간 문화소비액을 총 소비지출액의 25%로 유지, 수출액 연간 15% 증가 – 문화기업의 주식시장 또는 주식상장 지도기간 성공적 추진
지난 (济南)	도시문화 실력 한 단계 향상	– '문화가 강한 도시' 전략구상, '济南 창의디자인도시'와 국가급 애니메이션, 게임산업기지 등 창작
청두 (成都)	'청두시' 문화브랜드 확립	– 청두시의 브랜드상품과 기업, 브랜드파크(园区), 브랜드 활동 진흥 및 육성 – 청두 문화산업 브랜드 발전 시스템 구축, 국제적 지명도 및 영향력 있는 청두시 문화브랜드 창작 등
시안 (西安)	최적화 산업배열조정	– 특색 있는 여행노선과 형식에 의거, 핵심적인 여행업 발전 배열 형성 – 曲江新区, 黄城区, 监潼区를 문화산업발전 배치 조정 형성
닝보 (宁波)	문화대도시를 문화강시(文化强市)로	– 총 420.88억 위안을 투자, 10개 문화산업집합구 건설 – 20개 중점 문화 브랜드 육성 – 50개사 중점 문화기업과 6~8개 기업 증시상장추진 지원 – 문화항목 30개 건설과 12 · 5규획기간 316.63억 위안 투자
항저우 (杭州)	항저우의 '제4산업' '품질산업'	– 문화산업부가가치 GDP의 17% – 중국의 전자상거래도시, 중국 애니메이션의 도시, 중국 여성패션의 도시, 중국 예술품 교역 중심, 중국 여행. 연예의 중심, 중요 디자인 발전기지로 성장. – 문화, 창업, 환경의 고도융합으로 특색 있는 국내 선두, 세계 일류라는 전국의 문화창의산업 중심으로 만듦 – 문화가 경제에 녹아들어가 경제를 체현해 내며 경제와 문화가 일체화됨으로써 상호 고급 발전단계로 진입.

선양 (沈阳)	문화강시(文化强市)	– 연평균 20% 성장 – 一轴, 兩翼, 三中心, 四大집합구, 5대교역시장의 공간배치 – 동북아지역의 문화산업 연구개발 및 교류 중심이 되도록 함 　문화상품생산 및 유통 중심, 문화오락레저 및 소비 중심 도시화
광저우 (广州)	문화소프트웨어 힘 제고로 세계적 유명 문명화도시	– 문화체제 시스템개혁, 혁신심화 – 전통문화와 현대문명의 다양한 색채 발휘, 문화와 경제과학기술의 　융합발전 – 고도의 포용성 구비, 다원화와 경쟁력 있는 문화강시 및 　세계적 유명 문화도시 건설 – 국가 중심의 부단히 증가하는 문화소프트웨어 역량 제고
우한 (武汉)	문화강시추진 문화경쟁력제고	– 문화발전방식 전환 적극 추진, 문화산업구조 최적화, 문화시장주체 　훈련 및 교육, 문화소비확대, 문화전시구역 건설 추진 – 우한 특색의 문화 발양
샤먼 (厦门)	문화소프트웨어의 힘이 강한 도시	– 영화 · TV 드라마 · 애니메이션, 디자인 창의, 문화여행, 　디지털 콘텐츠와 뉴미디어, 공연예술, 연예오락, 골동품 및 예술품, 　인쇄출판 등 산업 중점 발전 – 새롭고 전문화된 문화산업파크(园区)와 결집구역 고표준건설 – 타이완 문화산업을 접하면서 타이완과 샤먼과의 애니메이션, 　인터넷 게임, TV 드라마, 영화, 디자인 창의 등의 분야 산업 합작 – 양안 문화산업 합작파크 건설, 양안문화의 교류합작, 신(新) 브랜드 　교육 및 훈련
다롄 (大连)	현대의 유명문화도시	– 국유문화기업단위 개혁 적극 추진, 문화자원의 합리적 조정 – 유명브랜드의 출판, 매스미디어, 연예 등 대형문화집단 건설 – 비공유제경제의 문화사업 참여 고무, 격려 – 문화창신, 도시문화 훈련 · 교육, 도시정신 형상화, 현대 유명문화도시 제도
창춘 (长春)	동북아의 현대유명 문화도시	– 시의 문화산업 부가가치 1,000억 위안 돌파, 20개 국내 유명브랜드와 　5개의 유명 국가브랜드 교육, 훈련 – 2~3개 대형 문화기업집단 교육, 훈련, 여행 관련 수입 1,400억 위안 목표 – 전통 연예산업과 출판인쇄업의 발전 촉진, 직업훈련업종 대대적 지원
선전 (深圳)	문화입시(文化立市)	– '문화+과학기술', '문화+유행'을 위주로 한 특화 – 창의적 디자인, 애니메이션, 게임, 디지털시청각, 디지털 출판, 　뉴미디어, 문화관광, 영화 · 드라마 · 공연 – 화교 문화창의 산업도시 조속 건설(파크), 2015년 문화창의 산업규모 　2,500억 위안 초과 달성.

※ 출처: 中国文化企业报告 2012 pp.68~69 자료 재정리

상기 15개 대도시 중 칭다오(青岛), 닝보(宁波), 다롄(大连), 선전(深圳)을 제외한 11개 도시 모두가 당해 성(省)의 수도인 성회(省会)이다. 이러한 대도시들은 제12차 5개년 계획 기간(2011~2015)에 문화산업 발전계획이 성(省) 전체의 경제발전과 맞물려 진행되고 있는 것으로 파악이 된다.

각 성(省)이나 대도시의 문화산업 발전계획에는 과거의 문화대국이 아니라 확실히 자기 브랜드를 갖는 문화강국(文化强国)으로서의 발전을 읽을 수 있다.

문화사업 부가가치를 몇 %까지 달성하고 다양한 문화산업 발전의 추진을 위한 구체적 정책 내용들이 각 성과 대도시 간에 대동소이하나 광저우 시의 전통과 현대문명 간에 서로 조명하면서 다양한 색채를 발휘하겠다는 전략은 우리의 시선을 끈다.

중국공산당 중앙과 정부는 문화산업의 위치를 '사회주의 문화강국'의 기본적 요구사항으로 인식하고 국민경제와 사회발전전략상 국가 전략적 지주 성격의 산업으로 상승시켰다.

1인당 GDP 1,000달러 시 국민들의 소비구조가 바뀌기 시작했고 정신문화가 물질문화보다 비교적 증가하였으며 가정 수입에서 교육, 여행, 레저, 오락 등 분야의 지출이 늘어나기 시작했다. 1인당 GDP 2,000달러 시기에는 이러한 변화가 더욱 빨라졌고 3,000 달러 시기에는 문화산업이 상당히 빠르게 발전하는 단계에 이르렀으며 2010년에는 이미 1인당 GDP가 4,412달러에 이르렀는바, 이후 중국의 미래 문화산업 발전이 경제성장의 중요한 엔진 중의 하나로 작용하고 있는 것이다.

소위 '중화인민공화국 국민경제와 사회발전 12·5 규획 요강'에서 밝힌 문화산업 관련하여 몇 가지 주요 내용을 보면 다음과 같다.

첫째, 중요한 문화산업 항목의 전략적 시행과 문화산업기지 및 지역 특색의 문화산업군의 건설을 강화하였다.

둘째, 문화창의(创意), 영화·드라마의 제작, 출판·배급, 인쇄·복제, 연예오락, 디지털콘텐츠, 애니메이션 등 중요 문화산업의 강력한 발전과 핵심기업 육성, 중소기업 육성, 문화기업의 지역성 탈피, 업종을 뛰어넘는 등의 문화산업 체제개혁을 촉진하여 문화산업의 규모화·집약화·전문화 등으로 수준을 제고시키는 것을 강조하고 있다.

셋째, 과학기술 혁신과 문화산업 기술표준 연구개발 및 고기술 설비수준을 제고시키며 전통산업 개조, 신흥문화산업 육성 및 발전을 도모토록 하고 있다.

넷째, 중서부지역 중소도시의 영화관 건설과 다섯째, 비공유제(非公有制)자본의 여러 가지 방법으로 문화산업영역 진입과 공유제 형성을 통한 다양한 소유제가 공동으로 발전하는 산업구조를 이루어 나가겠다는 의지도 포함되어 있다.

3. 맺는말

앞에서 문화산업의 주제별 주요 정책에 있어 지속적으로 추진해오고 있는 문화산업 체제개혁의 단계별 변화 상황을 일별해 보았다. 그리고 역대 각종 정책적 법규범 시행 현황과 문화산업 기지건설도 파악해 중국 문화산업 발전의 초석을 다져놓은 야심찬 정책도 소개했다.

본 장의 문화산업 주요 정책에는 당해 문화산업을 관장하는 특정 부(部)나 총국(总局)의 정책보다 중국 문화산업 발전을 포괄하는 주요 정책 몇 건을 소개했다. 왜냐하면, 특정 부서가 관장하는 문화산업정책에 대해서는 당해 특정 문화산업 분야를 설명할 때 말미에 대체적인 정책을 이미 소개했기 때문이다.

어쨌든 중앙과 지방정부가 문화산업 발전 및 육성을 위한 갖가지 육성책을 수립·시행하고 이에 따라 각 지방정부는 현지사정에 걸맞는 중장기목표를 설정하면서 문화산업에 대한 정책적 지원이 더욱 강화되고 있음을 알 수 있다.

이러한 상황 속에서 중국 문화기업들의 국제적 경쟁력도 강화되고 있어 2011년에도 중국문화상품의 해외수출은 187억 달러로 2010년보다 22.2% 증가했고 10년 전보다 6배가 늘어났다고 중국세관총서 통계에서 밝히고 있다. 2011년 현재 세계문화시장에서의 점유율은 미국 43%, EU 34%, 일본 약 10%, 한국 약 5%인 데 비해 중국은 4%대에 머물고 있음을 잘 알고 있는 중국은, 자국의 문화산업 발전을 위한 각종 정책을 끊임없이 전개할 것이다.

다소 다른 얘기가 될 수 있을지 모르지만 '2030 中国−迈向共同富裕(中国清华大学国情研究中心主任 胡鞍钢교수 등 3인 공저/ 2011.10 人民大学出版社)'라는 책에서는 2030년에 중국의 전 세계 수출 규모가 약 55조 달러로 전세계 GDP의 53.4%로 전망하고 있고 세계 최대 소비시장으로 미국의 1.75~1.89배 규모가 될 것으로 내다봤다. 그리고 2030년 중국의 해외 직접투자액 규모도 4조 5천억 달러 내지 5조 달러로 추산, 세계 최대 해외투자국으로 부상하는 것으로 분석했다. 이 또한 국가 경제발전의 지주산업으로 추진하고 있는 문화산업과도 깊은 관련이 있는 것으로 인식할 필요가 있다.

한눈에 알아보는 중국의 문화산업 시장

Ⅴ. 한·중 간 문화교류

1. 한·중 간 문화교류

1992년 8월 24일이 수교일이니 금년 8월 24일이 한중 양국이 수교한 지 꼭 22년이 되는 날이다. 양국은 가장 짧은 기간에 각 분야에서 괄목할 만큼 발전했다는 평가를 내놓고 있다. 문화 분야도 예외일 수는 없다. 이러한 현상을 두고 사람들이 자주 사용하는 단어가 양국 간의 지리적 인접성, 경제적 상호보완성, 문화적 유사성이다. 2011년 말 기준으로 지난 20년간 양국 간에는 57,606,000여 명의 사람들이 오갔다. 2011년에는 한국인들은 매일 11,465명이 중국을 찾았고 중국인들도 6,852명이 한국을 찾은 것으로 알려져 있다.

2013년 양국 간 교역규모도 2,743억 달러(중국 통계)로 수교 당시 63.7억 달러에 비하면 엄청나게 늘어났는데 이를 더욱 발전시켜 2015년에는 3,000억 달러까지 늘릴 목표로 세우고 이를 달성하기 위해 노력하고 있다.

이러한 다양한 환경에 1997년 가을 베이징에서 한류(韓流)라는 단어가 신조어로 나타났고 2000년 이후 중국 언론에 소개되면서 확산되었으며 2005년 9월 후난 위성TV 채널에서의 드라마 〈대장금〉 방영으로 절정을 맞는다. 물론 한풍(汉风) 역시 한국 내 다양한 통로로 한국 사회 곳곳에 퍼져 있다. 다만 한풍(汉风)이라는 단어를 잘 애용하지 않아 중국 내에서의 한류만큼 크게 느끼지 못할 따름이다.

한·중 양국 간에는 1994년 3월 28일 베이징에서 체결된 '양국 정부 간 문화협력에 관한 협정(Agreement on cultural Cooperation between the government of the Republic of Korea and the government of the People's Republic of China)' 체결 이전부터 정부 간 또는 민간 분야에서 문화교류가 있어 왔다.

양국이 수교한 지 이미 20년을 넘기고 있어, 본서에서는 그간의 분야별 문화교류 상황을 기술하는 것보다는 수교 이후 문화교류 분야에서 하나의 특징이라고 불릴 만한 사례를 중심으로 접근하고자 한다.

양국 간 수교 후 몇 개월 지나지 않은 1993년 한국의 드라마 〈질투〉가 중국중앙텔레비전방송(CCTV)을 통하여 중국인들에게 처음으로 선보이게 된다. 그 후 몇 년이 지난 1997년 7월 한국 TV 드라마 〈사랑이 뭐길래〉가 CCTV 1에서의 첫 방송으로 사랑을 받으면서 10월 재방송을 통하여 한국 TV 드라마의 중국 진출을 확대시키는 계기를 맞는다. 그리고 1993년부터 한국의 무용 공연, 각종 전시회 개최 및 중국 개최 국제전시회 참가, 한국어 강좌 확산, 패션 및 미용, 음식, 소설 작품 등 다양한 문화 분야에서 중국진출이 이어지고 한중 양국 축구국가대표팀 교환경기 개최, 양국 바둑대회 등의 체육활동과 더불어 휴대폰을 비롯한 IT전자제품, 자동차 등 '한류'라는 단어가 전 분야로 확대되는 동시에 한국 내에도 중국의 각종 공연행사나 전시활동이 지속적으로 이루어지고 중국요리강좌, 중국문화강의 및 전통악기, 무협영화, 중의(中医), 중국어교습 등 다양한 문화예술 행사들이 봇물을 이루었다. 이러한 중국문화는 중국 농수산물의 한국 수입이 확대되고 양국 간 여행객 교류와 유학생을 비롯한 청소년(청년)들의 상대국 방문이 급증하면서 한국에는 '한풍(汉风)'이, 중국에는 '한류'(韩流)'라는 신조어가 탄생하는 계기를 맞이하는 특이한 현상이 일어나게 되었다.

1997년 가을 중국 CCTV 1에서의 〈사랑이 뭐길래〉 TV 드라마 재방송 이후 중국 언론인들의 어느 사적인 모임에서 생겨난 '한류(韩流)'라는 신조어는 1999년 11월 베이징노동자체육장(北京工人体育场)에서의 클론 공연과 그 이듬해인 2000년 2월 초 중국의 최대 명절인 춘절(春节 : 설)에 같은 장소에서 H.O.T 공연이 중국 젊은이들에게 폭발적인 인기를 끌면서 수면 위로 서서히 등장하게 되었다.

한류가 앞으로도 지속적으로 큰 영향력을 발휘할지에 대해 다음과 같은 문제점이 있다.

가. 〈대장금〉 같은 TV 드라마가 보이지 않음

중국 내 한류의 핵심에는 대중성이 강한 TV 드라마와 젊은 가수들의 대중음악 공연이 위치하고 있다.

1997년 가을 한국 TV 드라마 〈사랑이 뭐길래〉가 중국CCTV 1에서 재방송된 후 인기몰이를 하였으나 중국 언론으로부터는 잘 조명받지 못했다. 사실상 중국 내 첫 방송작품이라는 부담감도 있었지만 가장 큰 원인은 그해 연말 한국에 찾아온 IMF 금융위기였다. IMF 금융위기 극복을 위하여 금 모으기 운동 등 다양한 지혜를 모은 활동들이 연일 언론보도를 탔고 세계의 시선을 받던 시기로, 1997년 연말 이후부터 한국은 상당히 어려운 시간을 보내게 되었다.

1998년은 또한 중국 대륙에도 여름 대홍수가 왔는데 화중(华中) 지역의 장강 유역과 동북 지방의 송화강(松花江), 화난(华南) 지역의 민강(闽江) 지역이 대표적이다. 100여 년 만에 내린 홍수로 그해 6월 24일 장강(长江)의 수위가 경계 수위를 넘었고 7월 24일과 25일 장강삼협지역(长江三峡地区), 장시 성 중북부 지역, 후난 성 서북부 지역 등의 강수량이 이미 평년 강우량의 두 배를 훨씬 넘어선 상태였다. 7월 말에는 장강 상류, 쓰촨 성 동부, 후베이 성, 장시 성 중북부, 후난 성 서북부, 안후이 성 남부의 강우량이 평년보다 2~3배를 초과했다. 8월 22일 송화강(松花江)의 최고 수위는 120.9미터로 대홍수로 범람하였고 화난(华南) 지방은 주강(珠江) 지역의 서강(西江)과 푸젠(福建) 성의 민강(闽江)은 6월 하순부터 계속 범람하여 최고 수위가 147.7미터에 이르는 등 1998년 8월 22일 통계에서는 전국 29개 성(구, 시)의 수해 면적이 3.18억 무, 수재민이 2억 2,300만 명, 사망 3,004명, 가옥 497만 채 파손 등 직접적인 손실액이 1,666억 위안으로 집계되었다고 2010년 7월 洪向华씨가 主编者로 한 〈강국의 길(强国之路)〉에서 밝히고 있는데 이런 국내의 엄중한 상황에 한풍(汉风)과 한류(韩流)에 대한 언론의 관심을 기대한다는 것은 무리가 아닐 수 없었을 것이다. 따라서 1998년과 1999년까지는 여러 가지 국내외 사정으로 인하여 문화예술 분야에 대한 관심을 가질 수가 없었던 시기로 보면 타당할 것이다.

이렇게 1998년과 1999년 약 2년여 동안 중국 내 언론에는 '한류'라는 단어가 등장하지 않았다. 그러다가 2000년 1월 14일자 인민일보(人民日报)에 '한류의 중국정복에 대한 반성이 필요' 제하의 기사가 등장했다. 그러나 2000년 2월 초 H.O.T의 공연이 베이징에서 대단한 인기몰이를 하면서 한국 대중문화의 본격적인 중국진출을 알렸다. TV 드라마를 비롯하여 다양한 한국 문화가 중국 시장에 범람하였고 1999년 〈별은 내 가슴에(星星在我心)〉가 중국인의 안방을 노크하면서 주연으로 출연했던 배우들은 중국의 많은 젊은 팬을 확보하였고, 이후 푸젠 성 TV에서 〈거짓말〉을, 베이징TV(BTV)에서는 〈

달빛가족〉 등 2000년대에 들어서면서 주요 TV 채널에서 한국 드라마가 상당한 사랑을 받았다.

2002년 들어 중국의 수입 TV 드라마 10위 안에 한국 드라마가 2위, 3위를 차지했으니 그 위력을 짐작할 수 있다. 그 해 중국의 수입드라마 총 수입이 327편이었는데 홍콩이 40.7%인 133편, 다음이 한국으로 20.5%인 67편이었다. 타이완은 12.8%인 42편에 머물렀고 미국은 11.6%인 38편, 한동안 상당한 인기몰이를 했던 일본 TV 드라마는 7.1%인 23편이었으며 기타 영국, 프랑스, 독일, 이탈리아가 3.1%로 10편, 나머지 2.1%인 7편은 호주, 캐나다, 멕시코, 콜롬비아가 차지한 것으로 나타났다. 이러한 TV 드라마 수입 편수에 따라 실제 TV를 통한 방영 횟수에서도 홍콩이 51.3%인 723회, 다음이 한국으로 22.4%인 316회, 다음은 일본으로 61회가 방영된 것으로 조사되었다.

2002년 홍콩 아주TV는 저녁 시간대 7편의 한국 TV 드라마를 방영했는데 이는 수입드라마의 26.9%를 차지했고 한국의 〈유리구두〉는 타이완에서 저녁 8시 프라임 시간대에 최초로 방영되는 등 최고의 인기가도를 달렸으며 과거 1회당 몇 백 달러에 불과하던 한국 TV 드라마 가격이 1만 달러 이상으로 급상승하는 결과를 낳았다고 당시 전문가 및 관계자들은 지적했다.

2003년 이후 한국 TV 드라마는 중국인들의 사랑 속에 급성장세를 이어가면서 소위 '제2의 한류'로 불리는 〈대장금〉이 2005년 9월 1일부터 10월 15일 후난 위성채널에서 방영하였다. 〈대장금〉은 시간이 지날수록 시청률이 급증하여 비공식집계이긴 하지만 최고 시청률이 12.5%까지 치솟았다는 것이 당시 관계자의 전언이다. 중국의 TV 위성채널은 각 성(省)마다 1개채널을 포함하여 전국에 34개의 채널이 있는데 이 많은 채널 중에 후난(湖南) 위성채널에서의 드라마 방영은 대단한 인기를 끄는 것으로 정평이 나 있다.

그리고 대체적으로 중국 내의 위성채널 가시청인구는 8~9억 명으로 대단히 방대하다. 후난위성 채널은 〈대장금〉 방영으로 4천만 위안의 광고수익을 획득했다고 '중국 TV 드라마산업 발전연구보고'(국가 라디오 · 영화 · TV 총국 발전연구 중심과 후난 R/TV 방송국 과제팀편 / 2011.1 중국R/TV 출판사 발행)의 116페이지에서 언급했다.

당시 모 언론사 연예부 기자는 저녁 11시 이후 불이 켜져 있는 아파트를 무작위로 선정, 방문하여 TV 프로그램 시청 상황을 파악했더니 90% 이상의 가정에서 한국 TV 드라마를 시청하고 있었다는 사실을 얘기한 적이 있다. 필자가 당시 베이징에 근무하면서 실제 들었던 사실이니 보다 현장감이 있을 것이다.

그러나 〈대장금〉 방영 이후 중국 TV 드라마 시장에서 일부이지만 한국 TV 드라마를 경계하는 분위기가 일어나면서, 중국의 시청자와 관련 전문가들은 〈대장금〉과 같은 콘텐츠가 더 이상 나타나지 않는다고 지적했다. 또 한류를 통한 중국 대중문화의 발전을 가져오자는 자성의 소리도 없지 않았고 일부분이긴 하지만 반(反)한류 기류도 있었다. 어쨌든 여러 가지 사유로 2006년 이후 한국의 TV 드라마를 포함한 해외 TV 드라마의 중국 TV 방영이 예전 같이 호황을 누리지는 못한 것으로 생각된다. 최근에 〈별에서 온 그대(来自星星的你)〉가 중국인에게 뜨거운 사랑을 받으면서 높은 시청률을 자랑하고 있으나 2005년 〈대장금〉 이후 거의 10여 년 만에 등장한 것으로 아직 〈대장금〉의 시청률을 따라가지 못하고 있다. 따라서 오늘날까지 과거 〈대장금〉에 버금가는, 아니 그 이상 능가하는 TV 드라마 콘텐츠가 나오지 않아 못내 아쉽다.

나. 일방 교류의 한계

대체적으로 한중 수교 이후 문화와 예술과 관련된 공연행사들이 중국 대륙에서 비교적 많이 이루어졌다. 반면 중국 영상물의 한국 진출은 상대적으로 극히 적었다.

2005년 10월 13일자 〈베이징완보(北京晚报)〉는 '한국드라마를 보면서 자신을 살피자'라는 제하의 기사에서 '2001년부터 2005년까지 한중 간 영상물교역은 심한 역조 현상을 보이고 있는데, 한국의 중국 영상물 수입은 20만 달러에도 미치지 못하고 그 종류와 수량에 있어서도 대부분이 음반물로 TV 드라마 판권은 5편에도 미치지 못할 뿐더러, 이 기간 한국의 주요 방송사 가운데 중국 드라마를 방영한 방송사는 한 군데도 없다'고 지적했다. 여기서 말하는 방송사는 유선TV 채널이 아니라 지상파 방송사를 지칭하는 것이다.

위의 지적이 틀린 말은 아니다. 1996년 중국 드라마로는 처음으로 〈뉴욕의 북경인〉이 방송된 이후, 한국에서 인기리에 방영한 중국 TV 드라마는 〈징기스칸〉 정도였던 것으로 기억된다.

한때 양국 간 TV 드라마를 공동 제작하여 한국의 KBS, 중국의 CCTV 채널에서 동시에 방영하자는 제안이 있었으나 시청률 확보 등 여러 가지 문제로 성사되지 못했다.

이런 일방 교류가 문제점으로 불거지면서, 중국 내에서 수년간 상당한 대접을 받아왔던 한국 TV 드라마는 서서히 현지 언론을 통하여 반갑지만은 않은 대접을 받게 되었다. 2004년 12월 15일자 광저우(广州) 시에서 가장 영향력이 큰 주요 일간지 '양청완바오 (洋城晚报)'는 홍콩 봉황 위성TV 총재 류창러(刘长乐)가 광저우에서 '문화우환(文化忧 患)'에 대해 언급한 내용을 기사화하였는데 기사 내용에는 미국 영화 〈타이타닉〉의 중국 방영으로 당시 중국 전체 영화 매표 수입의 1/5을 가져가고 있다는 내용과 '한류가 7년 간이나 중국에서 주도적 위치를 차지하고 있는 것은 중국의 수치이며……, 특히 유교사 상을 바탕으로 한 상품을 중국이 사들인 것은 오히려 치욕이다……' 등의 내용이 있었 으며, 2005년 5월 20일자의 동 신문은 다시 '성룡, 한국 스타의 명성은 과대포장으로 합작 거절' 제하의 기사를 통해 한류에 대한 몇 가지 사항을 다시 지적했다.

이러한 기사는 2005년 9월 이후 후난 위성TV에서 방영하여 인기 절정이던 〈대장금〉 방영과 맞물려 일부 언론과 대중예술계 종사자들에게 반한류라는 기류로 퍼져나갔다. 당시 반한류의 대표적인 인물인 배우 장궈리(张国立)는 "〈대장금〉에서 침을 마치 한국 이 발명한 것처럼 묘사하는 것은 잘못된 것"이라고 비난했으며 중국 내에서 한류가 일 어난 것은 매국노 같은 중국 언론 때문이라고 지적하기도 했다.

그러나 이러한 반한류 기류는 오래 가지는 못하였고 중국 자국 문화산업 발전을 위한 자성의 기회로 활용되기도 했다.

다. 상대방 문화에 대한 이해와 배려의 아쉬움

자국 내외를 불문하고 한류가 당시 아시아, 특히 동아시아의 공동체의식 형성과 문화공 동체 형성에 직간접적으로 영향을 주고 있다는 사실에 대하여 다른 나라에서는 언론을 통하여 많은 평가 분석을 내놓는 등 관심이 높았다. 그런데 정작 한국 언론에서는 외국 문화예술행사 등을 포함한 다양한 활동들이 적지 않음에도 불구하고 한류만큼 관심을 두지 않았다.

한류가 중국 내에서 중국인들의 사랑을 듬뿍 받고 있을 때 중국 언론은 칭찬을 아끼지 않았다. 2000년 1월 14일 중국 〈인민일보(人民日报)〉는 한국 TV 드라마가 사랑, 가족 간의 사랑, 우정을 주제로 정교한 필체를 통하여 일반인들의 소박한 삶을 그려내고 있 는데 이러한 소재들이 중국인들의 관심을 끄는 요소라고 칭찬하고, 다음 해인 2001년

11월 4일자 기사에서 다시 "중국에서 일어나기 시작한 한국 문화는 대부분 대중문화 범주에 속하는 것이기는 하지만 이는 어떤 면에서 이웃나라 문화의 자랑할 만한 성공을 말해주는 것이며 중국도 이를 기쁘게 생각한다……"라는 칭찬과 함께 "중국의 당대 (1949~현재) 예술은 어떠한지 묻지 않을 수 없다"고 하며 한류를 자국문화 반성의 계기로 보았다.

2000년 8월 3일 〈베이징청년보(北京靑年报)〉는 "한류가 현재 중국에서 서구와 일본이 점하고 있는 사랑을 대체하고 있는데 이것은 놀라운 일이 아니다. 한국은 자기 본래의 문화를 원료로 하여 서구의 조미료를 빌려 맛있는 빵을 만들어 냄으로써 중국의 대중문화 시장이 저절로 한류 쪽으로 기울게 되었다"라는 기사를 게재했다.

2004년 5월 23일자 〈베이징천바오(北京晨报)〉는 한류에 대하여 한국 정부의 적극적인 지원과 한국인들의 모방을 뛰어넘는 새로운 도전정신, 국제화를 향한 응집력 등이 빚어낸 것으로, 칭찬을 아끼지 않았다.

2005년 9월 23일자 〈검찰일보(检察日报)〉는 대장금이 한창 인기리에 방영되고 있던 시기에 "……한류는 위협이 아니라 한류의 등장은 세계화 시대의 합리적인 산물이다." 라고 평가했고 같은 해 10월 7일자 인민일보 자매지 〈환구시보(环球时报)〉는 "대장금은 무엇으로 아시아를 정복했나 – 전통문화 중시, 외래문화 흡수"라는 제하의 기사를 게재하면서 갖가지 칭찬을 쏟아냈다.

그러다가 2005년 10월 21일자 인민일보가 대장금 방영 시기 기사를 게재한다. "…… 한국 드라마가 중국에 유입된 것은 중국 대중문화 시장에 충격이 되긴 했지만 득실을 따져보면 긍정적인 역할이 주가 된다." 이 평가를 내린 후부터는 당시 일부에서 일어나고 있던 반한류에 대한 여타 언론의 기사를 볼 수 없게 되었다.

2006년 6월 4일자 프랑스의 유력 일간지 Le Mond지는 Philippe Pons 기자의 기사를 실었는데 '아시아를 휩쓰는 한국의 대중문화' 제하의 기사로 역시 칭찬일색이었다. 즉, "…… 한국인들이 강한 국가정체성, 공동체의식, 지식에 대한 존중, 그리고 한국인이고자 하는 강한 야심 등 몇 가지 삶의 원칙을 면면이 고수해 오고 있으며 젊은 세대들도 유교적 윤리와 가치 세계를 기꺼이 수용하고 있다……"는 등의 내용이었다.

그뿐만 아니라 2006년 8월 31일자 Washington Post지도 "한류에 사로잡힌 일본 여성(Japanese women catch The 'Korean Wave'" 제하의 기사를 게재하면서 역시 칭찬이 적지 않았다.

이렇게 중국뿐만 아니라 프랑스와 미국의 주요 일간지에서도 한국의 한류에 대한 칭찬을 아끼지 않았다. 그만큼 상대 국가나 이웃나라 문화에 대한 배려가 깊었다는 얘기다.

라. 아픔도 함께 한 한국과 중국

양국 간에는 수교 이후 상대국에서 예기치 못한 아픔이나 고통이 있을 때는 이의 극복을 위해 아픔과 고통을 함께 나눈 사례가 적지 않았다.

1997년 12월 3일 한국에서는 IMF 구제금융을 신청하면서 금융위기 극복을 위한 갖가지 지혜를 동원하는 가운데 국민들의 자발적인 금 모으기 운동이 전국으로 확대되어 KBS에서 연일 이를 보도하고 있었다. 이때 중국의 충칭(重庆) 시에 있는 대한민국 임시정부 청사 근무자 16명 전원이 이들의 한 달 보수인 미화 1,000달러를 대한민국 주중 대사관에 보내왔다. 한국의 금융위기 극복에 미력이나마 보탬이 되었으면 한다는 당시 관장의 언급 내용을 필자는 아직도 잊을 수가 없다.

2000년 10월 3일 베이징과 10월 5일 상하이에서 개최 예정이던 '2000 한류 열풍 콘서트'가 준비되어 가고 있던 중에 행사 개최일이 채 일주일도 남지 않았던 때에 한국 측 공연기획사 관련 인사가 사고를 내고 도주하는 일이 발생했다. 동 콘서트에는 한국의 유명 연예인 6개 팀이 참가할 예정이었고, 중국 관계 기관에서 중국의 국경일 기간에 마련한 특별한 행사였는데 이런 불미스러운 일로 행사 개최가 취소되었다. 이후 한국 측 공연기획사에 대한 급격한 신용 추락 등으로 중국에서 한류 콘서트 행사가 진행되지 못했다. 이런 상황에서 그 이듬해 2월 말 필자는 중국 문화부를 찾아 판전저우(潘震宙) 당시 문화부 제1부부장(제1차관)과 리강(李刚) 대외문화연락국장을 예방하고 중국 문화부와 한국 문화관광부가 공동으로 주최·주관하는 대형 대중음악 라이브 콘서트를 2001년 5월 18일 베이징 서우두(首都:수도) 체육관(18,000석)에서 개최하기로 합의하여 의미 있는 행사를 진행했다. 한국의 NRG와 안재욱의 합동 콘서트 행사는 양국이 반반씩 경비를 부담하여 진행했는데 화려한 무대와 중국 관람객들의 환호로 2000년 10월 국경일 기간에 취소되었던 '2000 한류열풍 콘서트'에 대한 부정적인 이미지를 깨끗이 씻을 수 있었다. 당시 적극적으로 협력과 지원을 아끼지 않으신 판(潘) 부부장(차관)은 현재 퇴임했고, 리(李) 국장은 이후 승진하여 신문판공실 부주임(차관)으로 재직 중이다. 당시 실무를 담당했던 장아이핑(张爱平) 처장은 주일공사를 거쳐 현재 중국문화부 대외문화연락국장이라는 중책을 맡고 있다. 이분들께 다시 한 번 고마움을 전한다.

2003년 봄의 중국은 SARS라는 이상한 질병이 전국적으로 창궐했던 시기로 많은 사람이 사망에 이르렀는데 중국에 진출해 있던 외국공관에서는 자국민들에 대하여 본국 철수명령을 내리고 대중이 운집하는 극장이나 체육관, 전시관 등의 행사는 연기하거나 취소하는 등 사회적 분위기가 한창 어수선했다. 당시 베이징의 주요 호텔은 거의 텅텅 비어 있었고 베이징의 외곽 지역에서는 바리게이트를 쳐 놓고 외부인 출입을 막는 등 그해 4월 21일 전후로 상당히 엄중한 상황이었다.

이러한 시기에 한국은 여타 외국공관과는 다르게 SARS가 중국만의 문제가 아니라 우리 모두가 퇴치해야 할 일로 인식하고 공동으로 SARS 퇴치를 위해 물심양면으로 지원에 최선을 다 한 것으로 기억한다. 당시 중국에 진출해 있던 한국인 중에는 SARS에 단한 명도 걸리지 않았는데 이를 두고 발효식품인 김치를 많이 먹어서 병에 걸리지 않는다는 확인되지 않은 이야기가 구전되기도 했다. 그럼에도 SARS 치유를 위해 한국의 김치를 중국의 일부 기관에 제공한 일도 있었다. 또한 SARS가 완전히 박멸되었다고 공식적인 판단이 내려졌으나 또다시 언제 어디서 나타날지 다소 염려스러웠던 시기인 2003년 7월 7일부터 7월 10일까지 한국 대통령이 외국 국가원수로서는 SARS 발생 후 처음 중국 국빈으로 방문하였는데 이 또한 시사한 바가 적지 않았다.

SARS가 물러나자 한국 문화관광부와 중국 문화부가 공동으로 그동안 SARS 퇴치 과정에서 희생된 상당수의 의사, 간호사 및 일반시민 등 이들의 희생을 기리기 위해 소위 "SARS 퇴치 위문공연"을 2003년 8월 11일 베이징 수도체육관(18,000석 규모)에서 개최했었는데 한국의 동방신기, 보아 등 유명 연예인들과 중국의 유명 연예인이 공동으로 출연하여 성공리에 행사를 마쳤다. 당시 행사의 실무를 맡았던 리신(李新) 대외문화연락국 부국장은 주독공사의 임무를 마치고 현재 은퇴하였고 아주처장이었던 쑨젠화(孙建华) 씨는 미국 근무를 마치고 귀국, 현재 문화부 대외문화연락국 부국장을 맡고 있다.

이밖에도 2008년 5월 12일 오후 2시 28분에 쓰촨성 원촨(汶川) 지역에서 일어난 진도 8.0의 대지진으로 많은 재산과 인명 피해를 입었을 때 한국 역시 다양한 지원을 하는 등 양국 간에는 아픔의 고통이 있을 때 함께한 사례들이 적지 않았다. 이러한 사례들은 21세기 아시아 문화시대 도래라는 상황에서 양국 간의 미래를 보다 밝게 해주는 전망으로 해석할 수 있다.

2. 전망

한·중 양국은 지리적 인접성, 경제적 상호보완성 및 문화적 유사성 등이 다양한 분야에서 발전적인 요소로 작용하는 것은 분명해 보인다.

20세기 이전 서양문화쪽으로 기울어져 있던 중심축이 21세기로 접어들면서 동양문화 중심으로 서서히 이동하고 있다는 일부 전문가들의 언급 내용을 의미 있게 관찰할 필요가 있다.

중국 내에서의 한류(韓流)와 한국 내에서의 한풍(汉风)은 이러한 사실들을 뒷받침해주고 있는 것으로 평가되며 수교 초기의 쌍방간 문화교류의 여러 가지 시행착오 등을 밑거름으로 하여 최근에는 문화산업 분야에서의 교류와 교역 등이 급증하고 있는 것 또한 하나의 기회일 뿐만 아니라 상호 간 자극제가 되는 도전이 되지 않을까 생각한다.

특히 중국의 문화산업 시장은 국민경제 발전과 개인의 가처분소득의 급속한 증대로 방대해지고 있고 그 잠재력 또한 엄청난 규모이다.

지난 몇 년간의 시장 상황 등을 보면 특정 분야에서는 양국 간에 기회와 도전이 동시에 진행되고 있는 부분이 적지 않으나 양국은 문화산업 분야에서 가치를 공유하고 각자의 특성을 살려 상대방에 대한 깊은 이해 속에 협력을 아끼지 않는다면 양국 간에 자국의 문화산업 발전을 위한 교류와 교역이 빠르게 진전될 것으로 확신한다.

한눈에 알아보는 중국의 문화산업 시장

부록

참고자료
참고문헌

참고자료

■ 중국의 각종 경제 지표

〈중국의 GDP 변화 추이〉

(단위: 억 위안)

구분 / 연도	2009	2010	2011	2012	2013
총생산액	335,353 (8.7%)	397,983 (10.3%)	471,564 (9.2%)	519,322 (7.8%)	568,845 (7.7%)
1차산업	35,477 (4.2%)	40,497 (4.3%)	47,712 (4.5%)	52,377 (4.5%)	56,957 (4.0%)
2차산업	156,958 (9.5%)	186,481 (12.2%)	220,592 (10.6%)	235,319 (8.1%)	249,684 (7.8%)
3차산업	142,918 (8.9%)	171,005 (9.5%)	203,260 (8.9%)	231,626 (8.1%)	262,204 (10.0)

※출처: 2009년, 2010년, 2011년, 2012년, 2013년 中华人民共和国 国民经济和社会发展统计公报 자료 재정리
※주: 동 자료 중 2013년 통계자료는 당해년도 초고에 해당되므로 정확한 최종 통계는 아님.

〈중국의 수출입 규모 변화 추이〉

(단위: 억 달러(USD))

	2009	2010	2011	2012	2013
수출입 총규모	22,075 (−13.9%)	29,740	36,419	38,671 (6.2%)	41,600 (7.6%)
수입	10,059 (−11.2%)	13,962 (38.7%)	17,435	18,184 (4.3%)	19,504 (7.3%)
수출	12,016 (−16.0%)	15,778 (31.3%)	18,984	20,487 (7.9%)	22,096 (7.9%)
무역 수지	1,957흑자 (전년비1,020감소)	1,816 흑자	1,549 흑자	2,303 흑자	2,592 흑자

※출처: Statistical Commuique' of The People's Republic of China on the 2013 National Economic and Social Development

〈중국 사회 소비품 판매 총액 비교표〉

(단위: 억 위안)

연도	2009	2010	2011	2012	2013
판매총액	132,678	156,998	183,919	210,307	237,810
증가율(%)	15.5	18.3	17.1	14.3	13.1

※출처: Statistical Commuique' of The People's Republic of China on the 2013 National Economic and Social Development

■중국 내 외국상사 투자기업(外商投资企业) 실태

중국에 2011년 한 해 신규로 설립된 외국 상사 투자기업이 27,717개사가 있는데 이들 기업들의 실제 사용 외자 금액은 1,239억 8500만 달러로, 전 세계 외국상사 투자규모 1조 5,244억 2200만 달러의 8.13%를 차지한다. 국가 또는 지역별로 보면 27,717개사 중 홍콩 기업이 50.11%로 13,889개사이며 이들이 사용한 외자 금액은 705억 달러로, 전체 1,239억 8500만 달러의 56.86%이다.

〈2011년 신규 외국상사 직접투자 형식 현황〉

기업투자형식	기업 수		실제사용 외자금액	
	수량	비중(%)	금액 (억 USD)	비중(%)
총계	27,717	100.00	1239.85	100.00
외자(外资)기업	22,388	80.77	912.05	73.56
중외합자(中外合资)기업	5,005	18.06	214.15	17.27
중외합작(中外合作)기업	284	1.02	17.57	1.42
외상투자주식이익배분제 (外商投资股份制)	35	0.13	16.34	1.32
기타	5	0.02	79.74	6.43

※출처: 中国外商投资发展报告(2012) p.22

그런데 과거부터 2011년 말까지의 외국상사 투자기업 수는 738,464개사로 이들 기업들의 실제 사용 외자 금액은 1조 2,318억 4,300만 달러이다. 중국의 '2012년 국민경제와 사회발전 통계공보'에 의하면 초고(初稿)이기는 하지만 2012년도의 외국상사 투자기업의 이윤은 1조 2,688억 위안으로 전년보다 4.1% 내려갔다. 그러나 사영(私营) 기업의 이윤은 1조 8,172억 위안으로 20.0%나 늘어났다.

〈2011년 말까지의 외국상사 직접투자 형식 현황〉

기업투자형식	기업 수		실제사용 외자금액	
	수량	비중(%)	금액 (억 USD)	비중(%)
총계	738,464	100.00	123,18.43	100.00
외자(外资)기업	380,441	51.52	7,011.87	56.92
중외합자(合资)기업	297,159	40.24	3,459.62	28.09
중외합작(合作)기업	60,140	8.14	1,022.77	8.30
외상투자주식이익배분제 (外商投资股份制)	390	0.05	93.57	0.76
합작개발	191	0.03	75.07	0.61
기타	143	0.02	655.53	5.32

※출처: 中国外商投资发展报告(2012) pp.22~23

'중국 외상투자 발전보고(2012)'가 중국 상무부의 '중국 외자통계(2012)' 자료를 인용한 것에 의하면 홍콩과 마카오의 기업 수는 전체의 47.28%인 349,119개사이고 실제 사용 외자 금액으로는 전체 금액 1조 2,318억 4,300만 달러의 43.6%인 5,370억 9,500만 달러이다. 여기에 대만을 합치면 수치는 크게 늘어나는데 기업 수는 434,891개사로 전체 기업 수의 58.89%에 달하고 실제 사용 외자 금액도 5,912억 900만 달러로 전체 1조 2,318억 4,300만 달러의 48.00%에 이른다.

〈2011년 말 현재 외국상사 직접투자 국가 및 지역별 상위 15위권 현황〉

순위	국가·지역	기업 수	비중(%)	실제사용 외자금액 (억 USD)	비중(%)
1	홍콩	336,280	45.44	5,267.12	42.76
2	영국령 버진 제도	27,107	2.94	1,215.71	9.87
3	일본	46,022	6.23	798.95	6.49
4	미국	61,068	8.25	675.92	5.49
5	대만	85,772	11.51	541.99	4.40
6	싱가포르	19,533	2.65	529.56	4.30
7	한국	53,547	7.25	498.54	4.05
8	영국령 케이맨제도	2,748	0.35	238.30	1.93
9	독일	7,401	1.00	183.11	1.49
10	사모아	6,597	0.87	181.84	1.48
11	영국	6,995	0.95	176.66	1.43
12	네덜란드	2,629	0.63	116.78	0.95
13	프랑스	4,309	0.57	115.19	0.94
14	모리셔스	2,292	0.31	105.08	0.85
15	마카오	12,839	1.74	103.83	0.84
	기타	63,325	9.31	1,569.85	12.74
	합계	738,464	100.00	12,318.43	100.00

※출처: 中国外商投资发展报告(2012) pp.24~25

여기서 외국상사들의 중국에 대한 직접투자 현황의 빠른 이해를 위해 2011년도에 새로이 투자한 국가별·지역별 현황을 소개한다. 실제 사용 외자 투자 금액에서 역시 1위가 홍콩이고 2위가 영국령 버진 제도, 3위 일본, 4위가 싱가포르, 5위가 한국, 6위가 미국이다. 상위권 국가나 지역에는 커다란 변화가 없다. 물론 기업체 수에 있어서는 한국이 ① 홍콩, ② 대만, ③ 일본, ④ 미국에 이어 5위로 나타났다.

〈2011년 말 신규 외국상사 직접투자 국가 및 지역별 상위 15위권 현황〉

순위	국가·지역	기업 수	비중(%)	실제사용 외자금액 (억 USD)	비중(%)
1	홍콩	13,889	50.11	705.00	56.86
2	영국령 버진 제도	758	2.73	97.25	7.84
3	일본	1,859	6.71	63.30	5.11
4	싱가포르	740	2.67	60.97	4.92
5	한국	1,375	4.96	25.51	2.06
6	미국	1,426	5.14	23.69	1.91
7	영국령 케이맨제도	135	0.49	22.42	1.81
8	대만	2,639	9.52	21.83	1.76
9	사모이	476	1.72	20.76	1.67
10	모리셔스	89	0.32	11.39	0.92
11	독일	458	1.65	11.29	0.91
12	프랑스	188	0.68	7.69	0.62
13	네덜란드	121	0.44	7.61	0.61
14	버뮤다	14	0.05	7.44	0.60
15	마카오	283	1.02	6.80	0.55
	기타	3,267	11.79	146.90	11.85
	합계	27,717	100.00	1239.85	100.00

※출처: 中国外商投资发展报告(2012) pp.23~24

위와 같이 2011년 한 해 동안 외국상사들의 투자액이 1,239억 8,500만 달러를 기록하고 있는데 어떤 분야에 투자하는지를 보면 제조업에 11,114개사로 전체 27,717개사의 40.10%를, 실제 사용 외자 금액으로는 42.02%인 521억 달러를 투자하고 있다. 2위로는 부동산업에 268억 8,200만 달러를 투자하여 전체의 21.68%를 차지했다.

문화와 오락업은 152개 기업 6억 3,500만 달러로 0.55%와 0.51%를 각각 점유했다.

2011년 말 기준 외상 투자기업들의 투자 현황을 보아도 역시 제조업이 485,745개 기업이 1조 5,207억 4,400만 달러의 투자로 기업 수에서 65.78%, 실제 사용 외자 금액에서 57.19%를 차지하고 있다. 2위는 2011년 한 해 통계와는 달리 도소매업으로 63,868개 기업이 1,112억 9,000만 달러를 차지하고 실제사용 외자 금액으로 4.19%를 차지하고 기업 수에서는 8.65%를 점유하고 있다.

투자 지역에서는 동부 연해 지역인 베이징, 텐진, 허베이 성, 랴오닝 성, 상하이, 장쑤성, 저장 성, 푸젠 성, 산둥 성, 광둥 성, 하이난 성에 615,876개 기업이 1조 59억 3,900만 달러를 투자하여 전체의 81.66%를 차지하고 있어 역시 이 지역이 중국에서 경제력이 우수한 지역임을 입증하고 있다.

다음은 이러한 외상(外商) 투자기업들이 중국 수출입에 얼마만큼의 영향력을 발휘하는지를 살펴 보면 2011년도의 경우 수출 규모는 9,953억 3천만 달러로 전체 수출 규모의 52.42%를 차지하고 있고, 수입은 8,648억 2,600만 달러로 49.53%를 차지하고 있다.

〈2011년도 외상(外商) 투자기업 수출입 현황〉

구분	전국(전체)		외상투자기업		
	금액 (억 USD)	전년비 증가율 (%)	금액 (억 USD)	전체 대 비중(%)	전년비증가율(%)
수출입 총규모	36,419.35	22.5	18,601.56	51.08	16.24
수출규모	18,985.97	20.3	9,953.30	52.42	15.43
수입규모	17,460.42	24.9	8,648.26	49.53	17.18

※출처: 中国外商投资发展报告(2012) p.32

외상투자 기업들의 수출입 규모가 2000년 이후 계속 증가하다가 2008년 세계금융위기를 겪고 난 후인 2009년 다시 떨어졌다가 2010년 다시 회복하여 계속 상승세를 타고 있다. 그리고 외자기업들의 직접투자 구조를 분석하면 2011년도의 경우 제3차산업 투자기업이 15,222개 사로 54.92%, 실제사용 외자금액도 662억 2,700만 달러로 53.42%를 점하고 있고 전년도에 비해 큰 변동률로는 이어지지 않고 있다. 그 다음이 제2차산업으로 11,630개 기업(41.96%)이 실제사용 외자금액도 557억 4,900만 달러로 44.96%에 이르고 제1차산업 투자는 극히 미미하다. 한편 외자기업들의 업종을 분석하면 문화, 체육, 오락 업종에는 152개 기업이 6억 3,500만 달러를 실제 외자금액으로 사용했으며, 기업 수로는 0.55%, 실제사용 외자금액으로는 5.51%다. 이 또한 2010년 168개 기업에 4억 3,600만 달러보다 늘어난 금액이다.

2011년도 중국의 수출입 규모에 있어 수출 총규모 1조 8,986억 달러 중 국유기업이 14.07%로 2,672억 2,000만 달러이고 외상투자 기업은 9,953억 3,000만 달러로 52.42%, 기타 기업이 33.50%를 각각 차지하고 있고, 수입에 있어서도 총규모 1조 7,434억 6,000만 달러 중 국유기업이 28.30%인 4,934억 달러, 외상투자기업은 8,648억 3,000만 달러로 49.60%, 기타 기업은 3,852억 3,000만 달러로 22.10%를 각각 점하고 있다.

2011년도 외상 직접투자기업 취업 근로자가 4,500만 명을 초과하고 있는데 이는 전국 도시근로자의 약 13%를 차지하는 것으로 나타났으며 간접 취업자 수를 합하면 약 5,900여만 명으로 도시노동력의 약 16%를 점한다.

따라서 외국상사 투자기업(外商投资企业)이 중국경제에 미치는 영향은 대단히 크다 할 것이다.

참고문헌

1. 2007年中国传媒产业发展报告 (崔保国主编/社会科学文献出版社/2007年6月)

2. 2007-2008年中国传媒产业发展报告 (崔保国主编/社会科学文献出版社/2008年3月)

3. 2010年中国传媒产业发展报告 (崔保国主编/社会科学文献出版社/2010年4月)

4. 2011年中国传媒产业发展报告 (崔保国主编/社会科学文献出版社/2011年4月)

5. 2012年中国传媒产业发展报告 (崔保国主编/社会科学文献出版社/2012年4月)

6. 2008年中国广播电影电视发展报告
   (2008年中国广播电影电视发展报告编辑委员会 / 新华出版社/2008年6月)

7. 2009年中国广播电影电视发展报告
   (2009年中国广播电影电视发展报告编辑委员会 / 新华出版社/2009年5月)

8. 2010年中国广播电影电视发展报告
   (2010年中国广播电影电视发展报告编辑委员会 / 新华出版社/2010年5月)

9. 中国广播电影电视发展报告(2011)
   (中国广播电影电视发展报告(2011)编辑委员会/社会科学文献出版社/2011年8月)

10. 中国广播电影电视发展报告(2012)
    (中国广播电影电视发展报告(2012)编辑委员会/社会科学文献出版社/2012年6月)

11. 中国新媒体发展报告(2011)
    (中国社会科学院新闻与传播研究所主编尹韵公/社 会科学文献出版社/2011年7月)

12. 中国新媒体发展报告(2012) (主编尹韵公/社会科学文献出版社/2012年7月)

13. 中国电视剧产业发展研究报告 (国家广播电影电视总局发展研究中心, 湖南广播
    电视台课题组编/中国广播电社出版社/2011年1月)

14. 中国电影史 (主编李少白/高等教育出版社/2006年7月)

15. (2010)中国文化产业年度发展报告 (主编 叶朗/北京大学出版社/2010年8月)

16. (2011)中国文化产业年度发展报告 (主编 叶朗/北京大学出版社/2011年8月)

17. (2012)中国文化产业年度发展报告 (主编 叶朗/北京大学出版社/2012年9月)

18. 中国文化产业年度发展报告(2013) (主编 叶朗/北京大学出版社/2013年10月)

19. 中国城市电视台发展报告 (陈正荣 著/中国传媒大学出版社/2007年5月)

20. 中国电视剧市场报告2003-2004
    (上海电视节组委会, 央视-索福瑞媒介研究 著/2004年1月)

21. 2010年第6次全国人口普查主要数据 (国务院第六次全国人口普查办公室, 国家
    统计局人口和就业统计司 编/国家统计出版社/2011年7月)

22. 中国出境旅游发展年度报告2012 (中国旅游研究院 编/旅游教育出版社/2012年4月)

23. 中华人民共和国2009年国民经济和社会发展统计公报 (国家统计局 编/2010年2月25日)

24. 中华人民共和国2010年国民经济和社会发展统计公报 (国家统计局 编/2011年2月28日)

25. 中华人民共和国2011年国民经济和社会发展统计公报 (国家统计局 编/2012年2月22日)

26. 中华人民共和国2012年国民经济和社会发展统计公报 (国家统计局 编/2013年2月22日)

27. 2009 中国第三产业统计年鉴 (国家统计局 编/中国统计出版社/2009年12月)

28. 2010 中国第三产业统计年鉴 (国家统计局 编/中国统计出版社/2010年12月)

29. 2011 中国第三产业统计年鉴 (国家统计局 编/中国统计出版社/2011年11月)

30. 2012 中国第三产业统计年鉴 (国家统计局 编/中国统计出版社/2012年11月)

31. 2013 中国第三产业统计年鉴 (中国统计出版社/2013年11月)

32. 2010 中国社会统计年鉴
    (国家统计局社会和科技统计司 编/中国统计出版社/2010年11月)

33. 2011 中国社会统计年鉴
    (国家统计局社会和科技统计司 编/中国统计出版社/2011年11月)

34. 2012 中国社会统计年鉴
    (国家统计局社会和科技统计司 编/中国统计出版社/2012年11月)

35. 2013 中国社会统计年鉴
    (国家统计局社会和科技统计司 编/中国统计出版社/2013年12月)

36. 广播电视节目传播策略研究-对农传播新视角
    (项仲平等 著/清华大学出版社/2011年10月)

37. 2011-2012 中国数字出版产业年度报告 (主编 郝振省/中国书籍出版社/2012年7月)

38. 2012年中国社会形势分析与预测（主编 汝信等/社会科学文献出版社/2012年1月）

39. 2012年北京市经济形势分析与预测（刘骏等 著/中国市政经济出版社/2012年1月）

40. 2011年中国文化产业发展报告（主编 张晓明等/社会科学文献出版社/2011年7月）

41. 中国文化品牌发展报告(2012)（主编 欧阳友权/社会科学文献出版社/2012年5月）

42. 2011-2012中国出版业发展报告（主编 郝振省/中国书籍出版社/2012年7月）

43. 北京文化发展报告(2011-2012)（主编 李建盛/社会科学文献出版社/2012年4月）

44. 上海文化发展报告(2012)（主编 蒯大申/社会科学文献出版社/2012年1月）

45. 中国民生发展报告2012（北京大学中国社会科学调查中心/北京大学出版社/2012年8月）

46. 中国文化企业报告2012（陈少峰，张立波 主编/华文出版社/2012年7月）

47. 中国社会舆情年度报告(2012)（喻国明 主编/人民日报出版社/2012年4月）

48. 2011-2012 中国出版业发展报告（主编 郝振省/中国书籍出版社/2012年7月）

49. 2012-2013 中国出版业发展报告（主编 郝振省/中国书籍出版社/2013年7月）

50. 宣传文化法规汇编（中共中央宣传部政策法规研究室 编/学习出版社/2012年2月）

51. 中国印刷业发展观察及深度分析报告（李治堂 著/印刷工业出版社/2012年7月）

52. 中国文化产业政策研究（李思屈等 著/浙江大学出版社/2012年2月）

53. 中国动漫游戏产业发展现状调研报告（主编 郝振省/中国书籍出版社/2010年8月）

54. 2013年中国游戏产业报告(摘要版)（中国书籍出版社/2013年12月）

55. 中国动漫产业发展报告(2011)
    （主编 卢斌，郑玉明，牛兴侦/社会科学文献出版社/2011年5月）

56. 中国动漫产业发展报告(2012)
    （主编 卢斌，郑玉明，牛兴侦/社会科学文献出版社/2011年4月）

57. 中国动漫产业发展报告(2013)
    （主编 卢斌，郑玉明，牛兴侦/社会科学文献出版社/2013年11月）

58. 中国外商投资发展报告(2012)（主编 桑百川/对外经济贸易大学出版社/2013年1月）

59. 中国文化产业园（主编 李季，范玉刚/社会科学文献出版社/2012年3月）

60. 中国人民日报/2012年11月14日字

61. 中国文化文物统计年鉴(2012)
   (中华人民共和国文化部 编/国家图书馆出版社/2012年10月)

62. 中国文化文物统计年鉴(2013)
   (中华人民共和国文化部 编/国家图书馆出版社/2013年10月)

63. 2011-2012年中国演艺产业投资报告 (道略文化产业研究中心/2011年3月)

64. 中国出版年鉴2012 (中国国家新闻出版总署/中国出版年鉴社/2012年9月)

65. 中国出版年鉴2011 (中国国家新闻出版总署/中国出版年鉴社/2011年9月)

66. 中国出版年鉴2010 (中国国家新闻出版总署/中国出版年鉴社/2010年9月)

67. 中国出版年鉴2013 (中国国家新闻出版总署/中国出版年鉴社/2013年9月)

68. 中国广播电影电视总局 sarft@china.sarft.gov.cn (2011.5.6/2012.4.16)

69. 中国大外交，折冲樽俎 (北京大学中国战略中心/当代世界出版社/2009年10月)

70. 中国与周边国家：构建新型伙伴关系 (张蕴岭 著/社会科学文献出版社/2008年2月)

71. 中国纪录片发展报告(2011) (主编 何苏之/社会科学文献出版社/2011年11月)

72. 中国纪录片发展报告(2012) (主编 何苏之/社会科学文献出版社/2012年12月)

73. 中国纪录片发展报告(2013) (主编 何苏之/社会科学文献出版社/2011年10月)

74. 强国之路 (主编 洪向华/九州出版社/2010年7月)

75. 수교 이후 한중 문화교류사 (柳在沂 著/도서 출판 대가/2009년9월)

76. 中国电视收视年鉴 2012 (主编 王兰柱/中国传媒大学出版社/2012年10月)

77. 中国文化发展与和谐文化建设 (主编 王文章，赵维绥/文化艺术出版社/2008年12月)

78. 2030 中国 (清华大学国情研究中心主任 胡鞍钢等/人民大学出版社/2011年10月)

79. 2010 중국 인터넷 게임시장, 중국 PC방 시장 연간 보고서 (중국 문화부)

80. 中华人民共和国2013年国民经济和社会发展统计公报 (国家统计局 编/2014年2月24日)

81. 2013 文化发展统计分析报告 (中华人民共和国文化部 编/2013年8月中国统计出版社)